기초학력 향상을 위한
눈으로 보는 수학

교사용 LEVEL 2

김선아 저

학지사

머리말

최근 보고된 국제 학업 성취 검사(Programme for International Student Achievement: PISA) 결과에 따르면, 우리나라 중학교 3학년의 수학 성취 수준은 OECD 국가들 중 단연 으뜸 그룹에 속합니다. 우리나라 수학교육의 교수 방법과 수학 교육 자료에 국제적인 관심이 지속적으로 증가하는 것은 당연한 일이라 생각됩니다.

국외에 거주하는 저자는 '한국인이기 때문에 수학을 잘할 것'이라는 주변 사람들의 '편견' 때문에 간혹 당황하는 일이 있습니다. 전체 학생의 평균 성취 수준이 높다는 것은 모든 학생이 수학을 잘한다는 것을 의미할까요? 국제 학업 성취 검사 결과에 따르면, 우리나라는 OECD 국가 중 상위권에 속하는 학생들과 하위권에 속하는 학생들 간의 수학 성취 수준 차이가 가장 심한 나라 중 하나입니다. 이것은 상위권에 있는 학생들은 국제 사회의 또래들에 비해 수학을 월등히 잘하는 반면, 하위권 학생들은 다른 나라의 하위권 학생만큼 수학 공부에 어려움을 겪는다는 것으로 해석될 수 있습니다. 결국 하위권 학생들의 수학 학습 증진을 위해서는 일반 수학 교수 외에 별도의 중재가 필요하다는 것을 의미하기도 합니다. 실제로, 수학 수업 시간에 교사가 학생들의 평균 성취 수준에 맞춰 교수를 할 경우, 하위권 학생들의 수준과 교수 수준 간 차이가 크므로 일반 수학 교육 현장에서 하위권 학생들의 수학 학습이 이루어지기는 쉽지 않을 것 같습니다.

한편, 우리나라의 교육 시장에는 상위권인 학생들과 상위권을 목표로 하는 학생들을 위한 '수준 높은' 수학 교수 지침서 및 학습 교재가 정말 많습니다. 반면에 수학 성취 수준이 낮은 학생들의 학습을 도와줄 수 있는 교수 지침서나 학습 교재는 그다지 많지 않은 것 같습니다. 특별히 온라인 비대면 수업이 수업의 한 형태로 자리 잡고 있는 요즘, 수학 학습에 어려움이 있는 학생들을 위해 수학에 전문적인 지식이 없는 사람도 가르칠 수 있는 교수 지침서나 학습 자료가 절실히 필요합니다.

『눈으로 보는 수학』은 일반 수학 교육만으로는 수학 학습이 어려운 학생들을 위해 수학 중재 연구자가 개발한 차별화된 맞춤형 수학 교수 지침서 및 학생용 학습지입니다. 저자가 겪은 현장에서의 경험과 국내외 연구들을 통해 수학 능력 향상에 효과적임이 입증된 증거 기반 교수 방법(evidence-based instructional methods)을 사용하여, 수학 교사나 전문가뿐 아니라 수학에 전문적인 지식이 없는 사람도 쉽게 교수할 수 있도록 핵심 수학 기술과 문제 해결 과정을 단계별로 명확하게 설명하려 했습니다.

이 책에서 집중적으로 다루고 있는 수와 연산, 문자와 식 영역은 중 · 고등학교에서 배우는 수학 기술의 기본 토대라 할 수 있습니다. 초등 6학년부터 중학생 또는 고등학생까지, 중 · 고등 수학 기술의 이해와 학습을 위해 수와 연산, 문자와 식의 기초를 강화할 필요가 있는 학생이라면 누구나 『눈으로 보는 수학』으로 중재 지원할 수 있습니다.

『눈으로 보는 수학』은 대면 수업이나 온라인 비대면 수업 시 가정에서 학교 수업을 보충하고자 할 때, 통합 학급에서 보충 또는 기초 능력 강화 교수를 할 때, 학교 밖의 학습 종합 클리닉 센터와 개별 인지 학습 치료 센터에서 수학 중재를 할 때 사용하실 수 있습니다. 수학 학습 부진 때문에 자신감을 잃은 학생들에게 『눈으로 보는 수학』이 자신감 회복으로의 징검다리 역할을 할 수 있길 소망합니다.

책의 필요성과 내용에 대한 아이디어를 주고, 수정을 위한 예비 연구에 참여해 준 가르침의 현장에서 만난 아이들에게 감사를 표합니다. 수학 개념과 절차를 점검해 주시고 조언해 주신 김성철 님과, 원고의 정확성을 점검해 준 김하은 님, 정지민 님께 특별한 감사를 드립니다. 끝으로, 이 책을 출판할 수 있도록 도와주신 학지사 김진환 사장님, 볼품없던 초고부터 인내와 수고로 섬겨 주신 편집부 김준범 부장님과 편집부 여러분께 진심으로 감사드립니다.

『눈으로 보는 수학』의 구성

1 『눈으로 보는 수학』은 중고등학교 수학의 기초 영역인 수와 연산과 문자와 식 영역의 기본 기술을 3단계로 교수하고 학습할 수 있는 교사 지침서와 학생용 워크북으로 구성되어 있습니다.

- 사전 배치 검사
- 중재 1단계-16차시 교사 지침서와 학생용 워크북
- 중재 2단계-26차시 교사 지침서와 학생용 워크북
- 중재 3단계-25차시 교사 지침서와 학생용 워크북

중재 수준	교사용	학생용 교재	차시
중재 LEVEL 1	중재 교사용 LEVEL 1 (1.1.차시-1.16.차시)	중재 학생용 Level 1.1	1.1.차시-1.9.차시
		중재 학생용 Level 1.2	1.10.차시-1.16.차시
중재 LEVEL 2	중재 교사용 LEVEL 2 (2.1.차시-2.26.차시)	중재 학생용 Level 2.1	2.1.차시-2.4.차시
		중재 학생용 Level 2.2	2.5.차시-2.10.차시
		중재 학생용 Level 2.3	2.11.차시-2.15.차시
		중재 학생용 Level 2.4	2.16.차시-2.26.차시
중재 LEVEL 3	중재 교사용 LEVEL 3 (3.1.차시-3.25.차시)	중재 학생용 Level 3.1	3.1.차시-3.8.차시
		중재 학생용 Level 3.2	3.9.차시-3.17.차시
		중재 학생용 Level 3.3	3.18.차시-3.25.차시

2 『눈으로 보는 수학』에서 다루는 주요 수학 기술은 차시별로 다음과 같습니다.

중재 수준	차시	주요 수학 기술
Level 1.1	1단계 1차시	소수를 분수로 나타내기
	1단계 2차시	분수를 소수로 나타내기
	1단계 3차시	자연수와 분수의 나눗셈－수막대 모델
	1단계 4차시	진분수와 진분수의 나눗셈－수막대 모델
	1단계 5차시	자연수와 분수의 나눗셈－역수 이용
	1단계 6차시	분수와 분수의 나눗셈－역수 이용
	1단계 7차시	소수점의 위치가 같은 소수의 나눗셈－분수 이용
	1단계 8차시	소수점의 위치가 다른 소수의 나눗셈－분수 이용
	1단계 9차시	소수의 나눗셈－세로셈 방법
Level 1.2	1단계 10차시	비의 뜻
	1단계 11차시	비율의 뜻
	1단계 12차시	백분율 구하기
	1단계 13차시	분수와 소수를 백분율로 나타내기
	1단계 14차시	전체－부분 관계를 이용하여 기준량과 비교하는 양 구하기
	1단계 15차시	등식의 의미와 방정식 만들기
	1단계 16차시	등식의 성질을 이용하여 방정식 풀기
Level 2.1	2단계 1차시	거듭제곱의 뜻
	2단계 2차시	소인수분해의 뜻을 이해하고 구하기
	2단계 3차시	소인수분해 이용하여 최대공약수 구하기
	2단계 4차시	소인수분해 이용하여 최소공배수 구하기
Level 2.2	2단계 5차시	양의 정수와 음의 정수
	2단계 6차시	유리수의 뜻과 유리수의 대소 비교

	2단계 7차시	정수와 유리수의 덧셈
	2단계 8차시	덧셈의 교환법칙과 결합법칙
	2단계 9차시	정수와 유리수의 뺄셈
	2단계 10차시	유리수의 덧셈과 뺄셈의 혼합계산
Level 2.3	2단계 11차시	정수와 유리수의 곱셈
	2단계 12차시	정수와 유리수의 나눗셈
	2단계 13차시	곱셈의 교환법칙과 결합법칙을 이용한 곱셈 계산
	2단계 14차시	덧셈에 대한 곱셈의 분배법칙
	2단계 15차시	유리수의 혼합계산
Level 2.4	2단계 16차시	문자를 사용한 식
	2단계 17차시	문자를 사용한 곱셈식 간단히 나타내기
	2단계 18차시	문자를 사용한 나눗셈식 간단히 나타내기
	2단계 19차시	식의 값
	2단계 20차시	일차식과 수의 곱셈
	2단계 21차시	일차식과 수의 나눗셈
	2단계 22차시	계수가 정수인 일차식의 덧셈과 뺄셈
	2단계 23차시	계수가 유리수인 일차식의 덧셈과 뺄셈
	2단계 24차시	일차방정식과 그 해
	2단계 25차시	등식의 성질을 이용하여 일차방정식의 해 구하기
	2단계 26차시	이항을 이용하여 일차방정식의 해 구하기
Level 3.1	3단계 1차시	유한소수로 나타낼 수 있는 분수 찾기
	3단계 2차시	순환소수의 순환마디 나타내기
	3단계 3차시	순환소수를 분수로 나타내기
	3단계 4차시	지수법칙을 이용한 단항식의 곱셈

	3단계 5차시	지수법칙을 이용한 단항식의 나눗셈
	3단계 6차시	단항식의 곱셈
	3단계 7차시	단항식의 나눗셈
	3단계 8차시	단항식의 혼합셈
Level 3.2	3단계 9차시	문자가 2개인 일차식의 덧셈과 뺄셈
	3단계 10차시	이차식의 덧셈과 뺄셈
	3단계 11차시	단항식과 다항식의 곱셈을 포함하는 식의 덧셈과 뺄셈
	3단계 12차시	다항식과 단항식의 나눗셈을 포함하는 식의 덧셈과 뺄셈
	3단계 13차시	다항식과 다항식의 곱셈
	3단계 14차시	다항식의 거듭제곱-곱셈 공식 1
	3단계 15차시	둘째 항의 부호만 반대인 두 다항식의 곱-곱셈 공식 2
	3단계 16차시	두 다항식의 곱셈-곱셈 공식 3
	3단계 17차시	두 다항식의 곱셈-곱셈 공식 4
Level 3.3	3단계 18차시	주어진 식의 문자에 다른 식 대입하기
	3단계 19차시	등식의 변형-등식을 한 문자에 대해 풀기
	3단계 20차시	미지수가 2개인 일차방정식의 해 구하기
	3단계 21차시	연립방정식의 해 구하기 1-대입법
	3단계 22차시	연립방정식의 해 구하기 2-가감법
	3단계 23차시	주어진 수 대입하여 부등식의 해 구하기
	3단계 24차시	일차부등식의 풀이
	3단계 25차시	연립일차부등식의 풀이

3 『눈으로 보는 수학』의 각 차시는 다음과 같이 구성되어 있습니다.

차시의 구성

사전평가	• 차시 기술을 배우기 위한 사전 기술과 차시 기술을 평가합니다.
접속하기	• 차시 목표 개념이나 기술을 배우기 위해 필요한 용어를 학습하거나 사전 기술을 복습합니다.
보여 주기	• 교수자가 문제 풀이 과정을 단계별로 명확하게 말로 설명하면서 시범을 보입니다. (3문제)
함께 풀기	• 교수자가 문제 풀이를 촉진시키는 교수적인 도움을 제공하며 학생과 함께 문제 풀이를 합니다. (3문제)
아 그렇구나!	• 혼동되기 쉽거나 학생들이 흔하게 오류를 보이는 문제들을 함께 풀어 봅니다.
배움 체크하기	• 학생이 자신의 학습 정도를 체크 리스트를 통해 점검합니다.
혼자 풀기	• 학생이 혼자 문제 풀이를 합니다. (7문제)
채점 및 오답 분석	• 교수자가 채점표와 오답 분석표를 이용하여 학생의 혼자 풀기 문제 풀이를 채점하고 오류를 분석합니다.
중재 결정	• 교수자가 중재 결정표를 이용하여 다음 중재를 결정합니다.

『눈으로 보는 수학』의 특징

1 『눈으로 보는 수학』은 일반 수학 연구와 중재 수학 연구를 통해 그 효과가 입증된 증거기반 교수법(evidence-based instructional methods)을 적용하여 각 차시 기술을 교수합니다.

- 각 차시는 명시적 교수법의 순서(the sequence of explicit instruction)를 따라 구성되어 있습니다.
- 각 차시는 해당 차시 기술을 배울 때 흔하게 나타나는 오류들을 강조하며 적극적으로 교수합니다. 차시 교수를 실시하기 전에 교수자들이 흔한 오류를 인지할 수 있도록 흔한 오류의 예를 제시하고, 차시 교수를 마친 후에는 차시 기술과 관련하여 학생들이 혼동하거나 흔하게 오류를 보이는 문제들을 〈아 그렇구나!〉에서 함께 풉니다.
- 차시마다 학생들이 자신의 학습 정도를 스스로 체크할 수 있는 〈배움 체크하기〉가 있습니다.
- 차시마다 해당 차시 개념과 기술을 명확하게 단계적으로 보여 주는 수학 문제 해결 〈내비게이션(Navigation)〉이 제시됩니다.

2 『눈으로 보는 수학』은 평가 결과를 근거로 중재 교수 결정(data-based instructional decision-making)을 할 수 있는 시스템을 제공합니다.

- 『눈으로 보는 수학』은 사전 배치 검사 결과에 맞춰 차별적인 중재 시작 단계를 제시합니다.
- 『눈으로 보는 수학』은 각 차시의 사전 · 사후 검사를 통해 교사에게 학생의 학습 수준과 오류 성향을 분석할 수 있는 기회를 제공하며, 오답 분석과 중재 결정표를 통해

다음 중재 교수를 결정[브리지(Bridge) 차시 교수, 동 차시 반복, 다음 차시 교수]할 수 있도록 합니다.

- 『눈으로 보는 수학』의 해당 차시 기술을 학습하는 데 필요한 기초 기술이 부족할 경우, Bridge 차시에서 기초 기술을 학습할 수 있도록 연결해 줍니다.

3 『눈으로 보는 수학』은 수학 전문 교사가 아니라도 교수 지침서를 참고하여 교수할 수 있도록 개발되었습니다.

『눈으로 보는 수학』 사용 방법

초등학교 6학년, 중 · 고등학교 수학 부진 학생

배치 검사 실시 →

배치 검사 결과에 근거하여 중재 시작 단계 결정

중재 시작 단계에서 중재 실시 →

교사용 지침서 + 학생용 워크북

[매 차시 교수 실시]

- 사전평가
- 접속하기
- 보여 주기
- 함께 풀기
- 아 그렇구나!
- 배움 체크하기
- 혼자 풀기
- 채점 및 오답 분석
- 중재 결정 →

현재 중재 단계의 마지막 차시에서 다음 차시 실시라는 중재 결정이 내려졌을 경우

다음 단계 중재

차례

Level 2

1차시

거듭제곱의 뜻

[내비게이션 2.1] 곱셈으로 나타낸 수를 거듭제곱으로 나타내는 방법

거듭제곱으로 바꾸는 절차		예 $(2 \times 2 \times 2 \times 3 \times 3)$
① 밑 찾기	반복적으로 곱해진 어떤 수	2와 3
② 지수찾기	어떤 수가 곱해진 횟수	2는 3번, 3은 2번 곱해짐
③ 거듭제곱꼴로 나타내기	밑^{지수}	2^3, 3^2
④ 곱셈으로 거듭제곱수들 연결하기		$2^3 \times 3^2$

기억합시다.

거듭제곱은 어떤 수가 반복적으로 곱해진 수로 **밑^{지수}**로 표현(예: 3^4, 5^2)

○ **밑**: 반복적으로 곱해지는 수 **지수**: 곱해지는 횟수

○ $\square^{\heartsuit}$ 의 의미는 $\square$가 $\heartsuit$만큼 반복적으로 곱해졌다는 뜻

차시 목표 거듭제곱의 뜻을 알고, 같은 수가 여러 번 곱해진 수를 거듭제곱을 사용하여 나타낼 수 있다.

사전 지식 자연수의 곱셈, 정수의 곱셈

준비물 2단계 1차시 학생용 교재, 내비게이션 2.1

흔한 오류

1. 어떤 수가 반복적으로 더해진 경우에 거듭제곱으로 나타내려 한다.
   - 오류 예: $3 + 3 + 3 + 3 = 3^4$

2. 거듭제곱으로 표시된 수를 계산할 때, 밑을 지수만큼 반복적으로 곱해 주지 않고 밑과 지수를 곱한다.
   - 오류 예: $3^2 = 3 \times 2$

3. 같은 수가 여러 번 반복적으로 곱해진 수의 값을 계산할 때, 같은 수들의 덧셈으로 계산한다.
   - 오류 예: $7 \times 7 \times 7 = 7 \times 3 = 21$

사전평가

처음 두 문제는 가장 필수적인 사전 지식에 대한 이해를 묻고, 3번부터 7번까지는 차시 목표인 개념과 기술의 이해를 묻습니다.

다음 값을 계산하시오.

1. $6 \times 6 \times 6 =$

2. $3^5 =$

다음을 거듭제곱을 사용하여 나타내시오.

3. $3 \times 3 =$

4. $6 \times 6 \times 6 =$

5. $2 \times 2 \times 7 \times 7 \times 7 =$

6. $2 \times 2 \times 3 \times 3 \times 3 =$

7. $5 \times 5 \times 3 \times 7 \times 7 =$

정 답

1. 216　2. 243　3. 3^2　4. 6^3

5. $2^2 \times 7^3$　6. $2^2 \times 3^3$　7. $3 \times 5^2 \times 7^2$

접속하기

차시 목표 및 개념 설명

오늘은 수의 곱셈식을 거듭제곱을 사용하여 나타내는 방법에 대해 배우려 합니다. 먼저, 이번 차시에서 많이 사용될 용어를 정리해 봅시다.

1. 거듭제곱이란 무슨 뜻입니까? 거듭이란 말은 반복한다는 말이고, 제곱이란 말은 같은 수를 곱한다는 뜻입니다. 거듭제곱은 같은 수를 반복해서 곱한 수라는 뜻입니다. 예를 들어, 2^3은 2가 3번 곱해졌다는 뜻입니다.

2. 거듭제곱은 밑과 지수를 사용하여 표시됩니다. 밑은 반복되어 곱해지는 수이고, 지수는 밑이 곱해진 횟수를 말합니다. 2^3에서 2는 밑이고 3은 지수입니다. 2^3은 2가 3번 곱해졌다는 뜻입니다.

   $\rightarrow 2^3 = 2 \times 2 \times 2$

3. $\square^{\heartsuit}$ 은 $\square$가 $\heartsuit$만큼 반복적으로 곱해졌다는 뜻입니다.

4. 곱셈식을 거듭제곱을 사용하여 나타내려면,

   1) 먼저 어떤 수가 반복적으로 곱해졌는지, 즉 밑을 확인합니다.

      $2 \times 2 \times 2$에서 2가 반복적으로 곱해진 수이므로 2가 밑입니다.

   2) 어떤 수가 몇 번 반복적으로 곱해졌는지, 즉 지수를 확인합니다.

      $2 \times 2 \times 2$에서 2가 세 번 곱해졌으므로 3이 지수입니다.

   3) 밑과 지수를 이용하여 곱셈식을 거듭제곱꼴로 씁니다.

      $\square^{\heartsuit}$ 에서 밑은 $\square$에 지수는 $\heartsuit$에 씁니다.

      $2 \times 2 \times 2$의 밑은 2이고 지수는 3이므로 거듭제곱꼴로 쓰면 2^3입니다.

4) 두 개 이상의 수가 반복적으로 곱해진 경우에는 거듭제곱수를 곱셈으로 연결합니다. 두 개 이상의 밑을 가진 $2 \times 2 \times 2 \times 3 \times 3$을 거듭제곱으로 나타낼 때는 2^3과 3^2을 곱해 주어 $2^3 \times 3^2$이라 나타냅니다.

보여 주기

☞ **개념 및 기술 교수, 개념 및 기술 예시 제시, 보는 수학 내비게이션을 이용한 교사 모델링**

다음 곱셈식을 거듭제곱으로 나타내는 방법을 알아봅시다.

1 (보여 주는 문제 1을 보여 주며) $3 \times 3 \times 3 \times 3$을 거듭제곱으로 나타내 봅시다. 거듭제곱수는 어떤 수가 반복적으로 곱해진 수를 말합니다. 반복적으로 곱해진 어떤 수는 **밑**이라 하고, 밑이 몇 번 반복되어 곱해졌는지를 나타내는 수는 **지수**라 합니다.

1. 먼저, 반복적으로 곱해진 수, 즉 밑을 확인합니다.
   - $3 \times 3 \times 3 \times 3$에서 밑은 3입니다.

2. 밑이 몇 번 반복되었는지를 확인합니다. 즉, 지수를 확인합니다.
   - $3 \times 3 \times 3 \times 3$에서 3은 4번 반복되었으므로 지수는 4입니다.

3. 밑과 지수를 이용하여 거듭제곱꼴로 나타냅니다. $\square^{\heartsuit}$에서 밑은 □에 쓰고 지수는 ♡에 씁니다.
   - □에는 3이, ♡에는 4가 들어가므로 $3 \times 3 \times 3 \times 3$의 거듭제곱꼴은 3^4입니다.

4. 곱셈으로 거듭제곱수들을 연결합니다.
   - 주어진 곱셈식은 3^4만 포함하므로 3^4가 주어진 곱셈식의 거듭제곱입니다.

❷ (보여 주는 문제 2를 보여 주며) 4×4를 거듭제곱으로 나타내 봅시다.

1. 먼저, 반복적으로 곱해진 수, 즉 밑을 확인합니다.
   - 4×4에서 밑은 4입니다.
2. 밑이 몇 번 반복되었는지를 확인합니다. 즉, 지수를 확인합니다.
   - 4×4에서 4는 2번 반복되었으므로 지수는 2입니다.
3. 밑과 지수를 이용하여 거듭제곱꼴로 나타냅니다. $\square^{\heartsuit}$에서 밑은 $\square$에 쓰고 지수는 ♡에 씁니다.
   - $\square$에는 4, ♡에는 2가 들어가므로 4×4의 거듭제곱꼴은 4^2입니다.
4. 곱셈으로 거듭제곱수들을 연결합니다.
   - 주어진 곱셈식은 4^2만 포함하므로 4^2가 주어진 곱셈식의 거듭제곱입니다.

❸ (보여 주는 문제 3을 보여 주며) 이번에는 한 수가 아니라 두 개 이상의 수가 반복적으로 곱해진 식, $5 \times 5 \times 5 \times 2 \times 2$를 거듭제곱으로 나타내 봅시다.

1. 먼저 반복적으로 곱해진 수, 즉 밑을 확인합니다.
   - $5 \times 5 \times 5 \times 2 \times 2$에서 반복적으로 곱해진 수는 5와 2 두 개입니다.
   - 5와 2가 밑입니다.
2. 각 밑의 지수를 확인합니다.
   - 5는 3번 곱해졌으므로 5의 지수는 3입니다.
   - 2는 2번 곱해졌으므로 2의 지수는 2입니다.
3. 밑과 지수를 거듭제곱꼴로 나타냅니다.
   - 5는 3번 곱해졌으므로 5^3이 됩니다.

- 2는 2번 곱해졌으므로 2^2이 됩니다.

4. 두 거듭제곱꼴을 곱셈으로 연결해 줍니다.

- $5 \times 5 \times 5 \times 2 \times 2 = 5^3 \times 2^2$

함께 풀기

(내비게이션 2.1 을 보여 주며) 내비게이션 2.1 은 같은 수가 반복적으로 곱해진 곱셈식을 거듭제곱꼴로 나타내는 방법을 간단히 보여 줍니다. 곱셈으로 나타내진 수의 곱을 거듭제곱으로 나타내려면 반복적으로 곱해진 어떤 수를 찾아 먼저 거듭제곱의 밑의 자리에 쓰고 어떤 수가 몇 번 반복적으로 곱해졌는지를 세어 거듭제곱의 지수 자리에 씁니다. 두 개 이상의 수가 반복적으로 곱해졌을 때는 각 수를 밑으로 하는 거듭제곱을 만들고 거듭제곱수들을 곱해 줍니다. 내비게이션을 보면서 다음 문제들을 함께 풀어 봅시다.

1 (함께 풀어 보는 문제 1을 가리키며) $5 \times 5 \times 5 \times 5$를 거듭제곱꼴로 나타내 봅시다.

1. 곱셈식을 거듭제곱으로 나타낼 때 제일 먼저 해야 하는 것을 무엇입니까? 어떤 수가 반복적으로 곱해졌는지, 즉 밑이 무엇인지 확인하는 것입니다.
   - $5 \times 5 \times 5 \times 5$에서 반복해서 곱해진 수는 무엇입니까? 반복적으로 곱해진 수는 5입니다. 5가 밑입니다.

2. 다음은 무엇을 해야 합니까? 밑이 몇 번 곱해졌는지를 세어 지수를 구합니다.
   - $5 \times 5 \times 5 \times 5$에는 5가 몇 번 곱해졌습니까? 5가 4번 곱해졌으므로 지수는 4입니다.

3. 다음은 무엇을 합니까? 밑과 지수를 이용하여 곱셈식을 거듭제곱꼴로 나타냅니다. $\square^{♡}$에서 밑은 어디에 씁니까? 밑은 □에 쓰고 지수는 ♡에 씁니다.
   - □과 ♡에는 각각 어떤 수가 들어가야 합니까? □에는 5, ♡에는 4가 들어가므로 $5 \times 5 \times 5 \times 5$의 거듭제곱은 5^4입니다.

4. 다음은 무엇을 합니까? 곱셈식에 거듭제곱이 2개 이상 포함되어 있는 경우, 거듭제곱들을 곱해 줍니다.
   - 주어진 곱셈식에 포함된 거듭제곱은 5^4뿐이므로 5^4가 답입니다.

② (함께 풀어 보는 문제 2를 가리키며) $4 \times 4 \times 5 \times 5$를 거듭제곱꼴로 나타내 봅시다.

1. 곱셈으로 나타내진 수를 거듭제곱으로 나타내려면 제일 먼저 무엇을 해야 합니까? 반복적으로 곱해진 수는 무엇인지, 즉 밑이 무엇인지 확인합니다.
   - $4 \times 4 \times 5 \times 5$에서 반복해서 곱해진 수는 무엇입니까? 4와 5가 반복적으로 곱해졌습니다.
   - 4와 5가 밑이 됩니다.

2. 다음은 무엇을 해야 합니까? 각 밑이 몇 번 곱해졌는지 확인하여 각 밑의 지수를 구합니다.
   - $4 \times 4 \times 5 \times 5$에서 4는 몇 번 곱해졌습니까? 4는 2번 곱해졌으므로 밑 4의 지수는 2입니다.
   - $4 \times 4 \times 5 \times 5$에서 5는 몇 번 곱해졌습니까? 5는 2번 곱해졌으므로 밑 5의 지수는 2입니다.

3. 다음은 무엇을 합니까? 밑과 지수를 이용하여 곱셈식을 거듭제곱으로 나타냅니다.
   - 밑 4의 지수는 2이므로 4^2로 나타냅니다.
   - 밑 5의 지수는 2이므로 5^2로 나타냅니다.

4. 다음은 무엇을 합니까? 두 거듭제곱을 곱해 줍니다.
   - $4 \times 4 \times 5 \times 5$를 거듭제곱으로 나타내면 $4^2 \times 5^2$입니다.

③ (함께 풀어 보는 문제 3을 가리키며) $3 \times 3 \times 5 \times 5 \times 5 \times 11 \times 11$을 거듭제곱으로 나타내 봅시다.

1. 제일 먼저 해야 하는 것은 무엇입니까? 어떤 수가 반복적으로 곱해졌는지, 즉 밑이 무엇인지 확인합니다.

- 이 곱셈식에서 반복해서 곱해진 수는 무엇입니까? 3, 5, 11이 반복적으로 곱해졌습니다.
- 3, 5, 11이 밑이 됩니다.

2. 다음은 무엇을 해야 합니까? 각 밑이 몇 번 곱해졌는지를 확인하여 각 밑의 지수를 구합니다.
    - $3 \times 3 \times 5 \times 5 \times 5 \times 11 \times 11$에서 3은 몇 번 곱해졌습니까? 3은 2번 곱해졌으므로 밑 3의 지수는 2입니다.
    - $3 \times 3 \times 5 \times 5 \times 5 \times 11 \times 11$에서 밑 5는 몇 번 곱해져 있습니까? 5는 3번 곱해져 있으므로 밑 5의 지수는 3입니다.
    - $3 \times 3 \times 5 \times 5 \times 5 \times 11 \times 11$에서 11은 몇 번 곱해졌습니까? 11은 2번 곱해졌으므로 밑 11의 지수는 2입니다.

3. 다음은 무엇을 합니까? 밑과 지수를 이용하여 곱셈식을 거듭제곱꼴로 나타냅니다.
    - 3의 지수는 2이므로 거듭제곱으로 나타내면 3^2입니다.
    - 5의 지수는 3이므로 거듭제곱으로 나타내면 5^3입니다.
    - 11의 지수는 2이므로 거듭제곱으로 나타내면 11^2입니다.

4. 다음은 무엇을 합니까? 세 거듭제곱을 곱셈으로 연결하여 줍니다.
    - $3 \times 3 \times 5 \times 5 \times 5 \times 11 \times 11$을 거듭제곱으로 나타내면 $3^2 \times 5^3 \times 11^2$입니다.

아 그렇구나!

혼동되는 문제 다시 풀기
최다 오류를 반례로 제시하여 개념 및 기술 획득 강화

아 그렇구나! 에서는 곱셈식을 거듭제곱으로 나타낼 때 우리가 자주 혼동하는 문제들을 함께 풀어 봅니다. 이 문제들을 풀 때 왜 실수가 많은지 함께 생각해 봅시다.

1 (아 그렇구나! 문제 1을 가리키며) $2 \times 2 \times 5$는 왜 혼동되는 문제입니까?

⇨ 이 문제에서 2는 2번 곱해졌으므로 밑이 2이고 지수가 2인 거듭제곱꼴 2^2으로 나타낼 수 있는데, 5는 1번만 곱해졌으므로 거듭제곱꼴로 나타낼 수가 없어서 혼동할 수 있습니다. 이런 경우는 거듭제곱꼴인 2^2에 5를 곱해 주면 됩니다. $2 \times 2 \times 5$의 거듭제곱꼴은 $2^2 \times 5$입니다.

2 (아 그렇구나! 문제 2를 가리키며) $(-1) \times (-1) \times (-1) \times (-1)$은 왜 혼동되는 문제입니까?

⇨ 음의 부호를 가진 정수 (-1)이 4번 곱해졌으므로 밑에 (-1)을 쓰고 지수에 4를 써서 $(-1)^4$으로 써 줘야 하는데, -1^4으로 혼동하는 경우가 있습니다. $(-1)^4$은 1이고 -1^4은 -1입니다.

❸ (아 그렇구나! 문제 3을 가리키며) $3 + 3 + 3 + 3$은 왜 혼동되는 문제입니까?

⇨ 거듭제곱의 의미는 같은 수가 반복적으로 곱해진 수를 말합니다. 이 식은 같은 수가 반복적으로 더해진 수입니다. 거듭제곱의 의미를 정확하게 이해하지 못한 경우, $3 + 3 + 3 + 3$을 3^4으로 혼동하는 경우가 있습니다. $3 + 3 + 3 + 3 = 3 \times 4 = 12$입니다.

배움 체크하기

(배움 체크 리스트를 가리키며) 오늘 우리가 함께 공부한 것을 혼자서도 할 수 있는지 체크해 봅시다. 혼자서도 할 수 있으면 👍, 선생님의 도움이 더 필요하다면 ?에 동그라미로 표시하세요.

배움 체크 리스트	👍	?
1. 거듭제곱은 어떤 수가 반복적으로 곱해진 수라는 의미를 이해합니다.		
2. 거듭제곱으로 나타낸 수의 값을 구할 수 있습니다.		
3. 거듭제곱은 밑과 지수로 나타낼 수 있음을 이해합니다.		
4. 밑은 반복적으로 곱해진 어떤 수를 의미함을 이해하고 곱셈식에서 밑을 찾을 수 있습니다.		
5. 지수는 어떤 수가 몇 번 반복적으로 곱해졌는지를 나타내는 수임을 이해하고 곱셈식에서 지수를 찾을 수 있습니다.		
6. 두 개 이상의 수가 반복적으로 곱해졌을 때, 지수와 밑을 찾을 수 있습니다.		
7. 두 개 이상의 수가 반복적으로 곱해졌을 때, 각 거듭제곱꼴을 곱셈으로 연결함을 이해하고 적용할 수 있습니다(예: $2^3 \times 5^4$).		

혼자 풀기

(혼자 풀어 보는 문제 1~7을 제시하며) 오늘 배운 것을 기억하면서 문제를 혼자 풀어 보는 시간입니다. 내비게이션 2.1 을 사용하면 도움이 됩니다.

다음을 계산하시오.

1. $3^4 =$ ______________

2. $2^3 \times 3 =$ ______________

다음을 거듭제곱으로 나타내시오.

3. $3 \times 3 \times 3 \times 3 = \square^{\heartsuit} =$ ______________

4. $6 \times 6 \times 6 = \square^{\heartsuit} =$ ______________

5. $2 \times 2 \times 7 \times 7 \times 7 = \square^{\heartsuit} \times \square^{\heartsuit} =$ ______________

6. $2 \times 2 \times 3 \times 3 \times 3 = \square^{\heartsuit} \times \square^{\heartsuit} =$ ______________

7. $10 \times 10 = \square^{\heartsuit} =$ ______________

채점 및 오답 분석

학생이 쓴 답을 기재하고, 오답인 경우 중재 결정표 에서 가능한 오류 원인을 1~8 중에서 골라 번호로 기재합니다. 기타 원인 때문에 오답이 발생했을 경우, 구체적으로 어떤 이유인지 기재합니다. 가능한 오답의 원인을 모두 기재합니다.

혼자 풀어 보는 문제	정답	학생이 쓴 답	오답 원인
1. 3^4	81		
2. $2^3 \times 3$	24		
3. $3 \times 3 \times 3 \times 3$	3^4		
4. $6 \times 6 \times 6$	6^3		
5. $2 \times 2 \times 7 \times 7 \times 7$	$2^2 \times 7^3$		
6. $2 \times 2 \times 3 \times 3 \times 3$	$2^2 \times 3^3$		
7. 10×10	10^2		
	정답 개수	/ 7	

중재 결정표

오답 원인을 분석하여 차후 중재를 결정하세요.

오답 원인	발생 빈도	최다 발생 오류	중재 결정
1. 사전 지식 및 기술(정수의 곱셈)			
2. 용어나 문제 이해 부족(거듭제곱의 의미, 밑, 지수)			
3. 거듭제곱수의 이해나 계산 오류			
4. 곱셈식에서 밑과 지수를 찾는 방법의 이해와 적용의 어려움			
5. 두 개 이상의 수가 반복적으로 곱해졌을 때, 각 수를 거듭제곱꼴로 나타내는 방법의 이해와 적용의 어려움			
6. 두 개 이상의 수가 반복적으로 곱해졌을 때, 각 수를 거듭제곱으로 나타낸 후 연결시키는 방법의 이해와 적용의 어려움			
7. 부주의/계산 실수			
8. 기타(구체적 원인 기재하기)			

가장 흔한 오답 원인	1과 2 중 하나	3, 4, 5, 6 중 하나	7
	AND	AND	OR
오답률	오답이 2개 이상	오답이 2개 이상	오답이 2개 미만
다음 중재	브리지(Bridge)	동 차시 반복	다음 차시

브리지(Bridge) 차시
- 정수의 곱셈

2차시

소인수분해의 뜻을 이해하고 구하기

[내비게이션 2.2] 사다리 방법으로 소인수분해하기

〈1단계〉 1층 오른쪽 길에 소인수분해할 자연수를 써넣는다.

○	20	1층
□	△	2층

〈2단계〉 1층 자연수를 나눌 수 있는 가장 작은 소수를 1층 왼쪽 길에 써넣는다.

2	20	1층
□	△	2층

〈3단계〉 1층 자연수를 1층 소수로 나눈 몫을 2층 오른쪽 길에 써넣는다. 몫이 소수이면 중지하고 6단계로 이동한다.

2	20	1층
□	10	2층
	△	3층

〈4단계〉 2층 오른쪽 길 자연수를 나눌 수 있는 가장 작은 소수를 2층 왼쪽 길에 써넣는다.

2	20	1층
2	10	2층
	△	3층

〈5단계〉 2층 오른쪽 길 자연수를 왼쪽 길 소수로 나눈 몫을 3층 오른쪽 길에 써넣는다. 소수이면 중지, 합성수면 4~5단계 반복한다.

2	20	1층
2	10	2층
	5	3층

소수이면 중지

〈6단계〉 사다리 중지하면 왼쪽 길의 소수 둘과 가장 아래층 오른쪽 길 소수를 곱셈 형태로 나타낸다.

$20 = 2 \times 2 \times 5$

차시 목표 소인수분해의 뜻을 이해하고, 소인수분해를 할 수 있다.

사전 지식 약수, 공약수, 서로소, 합성수, 소수, 최대공약수에 대한 이해

준비물 2단계 2차시 학생용 교재, **내비게이션 2.2**

흔한 오류

1. 자연수의 곱셈과 나눗셈 기술이 부족할 경우, 소인수분해 과정 중에 틀린 약수들을 포함하게 되어 소인수분해에 오류가 발생한다.

2. 30보다 큰 소수를 소인수분해해야 할 때, 그 자연수가 합성수가 아니라 소수임을 이해하지 못하면 소인수분해에 어려움을 겪는다.
   - 오류 예: 37, 67, 83 등이 주어졌을 때, 이 자연수들이 소수임을 알지 못하면 약수(인수)를 찾으려 노력한다.

3. 소수와 홀수를 혼동하여, 홀수인 합성수(예: 9, 21, 33)를 소수로 간주하고 소인수분해를 중도에 중단한다.

4. 소인수분해를 한다는 것은 그 수를 더 이상 나뉠 수 없는 소수들의 곱으로 나타내는 것이라는 의미를 정확히 알지 못하는 경우에도 합성수가 있는 상태에서 소인수분해를 중단하여 오류가 발생한다.
   - 오류 예: 18을 소인수분해할 경우, 소수들의 곱으로 나타날 때까지 더 분해하지 않고 $18 = 2 \times 9$에서 멈춘다.

5. 동일한 소수의 곱으로만 이루어진 자연수의 소인수분해를 어려워한다.
   - 오류 예: $32 = 2 \times 2 \times 2 \times 2 \times 2$로 소인수분해하지 않고, 32에는 2라는 소수가 5번 들어 있으므로 $32 = 2 \times 5$로 소인수분해하기도 한다.

사전평가

처음 두 문제는 가장 필수적인 사전 지식에 대한 이해를 묻고, 3번부터 7번까지는 차시 목표인 개념과 기술의 이해를 묻습니다.

다음 수의 약수를 구하시오.

1. 15 약수 ____________

2. 40 약수 ____________

다음 수를 소인수분해하시오.

3. $24 =$

4. $54 =$

5. $66 =$

6. $83 =$

7. $17 =$

정 답

1. 약수 1, 3, 5, 15

2. 약수 1, 2, 4, 5, 8, 10, 20, 40

3. $24 = 2 \times 2 \times 2 \times 3$

4. $54 = 2 \times 3 \times 3 \times 3$

5. $66 = 2 \times 3 \times 11$

6. $83 = 1 \times 83$

7. $17 = 1 \times 17$

접속하기

차시 목표 및 개념 설명

오늘은 소인수분해의 뜻과 방법에 대해서 공부하려 합니다. 먼저, 이번 차시에서 많이 사용될 용어를 정리해 봅시다.

1. 소인수분해는 소수인 약수들(소인수)만의 곱으로 나타내는 것을 말합니다.

2. 소수는 무엇입니까? 소수는 1과 자기 자신으로만 나눠는 자연수를 말합니다. 1부터 10까지의 자연수 중 소수인 것을 말해 봅시다. 2, 3, 5, 7은 1과 자신 외에는 약수가 없으므로 소수입니다.

3. 합성수란 무엇입니까? 소수가 아닌 수, 즉 1과 자기 자신 외에 다른 약수가 있는 자연수를 합성수라 합니다. 예를 들면, 4와 9는 1과 자기 자신 외에도 다른 수(4의 약수는 1, 2, 4; 9의 약수는 1, 3, 9)로 나누어지므로 합성수입니다.

4. 소인수분해하는 방법에는 여러 가지가 있지만, 이번 차시에서는 자연수를 사다리 모양으로 펼쳐 소수들의 곱으로 소인수분해하는 방법에 대해 배워 봅시다. 소인수분해 사다리는 맨 위에서부터 1층, 2층, 3층 이렇게 내려갑니다. 사다리 오른쪽 길은 나뉠 수(피제수)가 내려가는 길입니다. 피제수는 바로 위층의 오른쪽 수를 위층의 왼쪽 소수로 나눈 몫이기도 합니다. 사다리 왼쪽 길은 나누는 수(제수: 오직 소수만 됨)가 내려가는 길입니다. 1층부터 순서대로 오른쪽 수가 더 이상 나눌 수 없는 소수가 될 때까지 지그재그 형식으로 내려가며 계산합니다.

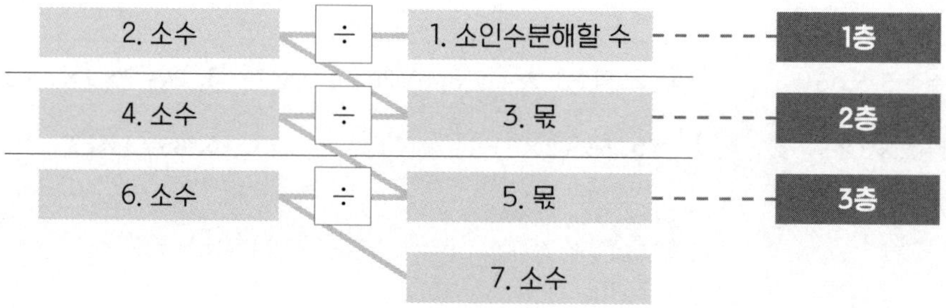

보여 주기

개념 및 기술 교수, 개념 및 기술 예시 제시, 보는 수학 내비게이션을 이용한 교사 모델링

다음을 소인수분해해 봅시다.

1 (보여 주는 문제 1을 보여 주며) 20은 어떻게 소인수분해합니까?

1. 20을 소인수분해하려면 사다리 1층 오른쪽 길에 소인수분해해야 하는 자연수, 즉 20을 써넣습니다.

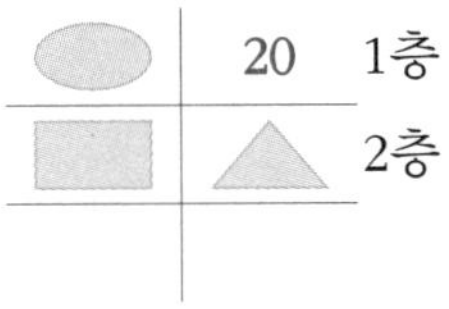

2. 이제 그 자연수를 나눌 수 있는 소수들 중 가장 작은 소수를 생각해서 1층 왼쪽 길( )에 써넣습니다.
   - 20을 나눌 수 있는 가장 작은 소수를 알아보기 위해 가장 작은 소수부터 차례대로 대입시켜 봅니다(2, 3, 5, 7).
   - 20은 2로 나누어지므로 2가 최소 소수인 약수입니다.

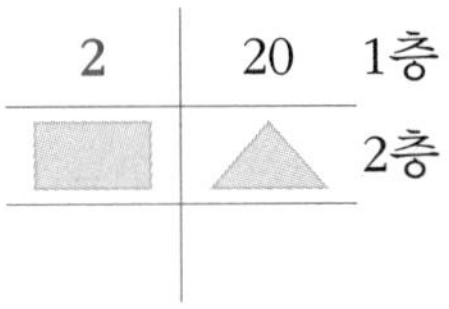

3. 다음은 ( )에 자연수 20을 소수인 2로 나눈 몫을 써넣습니다.
   - 20을 2로 나누면 몫이 10입니다.

2	20	1층
□	10	2층
	△	3층

4. 10이 소수입니까? 아닙니다.

- 그럼 더 나눌 수 있다는 뜻이므로 10을 나눌 수 있는 소수를 생각해 봅니다.
- 2층의 왼쪽 길(□)에는 10을 나눌 수 있는 소수 중 가장 작은 소수인 2를 써넣습니다.

2	20	1층
2	10	2층
	△	3층

5. 사다리 3층(△)에는 10을 2로 나눴을 때의 몫을 써넣습니다.

- 10을 2로 나눴을 때 몫은 5입니다.

2	20	1층
2	10	2층
	5	3층

6. 5가 소수입니까? 5는 소수입니다.

- 몫이 소수가 되면 사다리는 여기서 끝이 납니다.

7. 사다리가 끝이 나면 왼쪽 길에 있는 소수들과 마지막 몫으로 나온 소수를 곱하여 소인수분해 형식으로 나타냅니다.

2	20
2	10
	5

$\rightarrow 20 = 2 \times 2 \times 5$

❷ (보여 주는 문제 2를 보여 주며) 같은 방법으로 45를 소인수분해해 봅시다.

1. 먼저 소인수분해해야 할 자연수 45를 사다리 1층에 써넣습니다.

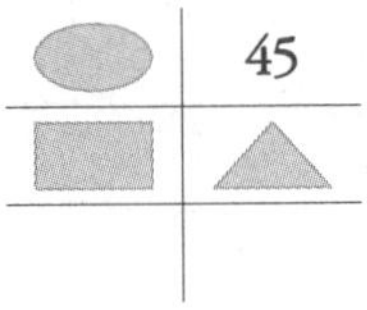

2. 45를 나눌 수 있는 소수를 생각해 봅시다.

- 45는 2로 나누어집니까? 아닙니다. 45는 3으로 나누어집니까? 3이 45를 나눌 수 있는 가장 작은 소수입니다. 3을 1층 왼쪽 길( )에 써 줍니다.

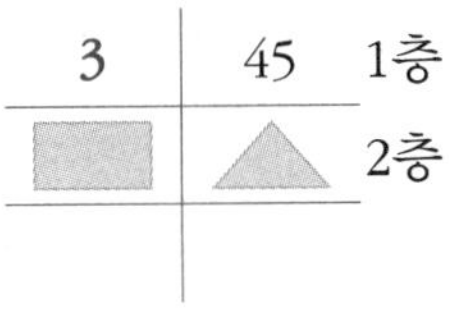

3. 2층 오른쪽 길( )에는 자연수 45를 소수인 3으로 나눈 몫을 써넣습니다.

- 45를 3으로 나누면 몫이 15입니다.

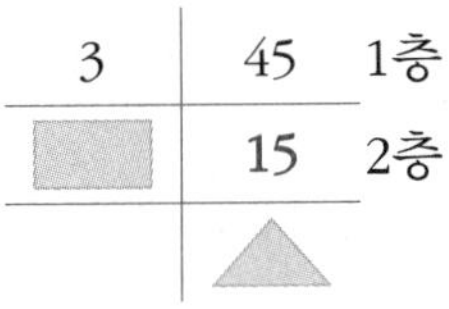

4. 15는 소수입니까? 15는 소수가 아닙니다.

- 15가 소수가 아니라는 것은 15를 더 나눌 수 있다는 뜻입니다.
- 15를 나눌 수 있는 가장 작은 소수 무엇입니까? 15는 소수 3으로 나누어집니다.
- 2층의 왼쪽 길( )에는 15를 나눌 수 있는 가장 작은 소수 3을 써넣습니다.

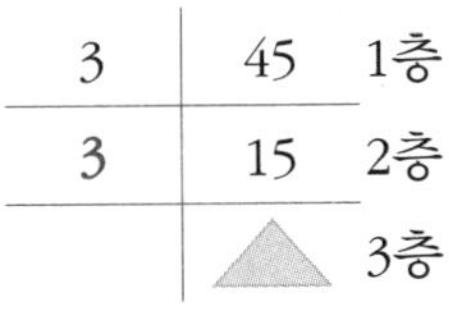

5. 3층 오른쪽 길(△)에는 15를 3으로 나눴을 때의 몫을 써넣습니다.

- 15를 3으로 나눴을 때 몫은 5입니다.

3	45	1층
3	15	2층
	5	3층

6. 5가 소수입니까?

- 몫인 5가 소수이므로 여기서 사다리가 끝이 납니다.

7. 왼쪽 길에 있는 소수들과 마지막 몫으로 나온 소수를 곱하여 소인수분해합니다.

3	45	
3	15	$\rightarrow 45 = 3 \times 3 \times 5$
	5	

❸ (보여 주는 문제 3을 보여 주며) 사다리 방법을 사용하여 105를 소인수분해해 봅시다.

1. 제일 먼저 해야 할 일은 무엇입니까? 사다리 1층 오른쪽 길에 소인수분해해야 하는 자연수 105를 써넣습니다.

○	105	1층
□	△	2층

2. 이제 그 자연수 105를 나눌 수 있는 가장 작은 소수를 생각해서 1층 왼쪽 길(○)에 써넣습니다.

- 105를 나눌 수 있는 가장 작은 소수는 3입니다.

3	105	1층
	△	2층

3. (△)에는 자연수 105를 소수 3으로 나눈 몫 35를 써넣습니다.

3	105	1층
□	35	2층

4. 35가 소수입니까? 35는 소수가 아닙니다.

- 35를 나눌 수 있는 소수를 생각해 봅시다.
- 2층의 왼쪽 길(□)에는 35를 나눌 수 있는 가장 작은 소수 5를 써넣습니다.

3	105	1층
5	35	2층
	△	3층

5. 사다리 3층(△)에는 35를 5로 나눴을 때 몫인 7을 써넣습니다.

3	105	1층
5	35	2층
	7	3층

6. 7이 소수입니까? 7은 소수입니다.

- 몫이 이렇게 소수가 되면 사다리를 끝냅니다.

7. 사다리가 끝이 나면 왼쪽 길에 있는 소수들과 마지막 몫으로 나온 소수를 곱하여 소인수분해합니다.

3	105
5	35
	7

$\rightarrow 105 = 3 \times 5 \times 7$

함께 풀기

(내비게이션 2.2 를 보여 주며) 내비게이션 2.2 는 사다리 방법을 이용하여 소인수분해하는 방법과 예를 보여 주고 있습니다. 내비게이션 2.2 를 보면서 다음 문제를 같이 풀어 봅시다.

❶ (함께 풀어 보는 문제 1을 보여 주며) **이번에는 사다리 방법을 이용해 68을 소인수분해해 봅시다**(교사는 문제 풀이를 보드나 노트에 써서 보여 주도록 하고, 학생들은 학생용 교재에 있는 문제풀이 공간에 문제 풀이를 적도록 합니다).

1. 68을 소인수분해하기 위해 제일 먼저 해야 할 일은 무엇입니까? 사다리 1층 오른쪽 길에 소인수분해할 자연수 68을 써넣습니다.

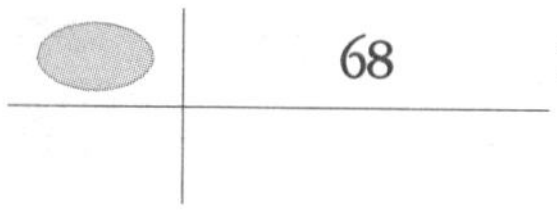

2. 다음은 무엇을 합니까? 68을 나눌 수 있는 가장 작은 소수를 생각해서 1층 왼쪽 길( )에 써넣습니다.
   - 68을 나눌 수 있는 소수 중 가장 작은 소수는 무엇입니까? 68을 나눌 수 있는 가장 작은 소수는 2입니다.

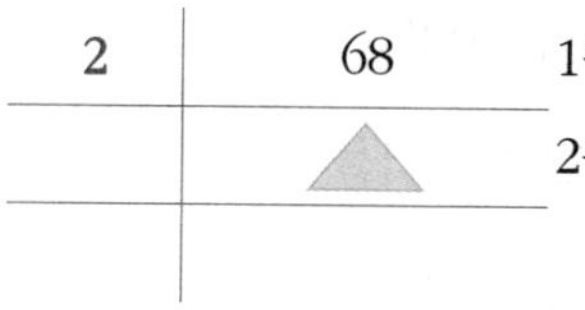

3. 에는 무엇을 써야 합니까? 자연수 68을 소수 2로 나눈 몫 34를 써넣습니다.

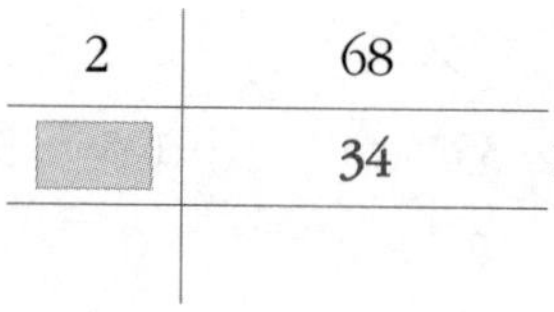

4. 34가 소수입니까? 34는 소수가 아닙니다.

- 2층의 왼쪽 길(□)에는 34를 나눌 수 있는 가장 작은 소수를 찾아 써넣습니다.
- 34를 나눌 수 있는 최소의 소수는 무엇입니까? 34를 나눌 수 있는 최소의 소수는 2입니다.

2	68	1층
2	34	2층
	△	3층

5. 사다리 3층(△)에는 34를 2로 나눴을 때 몫인 17을 써넣습니다.

2	68	1층
2	34	2층
	17	3층

6. 17이 소수입니까? 17은 소수입니다.

- 몫이 이렇게 소수가 되면 다음은 무엇을 합니까? 몫이 소수가 되면 사다리 만들기를 끝냅니다.
- 사다리가 끝이 나면 왼쪽 길에 있는 소수들과 마지막 몫으로 나온 소수를 곱하여 소인수분해합니다.

2	68
2	34
	17

$\rightarrow 68 = 2 \times 2 \times 17$

❷ (함께 풀어 보는 문제 2를 보여 주며) 이번에는 22를 소인수분해해 봅시다.

1. 22를 소인수분해하기 위해 제일 먼저 해야 할 일은 무엇입니까? 사다리 1층 오른쪽 길에 소인수분해해야 하는 자연수 22를 써넣습니다.

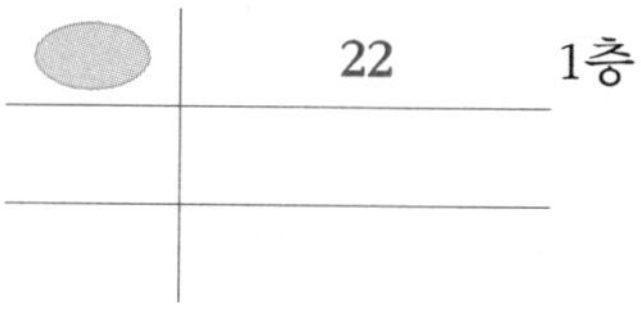

2. 다음은 무엇을 합니까? 22를 나눌 수 있는 최소의 소수를 생각해서 1층 왼쪽 길 ()에 써넣습니다.
   - 22를 나눌 수 있는 최소의 소수는 얼마입니까? 22를 나눌 수 있는 최소의 소수는 2입니다.

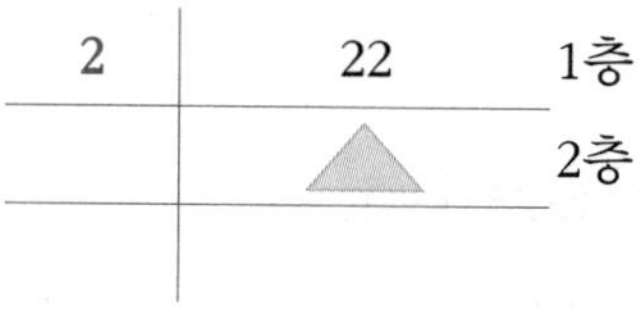

3.  에는 무엇을 씁니까? 22를 2로 나눈 몫을 씁니다.
   - 22를 2로 나눈 몫은 얼마입니까? $22 \div 2 = 11$입니다.

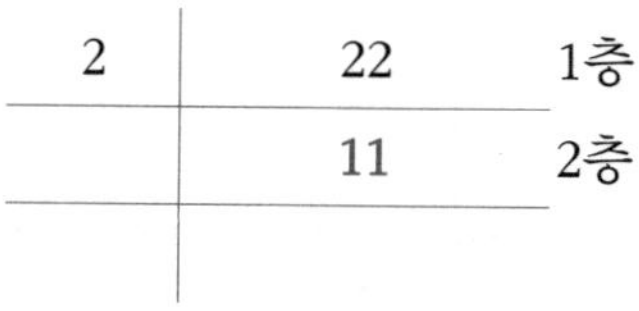

4. 11이 소수입니까? 11은 소수입니다.
   - 몫이 이렇게 소수가 되었을 땐 무엇을 해야 합니까? 사다리 만들기를 끝냅니다.

5. 사다리가 끝이 나면, 왼쪽 길에 있는 소수들과 마지막 몫으로 나온 소수를 곱하여 소인수분해합니다.

2	22
	11

→ 22 = 2 × 11

3 (함께 풀어 보는 문제 3을 보여 주며) 이번에는 144를 소인수분해해 봅시다.

1. 144를 소인수분해해 봅시다. 144는 어디에 씁니까? 144를 1층 오른쪽 길에 써넣습니다.

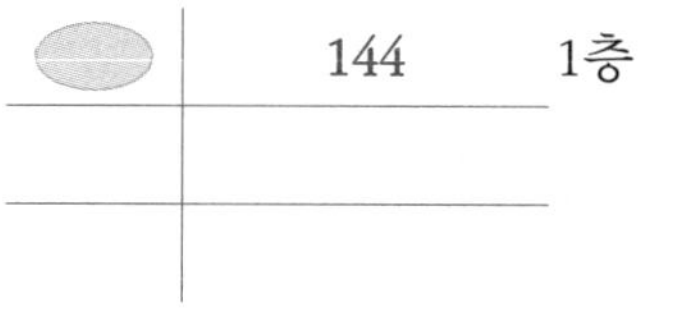

2. 다음은 무엇을 합니까? 144를 나눌 수 있는 소수 중 가장 작은 소수를 구합니다.

- 144의 약수 중 최소의 소수는 무엇입니까? 2가 144를 나머지 없이 나눌 수 있는 가장 작은 소수입니다.
- 2는 어디에 씁니까? 2는 1층 왼쪽 길( )에 씁니다.

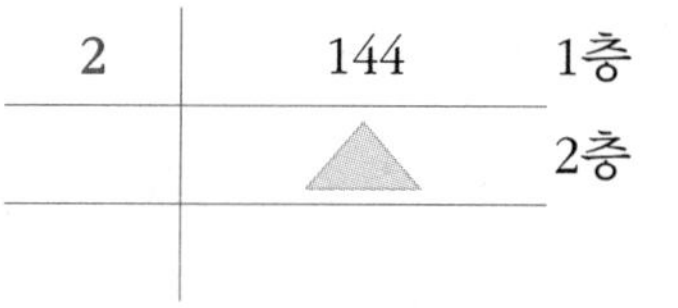

3. 에는 무엇을 넣습니까? 144를 2로 나눈 몫인 72를 씁니다.

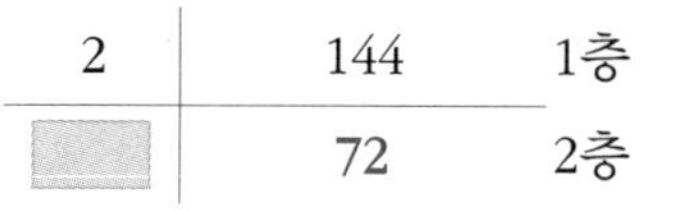

4. 72가 소수입니까? 아닙니다.

- 그럼 더 나눌 수 있다는 뜻이니, 72를 나눌 수 있는 소수를 생각해 봅니다.
- 72의 약수 중 가장 작은 소수는 무엇입니까? 72는 2로 나누어 떨어집니다.
- 2층의 왼쪽 길(□)에는 72를 나누어 떨어지게 하는 최소의 소수 2를 써넣습니다.

2	144	1층
2	72	2층
	△	3층

5. 사다리 3층(△)에는 무엇을 씁니까? 72를 2로 나눴을 때의 몫인 36을 써넣습니다.

2	144	1층
2	72	2층
□	36	3층

6. 36이 소수입니까? 아닙니다.

- 36은 다시 2로 나누어질 수가 있습니다.
- 그럼 왼쪽 길 3층 (□)에는 무엇을 넣습니까? 36을 나눌 수 있는 최소 소수 2를 써넣습니다.

2	144	1층
2	72	2층
2	36	3층
	△	4층

7. 이제 (△)에는 무엇이 들어갑니까? 36을 2로 나눈 몫, 18을 넣습니다.

2	144	1층
2	72	2층
2	36	3층
□	18	4층

8. 18은 소수입니까? 아닙니다.

- 그럼 18을 나눌 수 있는 가장 작은 소수를 생각해서 왼쪽 길 4층(□)에 넣습니다.
- 18을 나눌 수 있는 최소 소수는 2입니다.

2	144	1층
2	72	2층
2	36	3층
2	18	4층
	△	5층

9. 이제 (△)에는 무엇을 씁니까? 18을 2로 나눈 몫인 9를 넣습니다.

2	144	1층
2	72	2층
2	36	3층
2	18	4층
□	9	5층

10. 다음은 무엇을 합니까? 9가 소수인지 생각해 봅니다.

- 9는 소수입니까? 9는 소수가 아닙니다.
- 그럼 9를 나눌 최소의 소수는 무엇입니까? 9를 나머지 없이 나눌 최소의 소수는 3입니다.
- 3을 왼쪽 5층 길(   )에 써 놓고, 9를 3으로 나눈 몫 3을 6층 오른쪽 길에 써 놓습니다.

2	144	1층
2	72	2층
2	36	3층
2	18	4층
3	9	5층
	3	6층

11. 오른쪽 6층 길에 있는 3은 소수입니까? 3은 소수입니다.

- 오른쪽 길에 있는 수가 소수가 되면 사다리는 여기서 끝이 납니다.

12. 사다리가 끝이 나면 왼쪽 길에 있는 소수들과 마지막 몫으로 나온 소수를 곱하여 소인수분해합니다.

2	144
2	72
2	36
2	18
3	9
	3

→ $144 = 2 \times 2 \times 2 \times 2 \times 3 \times 3$

아 그렇구나!

- 혼동되는 문제 다시 풀기
- 최다 오류를 반례로 제시하여 개념 및 기술 획득 강화

✎ 아 그렇구나! 에서는 자연수의 소인수분해에서 우리가 자주 혼동하는 문제들을 함께 풀어 봅니다. 이 문제들을 풀 때 왜 실수가 많은지 함께 생각해 봅시다.

1 (아 그렇구나! 문제 1을 가리키며) 43을 소인수분해할 때 혼동되는 것은 무엇입니까?

⇨ 1) 두 줄 사다리를 그리고, 제일 먼저 43을 사다리 오른쪽 길 맨 위층에 써넣습니다.

□	43
	△

2) 다음은 무엇을 해야 합니까? 왼쪽 길 1층에 들어갈 자연수, 즉 43을 나눌 가장 작은 소수를 찾아 써넣는 일입니다. 어떤 수가 43을 나눌 수 있는 가장 작은 소수입니까? 2? 3? 5? 7? 11? 43을 나눌 수 있는 소수를 찾기가 쉽지가 않습니다. 43은 소수라 43이 43을 나눌 수 있는 가장 작은 소수입니다.

3) (□)에 43이라 쓰고 (△)에는 43을 43으로 나누었을 때 몫인 1을 쓰면 사다리가 끝이 납니다.

43	43
	1

4) 43을 소인수분해하면 43 = 43 × 1이 됩니다.

5) 이 문제가 혼동되는 이유는 무엇입니까? 어떤 자연수가 자기 자신과 1 외에 인수가 없는 소수라는 사실을 알지 못하면, 우리는 그 자연수의 소수인 인수를 찾으려 하기 때문에 시간도 많이 걸리고 문제 풀이도 어렵게 느껴집니다.

❷ (아 그렇구나! 문제 2를 가리키며) 66을 소인수분해할 때 혼동되는 것은 무엇입니까?

⇨ 1) 제일 먼저 해야 할 일은 사다리를 그리고 오른쪽 길 맨 위층에 66을 써넣는 일입니다.

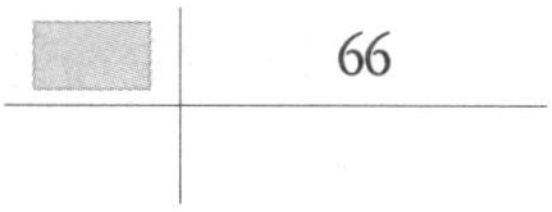

2) 다음은 왼쪽 길 1층(   )에 66을 나눌 수 있는 최소의 소수를 써넣습니다. 2가 66을 나눌 수 있는 최소의 소수입니다.

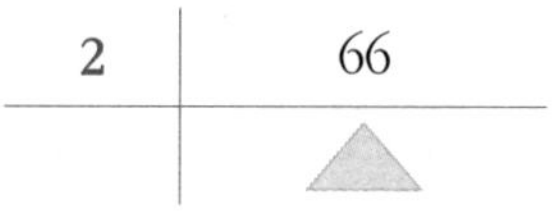

3) 다음은 오른쪽 길 2층에 (   ) 66을 2로 나눈 몫인 33을 써넣습니다.

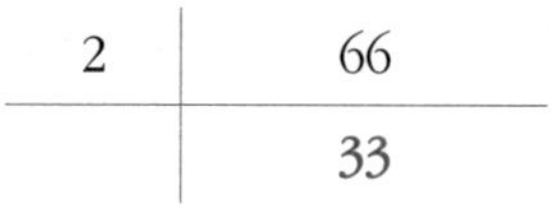

4) 혼동이 여기서부터 시작될 수 있습니다. 33이 홀수이니까 소수라고 생각하는 학생들은 보통 여기에서 소인수분해를 끝냅니다. 하지만 33은 3과 11의 곱으로 나타낼 수 있는 합성수이므로 사다리를 계속 타고 내려가며 소인수분해를 계속해야 합니다.

2	66
3	33
	11

5) 이제 3층 오른쪽 길에 있는 33을 3으로 나눈 몫인 자연수 11을 봅시다. 11은 소수입니까? 11이 소수이므로 사다리는 여기서 끝나고 $66 = 2 \times 3 \times 11$로 소인수분해됩니다.

3 (아 그렇구나! 문제 3을 가리키며) 32를 소인수분해할 때 혼동되는 것은 무엇입니까?

⇨ 1) 첫 번째 할 일은 사다리 1층 오른쪽 길에 32를 써넣는 일입니다.

□	32
	△

2) 두 번째 단계는 32를 나눌 수 있는 소수를 찾아 1층 왼쪽 길 (□)에 써넣는 일입니다. 2가 32를 나눌 수 있는 최소의 소수입니다.

2	32

3) 이제 2층 오른쪽 길(△)에 32를 2로 나눈 몫인 16을 써넣습니다.

2	32
	16

4) 2단계와 3단계를 반복하면 같은 수(2)가 반복되는 소인수분해 결과를 얻게 됩니다.

$\rightarrow 32 = 2 \times 2 \times 2 \times 2 \times 2$

2	32
2	16
2	8
2	4
	2

5) 32처럼 어떤 자연수가 어떤 소수(2)만의 곱으로 소인수분해될 때, 이 자연수의 소인수분해를 어떻게 표현해야 하는지 가끔 혼동할 때가 있습니다. 이런 경우에는 동일한 소수가 몇 번 반복되었는지 (왼쪽 사다리 전체층, 오른쪽 사다리 가장 아래층) 정확하게 세어서 그 소수만으로 소인수분해해야 합니다. $32 = 2 \times 2 \times 2 \times 2 \times 2$. 32를 2×5로 소인수분해하지 않도록 주의합니다.

배움 체크하기

(배움 체크 리스트 를 가리키며) 오늘 우리가 함께 공부한 것을 혼자서도 할 수 있는지 체크해 봅시다. 혼자서도 할 수 있으면 👍, 선생님의 도움이 더 필요하다면 ?에 동그라미로 표시하세요.

배움 체크 리스트	👍	?
1. 소수는 1과 자신만으로 나누어지는 자연수라는 뜻을 알고 있습니다.		
2. 합성수는 1과 자기 자신 외에 다른 약수(인수)를 갖는 자연수를 말한다는 것을 알고 있습니다.		
3. 소인수분해는 어떤 자연수를 소수인 약수들의 곱으로 나타내는 것임을 알고 있습니다.		
4. 사다리 방법을 이용하여 소인수분해하는 방법을 이해하고 적용할 수 있습니다.		
5. 사다리 방법으로 소인수분해할 때, 오른쪽 길에는 소인수분해할 자연수(1층)나 자연수를 왼쪽 길에 있는 수로 나눈 몫(나머지 층)을 쓰고, 왼쪽 길에는 같은 층 오른쪽 길에 있는 수를 나눌 수 있는 가장 작은 소수를 써넣는 것을 이해하고 적용할 수 있습니다.		
6. 오른쪽 길에 써넣은 몫이 소수가 되면 사다리 그리기를 중지한다는 것을 이해하고 적용할 수 있습니다.		
7. 사다리가 멈추면 왼쪽 길에 있는 소수들과 오른쪽 길 가장 아래층에 있는 소수를 곱셈 형식으로 나타내는 것이 소인수분해임을 이해하고 적용할 수 있습니다.		

혼자 풀기

(혼자 풀어 보는 문제 1~7을 제시하며) 오늘 배운 것을 기억하면서 문제를 혼자 풀어 보는 시간입니다. 내비게이션 2.2 를 사용하면 도움이 됩니다.

다음 수의 약수를 구하시오.

1. 24 = ______________

2. 33 = ______________

다음 자연수를 사다리 방법으로 소인수분해하시오.

3. 123 = ______________

4. 44 = ______________

5. 56 = ______________

6. 90 = ______________

7. 210 = ______________

채점 및 오답 분석

학생이 쓴 답을 기재하고, 오답인 경우 중재 결정표 에서 가능한 오류 원인을 1~8 중에서 골라 번호로 기재합니다. 기타 원인 때문에 오답이 발생했을 경우, 구체적으로 어떤 이유인지 기재합니다. 가능한 오답의 원인을 모두 기재합니다.

혼자 풀어 보는 문제	정답	학생이 쓴 답	오답 원인
1. 24	1, 2, 3, 4, 6, 8, 12, 24		
2. 33	1, 3, 11, 33		
3. 123	3×41		
4. 44	$2 \times 2 \times 11$		
5. 56	$2 \times 2 \times 2 \times 7$		
6. 90	$2 \times 3 \times 3 \times 5$		
7. 210	$2 \times 3 \times 5 \times 7$		
	정답 개수	/ 7	

중재 결정표

오답 원인을 분석하여 차후 중재를 결정하세요.

오답 원인	발생 빈도	최다 발생 오류	중재 결정
1. 사전 지식 및 기술 (곱셈, 나눗셈) 오류			
2. 소수의 의미 이해 부족			
3. 소수인 자연수의 소인수분해 과정의 이해와 적용의 어려움			
4. 소인수분해 결과는 합성수를 포함해서는 안 된다는 것의 이해와 어려움			
5. 사다리 방법 절차 이해 적용의 어려움			
6. 사다리 방법을 바르게 적용한 후, 소인수분해로 표현하는 과정의 이해와 적용의 어려움			
7. 부주의/계산 실수			
8. 기타(구체적 원인 기재하기)			

가장 흔한 오답 원인	1과 2 중 하나	3, 4, 5, 6 중 하나	7
	AND	AND	OR
오답률	오답이 2개 이상	오답이 2개 이상	오답이 2개 미만
다음 중재	브리지(Bridge)	동 차시 반복	다음 차시

브리지(Bridge) 차시
- 2.1차시

3차시

소인수분해 이용하여 최대공약수 구하기

[내비게이션 2.3] 소인수분해를 이용하여 최대공약수 구하는 절차

〈1단계〉 두 자연수 소인수분해하기	• $12 = 2 \times 2 \times 3$ • $18 = 2 \times 3 \times 3$
〈2단계〉 각 수의 소인수를 작은 수부터 줄을 맞춰 정리하기	• $12 = 2 \times 2 \times 3$ • $18 = 2 \quad \times 3 \times 3$
〈3단계〉 공통의 소인수를 찾아 표시하기	• $12 = 2 \times 2 \times 3$ • $18 = 2 \quad \times 3 \times 3$
〈4단계〉 공통의 소인수를 곱하여 최대공약수 구하기	• $2 \times 3 = 6$

차시 목표 소인수분해를 이용하여 최대공약수를 구할 수 있다.

사전 지식 약수, 공약수, 서로소, 합성수, 소수, 최대공약수, 소인수분해에 대한 이해

준비물 2단계 3차시 학생용 교재, 내비게이션 2.3

흔한 오류

1. 세 개 이상의 자연수의 최대공약수를 구해야 하는 경우, 두 자연수의 최대공약수를 구한다.

2. 두 자연수를 곱셈의 형태로 소인수분해하여 제시하였을 경우($2 \times 2 \times 3 \times 3$, 2×3), 공통인 소인수의 곱(2×3)으로 이해하기보다는 '최대'라는 말에 혼동을 보여 각 소인수의 최대제곱수($2 \times 2 \times 3 \times 3$)로 이해한다.

3. 두 자연수를 거듭제곱의 곱의 형태로 제시하였을 경우, 거듭제곱수들의 공통인수를 찾는 데 어려움을 보인다.
   - 오류 예: $2^2 \times 3^4$, $2^2 \times 3^2$에서 3^2이 3^4의 공통인수임을 이해하는 데 어려움을 보이거나 2^2이 최대공약수라 답한다.

4. 자연수의 소인수분해에 합성수가 들어 있는 경우에도 합성수를 소인수로 간주한다.
   - 오류 예: 3×4

5. 서로소인 두 자연수의 최대공약수가 1임을 알지 못한다.
   - 오류 예: 2×3, 5×7

6. 소인수분해를 통해 최대공약수를 구하는 절차를 기억하지 못한다.

사전평가

처음 두 문제는 가장 필수적인 사전 지식에 대한 이해를 묻고, 3번부터 7번까지는 차시 목표인 개념과 기술의 이해를 묻습니다.

다음 수를 소인수분해하시오.

1. 24 ______________ **2.** 45 ________

다음 수의 최대공약수를 각각 구하시오.

3. $5 \times 5 \times 5, 3 \times 5$ 최대공약수 ______________

4. $2 \times 2 \times 2 \times 3 \times 3, 2 \times 3$ 최대공약수 ______________

5. $2^3 \times 3^2, 2 \times 3$ 최대공약수 ______________

6. $2^2 \times 3 \times 7^2, 2 \times 7^3$ 최대공약수 ______________

7. $2^3 \times 5^2, 3^3 \times 5$ 최대공약수 ______________

정 답

1. $24 = 2 \times 2 \times 2 \times 3$ **2.** $45 = 3 \times 3 \times 5$ **3.** 최대공약수 5 **4.** 최대공약수 6

5. 최대공약수 6 **6.** 최대공약수 98 **7.** 최대공약수 5

접속하기

차시 목표 및 개념 설명

오늘은 소인수분해를 통해 최대공약수를 구하는 방법에 대해서 배우려 합니다. 먼저, 이번 차시에서 많이 사용될 용어를 정리해 봅시다.

1. 소인수분해는 어떤 자연수를 소인수, 즉 소수들만의 곱으로 나타낸 것을 말합니다. 1부터 10까지의 자연수 중 소수인 것을 말해 봅시다. 1은 소수입니까? 1은 소수도 합성수도 아닙니다. 1부터 10까지의 자연수 중 소수는 2, 3, 5, 7입니다.

2. 최대공약수는 두 자연수의 공통약수들 중에서 가장 큰 자연수를 말합니다. 6과 12의 공통약수는 1, 2, 3, 6이고 그중 가장 큰 수는 6이므로, 6과 12의 최대공약수는 6입니다.

3. 소인수분해를 이용하여 두 수(또는 세 수)의 최대공약수를 구하려면,

   1) 먼저 두 자연수를 소인수분해합니다. 예를 들어, 16과 36의 최대공약수를 구하기 위해서는 먼저 16과 36을 소인수분해합니다.

   $\rightarrow 16 = 2 \times 2 \times 2 \times 2$

   $\rightarrow 36 = 2 \times 2 \times 3 \times 3$

   2) 각 수의 소인수를 작은 수부터 줄을 맞춰 정렬합니다.

   $\rightarrow 16 = 2 \times 2 \times 2 \times 2$

   $\rightarrow 36 = 2 \times 2 \qquad\qquad \times 3 \times 3$

   3) 두 수에 공통으로 들어 있는 소인수를 찾아 표시합니다.

   $\rightarrow 16 = \textcircled{2} \times \textcircled{2} \times 2 \times 2$

   $\rightarrow 36 = \textcircled{2} \times \textcircled{2} \qquad\qquad \times 3 \times 3$

4) 두 수에 공통으로 들어 있는 소인수를 곱하여 최대공약수를 구합니다.

→ $2 \times 2 = 4$이므로, 4가 16과 36의 최대공약수입니다.

내비게이션 2.3 은 소인수분해를 이용하여 최대공약수를 구하는 절차를 간단히 보여 줍니다. 내비게이션 2.3 을 참조하면서 문제를 함께 풀어 봅시다.

보여 주기

개념 및 기술 교수, 개념 및 기술 예시 제시, 보는 수학 내비게이션을 이용한 교사 모델링

❶ (보여 주는 문제 1을 보여 주며) 12와 18의 최대공약수를 구해 봅시다.

1. 12와 18의 최대공약수를 구할 때 제일 먼저 해야 할 일은 두 자연수를 소인수분해하는 것입니다.
   - 혼동을 줄이기 위해, 소인수분해의 결과는 거듭제곱의 꼴로 나타내지 않겠습니다.
   - 12와 18이란 자연수를 소인수분해하면, $12 = 2 \times 2 \times 3$, $18 = 2 \times 3 \times 3$이 됩니다.

   → $12 = 2 \times 2 \times 3$

   $18 = 2 \times 3 \times 3$

2. 다음은 각 수의 소인수를 작은 수부터 줄을 맞춰 정리합니다.

   → $12 = 2 \times 2 \times 3$

   $18 = 2 \quad\quad \times 3 \times 3$

3. 세 번째 단계에서는 두 자연수의 공통의 소인수를 찾습니다.
   - 2와 3이 12와 18에 공통으로 들어 있는 소인수입니다.

   → $12 = 2 \times 2 \times 3$

   $18 = 2 \quad\quad \times 3 \times 3$

4. 공통으로 들어 있는 소인수들을 곱하면, 그 값이 두 자연수의 최대공약수가 됩니다.

- 공통 소인수인 2와 3을 곱하면, 12와 18의 최대공약수는 6입니다.

$$\rightarrow 12 = 2 \times 2 \times 3$$
$$18 = 2 \quad \times 3 \times 3$$
$$2 \quad \times 3 \quad = 6$$

❷ (보여 주는 문제 2를 보여 주며) 이번에는 21과 30의 최대공약수를 구해 봅시다.

1. 먼저, 21과 30을 소인수분해합니다.

- 21을 소인수분해하면 3×7이고, 30을 소인수분해하면 $2 \times 3 \times 5$입니다.

$$\rightarrow 21 = 3 \times 7$$
$$30 = 2 \times 3 \times 5$$

2. 각 수의 소인수를 작은 수부터 줄을 맞춰 정리합니다.

$$\rightarrow 21 = \quad 3 \times 7$$
$$30 = 2 \times 3 \times 5$$

3. 공통의 소인수를 찾아 동그라미 치거나 색칠을 해서 표시를 합니다.

- 여기에서는 3이 공통의 소인수입니다.

$$\rightarrow 21 = \quad 3 \times 7$$
$$30 = 2 \times 3 \times 5$$

4. 공통적으로 들어 있는 소인수의 곱이 21과 30의 최대공약수입니다.

- 여기서는 공통소인수가 3 하나뿐이므로 3이 최대공약수입니다.

→ $21 = \quad 3 \times 7$

$30 = 2 \times 3 \times 5$

3

❸ (보여 주는 문제 3을 보여 주며) 세 자연수 24, 36, 40의 최대공약수를 같은 방법으로 구해 봅시다.

1. 24, 36, 40을 소인수분해합니다.

→ $24 = 2 \times 2 \times 2 \times 3$

$36 = 2 \times 2 \times 3 \times 3$

$40 = 2 \times 2 \times 2 \times 5$

2. 각 수의 소인수를 작은 수부터 줄을 맞춰 정리합니다.

→ $24 = 2 \times 2 \times 2 \times 3$

$36 = 2 \times 2 \quad \times 3 \times 3$

$40 = 2 \times 2 \times 2 \quad\quad \times 5$

3. 세 수의 공통의 소인수를 찾아 동그라미 치거나 색칠합니다.

- 여기서는 2와 2가 세 수 공통의 소인수입니다.

→ $24 = 2 \times 2 \times 2 \times 3$

$36 = 2 \times 2 \quad \times 3 \times 3$

$40 = 2 \times 2 \times 2 \quad\quad \times 5$

4. 최대공약수를 구하려면 세 수의 공통 소인수를 곱해 줍니다.

- 세 자연수 24, 36, 40의 최대공약수는 2와 2를 곱한 값 4입니다.

$$
\begin{aligned}
\rightarrow 24 &= 2 \times 2 \times 2 \times 3 \\
36 &= 2 \times 2 \quad\quad \times 3 \times 3 \\
40 &= 2 \times 2 \times 2 \quad\quad\quad \times 5 \\
\hline
& \quad 2 \times 2 \quad\quad\quad\quad = 4
\end{aligned}
$$

함께 풀기

(내비게이션 2.3을 보여 주며) 내비게이션 2.3은 소인수분해를 이용해서 최대공약수를 구할 때 필요한 절차를 간략하게 보여 주고 있습니다. 두 자연수(또는 세 자연수)를 각각 소인수분해하여 숫자 크기순으로 줄을 맞춰 정렬한 후, 공통으로 들어 있는 소인수를 찾아 표시합니다. 공통으로 들어 있는 소인수들을 곱한 값이 최대공약수입니다. 내비게이션 2.3을 보면서 다음 문제들을 함께 풀어 봅시다.

1 (함께 풀어 보는 문제 1을 가리키며) 소인수분해를 이용하여 56과 84의 최대공약수를 구해 봅시다(교사는 문제 풀이를 보드나 노트에 써서 보여 주도록 하고, 학생들은 학생용 교재에 있는 문제 풀이란에 문제 풀이를 적도록 합니다).

1. 제일 먼저 해야 할 일은 무엇입니까? 56과 84를 소인수분해합니다.

- 56과 84를 소인수분해하면 어떻게 됩니까? 56을 소인수분해하면 $56 = 2 \times 2 \times 2 \times 7$이고, 84를 소인수분해하면 $84 = 2 \times 2 \times 3 \times 7$입니다.

→ $56 = 2 \times 2 \times 2 \times 7$

$84 = 2 \times 2 \times 3 \times 7$

2. 다음은 무엇을 합니까? 각 수의 소인수를 작은 수부터 줄을 맞춰 정리합니다.

→ $56 = 2 \times 2 \times 2 \quad \times 7$

$84 = 2 \times 2 \quad \times 3 \times 7$

3. 다음은 무엇을 합니까? 두 수에 공통으로 들어 있는 소인수를 찾습니다.

- 두 수에 공통으로 들어 있는 소인수는 무엇입니까? 2와 2 그리고 7입니다.
- 2, 2, 7에 동그라미 치거나 색칠을 해서 표시해 봅시다.

→ $56 = 2 \times 2 \times 2 \quad \times 7$

$84 = 2 \times 2 \quad \times 3 \times 7$

4. 최대공약수를 구하려면 공통소인수를 찾은 후 어떻게 해야 합니까? 공통소인수 2, 2, 7을 곱하면 최대공약수가 됩니다.

- $2 \times 2 \times 7$은 얼마입니까? $2 \times 2 \times 7$은 28이므로 56과 84의 최대공약수는 28입니다.

$$\rightarrow 56 = 2 \times 2 \times 2 \quad \times 7$$
$$84 = 2 \times 2 \quad \times 3 \times 7$$
$$2 \times 2 \quad \times 7 = 28$$

❷ (함께 풀어 보는 문제 2를 가리키며) 32와 46의 최대공약수를 소인수분해를 통하여 구해 봅시다.

1. 제일 먼저 해야 할 일은 무엇입니까? 32와 46을 소인수분해합니다.

- 32와 46을 소인수분해하면 어떻게 됩니까? $32 = 2 \times 2 \times 2 \times 2 \times 2$ 이고, $46 = 2 \times 23$입니다.

$$\rightarrow 32 = 2 \times 2 \times 2 \times 2 \times 2$$
$$46 = 2 \quad \times 23$$

2. 다음은 무엇을 합니까? 각 수의 소인수를 작은 수부터 줄을 맞춰 정리합니다.

$$\rightarrow 32 = 2 \times 2 \times 2 \times 2 \times 2$$
$$46 = 2 \quad \times 23$$

3. 다음은 무엇을 합니까? 32와 46에 공통으로 들어 있는 소인수를 찾습니다.

- 32와 46에 공통으로 들어 있는 소인수는 무엇입니까? 2입니다.
- 2에 동그라미 치거나 색칠을 해서 표시를 합니다.

$$\rightarrow 32 = 2 \times 2 \times 2 \times 2 \times 2$$
$$46 = 2 \quad \times 23$$

4. 이제 무엇을 할 차례입니까? 공통인 소인수를 곱해야 하는데, 여기에선 공통의 소인수가 2뿐이므로 2가 최대공약수가 됩니다.

$$\begin{aligned} \rightarrow 32 &= 2 \times 2 \times 2 \times 2 \times 2 \\ 46 &= 2 \qquad\qquad\qquad \times 23 \\ \hline &\ \ 2 \end{aligned}$$

❸ (함께 풀어 보는 문제 3을 가리키며) 세 자연수 24, 30, 42의 최대공약수를 구해 봅시다.

1. 소인수분해를 통해 세 자연수의 최대공약수를 구할 때 가장 먼저 할 일은 무엇입니까? 각 수를 소인수분해합니다.

- 24를 소인수분해하면 어떻게 됩니까? $24 = 2 \times 2 \times 2 \times 3$입니다.
- 30을 소인수분해하면 어떻게 됩니까? $30 = 2 \times 3 \times 5$입니다.
- 42를 소인수분해하면 어떻게 됩니까? $42 = 2 \times 3 \times 7$입니다.

$$\begin{aligned} \rightarrow 24 &= 2 \times 2 \times 2 \times 3 \\ 30 &= 2 \times 3 \times 5 \\ 42 &= 2 \times 3 \times 7 \\ \hline \end{aligned}$$

2. 각 수를 소인수분해한 후 무엇을 합니까? 세 자연수의 소인수를 작은 수부터 줄을 맞춰 정리합니다.

$$\begin{aligned} \rightarrow 24 &= 2 \times 2 \times 2 \times 3 \\ 30 &= 2 \qquad\quad \times 3 \times 5 \\ 42 &= 2 \qquad\quad \times 3 \qquad \times 7 \\ \hline \end{aligned}$$

Level 2.1
3차시

3. 다음은 무엇을 합니까? 세 자연수에 공통으로 들어 있는 소인수를 찾아 줍니다.

- 24, 30, 40에 공통으로 들어 있는 소인수는 무엇입니까? 2와 3이 세 자연수 모두에 들어 있습니다.
- 세 자연수 모두에 들어 있는 2와 3에 표시를 합니다.

$\rightarrow 24 = 2 \times 2 \times 2 \times 3$

$30 = 2 \times 3 \times 5$

$42 = 2 \times 3 \times 7$

4. 공통인 소인수 2와 3을 찾은 후 최대공약수를 구하려면 어떻게 해야 합니까? 공통의 소인수들을 곱합니다.

- 2와 3의 곱은 무엇입니까? 6입니다.
- 24, 30, 42의 최대공약수는 6입니다.

$\rightarrow 24 = 2 \times 2 \times 2 \times 3$

$30 = 2 \times 3 \times 5$

$42 = 2 \times 3 \times 7$

$2 \times 3 = 6$

아 그렇구나!

☞ 혼동되는 문제 다시 풀기
☞ 최다 오류를 반례로 제시하여 개념 및 기술 획득 강화

✎ 아 그렇구나! 에서는 소인수분해를 이용해서 최대공약수를 구하는 문제들 중에서 우리가 자주 혼동하는 문제들을 함께 풀어 봅니다. 이 문제들을 풀 때 왜 실수가 많은지 함께 생각해 봅시다.

❶ (아 그렇구나! 문제 1을 가리키며) 2×3, 5×7의 최대공약수를 구하는 문제는 왜 혼동되는 문제입니까?

⇨ 두 자연수는 공통소인수가 없는 자연수입니다. 공통약수가 1뿐인 두 수를 서로소라고 합니다. 서로소는 공통약수가 1뿐이므로 최대공약수가 1입니다.

❷ (아 그렇구나! 문제 2를 가리키며) 3×4, $2 \times 3 \times 7$의 최대공약수를 구할 때 혼동되는 점은 무엇입니까?

⇨ 이 문제를 풀 때는 3×4가 소인수분해가 완료된 것이라 생각하면 오류를 범하게 됩니다. 4는 소수가 아니므로 2×2의 곱으로 더 소인수분해를 해야 합니다. 4를 소수로 생각하면 이 두 자연수의 공통 소인수는 3뿐이므로 3이 이 두 자연수의 최대공약수가 됩니다.

$\rightarrow \quad 3 \times 4$

$2 \times 3 \times 7$

3

하지만 4를 2 × 2로 더 분해하면 2와 3이 공통소인수가 되므로 3 × 4, 2 × 3 × 7의 최대공약수는 6입니다.

$\rightarrow 2 \times \underline{2} \times \underline{3}$

$2 \times 3 \times 7$

$2 \times 3 = 6$

3 (아 그렇구나! 문제 3을 가리키며) $2^2 \times 3^4$, $2^2 \times 3^2$은 **최대공약수를 구할 때 왜 어려운 문제입니까?**

⇨ 각 수의 소인수분해가 거듭제곱수로 표시되어 있는 경우입니다. 이런 경우엔 거듭제곱의 곱셈으로 나타내진 수를 거듭제곱이 없는 수들의 곱셈으로 바꿔 주어야 합니다. $2^2 \times 3^4$은 $2 \times 2 \times 3 \times 3 \times 3 \times 3$으로 바꾸고 $2^2 \times 3^2$은 $2 \times 2 \times 3 \times 3$으로 바꾼 후, 지금까지 배운 방법을 적용하여 최대공약수를 구할 수 있습니다. 두 수에 공통으로 들어 있는 소인수는 2, 2, 3, 3이므로 $2 \times 2 \times 3 \times 3 = 36$이 최대공약수입니다.

배움 체크하기

(배움 체크 리스트 를 가리키며) 오늘 우리가 함께 공부한 것을 혼자서도 할 수 있는지 체크해 봅시다. 혼자서도 할 수 있으면 , 선생님의 도움이 더 필요하다면 에 동그라미로 표시하세요.

배움 체크 리스트		
1. 자연수의 곱셈과 나눗셈을 계산할 수 있습니다.		
2. 최대공약수의 뜻을 이해합니다.		
3. 소인수분해의 뜻을 알고 자연수를 소인수분해할 수 있습니다.		
4. 두 자연수에 들어 있는 공통의 소인수를 찾을 수 있습니다.		
5. 공통의 소인수를 곱하여 두 자연수의 최대공약수를 구하는 방법을 이해하고 적용할 수 있습니다.		
6. 서로소의 의미를 이해하고 최대공약수를 구할 때 적용할 수 있습니다.		
7. 세 자연수의 최대공약수 구하는 방법을 이해하고 적용할 수 있습니다.		

혼자 풀기

(혼자 풀어 보는 문제 1~7을 제시하며) 오늘 배운 것을 기억하면서 문제를 혼자 풀어 보는 시간입니다. 내비게이션 2.3 을 사용하면 도움이 됩니다.

다음 수를 소인수분해하시오.

1. 54 ____________

2. 40 ____________

다음 수들의 최대공약수를 구하시오.

3. $2 \times 2 \times 5,\ 2 \times 3 \times 5$ 최대공약수 ____________

4. $2 \times 3 \times 3 \times 5 \times 7,\ 2 \times 2 \times 5 \times 7 \times 7$ 최대공약수 ____________

5. $2^4 \times 5,\ 2 \times 5^2$ 최대공약수 ____________

6. $3^2 \times 5^2,\ 3^3 \times 11^4$ 최대공약수 ____________

7. $2^2 \times 7^2 \times 11,\ 2^3 \times 3^2 \times 7$ 최대공약수 ____________

채점 및 오답 분석

학생이 쓴 답을 기재하고, 오답인 경우 중재 결정표 에서 가능한 오류 원인을 1~8 중에서 골라 번호로 기재합니다. 기타 원인 때문에 오답이 발생했을 경우, 구체적으로 어떤 이유인지 기재합니다. 가능한 오답의 원인을 모두 기재합니다.

혼자 풀어 보는 문제	정답	학생이 쓴 답	오답 원인
1. 54	$2 \times 3 \times 3 \times 3$		
2. 40	$2 \times 2 \times 2 \times 5$		
3. $2 \times 2 \times 5$, $2 \times 3 \times 5$	10		
4. $2 \times 3 \times 3 \times 5 \times 7$, $2 \times 2 \times 5 \times 7 \times 7$	70		
5. $2^4 \times 5$, 2×5^2	10		
6. $3^2 \times 5^2$, $3^3 \times 11^4$	9		
7. $2^2 \times 7^2 \times 11$, $2^3 \times 3^2 \times 7$	28		
정답 개수		/ 7	

중재 결정표

오답 원인을 분석하여 차후 중재를 결정하세요.

오답 원인	발생 빈도	최다 발생 오류	중재 결정
1. 사전 지식 및 기술 부족(자연수의 곱셈과 나눗셈, 최대공약수의 의미, 서로소의 의미)			
2. 소인수분해 개념과 절차의 이해와 적용의 어려움			
3. 서로소 간의 최대공약수 구하는 절차의 이해와 적용의 어려움			
4. 최대공약수 구하는 절차의 이해와 적용의 어려움			
5. 거듭제곱수로 나타났을 때 최대공약수 구하는 절차의 이해와 적용의 어려움			
6. 세 자연수의 최대공약수 구하는 절차의 이해와 적용의 어려움			
7. 부주의/계산 실수			
8. 기타(구체적 원인 기재하기)			

가장 흔한 오답 원인	1과 2 중 하나	3, 4, 5, 6 중 하나	7
	AND	AND	OR
오답률	오답이 2개 이상	오답이 2개 이상	오답이 2개 미만
다음 중재	브리지(Bridge)	동 차시 반복	다음 차시

브리지(Bridge) 차시
- 2.1차시
- 2.2차시

4차시

소인수분해 이용하여 최소공배수 구하기

[내비게이션 2.4] 소인수분해를 이용하여 최소공배수 구하기

〈1단계〉 소인수분해하기	$12 = 2 \times 2 \times 3$ $18 = 2 \times 3 \times 3$
〈2단계〉 소인수를 작은 수부터 줄을 맞춰 정리하기	$12 = 2 \times 2 \times 3$ $18 = 2 \quad\quad \times 3 \times 3$
〈3단계〉 공통소인수와 공통이 아닌 소인수를 구별하여 표시(색칠)하기 • 세 수의 공통소인수 • 두 수의 공통소인수	$12 = 2 \times 2 \times 3$ $18 = 2 \quad\quad \times 3 \times 3$
〈4단계〉 공통소인수와 공통 아닌 소인수를 곱하여 최소공배수 구하기	$12 = 2 \times 2 \times 3$ $18 = 2 \quad\quad \times 3 \times 3$ $2 \times 2 \times 3 \times 3 = 36$

삼각형(첫 번째 2와 3): 공통 소인수
두 번째 2와 3: 공통이 아닌 소인수

두 수 간 공통소인수는
한 번씩만 곱함

차시 목표	소인수분해를 이용하여 최소공배수를 구할 수 있다.
사전 지식	자연수의 곱셈과 나눗셈, 배수, 공배수, 소수, 최대공약수, 소인수분해에 대한 이해
준비물	2단계 4차시 학생용 교재, **내비게이션 2.4**

흔한 오류

1. 세 자연수의 최소공배수를 구해야 하는 경우, 각 수를 소인수분해하여 세 자연수에 대해 공통인 소인수를 찾고, 남은 소인수들 중 두 자연수에 공통인 소인수를 찾은 후, 세 자연수 공통소인수 × 두 자연수 공통소인수 × 남아 있는 소인수의 곱으로 최소공배수를 구해야 하는데, 두 자연수에 공통인 소인수를 찾는 절차를 생략한다.

2. "최소"라는 말에 혼동을 보여, 최소로 겹치는 소인수들의 곱(최대공약수 구하는 방법)으로 최소공배수를 구한다.
   - 오류 예: 두 자연수 $2 \times 2 \times 3 \times 3$, 2×3의 최소공배수를 구할 때 공통인 소인수의 곱 (2×3)으로 최소공배수를 구한다.

3. 두 자연수를 거듭제곱의 곱의 형태로 제시하였을 경우, 거듭제곱수들의 공통인수를 찾는 데 어려움을 보인다.
   - 오류 예: $2^2 \times 3^4$, $2^2 \times 3^2$에서 3^2이 3^4의 공통인수임을 이해하는 데 어려움을 보인다.

4. 자연수의 소인수분해에 합성수가 들어 있는 경우에도 합성수를 소수로 간주한다.
   - 오류 예: 3×4에서 3과 4를 소인수라 생각한다.

5. 공통의 소인수가 없는 서로소인 두 자연수의 최소공배수를 구하는 데 어려움을 보인다.
   - 오류 예: 2×3, 5×7의 최소공배수는 없다고 생각한다.

6. 소인수분해를 통해 최소공배수를 구하는 절차를 기억하지 못한다.

사전평가

처음 두 문제는 가장 필수적인 사전 지식에 대한 이해를 묻고, 3번부터 7번까지는 차시 목표인 개념과 기술의 이해를 묻습니다.

다음 수를 소인수분해하시오.

1. 18 ____________

2. 42 ____________

다음 수들의 최소공배수를 구하시오.

3. $5 \times 5 \times 5,\ 3 \times 5$ 최소공배수 ____________

4. $2 \times 2 \times 2 \times 3 \times 3,\ 2 \times 3$ 최소공배수 ____________

5. $2^3 \times 3^2,\ 2 \times 3$ 최소공배수 ____________

6. $2^2 \times 3 \times 7^2,\ 2 \times 7^3$ 최소공배수 ____________

7. $2^3 \times 5^2,\ 3^3 \times 5$ 최소공배수 ____________

정 답

1. $18 = 2 \times 3 \times 3$

2. $42 = 2 \times 3 \times 7$

3. 최소공배수 $3 \times 5 \times 5 \times 5 = 375$

4. 최소공배수 $2 \times 2 \times 2 \times 3 \times 3 = 72$

5. 최소공배수 $2 \times 2 \times 2 \times 3 \times 3 = 72$

6. 최소공배수 $2 \times 2 \times 3 \times 7 \times 7 \times 7 = 4116$

7. 최소공배수 $2 \times 2 \times 2 \times 3 \times 3 \times 3 \times 5 \times 5 = 5400$

접속하기

차시 목표 및 개념 설명

오늘은 소인수분해를 이용하여 최소공배수를 구하는 방법에 대해 배우려 합니다. 먼저, 이번 차시에서 많이 사용될 용어를 정리해 봅시다.

1. 소인수분해란 무엇입니까? 어떤 자연수를 소인수, 즉 소수들만의 곱으로 나타낸 것을 말합니다. 1부터 10까지의 자연수 중 소수인 것을 말해 봅시다. 소수는 1과 자기 자신으로만 나눠지는 수를 말합니다. 1은 소수입니까? 소수도 합성수도 아닙니다. 1부터 10까지의 자연수 중 2, 3, 5, 7이 소수입니다.

2. 최소공배수는 무엇입니까? 두 자연수의 공배수들 중에서 가장 작은 자연수를 말합니다. 6과 12의 최소공배수를 구할 때는 6의 배수 6, 12, 18, 24, 30, 36…과 12의 배수 12, 24, 36… 중에서 먼저 두 수의 공통된 배수를 구합니다. 두 수의 공배수 12, 24, 36… 중 가장 작은 자연수인 12가 6과 12의 최소공배수입니다.

3. 소인수분해를 이용하여 최소공배수를 구하려면,

1) 먼저, 각 수를 소인수분해합니다.

예를 들어, 16과 36의 최소공배수를 구하려면 먼저 16과 36을 소인수분해합니다.

→ $16 = 2 \times 2 \times 2 \times 2$

$36 = 2 \times 2 \times 3 \times 3$

2) 각 수의 소인수를 작은 수부터 줄을 맞춰 정리합니다.

→ $16 = 2 \times 2 \times 2 \times 2$

$36 = 2 \times 2 \qquad\quad \times 3 \times 3$

3) 두 수(또는 세 수)에 공통으로 들어 있는 소인수를 찾아 (색칠) 표시하고, 공통이 아닌 소인수에도 (색칠) 표시합니다.

공통　공통 아닌 소인수

$\rightarrow 16 = 2 \times 2 \times 2 \times 2$

$36 = 2 \times 2 \times 3 \times 3$

4) 공통인 소인수와 공통이 아닌 소인수들을 곱하여 최소공배수를 구합니다.

16과 36의 최소공배수는 공통소인수 2, 2, 공통이 아닌 소인수 2, 2, 3, 3을 곱한 수 $2 \times 2 \times 2 \times 2 \times 3 \times 3 = 144$입니다. 공통인 소인수는 한 번씩만, 공통이 아닌 소인수는 모두 곱한다는 것을 기억합시다.

보여 주기

개념 및 기술 교수, 개념 및 기술 예시 제시, 보는 수학 내비게이션을 이용한 교사 모델링

소인수분해를 이용해서 최소공배수를 구하는 방법에 대해 배워 봅시다.

1 (보여 주는 문제 1을 보여 주며) 12와 18의 최소공배수를 구해 봅시다.

1. 12와 18의 최소공배수를 구하려면 제일 먼저 두 자연수를 소인수분해합니다.
   - 이때 소인수분해의 결과는 거듭제곱으로 나타내지 않습니다.
   - 12를 소인수분해하면 $12 = 2 \times 2 \times 3$이고, 18을 소인수분해하면 $18 = 2 \times 3 \times 3$입니다.

     → $12 = 2 \times 2 \times 3$

     $18 = 2 \times 3 \times 3$

2. 다음은 각 수의 소인수를 작은 수부터 줄을 맞춰 정리합니다.

   → $12 = 2 \times 2 \times 3$

   $18 = 2 \quad\quad \times 3 \times 3$

3. 다음은 두 자연수에 공통으로 들어 있는 소인수를 찾아 색칠(파란색)하거나 동그라미로 표시합니다.
   - 공통의 소인수가 아닌 소인수들은 다른 색깔(회색)로 색칠하거나 네모로 표시합니다.
   - 여기서는 2와 3(파란색)이 12와 18에 공통으로 들어 있는 소인수이고, 또 다른 2와 3(회색)이 공통의 소인수가 아닌 소인수입니다.

$\rightarrow 12 = 2 \times 2 \times 3$

$18 = 2 \quad \times 3 \times 3$

4. 두 자연수에 공통으로 들어 있는 소인수와 남아 있는 소인수들을 곱하면 그 값이 두 자연수의 최소공배수가 됩니다.

- 12와 18의 최소공배수는 $2 \times 3 \times 2 \times 3 = 36$입니다.
- 공통의 소인수는 한 번만 곱해 줍니다.

$\rightarrow 12 = 2 \times 2 \times 3$

$18 = 2 \quad \times 3 \times 3$

$2 \times 2 \times 3 \times 3 = 36$

❷ (보여 주는 문제 2를 보여 주며) 21과 30의 최소공배수를 구해 봅시다.

1. 먼저, 21과 30을 소인수분해합니다. 21을 소인수분해하면 3×7이고, 30을 소인수분해하면 $2 \times 3 \times 5$입니다.

$\rightarrow 21 = 3 \times 7$

$30 = 2 \times 3 \times 5$

2. 각 수의 소인수를 작은 수부터 줄을 맞춰 정리합니다.

$\rightarrow 21 = \quad 3 \quad \times 7$

$30 = 2 \times 3 \times 5$

3. 두 자연수에 들어 있는 공통의 소인수를 찾아 동그라미 치거나 색칠을 해서 표시를 하고, 남은 소인수에는 다른 색을 칠하거나 네모로 표시합니다.

Level 2.1
4차시

- 여기에서는 3이 공통의 소인수입니다.

→ $21 = 3 \times 7$

$30 = 2 \times 3 \times 5$

4. 공통적으로 들어 있는 소인수와 남아 있는 소인수의 곱이 21과 30의 최소공배수입니다.
   - 여기서는 공통소인수 3과 남은 소인수 2, 5, 7을 곱하면 210이 최소공배수입니다.
   - 공통소인수는 한 번만 곱한다는 것을 잊지 맙시다.

→ $21 = 3 \times 7$

$30 = 2 \times 3 \times 5$

$= 2 \times 3 \times 5 \times 7 = 210$

③ (보여 주는 문제 3을 보여 주며) 소인수분해를 이용하여 세 자연수 24, 36, 40의 최소공배수를 구해 봅시다.

1. 24, 36, 40을 소인수분해합니다.

→ $24 = 2 \times 2 \times 2 \times 3$

$36 = 2 \times 2 \times 3 \times 3$

$40 = 2 \times 2 \times 2 \times 5$

2. 각 수의 소인수를 작은 수부터 줄을 맞춰 정리합니다.

→ $24 = 2 \times 2 \times 2 \times 3$

$36 = 2 \times 2 \quad \times 3 \times 3$

$40 = 2 \times 2 \times 2 \quad \times 5$

3. 세 수의 공통의 소인수를 찾아 동그라미 치거나 파란색으로 색칠합니다.

- 다음은 남아 있는 소인수 중 두 수의 공통소인수를 찾아 세모 표시하거나 다른 색으로 색칠합니다. 숫자마다 다른 표시를 하면 좋습니다.
- 공통의 소인수가 아닌 남아 있는 소인수에는 네모로 표시하거나 다른 색깔로 색칠합니다.

세 수 공통 / 두 수 공통 / 공통이 아닌 소인수

$\rightarrow 24 = 2 \times 2 \times 2 \times 3$

$36 = 2 \times 2 \times 3 \times 3$

$40 = 2 \times 2 \times 2 \times 5$

4. 세 자연수의 공통소인수 × 두 자연수의 공통소인수 × 남은 소인수들의 곱이 최소공배수입니다.

- 24, 36, 40의 최소공배수는 $2 \times 2 \times 2 \times 3 \times 3 \times 5 = 360$입니다.
- 세 자연수의 공통소인수, 두 자연수의 공통소인수는 한 번씩만 곱해 준다는 것을 기억합시다.

$\rightarrow 24 = 2 \times 2 \times 2 \times 3$

$36 = 2 \times 2 \times 3 \times 3$

$40 = 2 \times 2 \times 2 \times 5$

$2 \times 2 \times 2 \times 3 \times 3 \times 5 = 360$

함께 풀기

(내비게이션 2.4 를 보여 주며) 내비게이션 2.4 는 소인수분해를 이용하여 최소공배수를 구하는 방법을 간단하게 보여 줍니다. 먼저, 두(또는 세) 자연수를 소인수분해하여 소인수의 크기를 맞춰 정렬한 후, 세 수에 공통인 소인수, 두 수에 공통인 소인수, 공통이 아닌 수들을 찾아 각각 다른 방법으로 표시합니다. 공통인 소인수와 공통이 아닌 소인수를 곱하면 최소공배수를 구할 수 있습니다. 내비게이션을 보면서 다음 문제들을 함께 풀어 봅시다.

❶ (함께 풀어 보는 문제 1을 가리키며) 56과 84의 최소공배수를 소인수분해를 통하여 구해 봅시다(교사는 문제 풀이를 보드나 노트에 써서 보여 주도록 하고, 학생들은 학생용 교재에 있는 문제 풀이란에 문제 풀이를 적도록 합니다).

1. 56과 84의 최소공배수를 구하기 위해 제일 먼저 해야 할 일은 무엇입니까? 56과 84를 소인수분해합니다.

- 56과 84를 소인수분해하면 어떻게 됩니까? 56을 소인수분해하면 $56 = 2 \times 2 \times 2 \times 7$이고, 84를 소인수분해하면 $84 = 2 \times 2 \times 3 \times 7$입니다.

  → $56 = 2 \times 2 \times 2 \times 7$

  $84 = 2 \times 2 \times 3 \times 7$

2. 다음은 무엇을 합니까? 각 수의 소인수를 작은 수부터 줄을 맞춰 정리합니다.

→ $56 = 2 \times 2 \times 2 \quad\quad \times 7$

$84 = 2 \times 2 \quad\quad \times 3 \times 7$

3. 다음은 무엇을 합니까? 두 수에 공통으로 들어 있는 소인수와 공통이 아닌 소인수를 찾아 색칠(표시)합니다.

- 56과 84의 공통의 소인수는 무엇입니까? 2와 2 그리고 7입니다.

- 공통인 세 소인수에 동그라미 치거나 파란 색칠을 해서 표시를 합니다.
- 공통이 아닌 소인수는 무엇입니까? 2와 3입니다.
- 공통이 아닌 소인수들은 공통인 소인수와 다른 색깔로 표시하거나 네모 표시를 해서 공통의 소인수와 구별해 줍니다.

$\rightarrow 56 = 2 \times 2 \times 2 \quad\quad \times 7$

$\quad 84 = 2 \times 2 \quad\quad \times 3 \times 7$

4. 두 수의 공통소인수와 공통이 아닌 소인수를 가지고 최소공배수를 구하려면 어떻게 해야 합니까? 공통인 소인수와 공통이 아닌 소인수들을 곱하여 최소공배수를 구합니다.
   - 공통소인수 2, 2, 7, 공통이 아닌 소인수 2, 3을 곱하면 $2 \times 2 \times 2 \times 3 \times 7$은 168이므로 56과 84의 최소공배수는 168입니다.

$\rightarrow 56 = 2 \times 2 \times 2 \quad\quad \times 7$

$\quad 84 = 2 \times 2 \quad\quad \times 3 \times 7$

$\quad\quad 2 \times 2 \times 2 \times 3 \times 7 = 168$

❷ (함께 풀어 보는 문제 2를 가리키며) 32와 46의 최소공배수를 소인수분해를 통하여 구해 봅시다.

1. 제일 먼저 해야 할 일은 무엇입니까? 32와 46을 소인수분해합니다.
   - 32와 46을 소인수분해하면 어떻게 됩니까? 32는 $32 = 2 \times 2 \times 2 \times 2 \times 2$이고, 46을 소인수분해하면 $46 = 2 \times 23$입니다.

$\rightarrow 32 = 2 \times 2 \times 2 \times 2 \times 2$

$\quad 46 = 2 \quad\quad\quad\quad \times 23$

2. 소인수분해 다음은 무엇을 합니까? 각 수의 소인수를 작은 수부터 줄을 맞춰 정리합니다.

→ $32 = 2 \times 2 \times 2 \times 2 \times 2$

$46 = 2 \qquad\qquad\qquad \times 23$

3. 다음은 무엇을 합니까? 두 수에 공통으로 들어 있는 소인수와 공통이 아닌 소인수를 찾습니다.

- 공통의 소인수는 무엇입니까? 32와 46에 공통으로 들어 있는 소인수는 2입니다.
- 2에 동그라미 치거나 파란색으로 색칠을 하여 표시를 합니다.
- 32와 46에 공통으로 들어 있지 않은 소인수는 무엇입니까? 2, 2, 2, 2, 23입니다.
- 공통이 아닌 소인수에는 네모 표시를 하거나 회색으로 색칠을 하여 공통의 소인수와 구별해 줍니다.

→ $32 = 2 \times 2 \times 2 \times 2 \times 2$

$46 = 2 \qquad\qquad\qquad \times 23$

4. 공통소인수와 공통이 아닌 소인수를 찾은 후 최소공배수를 구하려면 어떻게 해야 합니까? 공통인 소인수와 공통인 아닌 나머지 소인수들을 곱하여 최소공배수를 구합니다. 공통인 소인수는 한 번만 곱한다는 것을 기억합시다.

- 여기에선 공통의 소인수가 2이고 공통 아닌 소인수가 2, 2, 2, 2, 23이므로 32와 46의 최소공배수는 $2 \times 2 \times 2 \times 2 \times 2 \times 23 = 736$입니다.

→ $32 = 2 \times 2 \times 2 \times 2 \times 2$

$46 = 2 \qquad\qquad\qquad \times 23$

$2 \times 2 \times 2 \times 2 \times 2 \times 23 = 736$

3 (함께 풀어 보는 문제 3을 가리키며) 세 자연수 24, 30, 42의 최대공약수를 구해 봅시다.

1. 24, 30, 42의 최대공약수를 구하려면 가장 먼저 무엇을 해야 합니까? 각 수를 소인수분해합니다.
   - 24를 소인수분해하면 어떻게 됩니까? $24 = 2 \times 2 \times 2 \times 3$입니다.
   - 30을 소인수분해하면 어떻게 됩니까? $30 = 2 \times 3 \times 5$입니다.
   - 42를 소인수분해하면 어떻게 됩니까? $42 = 2 \times 3 \times 7$입니다.

   $\rightarrow 24 = 2 \times 2 \times 2 \times 3$

   $30 = 2 \times 3 \times 5$

   $42 = 2 \times 3 \times 7$

2. 세 수를 소인수분해한 뒤 무엇을 합니까? 세 자연수의 소인수를 작은 수부터 줄을 맞춰 정리합니다.

   $\rightarrow 24 = 2 \times 2 \times 2 \times 3$

   $30 = 2 \qquad\quad \times 3 \times 5$

   $42 = 2 \qquad\quad \times 3 \qquad \times 7$

3. 다음은 무엇을 해야 합니까? 세 자연수에 모두에 공통으로 들어 있는 소인수를 찾아 표시하고, 다음은 두 자연수에만 공통으로 들어 있는 소인수를 찾아 표시합니다. 마지막으로, 공통이 아닌 소인수를 찾아 구별해서 표시합니다.
   - 세 자연수에 모두 들어 있는 공통의 소인수는 무엇입니까? 2와 3이 세 자연수 모두에 들어 있습니다.
   - 세 자연수 모두에 들어 있는 2와 3을 파란색으로 색칠하거나 동그라미로 표시합니다.
   - 두 자연수에만 공통으로 들어 있는 소인수는 무엇입니까? 두 자연수에만 공통으로 들어 있는 소인수는 없습니다.

- 이제 나머지 공통이 아닌 소인수에 회색으로 색칠하거나 네모 표시를 해 줍니다.
- 공통이 아닌 소인수는 무엇입니까? 2, 2, 5, 7이 공통이 아닌 소인수입니다.

$\rightarrow 24 = 2 \times 2 \times 2 \times 3$

$30 = 2 \times 3 \times 5$

$42 = 2 \times 3 \times 7$

4. 다음은 무엇을 합니까? 세 자연수의 공통인 소인수와 두 자연수의 공통소인수 그리고 나머지 소인수들을 곱하여 최소공배수를 구합니다. 공통인 소인수는 한 번씩만 곱합니다.

- 24, 30, 42의 최소공배수는 $2 \times 2 \times 2 \times 3 \times 5 \times 7 = 840$입니다.

$\rightarrow 24 = 2 \times 2 \times 2 \times 3$

$30 = 2 \times 3 \times 5$

$42 = 2 \times 3 \times 7$

$2 \times 2 \times 2 \times 3 \times 5 \times 7 = 840$

아 그렇구나!

- 혼동되는 문제 다시 풀기
- 최다 오류를 반례로 제시하여 개념 및 기술 획득 강화

아 그렇구나! 에서는 소인수분해를 해서 최소공배수를 구하는 문제들 중에서 우리가 자주 혼동하는 문제들을 함께 풀어 봅니다. 이 문제들을 풀 때 왜 실수가 많은지 함께 생각해 봅시다.

1 (아 그렇구나! 문제 1을 가리키며) 2×3, 5×7의 최소공배수를 구할 때 혼동되는 것은 무엇입니까?

⇨ 두 자연수를 공통으로 나눌 수 있는 소인수가 없습니다. 공통의 약수가 1뿐인 두 수를 서로소라고 합니다. 서로소는 공통의 약수가 1뿐이므로 최소공배수를 구할 때 두 수에 들어 있는 모든 소인수를 곱하면 됩니다. 이 두 자연수의 최소공배수는 $2 \times 3 \times 5 \times 7 = 210$입니다.

2 3×4, $2 \times 3 \times 7$의 최소공배수를 구할 때 어려운 점은 무엇입니까?

⇨ 3×4가 소인수분해가 끝난 것이라고 생각하면 오답을 낼 수 있습니다. 3×4를 소인수분해가 완결된 것이라 보고 최소공배수를 구하면 공통인수는 3뿐이고 2, 4, 7이 공통이 아닌 소인수입니다. 이 경우, 이 두 자연수의 최소공배수는 $3 \times 4 \times 2 \times 7 = 168$이 됩니다.

$\rightarrow \quad 3 \times 4$

$2 \times 3 \times \quad 7$

$2 \times 3 \times 4 \times 7 = 168$

하지만 4를 2×2로 더 분해하면 $3 \times 4 = 3 \times 2 \times 2$가 되므로 $3 \times 2 \times 2$와 $2 \times 3 \times 7$의 공통소인수는 2와 3이고, 공통이 아닌 소인수는 2와 7입니다. 따라서 최소공배수는 $2 \times 2 \times 3 \times 7 = 84$입니다.

$\rightarrow 2 \times 2 \times 3$

$2 \times 3 \times 7$

$2 \times 2 \times 3 \times 7 = 84$

❸ $2^2 \times 3^4$, $2^2 \times 3^2$의 최소공배수를 구할 때 어려운 점은 무엇입니까?

⇨ 소인수분해가 제곱수로 표시되어 있습니다. 이 문제는 먼저 거듭제곱의 곱으로 표현된 소인수분해를 거듭제곱이 없는 수의 곱으로 바꾸고, 지금까지 배운 절차를 적용하여 최소공배수를 구하면 됩니다. $2^2 \times 3^4$, $2^2 \times 3^2$을 거듭제곱이 아닌 형태로 표시하면,

$\rightarrow \quad 2^2 \times 3^4 = 2 \times 2 \times 3 \times 3 \times 3 \times 3$

$2^2 \times 3^2 = 2 \times 2 \times 3 \times 3$ 입니다.

두 수의 공통소인수는 2, 2, 3, 3이고, 공통이 아닌 소인수는 3, 3입니다.

$\rightarrow \quad 2^2 \times 3^4 = 2 \times 2 \times 3 \times 3 \times 3 \times 3$

$2^2 \times 3^2 = 2 \times 2 \times 3 \times 3$

공통소인수들과 공통이 아닌 소인수들의 곱을 구하면 두 수의 최소공배수는 $2 \times 2 \times 3 \times 3 \times 3 \times 3 = 324$입니다.

$\rightarrow \quad 2^2 \times 3^4 = 2 \times 2 \times 3 \times 3 \times 3 \times 3$

$2^2 \times 3^2 = 2 \times 2 \times 3 \times 3$

$2 \times 2 \times 3 \times 3 \times 3 \times 3 = 324$

배움 체크하기

(배움 체크 리스트 를 가리키며) 오늘 우리가 함께 공부한 것을 혼자서도 할 수 있는지 체크해 봅시다. 혼자서도 할 수 있으면 👍, 선생님의 도움이 더 필요하다면 ?에 동그라미로 표시하세요.

배움 체크 리스트	👍	?
1. 소인수분해의 뜻을 알고, 자연수를 소인수분해할 수 있습니다.		
2. 최소공배수의 뜻을 이해합니다.		
3. 각 자연수를 소인수분해하여 소인수의 크기에 따라 정렬할 수 있습니다.		
4. 세 자연수에 들어 있는 공통의 소인수를 찾을 수 있습니다.		
5. 두 자연수에만 공통으로 들어 있는 소인수를 찾을 수 있습니다.		
6. 공통소인수가 아닌 소인수들을 찾을 수 있습니다.		
7. 세 자연수의 공통소인수, 두 자연수의 공통소인수 그리고 나머지 소인수를 곱하여 최소공배수를 구하는 방법을 이해하고 적용할 수 있습니다.		

혼자 풀기

(혼자 풀어 보는 문제 1~7을 제시하며) 오늘 배운 것을 기억하면서 문제를 혼자 풀어 보는 시간입니다. 내비게이션 2.4 를 사용하면 도움이 됩니다.

다음 수를 소인수분해하시오.

1. 42 ______________

2. 54 ______________

다음 수들의 최소공배수를 구하시오.

3. $2 \times 2 \times 5, 2 \times 3 \times 5$ 최소공배수 ______________

4. $3 \times 5, 2 \times 11$ 최소공배수 ______________

5. $2 \times 3 \times 3 \times 5 \times 7, 2 \times 2 \times 5 \times 7 \times 7$ 최소공배수 ______________

6. $3^2 \times 5^2, 3^3 \times 11$ 최소공배수 ______________

7. $2^2 \times 7^2, 2^3 \times 3^2 \times 7$ 최소공배수 ______________

채점 및 오답 분석

학생이 쓴 답을 기재하고, 오답인 경우 [중재 결정표]에서 가능한 오류 원인을 1~8 중에서 골라 번호로 기재합니다. 기타 원인 때문에 오답이 발생했을 경우, 구체적으로 어떤 이유인지 기재합니다. 가능한 오답의 원인을 모두 기재합니다.

Level 2.1
4차시

혼자 풀어 보는 문제	정답	학생이 쓴 답	오답 원인
1. 42	$2\times3\times7$		
2. 54	$2\times3\times3\times3$		
3. $2\times2\times5,\ 2\times3\times5$	60		
4. $3\times5,\ 2\times11$	330		
5. $2\times3\times3\times5\times7,\ 2\times2\times5\times7\times7$	8820		
6. $3^2\times5^2,\ 3^3\times11$	7425		
7. $2^2\times7^2,\ 2^3\times3^2\times7$	3528		
정답 개수		/ 7	

중재 결정표

오답 원인을 분석하여 차후 중재를 결정하세요.

오답 원인	발생 빈도	최다 발생 오류	중재 결정
1. 사전 지식 및 기술 부족(약수, 배수, 공배수, 소수, 서로소, 최소공배수의 의미)			
2. 소인수분해 기술 부족			
3. 서로소인 두 수의 최소공배수를 구할 때 혼동			
4. 소인수분해가 더 필요한 것을 인지하지 못함			
5. 세 자연수의 최소공배수 구하는 절차의 이해와 적용의 어려움			
6. 두 수의 최소공배수 구하는 절차의 이해와 적용의 어려움			
7. 부주의/계산 실수			
8. 기타(구체적 원인 기재하기)			

가장 흔한 오답 원인	1과 2 중 하나	3, 4, 5, 6 중 하나	7
	AND	AND	OR
오답률	오답이 2개 이상	오답이 2개 이상	오답이 2개 미만
다음 중재	브리지(Bridge)	동 차시 반복	다음 차시

브리지(Bridge) 차시

- 2.1차시
- 2.2차시

5차시

양의 정수와 음의 정수

[내비게이션 2.5] 수의 부호 결정하고 수직선에 나타내기

학교 정문에서 왼쪽으로 3미터 이동한 위치를 −3이라 표시할 때, 학교 정문에서 오른쪽으로 5미터 이동한 지점을 수직선에 표시해 봅시다.

1. 기준점 서로 다른 두 방향이 시작되는 기준점을 찾아 0이라 놓는다.	학교 정문의 위치
2. 부호를 아는 상황	정문에서 왼쪽 방향에 음의 부호(−)
3. 부호를 정해야 하는 상황	정문에서 오른쪽 방향
4. 같은 방향 OR 반대 방향 - 부호 결정 기준점으로부터 같은 방향이면 같은 부호를, 반대 방향이면 반대 부호를 사용한다.	• 오른쪽은 왼쪽과 반대 방향 • 왼쪽이 음의 부호이므로 오른쪽은 양의 부호(+5)
5. 수에 대응하는 점을 수직선 위에 나타내기	

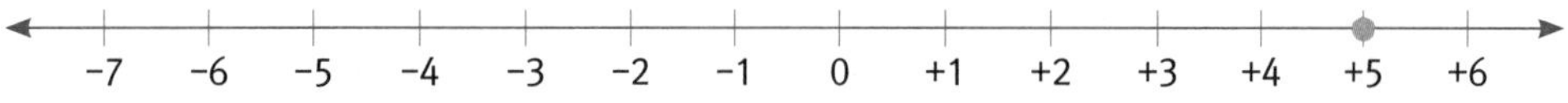

차시 목표 양의 정수, 음의 정수의 뜻을 이해하고 정수를 수직선 위에 나타낼 수 있다.

사전 지식 자연수를 수직선 위에 나타내기, 양수의 대소 비교하기

준비물 2단계 5차시 학생용 교재, **내비게이션 2.5**

흔한 오류

1. 어떤 수를 나타내는 상황을 기술하기 위해 사용한 단어나 개념을 잘 이해하지 못하여 부호 결정에 오류가 생긴다.
   - 오류 예: 입금과 출금, 해발과 해저, 이익과 손해, 득점과 실점

2. 어떤 상황의 반대되는 상황이 경우에 따라 다를 경우, 부호 결정에 어려움을 겪는다.
   - 오류 예: 2점 득점의 반대 상황은 2점 실점이 되어야 하는데, 자유투의 경우엔 한쪽 팀이 자유투를 했을 때 득점의 반대 상황은 실점이 아니라 무득점이다.

3. 자연수(1, 2, 3⋯)와 양의 정수(+1, +2, +3⋯)가 같은 값을 가진 숫자들임을 이해하지 못한다.

4. 수직선 위에 양의 정수나 음의 정수에 대응하는 점을 그릴 때, 정수를 나타내는 눈금 위에 대응점을 그려야 함을 알지 못한다.
   - 오류 예: 2에 대응하는 점을 수직선 위에 그릴 때, 2를 나타내는 눈금 위에 대응점을 그리지 않고 2와 3 사이에 점을 그린다.

5. 양의 정수가 0보다 큰 수임을 이해하지 못한다.

6. 음의 정수를 수직선 위에 나타낼 때, 0과 음의 정수의 위치를 혼동한다.
   - 오류 예: 0을 수직선 왼쪽 끝에 표시하고 −1을 0의 오른쪽에 표시한다.

사전평가

처음 두 문제는 가장 필수적인 사전 지식에 대한 이해를 묻고, 3번부터 7번까지는 차시 목표인 개념과 기술의 이해를 묻습니다.

수직선을 그리고, 다음 수에 대응하는 점을 수직선 위에 나타내시오.

1. 3

2. −3

밑줄 친 수가 양수인지 음수인지 동그라미로 표시하고, 그 수를 부호를 사용하여 나타내시오.

3. 다이빙을 하여 바닷속으로 <u>7미터 내려갔다</u>.

양수/음수, ______________

4. 게임을 시작한 후, 1분만에 <u>50점을 얻었다</u>.

양수/음수, ______________

5. 버스값이 이번 달부터 <u>300원 올랐다</u>.

양수/음수, ______________

6. 건물의 지상 3층이 +3이면 지하 2층

양수/음수, ____________

7. 100m 달리기에서 현재 최고 기록보다 3초 늦게 달린 것을 +3이라 할 때, 현재 최고 기록보다 5초 빨리 달린 것

양수/음수, ____________

정답

1. 3

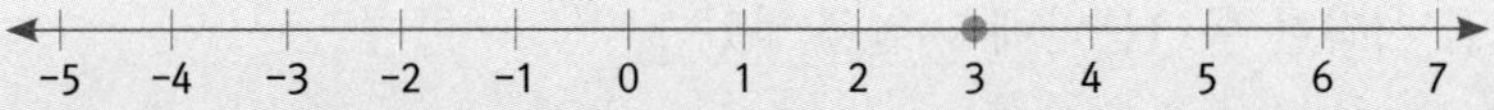

2. -3

3. 음수 -7
4. 양수 +50
5. 양수 +300
6. 음수 -3
7. 음수 -5

접속하기

차시 목표 및 개념 설명

오늘은 어떤 수량에 대해 양의 부호나 음의 부호를 붙이는 방법에 대해 알아보고, 양의 정수와 음의 정수를 수직선에 나타내는 방법에 대해 알아보려 합니다.

1. 먼저, 양의 정수와 음의 정수의 뜻을 알아봅시다. 양의 정수는 자연수에 양의 부호, 즉 + 부호를 붙인 수들을 말합니다. +1, +2, +3, ⋯ +100, +101, +102⋯ 등이 양의 정수입니다. 양의 정수는 숫자가 커질수록 그 수의 크기가 커집니다. 음의 정수는 자연수에 음의 부호, 즉 −를 붙인 수들을 말합니다. −1, −2, −3⋯ −109⋯ 등이 음의 정수입니다. 음의 정수는 숫자가 커질수록 그 수의 크기가 작아집니다. −2는 −1보다 작은 수입니다.

2. 어떤 수량에 양의 부호나 음의 부호를 붙이는 경우에 대해 알아봅시다.
   1) 은행 계좌에 돈을 넣거나 뺄 때 입금이나 출금이라는 용어를 쓰고 날씨 기온을 표현할 때 영상이나 영하로 말하는 것과 같이, 어떤 기준점을 중심으로 서로 반대되는 성질이 있는 수량을 나타내는 경우가 있습니다. 이런 경우에는 기준점이 되는 상황을 0으로 두고 0의 한쪽 방향의 수량에 양의 부호 +를 사용하면, 0의 다른 쪽 수량에 음의 부호 −를 사용하여 나타냅니다. 돈을 입금한 것을 양의 부호 +를 사용하여 나타내면, 돈을 출금한 것은 음의 부호 −를 사용하여 나타냅니다.
   2) 0도보다 따뜻한 기온을 양의 부호를 나타내는 영상으로 표현하고, 0도보다 낮은 기온을 음의 부호를 나타내는 영하로 표현합니다.
   3) 오늘을 기준으로 3일 전을 −3이라 나타내면, 3일 후는 +3이라고 나타낼 수 있습니다.
   4) 어떤 수가 양수인지 음수인지 결정하려면, 먼저 기준점이 무엇인지 확인하여 기준

점을 0이라 둔 후 기준점에서 한쪽 방향에 있는 수를 양의 부호를 사용하여 나타내고, 반대 방향에 있는 수를 음의 부호를 사용하여 나타내면 됩니다.

3. 이제 양수와 음수를 수직선에 나타내는 방법을 알아봅시다.

1) 제일 먼저 수직선을 가로로 그립니다.

2) 수직선 위에 같은 간격으로 여러 눈금을 그립니다.

3) 중간에 위치한 눈금 밑에 0이라 씁니다.

4) 0의 오른쪽 방향에 있는 눈금들 밑에는 0에 가까운 쪽부터 +1, +2, +3…이라 씁니다. 수가 커질수록 더 오른쪽에 위치합니다.

5) 0의 왼쪽 방향에 있는 눈금들 밑에는 0에서 가장 가까운 눈금부터 −1, −2, −3…이라 표시합니다. −3은 −1보다 왼쪽에 위치합니다.

보여 주기

개념 및 기술 교수, 개념 및 기술 예시 제시, 보는 수학 내비게이션을 이용한 교사 모델링

다음 상황이 양의 정수를 나타내는 상황인지 음의 정수를 나타내는 상황인지 알아보고, 수직선 위에 그 수를 나타내 봅시다.

1 (보여 주는 문제 1을 보여 주며) 2점 실점을 −2라 할 때, 2점 득점을 수직선에 표시해 봅시다. 득점은 점수를 얻는 것, 실점은 점수를 잃는 것을 의미합니다.

1. 먼저, 수의 부호를 결정할 기준점을 확인하고 기준점을 0이라 나타냅니다.
   - 득점과 실점은 현재 점수가 기준점이 되므로 현재 점수를 0으로 나타냅니다.

2. 다음은 수의 부호를 알고 있는 상황을 확인합니다.
   - 현재 점수에서 2점을 실점할 때, −2라 표시했습니다.

3. 수의 부호를 알지 못하는 새로운 상황을 확인합니다.
   - 부호를 알지 못하는 새로운 상황은 기준점인 현재 점수에서 2점을 득점할 때입니다.

4. 새로운 상황의 부호를 결정합니다.
   - 기준점인 현재 점수를 중심으로 득점은 실점과 다른 방향을 나타내므로 득점의 부호는 실점과 반대여야 합니다.
   - 실점이 음의 부호(−)를 가졌으므로, 득점은 양의 부호(+)를 사용하여 +2라 표시합니다.

5. +2에 대응하는 점을 수직선 위에 표시해 봅시다.
   - 제일 먼저 수직선을 그리고, 수직선 위에 여러 눈금을 그립니다.

- 중간 눈금 밑에 0이라 씁니다.
- 0의 오른쪽 방향에 있는 눈금 중 0에서 가장 가까운 눈금에 +1을 쓰고, 그다음 오른쪽에 있는 눈금 밑에 +2, 그다음 오른쪽에 있는 눈금 밑에 +3이라 씁니다.
- 0의 왼쪽 방향에 있는 눈금 중 0에서 가장 가까운 눈금에 −1을 쓰고, 그다음 왼쪽 눈금에 −2, 그다음 왼쪽 눈금에 −3이라 씁니다.
- 수직선 위에서 +2를 나타내는 눈금을 찾아 눈금 위에 대응하는 점을 그려 줍니다.

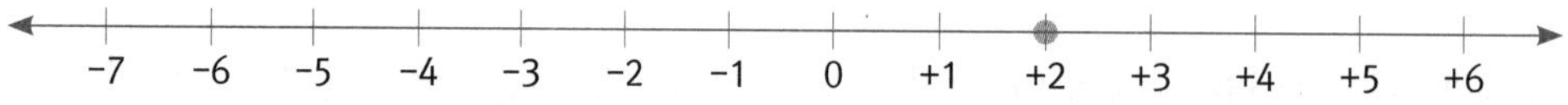

❷ (보여 주는 문제 2를 보여 주며) 방과 후 학교에서 나와서 학교 정문에서 왼쪽으로 7미터 이동한 위치를 −7이라 표시할 때, 학교 정문에서 오른쪽으로 5미터 이동한 지점을 수직선에 표시해 봅시다.

1. 수의 부호를 결정할 기준점은 무엇인지 확인합니다.
   - 이 문제에서는 학교 정문이 기준점이므로 학교 정문의 위치를 0이라 나타냅니다.

2. 다음은 수의 부호를 알고 있는 상황을 확인합니다.
   - 학교 정문에서 왼쪽으로 7미터 이동한 위치를 −7로 표시한다는 것을 알고 있습니다.

3. 수의 부호를 알지 못하는 새로운 상황을 확인합니다.
   - 수의 부호를 알지 못하는 상황은 기준점인 학교 정문에서 오른쪽으로 5미터 이동한 위치입니다.

4. 수의 부호를 결정합니다.
   - 기준점인 학교 정문에서 오른쪽으로 5미터 이동한 위치는 정문에서 왼쪽으로 7미

터 이동한 위치와 다른 방향입니다.

- 왼쪽으로 이동한 위치에 음의 부호(−)로 표시했으므로, 오른쪽으로 이동한 위치에는 양의 부호(+)를 사용하여 표시합니다.
- +5라 표시합니다.

5. 이제 +5에 대응하는 점을 수직선 위에 표시해 봅시다.

- 제일 먼저 수직선을 그리고, 수직선 위에 여러 눈금을 그립니다.
- 중간 눈금 밑에 0이라 씁니다.
- 0의 오른쪽 방향에 있는 눈금 중 0에서 가장 가까운 눈금에 +1을 쓰고, 다음 눈금들에 차례대로 2, 3, 4, 5, 6을 씁니다. 0에서 오른쪽으로 갈수록 숫자가 커집니다.
- 0의 왼쪽 방향에 있는 눈금 중 0에서 가장 가까운 눈금에 − 1을 쓰고, 그다음 왼쪽 눈금에 −2, 그다음 눈금들에 차례대로 −3, −4, −5, −6, −7, −8이라 씁니다. 0에서 왼쪽으로 갈수록 음의 부호를 뺀 숫자(절댓값)가 커집니다.
- 수직선 위에서 +5를 나타내는 눈금을 찾아서 눈금 위에 대응하는 점을 그려 줍니다.

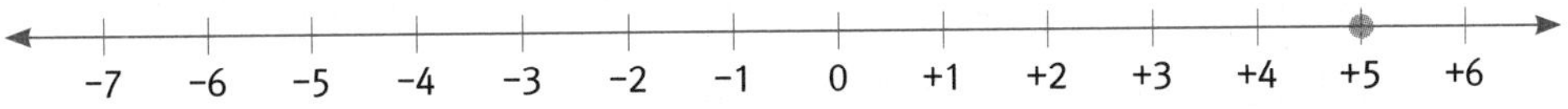

❸ (보여 주는 문제 3을 보여 주며) **0보다 4만큼 큰 수를 +4라 표시할 때, 0보다 3만큼 작은 수를 수직선에 표시해 봅시다.**

1. 먼저, 수의 부호를 결정할 기준점이 무엇인지 확인합니다.

- 이 문제에서는 숫자 0이 기준점입니다.

2. 다음은 이미 부호를 알고 있는 상황을 확인합니다.

- 부호를 알고 있는 상황은 0보다 4만큼 큰 수를 +4로 표시하는 것입니다.

3. 부호를 알지 못하는 새로운 상황을 확인합니다.

- 부호를 알지 못하는 상황은 0보다 3만큼 작은 수입니다.

4. 부호를 알지 못하는 상황과 부호를 아는 상황이 기준점으로부터 같은 방향에 있는지 다른 방향에 있는지 확인하여 부호를 알지 못하는 상황의 부호를 결정합니다.

- 0보다 큰 수와 0보다 작은 수는 0이라는 기준점에서 다른 방향에 있는 수입니다.
- 0보다 큰 수에 양의 부호를 사용하여 +4라 표시했으므로, 0보다 작은 수에는 음의 부호를 사용하여 −3이라 표시합니다.

5. 이제 −3에 대응하는 점을 수직선 위에 표시해 봅시다.

- 제일 먼저 수직선을 그리고, 수직선 위에 여러 눈금을 그립니다.
- 중간 눈금 밑에 0이라 씁니다.
- 0의 오른쪽 방향에 있는 눈금 중 0에서 가장 가까운 눈금에 +1을 쓰고, 그다음 눈금들에 차례대로 2, 3, 4, 5를 씁니다. 0에서 오른쪽으로 갈수록 숫자가 커집니다.
- 0의 왼쪽 방향에 있는 눈금 중 0에서 가장 가까운 눈금에 −1을 쓰고, 그다음 왼쪽 눈금에 −2, 그다음 눈금들에 차례대로 −3, −4라 씁니다. 0에서 왼쪽으로 갈수록 음의 부호를 뺀 숫자(절댓값)가 커집니다.
- 수직선 위에서 −3을 나타내는 눈금을 찾아 눈금 위에 대응하는 점을 그려 줍니다.

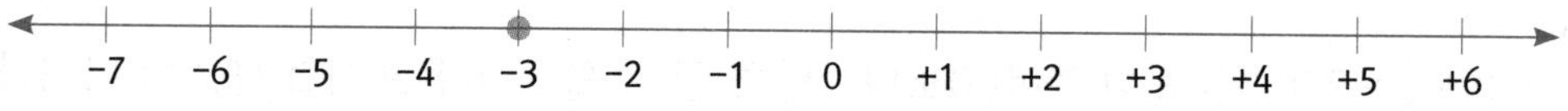

함께 풀기

(내비게이션 2.5 를 보여 주며) 내비게이션 2.5 는 어떤 수의 부호를 결정하는 방법과 양의 정수와 음의 정수에 대응하는 점을 수직선 위에 표시하는 방법을 보여 줍니다. 먼저, 기준점을 확인하고, 부호를 알고 있는 상황과 알지 못하는 상황이 기준점으로부터 같은 방향에 있는지 다른 방향에 있는지 확인하여 새로운 상황의 부호를 결정합니다. 내비게이션을 보면서 다음 문제들을 함께 풀어 봅시다(교사는 문제 풀이를 보드나 노트에 써서 보여 주도록 하고, 학생들은 학생용 교재에 있는 문제풀이란에 문제 풀이를 적도록 합니다).

❶ (함께 풀어 보는 문제 1을 가리키며) 몸무게가 2킬로그램 증가한 것을 +2로 나타낼 때, 5킬로그램 감소한 상황의 수의 부호를 결정하고 수직선에 나타내 봅시다. 몸무게 증가는 몸무게가 늘어나는 것을 의미하고, 감소는 줄어드는 것을 의미합니다.

1. 제일 먼저 해야 할 일은 무엇입니까? 수의 부호를 결정할 기준점이 무엇인지 생각해 봅니다.
   - 2킬로그램 증가와 5킬로그램 감소의 기준점은 원래 몸무게입니다.
   - 원래 몸무게를 0이라 표시합니다.

2. 다음은 무엇을 합니까? 이미 부호를 알고 있는 상황을 확인합니다.
   - 수의 부호를 알고 있는 상황은 무엇입니까? 현재 몸무게에서 2킬로그램 증가하면 +2라고 표시한다는 것을 알고 있습니다.

3. 다음은 무엇을 합니까? 부호를 알지 못하는 새로운 상황을 확인합니다.
   - 부호를 정해야 하는 상황은 무엇입니까? 현재 몸무게에서 5킬로그램 감소한 몸무게입니다.

4. 다음은 무엇을 합니까? 부호를 알고 있는 상황과 부호를 알지 못하는 상황이 기준

점을 중심으로 같은 방향에 있는지 다른 방향에 있는지 확인하여 부호를 알지 못하는 상황의 부호를 결정합니다.

- 몸무게의 감소는 몸무게 증가와 같은 방향입니까, 다른 방향입니까? 감소와 증가는 기준점인 원래 몸무게에서 반대 방향입니다.
- 몸무게의 2킬로그램 증가를 양의 부호를 사용해서 +2로 표시했다면, 그와 반대 방향인 5킬로그램 감소는 어떻게 표시합니까? 양의 부호와 반대인 음의 부호를 사용해서 −5로 표시합니다.

5. 이번에는 −5에 대응하는 점을 수직선 위에 표시해 봅시다.

- 제일 먼저 수직선을 그리고, 수직선 위에 여러 눈금을 그립니다.
- (가운데 있는 눈금 하나를 가리키며) 여기엔 어떤 숫자가 와야 합니까? 가운데 있는 눈금 중 하나에 0이라 씁니다. 모든 눈금을 세어 정중앙을 찾을 필요는 없습니다. 눈으로 보아 가운데 있는 여러 눈금 중 하나에 0이라 쓰면 됩니다.
- 0의 오른쪽 방향에 있는 눈금 중 0에서 가장 가까운 눈금에 무엇을 씁니까? 0에서 가장 가까운 눈금에 +1을 쓰고, 다음 눈금들에 차례대로 +2, +3, +4, +5를 씁니다. 0에서 오른쪽으로 갈수록 숫자가 커집니다. +1, +2, +3…은 1, 2, 3…과 같은 수이므로, 1, 2, 3…이라 써도 됩니다.
- 0의 왼쪽 방향에 있는 눈금 중 0에서 가장 가까운 눈금에 무엇을 씁니까? 0에서 왼쪽 방향으로 가장 가까운 눈금에 −1을 씁니다. 그다음 왼쪽 눈금에 −2, 그다음 눈금들에 차례대로 −3, −4, −5, −6이라 씁니다. 0에서 왼쪽으로 갈수록 음의 부호를 뺀 숫자(절댓값)가 커집니다.
- 수직선 위에서 −5를 나타내는 눈금을 찾아, 눈금 위에 대응하는 점을 그려 줍니다. 눈금과 눈금 사이에 표시된 점은 정수를 나타내지 않습니다. 정수에 대응하는 점을 나타낼 때는 숫자가 써 있는 눈금 위에 표시해야 합니다.

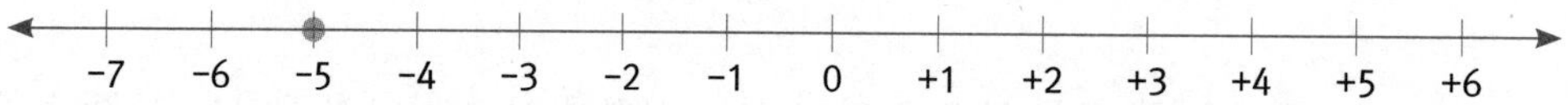

2 (함께 풀어 보는 문제 2를 가리키며) **현재 위치에서 서쪽으로 5킬로미터 떨어진 지점을 −5라 나타낼 때, 현재 위치에서 동쪽으로 6킬로미터 떨어진 지점을 나타내는 수는 무엇인지 결정하고 수직선 위에 나타내 봅시다.**

1. 수의 부호를 결정하기 위해 제일 먼저 해야 할 일은 무엇입니까? 수의 부호를 결정할 기준점이 무엇인지 생각해 봅니다.
   - 현재 위치에서 서쪽으로 5킬로미터 떨어진 지점과 현재 위치에서 동쪽으로 6킬로미터 떨어진 지점의 방향을 결정하는 기준점은 현재의 위치입니다.
   - 현재 위치가 0이 됩니다.

2. 다음은 무엇을 합니까? 부호를 알고 있는 상황을 확인합니다.
   - 이미 부호를 알고 있는 상황은 무엇입니까? 현재 위치에서 서쪽으로 5킬로미터 떨어진 지점을 −5라고 나타내는 것입니다.

3. 다음은 무엇을 합니까? 부호를 알지 못하는 상황을 확인합니다.
   - 부호를 정해야 하는 새로운 상황은 무엇입니까? 그렇습니다. 동쪽으로 6킬로미터 떨어진 지점입니다.

4. 다음은 무엇을 합니까? 기준점을 중심으로 부호를 알고 있는 상황과 부호를 알지 못하는 상황이 같은 방향에 있는지 다른 방향에 있는지 확인하여 부호를 알지 못하는 상황의 부호를 결정합니다.
   - 기준점인 현재 위치에서 동쪽으로 가는 것과 서쪽으로 가는 것은 같은 방향입니까, 다른 방향입니까? 동쪽과 서쪽은 기준점인 현재 위치에서 반대 방향입니다.
   - 서쪽으로 5킬로미터 떨어진 지점을 음의 부호를 사용하여 −5라 나타냈다면, 그와 반대 방향인 동쪽으로 6킬로미터 떨어진 지점은 어떻게 나타냅니까? 음의 부호와 반대인 양의 부호를 사용해서 +6으로 표시합니다.

5. +6에 대응하는 점을 수직선 위에 표시해 봅시다.

- 제일 먼저 수직선을 그리고, 수직선 위에 여러 눈금을 그립니다.
- (가운데 있는 눈금 하나를 가리키며) 여기엔 어떤 숫자가 와야 합니까? 가운데 눈금 중 하나에 0이라 씁니다.
- 0의 오른쪽 방향에 있는 눈금 중 0에서 가장 가까운 눈금에 무엇을 씁니까? 0에서 가장 가까운 눈금에 +1을 쓰고, 다음 눈금들에 차례대로 2, 3, 4, 5, 6을 씁니다. 0에서 오른쪽으로 갈수록 숫자가 커집니다.
- 0의 왼쪽 방향에 있는 눈금 중 0에서 가장 가까운 눈금에 무엇을 씁니까? 0에서 왼쪽 방향으로 가장 가까운 눈금에 −1을 씁니다. 그다음 왼쪽 눈금에 −2, 그다음 눈금들에 차례대로 −3, −4, −5, −6이라 씁니다. 0에서 왼쪽으로 갈수록 음의 부호를 뺀 숫자(절댓값)가 커집니다.
- 수직선 위에서 6을 나타내는 눈금을 찾아서 눈금 위에 작은 점을 그려 줍니다.

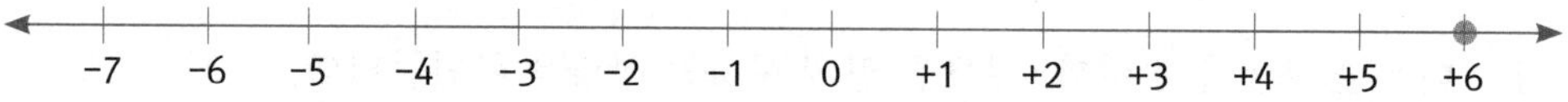

3 (함께 풀어 보는 문제 3을 가리키며) **0도보다 4도 높은 온도를 +4로 나타낼 때, 0도보다 3도 낮은 온도는 어떻게 나타내는지 결정하고 그 수를 수직선에 표시해 봅시다.**

1. 수의 부호를 결정하기 위해 제일 먼저 해야 할 일은 무엇입니까? 수의 부호를 결정할 기준점이 무엇인지 생각해 봅니다.
   - 0도보다 4도 높은 온도와 3도 낮은 온도의 방향을 결정하는 기준점은 0도입니다.

2. 다음은 무엇을 합니까? 부호를 알고 있는 상황을 확인합니다.
   - 이미 부호를 알고 있는 상황은 무엇입니까? 0도보다 4도 높은 온도를 +4로 나타낸다는 것입니다.

3. 다음은 무엇을 합니까? 부호를 알지 못하는 상황을 확인합니다.

- 부호를 정해야 하는 새로운 상황은 무엇입니까? 0도보다 3도 낮은 온도입니다.

4. 다음은 무엇을 합니까? 부호를 알고 상황과 부호를 정해야 하는 상황이 기준점을 중심으로 같은 방향에 있는지 다른 방향에 있는지 확인하여 새로운 상황의 부호를 결정합니다.

- 0도보다 4도 높은 온도와 0도보다 3도 낮은 온도는 0도에서 볼 때 같은 방향입니까, 다른 방향입니까? 0도보다 4도 높은 온도와 3도 낮은 온도는 기준점인 0도에서 반대 방향입니다.
- 0도보다 4도 높은 온도를 양의 부호를 사용하여 +4로 나타냈으므로, 그와 반대 방향인 0도에서 3도 낮은 온도는 어떻게 표시해야 합니까? 양의 부호와 반대인 음의 부호를 사용해서 −3으로 표시합니다.

5. 이번에는 −3에 대응하는 점을 수직선 위에 표시해 봅시다.

- 제일 먼저 수직선을 그리고, 수직선 위에 여러 눈금을 그립니다.
- (가운데 있는 눈금 하나를 가리키며) 여기엔 어떤 숫자가 와야 합니까? 여기에 0이라 씁니다.
- 0의 오른쪽 방향에 있는 눈금 중 0에서 가장 가까운 눈금에 무엇을 씁니까? 0에서 가장 가까운 눈금에 +1을 쓰고, 다음 눈금들에 차례대로 2, 3, 4, 5를 씁니다. 0에서 오른쪽으로 갈수록 숫자가 커집니다.
- 0의 왼쪽 방향에 있는 눈금 중 0에서 가장 가까운 눈금에 무엇을 씁니까? 0에서 왼쪽 방향으로 가장 가까운 눈금에 −1을 씁니다. 그다음 왼쪽 눈금에 −2, 그다음 눈금들에 차례대로 −3, −4, −5, −6이라 씁니다. 0에서 왼쪽으로 갈수록 음의 부호를 뺀 숫자(절댓값)가 커집니다.
- 수직선 위에서 −3을 나타내는 눈금을 찾아서 눈금 위에 작은 점을 그려 줍니다.

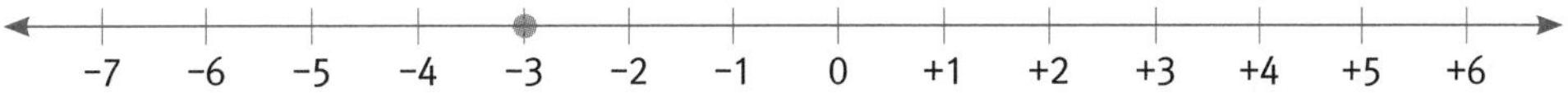

아 그렇구나!

혼동되는 문제 다시 풀기

최다 오류를 반례로 제시하여 개념 및 기술 획득 강화

아 그렇구나! 에서는 어떤 수의 부호를 결정하여 수직선 위에 표시하는 문제들 중에서 우리가 자주 혼동하는 문제들을 함께 풀어 봅니다. 이 문제들을 풀 때 왜 실수가 많은지 함께 생각해 봅시다.

1 (아 그렇구나! 문제 1을 가리키며) **예금 통장에 4,000원을 입금했을 때를 +4000으로 나타낼 때, 2,500원 출금했을 때를 부호가 있는 수로 나타낼 때 혼동되는 점은 무엇입니까?**

⇨ 이 문제는 입금과 출금이 무슨 뜻인지 알아야 2,500원 출금을 나타내는 수의 부호를 결정할 수 있습니다. 입금과 출금은 은행에서 사용하는 말입니다. 입금은 돈을 통장에 넣는다는 뜻이고, 출금은 돈을 통장에서 빼낸다는 뜻이므로 서로 반대되는 의미입니다. 입금한 금액을 양의 부호(+)를 사용해서 나타냈으므로, 출금한 금액은 음의 부호(−)를 사용해서 나타냅니다. −2,500원이 정답입니다.

2 (아 그렇구나! 문제 2를 가리키며) **"자유투에서 1점을 얻었다."를 양의 부호나 음의 부호를 사용하여 나타낼 때 혼동되는 점은 무엇입니까?**

⇨ 득점의 반대 상황을 실점이라 알고 있습니다. 그런데 우리 팀이 자유투를 했을 경

우, 우리 팀에 득점은 생길 수 있으나 실점은 생기지 않으므로 반대 상황을 찾기 가 쉽지 않습니다. 이 문제는 자유투가 성공한 경우(1점이나 2점 득점)와 자유투가 실패한 경우(0점 득점)로 이해하여 자유투 성공에 양의 부호를 사용하여 나타냅니다. 자유투에서 1점을 얻었다는 것은 성공을 의미하므로 +1로 나타냅니다.

3 (아 그렇구나! 문제 3을 가리키며) **0보다 4만큼 작은 수를 수직선 위에 나타낼 때 어려운 점은 무엇입니까?**

⇨ 0과 음의 정수 간 관계를 이해하지 못하거나 수직선에 0과 음의 정수를 나타내는 데 어려움을 겪는 경우, 0보다 4만큼 작은 수를 수직선에 나타내는 데 어려움을 겪습니다. 예를 들어, 다음 그림처럼 −1의 위치를 잘못 알고 있는 경우에 0보다 4만큼 작은 수를 −4라 결정한 후, 수직선에 표시하는 과정에서 오답을 낼 수 있습니다.

배움 체크하기

(배움 체크 리스트 를 가리키며) 오늘 우리가 함께 공부한 것을 혼자서도 할 수 있는지 체크해 봅시다. 혼자서도 할 수 있으면 👍, 선생님의 도움이 더 필요하다면 ?에 동그라미로 표시하세요.

배움 체크 리스트	👍	?
1. 서로 반대가 되는 성질을 가진 양을 수로 나타낼 때, 기준점을 찾을 수 있습니다.		
2. 기준점에서 서로 반대되는 방향에 있는 두 수는 서로 다른 부호를 갖는다는 것을 이해하고 적용할 수 있습니다.		
3. 기준점에서 같은 방향에 있는 두 수는 서로 같은 부호를 갖는다는 것을 이해하고 적용할 수 있습니다.		
4. 음의 부호의 반대는 양의 부호임을 이해하고 적용할 수 있습니다.		
5. 0과 양수들을 포함하는 수직선을 그릴 수 있습니다.		
6. 0과 음수들을 포함하는 수직선을 그릴 수 있습니다.		
7. 어떤 수에 대응하는 점을 수직선에서 찾고 표시할 수 있습니다.		

혼자 풀기

(혼자 풀어 보는 문제 1~7을 제시하며) 오늘 배운 것을 기억하면서 문제를 혼자 풀어 보는 시간입니다. 내비게이션 2.5 를 사용하면 도움이 됩니다.

수직선을 그리고, 다음 수에 대응하는 점을 수직선 위에 나타내시오.

1. 5

2. −5

밑줄 친 수가 양수인지 음수인지 동그라미로 나타내고, 그 수를 부호를 사용하여 나타내시오.

3. 버스 도착 시간 5분 전이다.

양수/음수, ____________

4. 해발 500m를 +500으로 나타낼 때, 해저 150m

양수/음수, ____________

5. 내 키보다 4cm 작은 키를 (−4)로 나타낼 때, 내 키보다 6cm 큰 키

양수/음수, ____________

6. 은행에서 예금 통장을 만든 후, 예금 통장에 2만 원을 입금하였다.

양수/음수, ______________

7. 어제의 기온이 0도였는데, 오늘은 어제보다 기온이 3도 더 낮다.

양수/음수, ______________

채점 및 오답 분석

학생이 쓴 답을 기재하고, 오답인 경우 중재 결정표 에서 가능한 오류 원인을 1~8 중에서 골라 번호로 기재합니다. 기타 원인 때문에 오답이 발생했을 경우, 구체적으로 어떤 이유인지 기재합니다. 가능한 오답의 원인을 모두 기재합니다.

혼자 풀어 보는 문제	정답	학생이 쓴 답	오답 원인
1. 수직선 대응점: 5	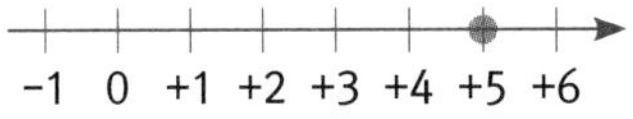		
2. 수직선 대응점: −5	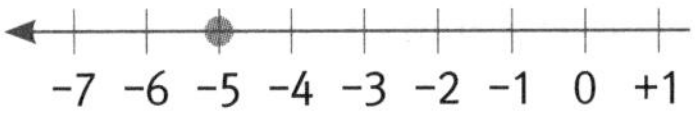		
3. 버스 도착 시간 5분 전	음수, −5분		
4. 해저 150m	음수, −150m		
5. 내 키보다 6cm 큰 키	양수, +6cm		
6. 2만 원 입금하였다.	양수, +2만 원		
7. 어제보다 3도 낮다.	음수, −3도		
	정답 개수	/ 7	

중재 결정표

☞ **오답 원인을 분석하여 차후 중재를 결정하세요.**

오답 원인	발생 빈도	최다 발생 오류	중재 결정
1. 사전 지식 및 기술			
2. 용어나 상황 이해 부족			
3. 기준점이 되는 상황 이해 부족			
4. 음의 부호를 가진 반대 상황은 양의 부호로 나타낸다는 것의 이해와 적용의 어려움			
5. 0과 음수 양수를 포함한 수직선을 그리는 방법의 이해와 적용의 어려움			
6. 음수나 양수에 대응하는 점의 위치를 수직선 위에서 찾는 방법의 이해와 적용의 어려움			
7. 부주의/계산 실수			
8. 기타(구체적 원인 기재하기)			

가장 흔한 오답 원인	1과 2 중 하나	3, 4, 5, 6 중 하나	7
	AND	AND	OR
오답률	오답이 2개 이상	오답이 2개 이상	오답이 2개 미만
	↓	↓	↓
다음 중재	브리지(Bridge)	동 차시 반복	다음 차시

브리지(Bridge) 차시

- 수직선에 대응점 나타내기(본 차시)

6차시

유리수의 뜻과 유리수의 대소 비교

[내비게이션 2.6] 유리수를 수직선 위에 표시하고 크기 비교하기

Ⓐ 수직선에 분수 표시하고 크기 비교하기

1. 가분수는 대분수로 전환하기($\frac{7}{4} = 1\frac{3}{4}$)

2. 수직선상에 대분수의 정수 표시하기
   - (양수인 경우) 수직선상에서 대분수의 정수를 나타내는 점과 그 오른쪽에 위치한 정수에 대응점 표시
     (예: $1\frac{3}{4}$은 1과 그 오른쪽 양수 2를 표시)
   - (음수인 경우) 수직선상에서 대부분의 정수를 나타내는 점과 그 왼쪽 정수에 대응점 표시
     (예: $-1\frac{3}{4}$은 -1과 그 왼쪽 정수 -2를 표시)

3. 수직선상에 분수 부분의 분모가 의미하는 것을 표시하기
   - 분모는 두 정수 사이를 몇 등분해야 할지를 알려 줌

4. 수직선상에 분수 부분의 분자가 의미하는 것을 표시하기
   - 분자는 두 정수 사이를 등분한 눈금 중 몇 번째 눈금이 그 분수에 대응하는 점인지를 의미함
   - 예: $1\frac{3}{4} \rightarrow$ 1과 2 사이를 4등분한 눈금 중 3번째 눈금이 $1\frac{3}{4}$에 대응하는 점

5. 수의 크기 비교하기–수직선상 더 오른쪽에 위치한 수가 더 큰 수
   - 수직선 위에서 더 오른쪽에 표시된 점이 나타내는 수가 더 큰 수라 결정

B 수직선에 소수 표시하기(다음 방법 또는 소수를 분수로 고쳐 수직선에 표시해도 됨)

1. 소수의 정수 부분과 소수 부분 확인하기
2. 소수의 정수 부분 표시하기(예: −0.5는 −1과 0 사이에 위치하므로 −1과 0을 찾아 표시함)
   - (양수인 경우) 소수의 정수 부분과 수직선상 오른쪽에 위치한 정수의 대응점 표시 (예: 1.5 → 1과 2 대응점 표시)
   - (음수인 경우) 소수의 정수 부분과 수직선상 왼쪽에 위치한 정수의 대응점 표시 [예: −1.5 → (−1)과 (−2) 대응점 표시]
3. 소수점 이하 수의 자릿수로 두 정수 사이 등분 수 결정하기
   - 소수점 이하 자릿수가 1개 → $10^1 = 10$등분(예: 0.5 → 0과 1 사이 10등분)
   - 소수점 이하 자릿수가 2개 → $10^2 = 100$등분(예: 0.05 → 0과 1 사이 100등분)
4. 소수점 이하의 숫자로 대응점 결정하기
   - 소수점 이하의 숫자는 몇 번째 등분점이 대응점인지를 말해 줌
   - 예: 0.5의 숫자 5는 0과 1 사이를 10등분하였을 때 5번째 등분점이 0.5의 대응점임을 나타냄
5. 수의 크기 결정하기–수직선상 더 오른쪽에 위치한 수가 더 큰 수
   - 수직선상에서 오른쪽에 표시된 점이 나타내는 수가 더 큰 수라 결정

C 큰 수 결정하기–수직선의 비밀

1) 수직선에서는 오른쪽에 있는 수가 무조건 더 크다.

2) 0은 음수(− 부호를 붙인 수)보다 크다.

3) 양수(+ 부호가 있거나 부호가 없는 수)는 0보다 더 크다.

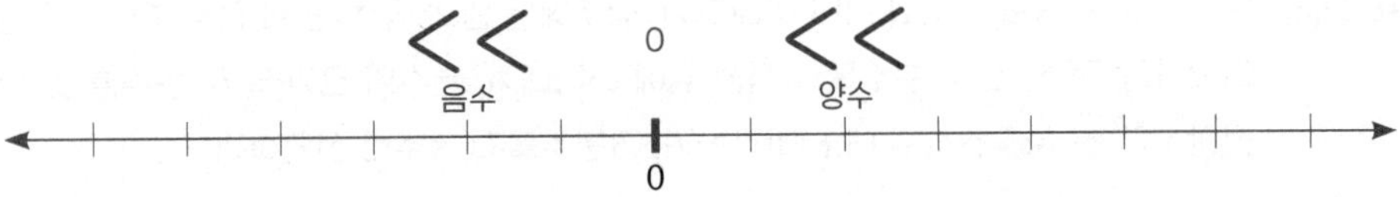

차시 목표 양의 유리수와 음의 유리수를 이해하고, 그 대응하는 점을 수직선 위에 나타내어 대소를 비교할 수 있다.

사전 지식 양의 부호와 음의 부호의 의미 이해하기, 정수에는 양의 정수, 음의 정수, 0이 있다는 것을 이해하기, 정수, 소수, 분수를 수직선 위에 나타내기, 분수의 크기 알기, 분수를 소수로 전환하기, 분수와 소수의 대소 비교하기, 가분수를 대분수로 전환하기

준비물 2단계 6차시 학생용 교재, **내비게이션 2.6**

흔한 오류

1. 음의 분수를 비교할 때 절댓값이 더 큰 음의 분수가 더 크다고 생각한다.
   (예: $-2\frac{1}{4} > -1\frac{3}{5}$)
2. 정수와 유리수가 별도인 것으로 생각하여, 정수가 유리수라는 것을 알지 못한다.
3. 숫자 0이 양수와 음수의 기준이 되는 점(원점)임을 이해하지 못하고 '없다'는 뜻으로 이해한다.
4. 양의 부호, 음의 부호를 덧셈, 뺄셈 부호와 혼동한다.
5. 양수가 0보다 큰 수임을 이해하지 못한다.
6. 음수가 0보다 작은 수임을 이해하지 못한다.
7. 양수가 음수보다 크다는 것을 알지 못하고 부호에 상관없이 숫자가 크면 더 크다고 생각한다(예: $-4 > 2$).
8. 유리수를 수직선 위에 나타낼 때, 오른쪽에 있는 수가 왼쪽에 있는 수보다 더 크다는 것을 알지 못한다.

사전평가

처음 두 문제는 가장 필수적인 사전 지식에 대한 이해를 묻고, 3번부터 7번까지는 차시 목표인 개념과 기술의 이해를 묻습니다.

Level 2.2
6차시

다음 수에 대응하는 점을 수직선 위에 나타내시오.

1. -3.5

2. $\frac{7}{4}$

다음 두 수의 크기를 > 또는 <를 사용하여 비교하시오.

3. -4 ______ 0

4. 2.7 ______ 5

5. $\frac{13}{4}$ ______ 3

6. -1.5 ______ -0.3

7. $+0.123$ ______ $+0.13$

정 답

1. 3

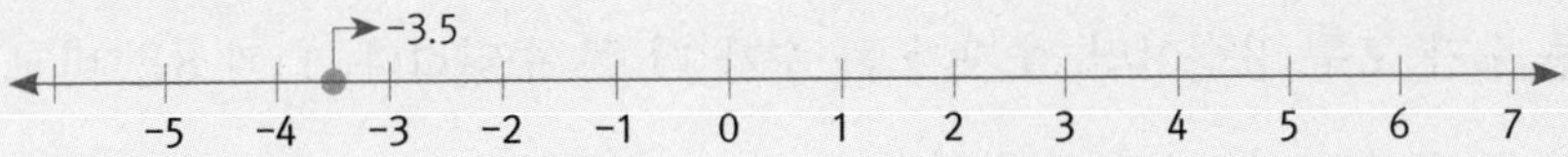

2. -3

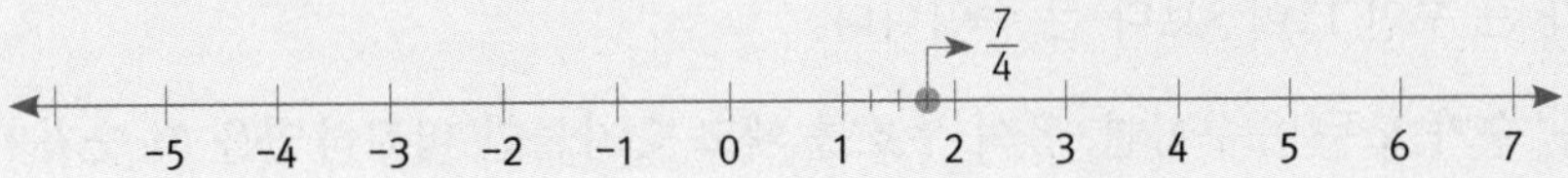

3. $-4 < 0$ **4.** $2.7 < 5$ **5.** $\frac{13}{4} > 3$

6. $-1.5 < -0.3$ **7.** $+0.123 < +0.13$

접속하기

차시 목표 및 개념 설명

오늘은 유리수가 무엇인지 알아보고, 수직선을 이용하여 두 유리수의 대소를 비교하는 법을 배우려 합니다. 먼저, 이번 차시에서 많이 사용될 용어와 개념을 정리해 봅시다.

1. 유리수가 무엇인지 알아봅시다. 유리수는 분수 형태로 나타낼 수 있는 모든 수를 포함합니다. 자연수 3은 분수로 나타낼 수 있습니까? 3은 $\frac{3}{1}$으로 나타낼 수 있습니다. 음의 정수 −7은 분수로 나타낼 수 있습니까? −7은 $\frac{-7}{1}$로 나타낼 수 있습니다. 소수 0.12는 분수로 나타내면 $\frac{12}{100}$입니다. 이처럼 유리수에는 0과 양의 정수, 음의 정수 그리고 양의 소수, 음의 소수, 양의 분수, 음의 분수가 포함됩니다.

2. 유리수는 다음과 같은 특징이 있습니다(내비게이션 2.6 수직선의 비밀을 보여 주며 다음을 설명해 줌).

1) 양수는 0보다 크다: 양수 0.01은 0보다 큰 수입니다.

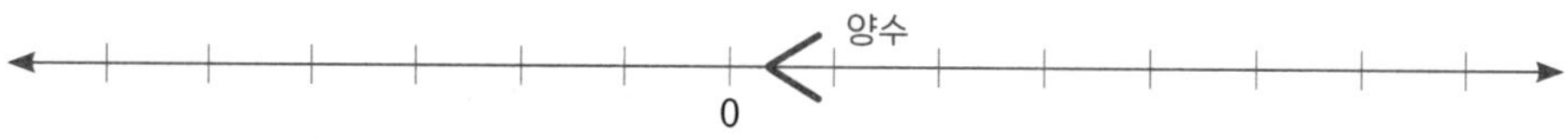

2) 음수는 0보다 작다: 음수 −9는 0보다 작은 수입니다.

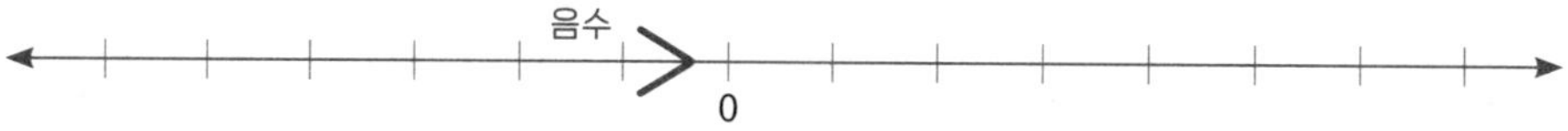

3) 두 수가 모두 양수이면, 숫자가 큰 수가 더 큰 수입니다: 11과 8을 비교할 때, 숫자가 큰 수인 11이 8보다 큰 수입니다.

4) 두 수가 모두 음수이면, 음의 부호를 빼고 숫자들만 비교하였을 때 숫자가 작은 수가 더 큰 수입니다: −11과 −8을 비교하면, 음의 부호를 뺐을 때 숫자가 작은 수인 −8이 −11보다 더 큰 수입니다.

5) 두 수를 수직선 위에 표시할 때, 오른쪽에 있는 수가 항상 더 큰 수입니다: 수직선 위에 대응점을 나타낼 때, 1.5가 1보다 더 오른쪽에 표시되므로 1.5가 더 큰 수입니다.

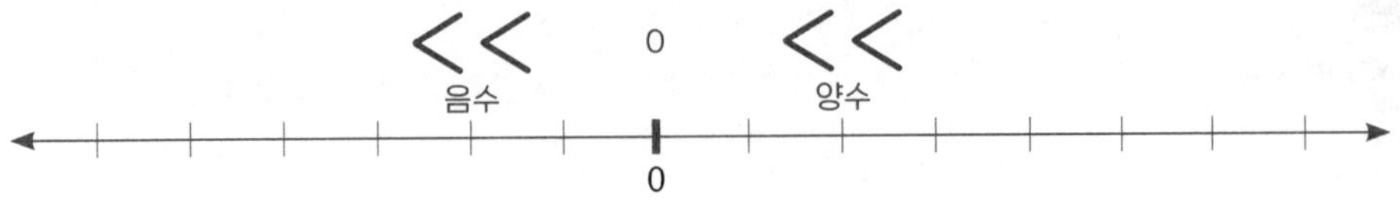

Level 2.2
6차시

보여 주기

개념 및 기술 교수, 개념 및 기술 예시 제시, 보는 수학 내비게이션을 이용한 교사 모델링

1 (보여 주는 문제 1을 보여 주며) $1\frac{1}{2}$과 $2\frac{2}{3}$에 대응하는 점들을 수직선에 나타내고 두 수의 크기를 비교해 봅시다.

1. 1단계: 먼저, 대분수 $1\frac{1}{2}$을 수직선에 나타내 봅시다.

1) 대분수는 몫인 정수와 분수로 이루어져 있습니다. 분수를 수직선에 표시하기 위해서는 먼저 대분수의 정수 부분(몫)과 분수 부분을 알아야 합니다. $1\frac{1}{2}$의 정수는 1이고 분수는 $\frac{1}{2}$입니다.

2) 다음은 대분수의 정수에 대응하는 점을 수직선에 나타냅니다. $1\frac{1}{2}$에서 정수는 1이므로 수직선 위에 1을 표시하고, 그 정수의 오른쪽에 있는 정수를 찾아 점으로 표시합니다(음의 정수일 때는 왼쪽에 있는 정수를 찾습니다).

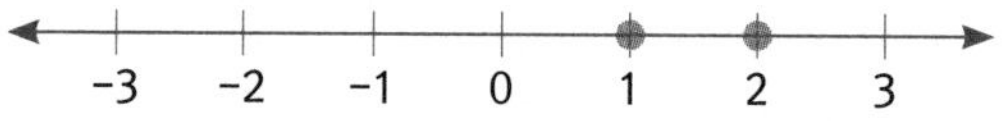

3) 다음은 대분수의 분수 부분 중 분모가 의미하는 것을 수직선에 나타냅니다. $1\frac{1}{2}$에서 분수 부분은 $\frac{1}{2}$입니다. $\frac{1}{2}$의 분모인 2는 앞에서 찾아낸 두 점 사이를 몇 등분해야 하는지를 말해 줍니다. 여기서는 분모가 2이므로 1과 2 사이를 2등분해야 합니다. 1과 2 사이에 눈금을 하나 그리면 이등분된 구간을 갖게 됩니다.

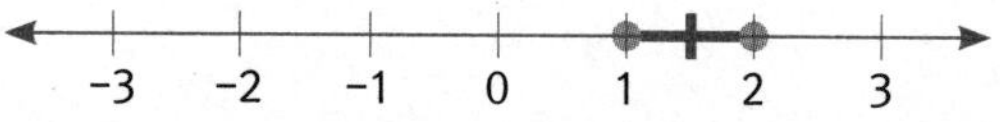

4) 다음은 분수의 분자 부분이 의미하는 바를 수직선에 나타냅니다. 분자인 1은 정수 1과 2 사이의 첫 번째 눈금이 $\frac{1}{2}$을 나타내는 점임을 나타냅니다.

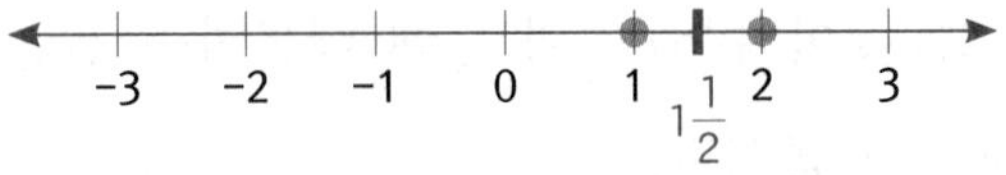

2. 2단계: 같은 방법으로 $2\frac{2}{3}$를 수직선 위에 나타내 봅시다.

1) 먼저, 분수 $2\frac{2}{3}$를 정수 부분과 분수 부분으로 나눕니다. 정수 부분은 2이고 분수 부분은 $\frac{2}{3}$입니다.

2) 다음은 정수 부분에 대응하는 점을 수직선에 표시합니다. $2\frac{2}{3}$에서 정수 부분은 2이므로 수직선 위에 2와 그다음 오른쪽 점인 3을 나타내는 점을 찾아 표시합니다.

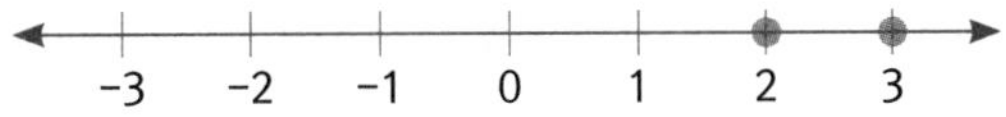

3) 다음은 분수 $\frac{2}{3}$의 분모가 의미하는 바를 수직선에 표시합니다. 분수의 분모는 2에서 3 사이의 구간을 몇 등분해야 하는지 알려 줍니다. 3이 분모이므로 2에서 3 사이의 직선을 3등분해야 합니다. 직선 하나를 3등분하려면 가운데에 두 개의 눈금을 그려야 합니다.

4) 다음엔 분수의 분자가 의미하는 바를 수직선에 표시합니다. 분자는 2와 3 사이에 그려진 눈금들 중 어느 눈금에 대응점을 그려야 하는지를 확인합니다. 2가 분자이므로 두 번째 눈금이 $\frac{2}{3}$를 나타내는 눈금입니다.

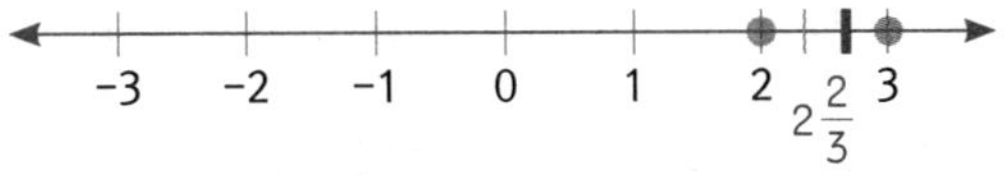

3. 3단계: 수직선 위에 그려진 두 대응점 중 더 오른쪽에 위치한 점을 더 큰 수라 결정합니다. 여기서는 $2\frac{2}{3}$가 $1\frac{1}{2}$보다 오른쪽에 위치하므로 $2\frac{2}{3}$가 더 큰 수입니다.

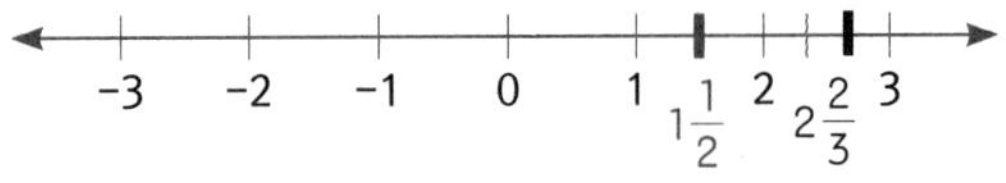

❷ (보여 주는 문제 2를 보여 주며) $\frac{4}{3}$와 $\frac{5}{2}$에 대응하는 점들을 수직선에 나타내고 두 수의 크기를 비교해 봅시다.

1. 1단계: 가분수 $\frac{4}{3}$를 수직선에 나타내 봅시다. 가분수는 분자가 분모보다 큰 수를 말합니다.

1) 제일 먼저 해야 할 일은 가분수를 대분수로 나타냅니다.

- $\frac{4}{3}$를 대분수로 나타낼 때는 분자 4를 분모 3으로 나누었을 때 몫인 정수 1을 분수 앞의 정수 부분에 쓰고 그 나머지인 1을 분자에 씁니다. 원래 분모였던 3은 그대로 분모에 씁니다.

  → $\frac{4}{3} = 1\frac{1}{3}$

- 대분수의 정수 부분과 분수 부분, 즉 몫과 분수 부분을 찾습니다. $1\frac{1}{3}$의 정수는 1이고 분수는 $\frac{1}{3}$입니다.

2) 다음은 대분수의 정수에 대응하는 점을 수직선에 나타냅니다. $1\frac{1}{3}$에서 정수는 1이므로 수직선 위에 1을 표시하고, 그 정수의 바로 옆 오른쪽에 있는 정수를 찾아 점으로 표시합니다.

3) 이번에는 대분수의 분수 부분 중 분모가 의미하는 것을 수직선에 나타냅니다. $1\frac{1}{3}$에서 분수 부분은 $\frac{1}{3}$입니다. $\frac{1}{3}$의 분모인 3은 앞에서 찾아낸 두 점 사이를 몇 등분해야 하는지를 말해 줍니다. 여기서는 분모가 3이므로 1과 2 사이를 3등분해야 합니다. 1과 2 사이에 눈금을 두 개 그리면 1과 2 사이 구간이 3등분됩니다.

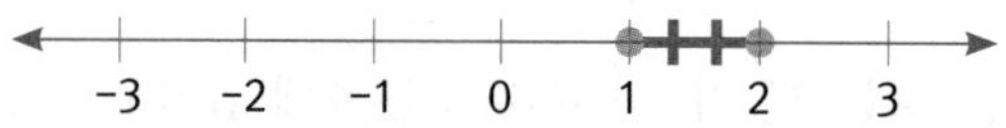

4) 다음은 분수의 분자가 의미하는 것을 수직선에 나타냅니다. 분자인 1은 1과 2 사이의 첫 번째 눈금이 $\frac{1}{3}$을 나타내는 대응점임을 말해 줍니다.

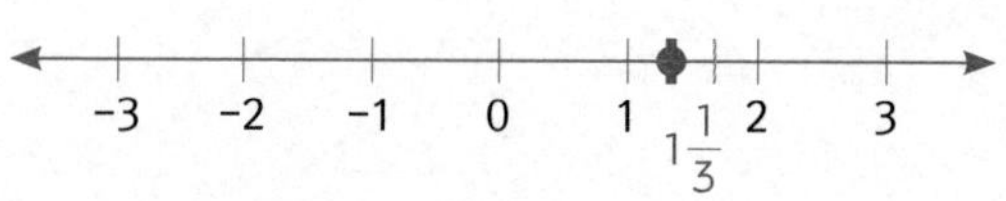

2. 2단계: 같은 방법으로 $\frac{5}{2}$를 수직선 위에 나타내 봅시다.

1) 먼저, 가분수 $\frac{5}{2}$를 대분수로 나타냅니다.

- 5 ÷ 2는 몫이 2이고 나머지가 1이므로 몫은 정수 부분에, 나머지는 분수의 분자 부분에 써 줍니다.

  → $2\frac{1}{2}$

2) 다음은 분수 $2\frac{1}{2}$을 정수 부분과 분수 부분으로 나눕니다. 정수 부분은 2이고 분수는 $\frac{1}{2}$입니다.

3) 다음은 대분수의 정수 부분에 대응하는 점을 수직선에 표시합니다. 정수 부분은 2이므로 수직선 위에 2와 그다음 오른쪽 점인 3을 나타내는 점을 찾아 표시합니다.

4) 이번엔 대분수의 분수 부분 중 분모가 의미하는 것을 수직선에 나타냅니다. 분수 부분은 $\frac{1}{2}$입니다. 분모 2는 2와 3 사이의 구간을 이등분해야 함을 의미합니다. 한 구간을 2등분하려면 한 개의 눈금을 그려야 합니다.

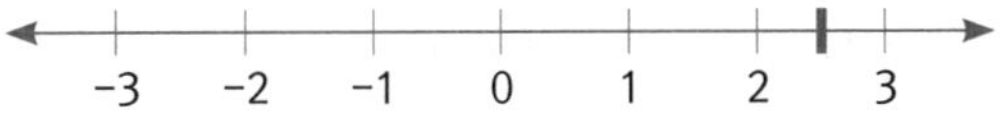

5) 다음엔 분자를 확인하여 분자가 의미하는 바를 수직선에 나타냅니다. 분자는 2와 3 사이에 그려진 눈금들 중 어느 눈금에 대응점을 그려야 하는지를 나타냅니다. 여기에서는 1이 분자이므로 첫 번째 눈금이 $\frac{1}{2}$을 나타내는 눈금임을 알게 됩니다.

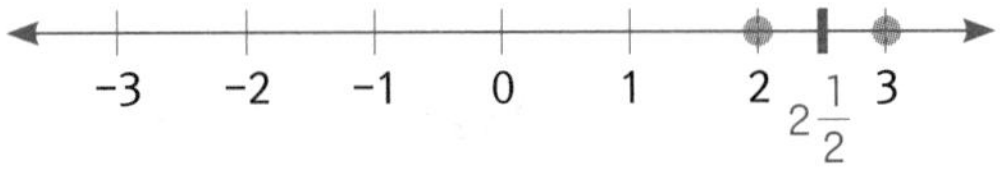

3. 3단계: 이제 수직선 위에 그려진 두 대응점 중 더 오른쪽에 위치한 점을 더 큰 수라 결정합니다. 여기서는 $2\frac{1}{2}$, 즉 $\frac{5}{2}$가 $1\frac{1}{3}(=\frac{4}{3})$보다 오른쪽에 위치하므로 $2\frac{1}{2}$이 더 큰 수입니다.

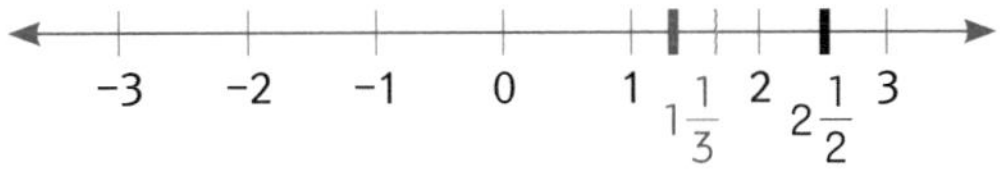

③ (보여 주는 문제 3을 보여 주며) $-\frac{6}{4}$과 −0.5에 대응하는 점들을 수직선에 나타내고 두 수의 크기를 비교해 봅시다.

1. 1단계: 가분수 $-\frac{6}{4}$을 수직선에 나타내 봅시다. 가분수는 분자가 분모보다 큰 수를 말합니다.

1) 제일 먼저 해야 할 일은 가분수를 대분수로 나타냅니다. 분자 −6을 분모 4로 나누었을 때의 몫인 −1을 분수 앞에 쓰고 나머지인 −2를 분자에 씁니다. 분모였던 4는 그대로 분모에 씁니다.

$\rightarrow -\frac{6}{4} = -1\frac{2}{4}$

2) 대분수의 정수 부분과 분수 부분, 즉 몫과 분수 부분을 찾습니다. $-1\frac{2}{4}$의 정수는 −1이고 분수는 $-\frac{2}{4}$입니다.

3) 다음은 대분수의 정수에 대응하는 점을 수직선에 나타냅니다. $-1\frac{2}{4}$에서 정수는 −1이므로 수직선 위에 −1을 표시하고, 그 정수의 바로 옆 왼쪽에 있는 정수를 찾아 점으로 표시합니다(음수의 경우 왼쪽에 있는 수를 찾습니다).

4) 이번에는 분수 부분의 분모가 나타내는 바를 수직선에 나타냅니다. $-1\frac{2}{4}$에서 분수 부분은 $-\frac{2}{4}$입니다. $-\frac{2}{4}$의 분모인 4는 앞에서 찾아낸 두 점 사이를 몇 등분해야 하는지를 말해 줍니다. 여기서는 분모가 4이므로 −1과 −2 사이를 4등분해야 합니다. −1과 −2 사이에 눈금을 세 개 그리면, 4등분된 직선을 갖게 됩니다.

5) 마지막으로 분수의 분자 부분이 의미하는 바를 수직선에 나타냅니다. $-\frac{2}{4}$의 분자인 2는 −1로부터 두 번째 눈금이 $-\frac{2}{4}$를 나타내는 점임을 나타냅니다.

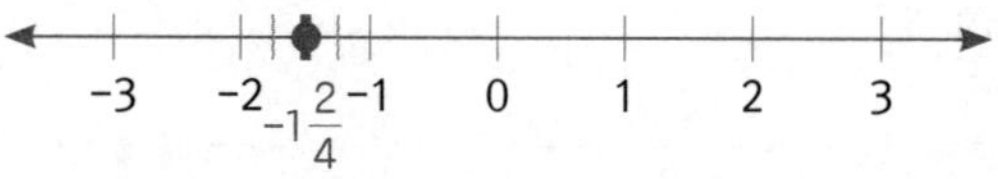

2. 2단계: 이번에는 음의 소수인 −0.5를 수직선 위에 나타내 봅시다.

1) 먼저, 소수의 정수 부분을 표시합니다. 음의 소수일 경우, 소수의 정수에 해당하는 수와 수직선에서 그 왼쪽에 있는 수의 대응점을 찾아 표시합니다. −0.5의 경우, 소수의 정수는 0이고 그 왼쪽에 위치한 수는 −1이므로 0과 −1을 찾아 대응점을 표시합니다.

2) 이번엔 소수점 이하 자릿수로 두 정수 사이를 몇 등분해야 하는지 결정합니다. 소수점 이하 자릿수가 1개이면 0에서 1사이를 $10(=10^1)$개로 나누고, 소수점 이하 자릿수가 2개이면 $100(=10^2)$개로 나눕니다. −0.5는 소수점 이하 자릿수가 1개이므로 0과 −1 사이를 10등분합니다. 10등분하려면 9개 눈금을 0과 −1 사이에 그려 줍니다.

3) 다음은 소수점 이하 숫자의 의미를 수직선에 표시합니다. 소수점 이하 숫자인 5는 0과 1 사이를 10개로 나눴을 때 0에서 왼쪽으로 5번째 눈금이 −0.5를 나타낸다는 것을 말해 줍니다.

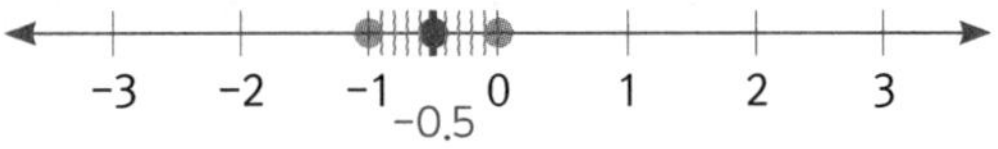

3. 3단계: 이제 수직선 위에 그려진 두 대응점 중 더 오른쪽에 위치한 점을 더 큰 수라 결정합니다. 여기서는 −0.5가 $-\frac{6}{4}(=-1\frac{2}{4})$보다 오른쪽에 위치하므로 −0.5가 더 큰 수입니다.

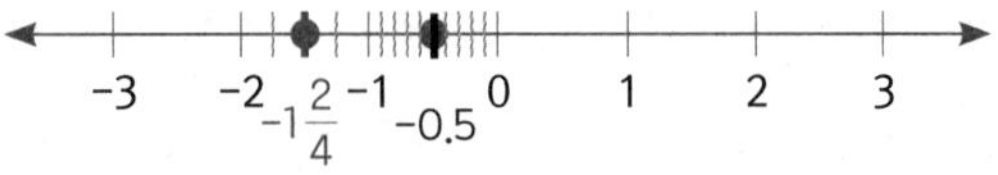

Level 2.2
6차시

함께 풀기

(내비게이션 2.6 을 보여 주며) 내비게이션 2.6 은 수직선을 그려 두 유리수의 크기를 비교하는 방법을 보여 줍니다. 유리수가 분수인 경우에는 분수를 대분수의 형태로 바꿔 정수 부분, 분모 부분, 분자 부분이 의미하는 바를 수직선에 표시합니다. 유리수가 소수인 경우에는 정수 부분과 소수 부분으로 나누어 정수 부분을 먼저 표시하고 소수 부분을 그려 줍니다. 각 수에 해당하는 점을 수직선에 표시했을 때, 수직선 위에서 더 오른쪽에 위치한 수가 더 큰 수라고 결정합니다. 내비게이션 2.6 을 보면서 다음 문제들을 함께 풀어 봅시다.

❶ (함께 풀어 보는 문제 1을 가리키며) $\frac{3}{4}$과 $\frac{5}{4}$에 대응하는 점들을 수직선에 나타내고 두 수의 크기를 비교해 봅시다.

1. 1단계: 먼저, $\frac{3}{4}$을 수직선에 나타내 봅시다.

1) $\frac{3}{4}$을 수직선에 표시하려면 가장 먼저 무엇을 해야 합니까? 주어진 분수가 가분수이면 대분수로 바꿔 줍니다. 주어진 분수는 분자가 분모보다 작은 진분수이므로 대분수로 나타낼 수 없습니다.

2) $\frac{3}{4}$을 수직선에 나타내려면 무엇을 먼저 해야 합니까? 분수 $\frac{3}{4}$의 정수 부분과 분수 부분을 확인합니다. $\frac{3}{4}$의 정수 부분과 분수 부분은 무엇입니까? $\frac{3}{4}$ 앞에 정수가 없으므로 정수는 0이고 분수 부분은 $\frac{3}{4}$입니다.

3) 다음은 무엇을 합니까? 정수 부분을 수직선에 표시합니다. 분수의 정수 부분인 0과 0의 오른쪽에 있는 수인 1을 수직선에 표시합니다.

4) 다음에는 무엇을 표시해야 합니까? 0과 1 사이에 분수 $\frac{3}{4}$의 분모가 의미하는 것을 표시합니다. 분모는 주어진 구간을 분모의 크기만큼 등분하라는 뜻입니다. $\frac{3}{4}$의 분모인 4는 0과 1 사이를 4등분하라는 뜻입니다. 0과 1 사이를 4등분하기 위해서는 중간에 작은 눈금을 몇 개 그려야 합니까? 0과 1 사이에 눈금을 세 개 그리면 그 구간이 4등분됩니다.

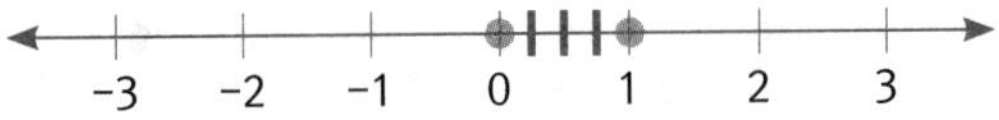

5) 다음엔 무엇을 해야 합니까? 분수 $\frac{3}{4}$의 분자가 의미하는 바를 수직선에 표시합니다. 분자인 3은 0과 1 사이의 눈금 중 세 번째 등분한 눈금이 $\frac{3}{4}$을 나타내는 점이라는 것을 의미합니다.

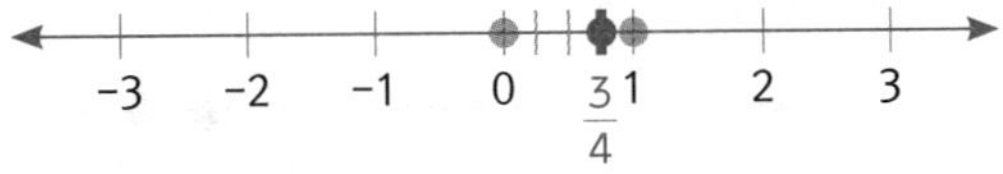

2. 2단계: 이번에는 $\frac{5}{4}$를 수직선 위에 나타내 봅시다.

1) $\frac{5}{4}$를 수직선에 나타내려면 가장 먼저 무엇을 해야 합니까? $\frac{5}{4}$는 분자가 분모보다 큰 가분수입니다. 가분수일 경우엔 무엇을 먼저 해야 합니까? 먼저, 가분수 $\frac{5}{4}$를 대분수로 나타냅니다. 5 ÷ 4는 몫과 나머지가 얼마입니까? 5 ÷ 4는 몫이 1이고 나머지가 1입니다. 몫은 정수 부분에, 나머지는 분수의 분자 부분에 써 주면 가분수 $\frac{5}{4}$는 대분수 $1\frac{1}{4}$이 됩니다.

2) 다음은 무엇을 합니까? 분수 $1\frac{1}{4}$을 정수와 분수 부분으로 나눕니다. 정수는 얼마입니까? 정수는 1입니다. 분수는 얼마입니까? 분수는 $\frac{1}{4}$입니다.

3) 다음은 무엇을 해야 합니까? 정수 부분에 대응하는 점을 수직선에 표시합니다. 정수 부분은 1이므로 수직선 위에 1과 그다음 오른쪽 점인 2를 찾아 표시합니다.

4) 다음엔 무엇을 합니까? 분수인 $\frac{1}{4}$의 분모의 의미를 표시합니다. 분모 4는 무엇을 의미합니까? 분모 4는 1과 2 사이를 4등분해야 하는 것을 의미합니다. 4등분하려면 1과 2 사이에 작은 눈금을 몇 개 그려야 합니까? 4등분하려면 1과 2 사이에 3개의 눈금을 그려야 합니다.

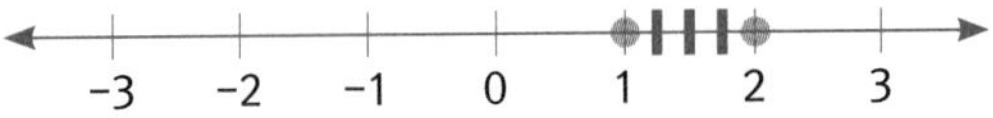

5) 다음은 무엇을 합니까? 분자의 의미를 수직선에 표시합니다. 분자는 무엇을 나타냅니까? 분자인 1은 4개의 눈금 중 첫 번째 눈금이 $\frac{1}{4}$이라는 것을 나타냅니다.

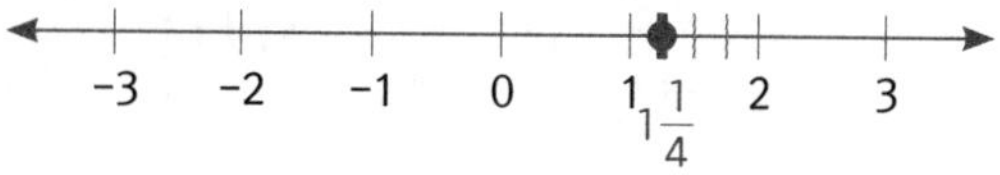

3. 3단계: 다음은 무엇을 합니까? 이제 수직선 위에 그려진 두 대응점 중 더 오른쪽에 위치한 점을 찾아 더 큰 수라 표시합니다. 여기서는 $\frac{5}{4}$가 $\frac{3}{4}$보다 오른쪽에 위치하므로 $\frac{5}{4}$가 더 큰 수입니다.

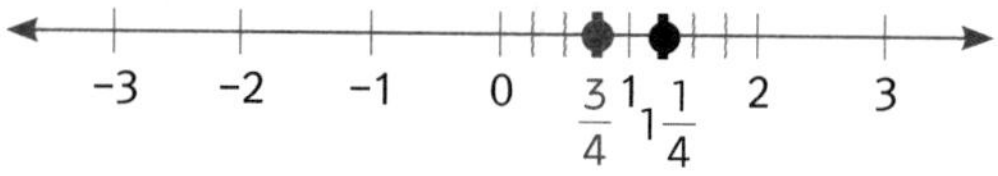

❷ (함께 풀어 보는 문제 2를 가리키며) $-\frac{7}{3}$과 $-\frac{9}{4}$에 대응하는 점들을 수직선에 나타내고 두 수의 크기를 비교해 봅시다.

1. 1단계: 먼저, $-\frac{7}{3}$을 수직선에 나타내 봅시다.

   1) $-\frac{7}{3}$을 수직선에 나타내려면 가장 먼저 무엇을 해야 합니까? $-\frac{7}{3}$은 분자가 분모보다 큰 가분수이므로 대분수로 나타냅니다. $-7 \div 3$의 몫은 -2이고 나머지는 -1입니다.

   $\rightarrow -\frac{7}{3} = -2\frac{1}{3}$

   2) $-\frac{7}{3}$을 대분수$(-2\frac{1}{3})$로 고친 후에는 무엇을 해야 합니까? $-2\frac{1}{3}$의 정수 부분과 분수 부분을 확인합니다. 몫이 -2이므로 정수 부분은 -2이고 분수는 $-\frac{1}{3}$입니다.

   3) 다음은 무엇을 합니까? 정수 부분을 수직선에 표시합니다. 분수를 수직선에 표시할 때, 음의 정수는 수직선에서 어떻게 표시합니까? 음의 정수는 그 정수와 그 정수의 왼쪽에 있는 수에 표시합니다. 분수의 정수 부분인 -2와 그 왼쪽에 있는 수인 -3을 수직선 위에 표시합니다.

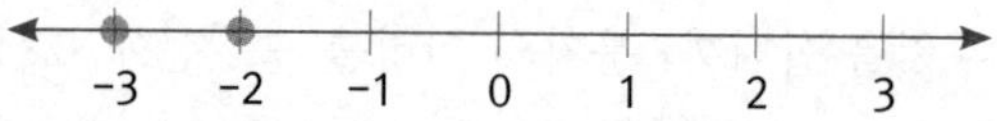

   4) 다음에는 무엇을 표시해야 합니까? -2와 -3 사이에 분수 부분인 $-\frac{1}{3}$을 표시

합니다. 먼저, 분모가 의미하는 것을 표시해 봅시다. 분수의 분모인 3은 무엇을 의미합니까? 분모인 3은 −2와 −3 사이를 3등분하라는 뜻입니다. −2와 −3 사이를 3등분하기 위해서는 중간에 작은 눈금을 몇 개 그려야 합니까? −2와 −3 사이에 눈금을 두 개 그리면 3등분된 구간을 갖게 됩니다.

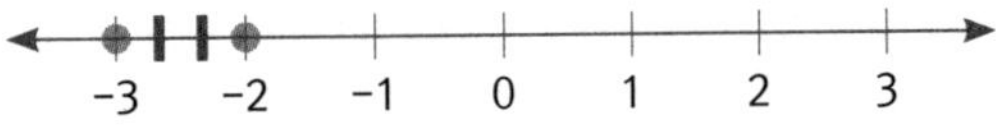

5) 다음엔 무엇을 해야 합니까? 수직선에 분자가 나타내는 것을 표시합니다. 분자인 1은 −1로부터 첫 번째 눈금이 $-\frac{1}{3}$을 나타내는 점이라는 뜻입니다. 분자인 1을 보고 −2와 −3 사이의 눈금 중 첫 눈금에 $-\frac{1}{3}$을 나타내는 점을 표시합니다.

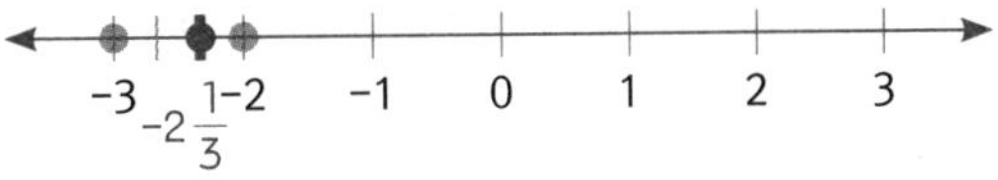

2. 2단계: 이번에는 $-\frac{9}{4}$를 수직선 위에 나타내 봅시다.

1) 먼저, 가분수 $-\frac{9}{4}$를 대분수로 나타냅니다. −9 ÷ 4는 몫과 나머지가 얼마입니까? −9 ÷ 4는 몫이 −2이고 나머지가 −1입니다. 몫은 정수 부분에, 나머지는 분수의 분자 부분에 써 주면 가분수 $-\frac{9}{4}$는 대분수 $-2\frac{1}{4}$이 됩니다.

2) 대분수 $-2\frac{1}{4}$을 수직선에 나타내려면 먼저 무엇을 해야 합니까? 분수 $-2\frac{1}{4}$을 정수 부분과 분수 부분으로 나눕니다. 정수 부분은 얼마입니까? 정수 부분은 −2입니다. 분수는 얼마입니까? 분수는 $-\frac{1}{4}$입니다.

3) 다음은 무엇을 해야 합니까? 정수 부분에 대응하는 점을 수직선에 표시합니다. 정수 부분은 −2이므로 수직선 위에 −2와 그다음 왼쪽 점인 −3을 나타내는 점을 찾아 표시합니다.

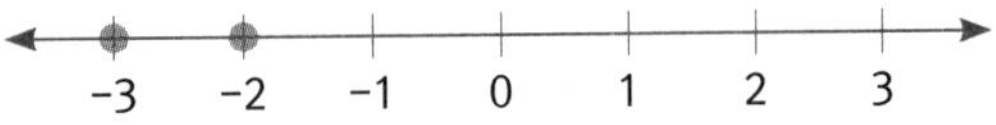

4) 다음은 무엇을 합니까? 분수 $-\frac{1}{4}$의 분모 4가 의미하는 바를 수직선에 표시합니다. 분모 4는 무엇을 의미합니까? 분모 4는 −2와 −3 사이를 4등분해야 하는 것

을 의미합니다. 한 구간을 4등분하려면 작은 눈금을 몇 개 그려야 합니까? −2와 −3 사이에 3개의 눈금을 그리면 −2와 −3 사이가 4등분이 됩니다.

5) 다음은 무엇을 합니까? 분자가 의미하는 것을 수직선에 표시합니다. 분자 1은 무엇을 나타냅니까? 분자인 1은 4눈금 중 첫 번째 눈금이 $\frac{1}{4}$이라는 것을 나타냅니다.

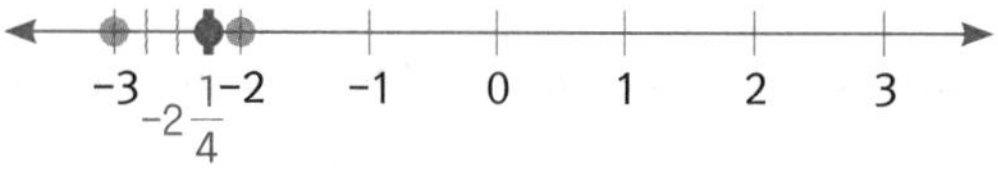

3. 3단계: 두 수에 대응하는 점을 수직선에 나타낸 후 무엇을 해야 합니까? 수직선에 표시된 두 점 중 더 오른쪽에 위치한 점을 두 수 중 더 큰 수라 결정합니다.

- $-\frac{9}{4} = -2\frac{1}{4}$이 $-\frac{7}{3} = -2\frac{1}{3}$보다 조금 더 오른쪽에 위치하므로 $-\frac{9}{4}$가 더 큰 수입니다.

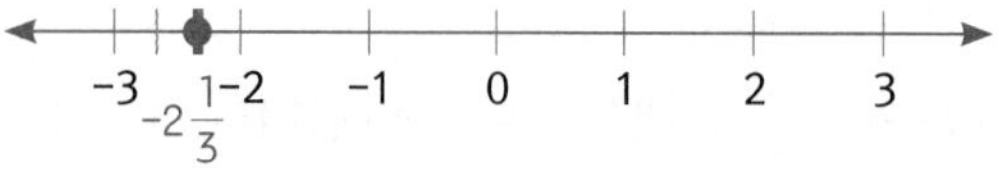

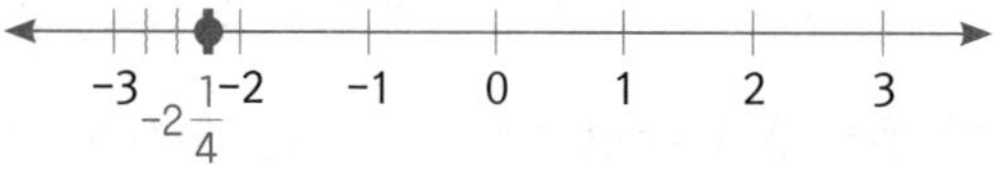

③ (함께 풀어 보는 문제 3을 가리키며) **−0.25와 −1.90에 대응하는 점들을 수직선에 나타내고 두 수의 크기를 비교해 봅시다.**

1. 1단계: 먼저 −0.25를 수직선에 나타내 봅시다.

1) −0.25를 수직선에 나타내려면 먼저 무엇을 해야 합니까? −0.25의 정수 부분과 소수 부분을 확인합니다. −0.25의 정수는 얼마입니까? −0.25의 정수는 0입니다. 음의 소수인 경우, 소수의 정수값과 그 왼쪽에 있는 수의 대응점을 찾아 수직선에 그려 줍니다. 0과 −1을 찾아 표시해 줍니다.

2) 다음은 무엇을 해야 합니까? 소수점 이하의 자릿수를 확인하고 구간을 몇 등분

할지 결정합니다. -0.25는 소수점 이하의 자릿수가 2입니다. 소수점 이하의 자릿수가 2이므로 $10^2 = 100$만큼 0과 -1 사이를 등분합니다.

3) 다음은 무엇을 해야 합니까? 소수점 이하의 숫자가 의미하는 바를 수직선에 표시합니다. 소수점 이하 수인 25는 0과 -1 사이를 100개로 나누었을 때 0으로부터 왼쪽으로 25번째 눈금이 -0.25를 나타내는 수임을 의미합니다. 그런데 눈금 100개를 0과 1 사이에 그리기가 쉽지 않습니다. 이럴 때는 -0.25를 분수로 나타내 주면 그리기가 쉬워집니다. -0.25를 분수로 바꾸려면 25를 분자에 쓰고 분모에는 소수점 이하의 자릿수가 두 개이므로 100을 써 주면 됩니다. $-\frac{25}{100} = -\frac{1}{4}$입니다. $-\frac{1}{4}$은 0과 -1 사이를 4등분한 후 0에서 첫 번째 눈금이므로 다음과 같이 그릴 수 있습니다.

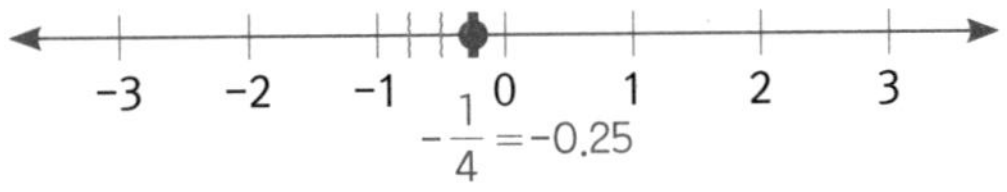

2. 2단계: 이번에는 -1.90을 수직선 위에 나타내 봅시다.

1) -1.90을 수직선 위에 나타낼 때 가장 먼저 해야 할 일은 무엇입니까? -1.9의 정수 부분과 소수 부분을 확인합니다. -1.9의 정수는 얼마입니까? -1입니다. 소수 부분은 얼마입니까? -1.90입니다.

2) 다음은 무엇을 합니까? -1.90의 정수 부분 -1이 의미하는 것을 수직선에 표시합니다. 음의 소수이므로 -1과 그 왼쪽에 있는 정수인 -2를 찾아 수직선상에 대응점을 표시해 줍니다.

3) 다음은 무엇을 합니까? -1.90의 소수 부분인 -0.9를 표시합니다. 먼저, 소수점 이하 자릿수를 확인하여 $10^{\text{소수점 이하 자릿수}}$만큼 -1과 -2 구간을 등분합니다. -0.9의 소수점 이하 자릿수는 몇 개입니까? 9가 있는 자리 한 자리입니다. 따라서 -1과 -2 사이를 10^1만큼 등분합니다. 수직선에 나타냅니다.

4) 다음은 무엇을 합니까? 소수점 이하 숫자를 확인하여 위에서 등분한 눈금을 따

라 소수점 이하 숫자만큼 간 곳에 해당하는 눈금이 주어진 소수를 나타내는 점이라 표시합니다. −0.9의 소수점 이하 숫자는 9이므로 −1과 −2 사이를 10등분한 후 −1로부터 9번째 눈금이 −1.90을 나타내는 점이라 표시합니다.

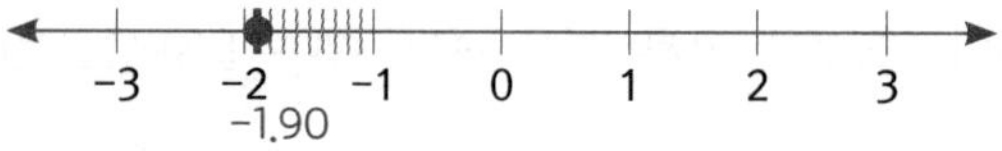

3. 3단계: 다음은 무엇을 합니까? 수직선 위에 그려진 두 대응점을 비교하여 더 오른쪽에 위치한 점에 해당하는 수를 더 큰 수라고 결정합니다.

- −0.25가 −1.90보다 오른쪽에 위치하므로 −0.25가 더 큰 수입니다.

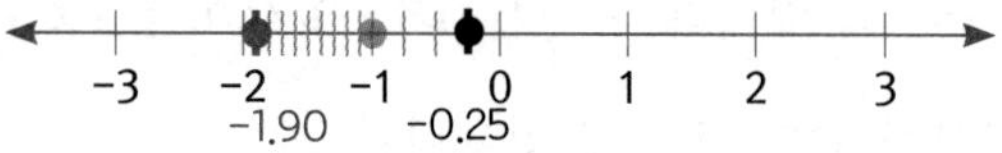

아 그렇구나!

☞ **혼동되는 문제 다시 풀기**
☞ **최다 오류를 반례로 제시하여 개념 및 기술 획득 강화**

✎ 아 그렇구나! 에서는 수직선을 사용하여 유리수의 대소를 비교할 때 우리가 자주 혼동하는 문제들을 같이 풀어 봅니다. 이 문제들을 풀 때 왜 실수가 많은지 함께 생각해 봅시다.

1 (아 그렇구나! 문제 1을 가리키며) 0.13과 0.123 중 어떤 수가 더 큰 수인지 결정할 때 혼동되는 점은 무엇입니까?

⇨ 이 문제는 두 소수를 비교하는 문제입니다. 소수점 이하 숫자 123이 13보다 크므로 0.123이 큰 수라 생각하는 경우가 흔한 오류 중 하나입니다. 소수점 이하의 수를 비교할 때는 그림처럼 소수점 이하 첫 자릿수부터 두 수를 자릿값에 맞춰 써 놓고 차례대로 비교하면서, 큰 수가 먼저 나오는 수를 큰 수라 결정하면 됩니다.

0.	1	3	
0.	1	2	3

$0.13 > 0.123$

0.13과 0.123은 소수점 이하 첫 자리는 모두 1이지만, 둘째 자리는 0.13의 경우 3이고 0.123의 경우는 2입니다. 따라서 0.13이 0.123보다 큰 수입니다.

❷ (아 그렇구나! 문제 2를 가리키며) $-1\frac{3}{4}$과 $-1\frac{1}{4}$을 수직선 위의 점으로 나타내고 어느 수가 더 큰 수인지 비교할 때 혼동되는 점은 무엇입니까?

⇨ 가장 흔한 오류 중 하나는 $-1\frac{3}{4}$이나 $-1\frac{1}{4}$을 그릴 때 -1과 -2 사이의 수로 그리지 않고 -1과 0 사이의 수로 그리는 경우입니다. 또 다른 오류는 $-1\frac{3}{4}$을 그릴 때 -1에서 -2 사이를 4등분한 후, (-1이 아니라) -2에서부터 세 번째 눈금에 $-1\frac{3}{4}$이라 표시하는 경우입니다. 마찬가지로 $-1\frac{1}{4}$을 그릴 때 -1과 -2 사이를 4등분한 후, (-1에서부터가 아니라) -2에서부터 첫 번째 눈금을 $-1\frac{1}{4}$이라 표시하는 경우입니다. 이럴 경우, 수직선 위에서 오른쪽이 항상 큰 수라는 원칙을 적용하면 $-1\frac{3}{4}$이 $-1\frac{1}{4}$보다 큰 수라고 답하게 됩니다.

(오답의 예)

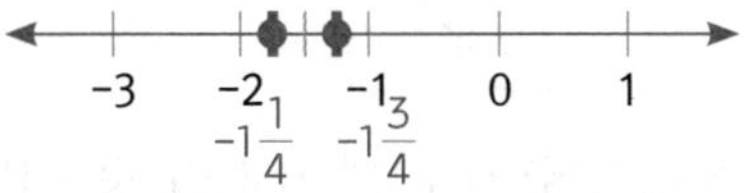

❸ (아 그렇구나! 문제 3을 가리키며) 0.75와 $\frac{1}{3}$을 수직선에 나타내고 크기를 비교할 때 혼동되는 점은 무엇입니까?

⇨ 분수와 소수를 비교하는 문제입니다. 소수를 분수로 바꾸어 주거나 분수를 소수로 바꾸어 동일한 수의 형태로 바꿔 주면 문제를 쉽게 풀 수 있습니다. 0.75는 분수로 바꾸면 $\frac{75}{100}$, 즉 $\frac{3}{4}$입니다. $\frac{3}{4}$과 $\frac{1}{3}$을 수직선에 나타낸 후 오른쪽에 위치한 수를 큰 수라 결정하면 됩니다.

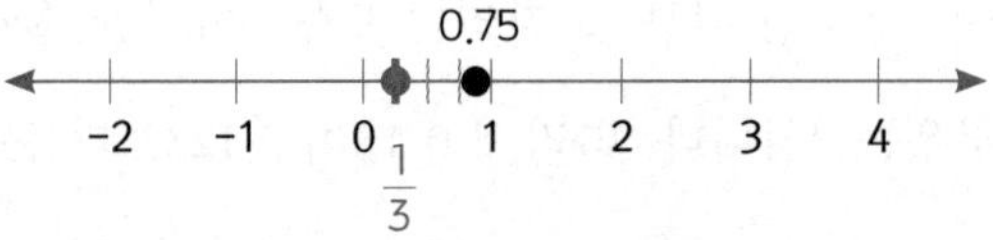

0.75가 $\frac{1}{3}$보다 오른쪽에 위치하므로 더 큰 수입니다.

배움 체크하기

(배움 체크 리스트 를 가리키며) 오늘 우리가 함께 공부한 것을 혼자서도 할 수 있는지 체크해 봅시다. 혼자서도 할 수 있으면 👍, 선생님의 도움이 더 필요하다면 ?에 동그라미로 표시하세요.

배움 체크 리스트	👍	?
1. 양수는 0보다 크고 음수는 0보다 작다는 것을 이해합니다.		
2. 분수를 수직선 위에 그리기 위해 가분수를 대분수로 고쳐 정수와 분수(진분수)로 나타낼 수 있습니다.		
3. 진분수를 수직선 위에 표시할 때는 분모는 두 정수 사이를 몇 등분하는지, 분자는 몇 번째 눈금이 해당 분수의 눈금인지를 나타낸다는 것을 이해합니다.		
4. 소수를 수직선 위에 나타낼 때는 소수점 이하 숫자가 한 자리 수이면 두 정수 사이를 10등분해 주고, 소수점 이하 숫자가 두 자리 수이면 두 정수 사이를 100등분한다는 것을 이해하고 적용할 수 있습니다.		
5. 소수점 이하의 숫자가 두 자리 수인 경우 두 정수 사이를 100등분하는 것이 쉽지 않으므로, 소수를 분수로 바꿔서 표시하는 것이 더 편리하다는 것을 이해하고 적용할 수 있습니다.		
6. 소수를 분수로 바꿀 때 소수점 이하 숫자가 한 자리 수이면 10이 분모가 되며(예: $0.7 = \frac{7}{10}$, $2.1 = \frac{21}{10}$), 소수점 이하 숫자가 두 자리 수이면 100이 분모가 됨을 이해하고 적용할 수 있습니다.(예: $0.34 = \frac{34}{100}$, $2.21 = \frac{221}{100}$).		
7. 수직선에 두 수의 대응점을 그리면 수직선 위에서 오른쪽에 있는 수가 항상 크다는 것을 이해하고 적용할 수 있습니다.		

Level 2.2
6차시

혼자 풀기

(혼자 풀어 보는 문제 1~7을 제시하며) 오늘 배운 것을 기억하면서 문제를 혼자 풀어 보는 시간입니다. 내비게이션 2.6 을 사용하면 도움이 됩니다.

수직선을 그리고, 다음 수에 대응하는 점을 수직선 위에 나타내시오.

1. -2.5

2. $\frac{8}{3}$

다음 두 수의 크기를 > 또는 < 를 사용하여 비교하시오.

3. -0.01 ____ 0

4. $\frac{4}{3}$ ____ 1.2

5. $-\frac{11}{4}$ ____ -3

6. -2.5 ____ -2.3

7. $+0.257$ ____ $+0.28$

채점 및 오답 분석

학생이 쓴 답을 기재하고, 오답인 경우 중재 결정표 에서 가능한 오류 원인을 1~8 중에서 골라 번호로 기재합니다. 기타 원인 때문에 오답이 발생했을 경우, 구체적으로 어떤 이유인지 기재합니다. 가능한 오답의 원인을 모두 기재합니다.

혼자 풀어 보는 문제	정답	학생이 쓴 답	오답 원인
1. 수직선 대응점: -2.5	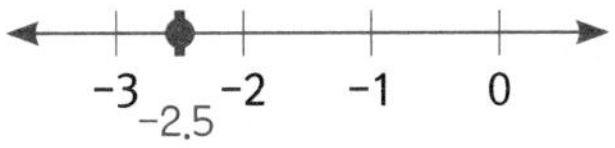		
2. 수직선 대응점: $\frac{8}{3}$	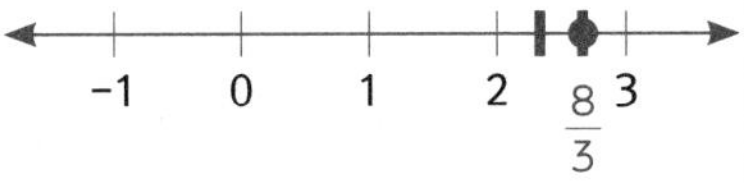		
3. 비교: -0.01 ___ 0	< 0		
4. 비교: $\frac{4}{3}$ ___ 1.2	$\frac{4}{3} >$		
5. 비교: $-\frac{11}{4}$ ___ -3	$-\frac{11}{4} >$		
6. 비교: -2.5 ___ -2.3	< -2.3		
7. 비교: $+0.257$ ___ $+0.28$	$< +0.28$		
	정답 개수	/ 7	

중재 결정표

오답 원인을 분석하여 차후 중재를 결정하세요.

오답 원인	발생 빈도	최다 발생 오류	중재 결정
1. 사전 지식 및 기술 부족(양수 음수 크기 비교, 가분수를 대분수로 고치기, 수직선 그리는 기술)			
2. 용어나 상황 이해 부족			
3. 분수를 수직선에 나타내는 방법의 이해와 적용의 어려움			
4. 소수를 수직선에 나타내는 방법의 이해와 적용의 어려움			
5. 분수를 소수로 전환하거나 소수를 분수로 전환하는 방법의 이해와 적용의 어려움			
6. 수직선 위에 대응점 표시한 후 어떤 수가 더 큰 수인지 결정하는 방법의 이해와 적용의 어려움			
7. 부주의/계산 실수			
8. 기타(구체적 원인 기재하기)			

가장 흔한 오답 원인	1과 2 중 하나	3, 4, 5, 6 중 하나	7
	AND	AND	OR
오답률	오답이 2개 이상	오답이 2개 이상	오답이 2개 미만
다음 중재	브리지(Bridge)	동 차시 반복	다음 차시

브리지(Bridge) 차시
- 2.5차시

7차시

정수와 유리수의 덧셈

[내비게이션 2.7.A] 정수와 유리수의 덧셈

(두 수가) 같은 부호	(두 수가) 다른 부호
↓	↓
두 수의 절댓값의 **합**	두 수의 절댓값의 **차이**
↓	↓
두 수와 동일 부호 붙이기	**절댓값 큰 수** 부호 붙이기

[내비게이션 2.7.B] 덧셈의 교환법칙과 결합법칙의 의미와 적용 순서

[교환법칙]

덧셈에서, 더하는 순서를 바꿔도 결과가 같다는 것을 나타내는 법칙이다.

$$a + b = b + a$$

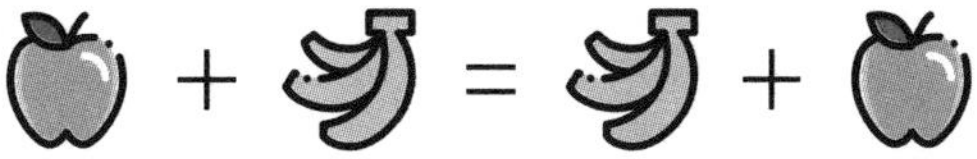

[결합법칙]

세 개 이상의 수를 더할 때, 어떤 수를 먼저 더해도(괄호로 묶어서 먼저 더함을 표시함) 그 결과가 같다는 것을 나타내는 법칙이다.

$$a + b + c = (a + b) + c = a + (b + c)$$

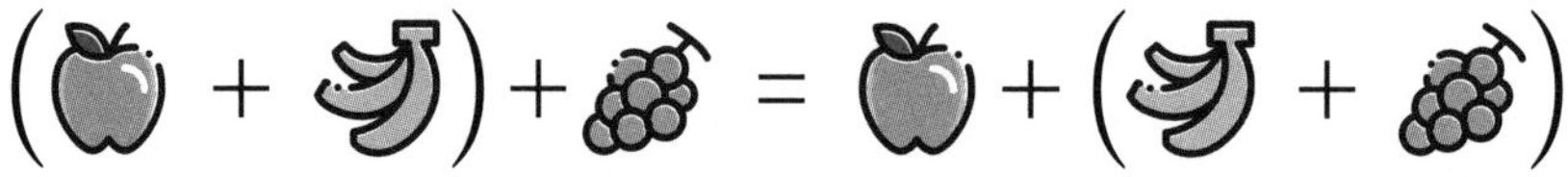

덧셈의 교환법칙 · 결합법칙 적용 절차 / **적용 예 (13 + 28 + 17)**

단계	절차	설명	적용 예
1	두 수 찾기	더해지는 세 수 중 두 수의 합이 0, 10 또는 간단한 정수가 되는 두 수	13 + 28 + 17
2	교환법칙	두 수의 합이 간단한 정수가 되는 두 수를 이웃에 위치하기	13 + 17 + 28
3	결합법칙	괄호로 묶어 두 수의 합 구하기	(13 + 17) + 28 = 30 + 28
4	남은 덧셈 계산		30 + 28 = 58

차시 목표 정수와 유리수의 덧셈의 원리를 이해하고 계산할 수 있다.

사전 지식 자연수의 사칙연산, 음의 정수와 양의 정수의 이해, 수직선상에 대응점 그리기, 덧셈의 교환법칙과 결합법칙의 이해와 활용, 절댓값의 이해와 활용, 덧셈의 항등원은 0(a + 0 = a), 0과 항등식을 만드는 덧셈 역원의 특성[a + (-a) = 0]

준비물 2단계 7차시 학생용 교재, **내비게이션 2.7**

흔한 오류

Level 2.2
7차시

1. 음의 정수(유리수) + 음의 정수(유리수)는 음의 방향으로 연속으로 두 번 이동하는 것이므로 덧셈의 결과는 원점에서 더 멀어진다는 것을 이해하지 못한다.
   - 오류 예: $-2 + -3 = -1$

2. 다른 부호의 두 수를 덧셈할 경우[양의 정수(유리수) + 음의 정수(유리수) 또는 음의 정수(유리수) + 양의 정수(유리수)], 양이나 음의 방향으로 한 번 이동했다가 두 번째는 처음의 반대 방향으로 이동하기 때문에 처음 이동보다 원점에서 더 가까워진다는 것을 이해하지 못한다.
   - 오류 예: $-4 + (+3) = -7$

3. 정수 대신 소수나 분수가 사용될 때는 정수의 덧셈의 원칙을 적용하는 데 어려움이 있다.

4. 세 개 이상의 수를 덧셈할 때, 교환법칙이나 결합법칙을 효율적으로 활용하지 못한다.
   - 오류 예: $(-2.2) + (+5.0) + (-3.8) = (-2.2 + +5.0) + (-3.8) = -3.8 + -3.8 = -6.8$

사전평가

처음 두 문제는 가장 필수적인 사전 지식에 대한 이해를 묻고, 3번부터 7번까지는 차시 목표인 개념과 기술의 이해를 묻습니다.

다음을 계산하시오.

1. $(+14) + (+21) =$ ______

2. $3 + 9 + 7 = ($ ______ $+$ ______ $) +$ ______ $=$ ______

3. $(+5) + (-11) =$ ______

4. $(-8.2) + (-4.2) =$ ______

5. $(-9) + (-15) =$ ______

6. $(-\frac{5}{7}) + (+\frac{5}{21}) =$ ______

7. $(+4.5) + (+2.9) + (-2.5) = ($ ______ $+$ ______ $) +$ ______ $=$ ______

정답

1. +35
2. (3 + 7) + 9 = 19
3. -6
4. -12.4
5. -24
6. $-\frac{10}{21}$
7. (+4.5 + -2.5) + 2.9 = +4.9

접속하기

차시 목표 및 개념 설명

오늘은 정수나 유리수의 덧셈을 하는 방법에 대해 배우려 합니다.

1. 양의 유리수와 음의 유리수가 무엇인지 기억해 봅시다. 양의 유리수는 양의 부호, 즉 + 부호를 붙인 유리수들을 말합니다. 양의 유리수는 수직선에서 원점인 0의 오른쪽에 대응점들이 표시됩니다. 음의 유리수는 음의 부호, 즉 − 부호를 붙인 유리수들을 말합니다. 음의 유리수는 수직선에서 원점인 0의 왼쪽에 대응점들이 표시됩니다.

2. 절댓값이란, 수직선에서 어떤 수를 나타내는 점과 원점인 0과의 거리를 절댓값이라 합니다. 거리는 항상 양수이므로 수의 부호에 상관없이 어떤 수의 절댓값은 항상 양수입니다. 절댓값의 기호는 $|\ \ |$이며, -5에서 0까지 거리는 5이고, 5에서 0까지 거리도 5이므로, $|-5| = |5| = 5$입니다.

3. 덧셈의 교환법칙이란, 덧셈에서 더하는 순서를 바꿔도 결과가 같다는 것입니다($a + b = b + a$; $1 + 2 = 2 + 1$). 덧셈의 결합법칙은 세 개 이상의 수를 더할 때 어떤 수를 먼저 더해도 (괄호로 묶어서 먼저 더함을 표시함) 그 결과가 같다는 것을 나타냅니다[$a + b + c = (a + b) + c = a + (b + c)$; $1 + 2 + 3 = (1 + 2) + 3 = 1 + (2 + 3)$].

> 내비게이션 2.7.B 는 덧셈의 교환법칙과 결합법칙을 그림으로 설명하고 있습니다.

보여 주기

개념 및 기술 교수, 개념 및 기술 예시 제시, 보는 수학 내비게이션을 이용한 교사 모델링

부호가 있는 다음 두 정수를 더해 봅시다.

1 (보여 주는 문제 1을 보여 주며) (+5) + (+6)은 어떻게 계산합니까?

1. 먼저, 더하는 두 수가 같은 부호를 가졌는지 다른 부호를 가졌는지 확인합니다.
   - (+5)와 (+6)은 같은 양의 부호입니다.

2. 부호가 같은 두 정수의 덧셈을 할 때는 먼저 두 수의 절댓값(항상 양의 정수)을 구해 더합니다.
   - (+5)의 절댓값(|+5|)은 5이고, (+6)의 절댓값(|+6|)은 6이므로 두 절댓값의 합은 11입니다.

3. 두 절댓값의 합에 공통 부호인 양의 부호(+)를 붙여 주면 부호가 같은 두 수의 합이 됩니다.
   - (+5) + (+6) = +11입니다.

2 (보여 주는 문제 2를 보여 주며) (−4) + (−7)은 어떻게 계산합니까?

1. 더하는 두 수가 같은 부호를 가졌는지 다른 부호를 가졌는지 확인합니다.
   - (−4)와 (−7)은 같은 음의 부호를 가진 수들입니다.

2. 양의 부호든 음의 부호든 부호가 같은 두 정수의 덧셈을 할 때는 먼저 두 수의 절댓값(항상 양수가 됨)을 구해 그 합을 구합니다.

- (−4)의 절댓값(|−4|)은 4이고, (−7)의 절댓값(|−7|)은 7이므로 두 절댓값의 합은 11입니다.

3. 두 정수의 절댓값의 합에 공통 부호인 음의 부호(−)를 붙여 주면 부호가 같은 두 정수의 합이 됩니다.

- (−4) + (−7) = −11입니다.

❸ (보여 주는 문제 3을 보여 주며) (−13) + (+5)는 어떻게 계산합니까?

1. 더하는 두 수가 같은 부호를 가졌는지 다른 부호를 가졌는지 확인합니다.

- (−13)과 (+5)는 다른 부호를 가진 수들입니다.

2. 다른 부호를 가진 두 정수의 덧셈을 할 때는 먼저 두 정수의 절댓값을 구하여 절댓값이 큰 수에서 절댓값이 작은 수를 빼 줍니다.

- (−13)의 절댓값(|−13|)은 13이고, (+5)의 절댓값(|+5|)은 5이므로 두 절댓값의 차는 13 − 5 = 8이 됩니다.

3. 두 절댓값의 차에 절댓값이 큰 수의 부호를 붙여 줍니다.

- 여기서는 −13의 부호인 음의 부호(−)를 붙여 줍니다.
- (−13) + (+5) = −8입니다.

함께 풀기

(내비게이션 2.7 을 보여 주며) 내비게이션 2.7 은 부호가 같은 정수나 유리수, 부호가 다른 정수나 유리수의 덧셈을 하는 방법을 간단하게 보여 줍니다. 부호가 같은 두 수의 합을 구할 때는 두 수의 절댓값의 합을 구한 후 두 수의 공통 부호를 붙여 줍니다. 부호가 다른 두 수의 합을 구할 때는 두 수의 절댓값의 차이를 구한 후 절댓값이 더 큰 수의 부호를 붙여 줍니다. 내비게이션 2.7 을 보면서 다음 문제들을 함께 풀어 봅시다.

❶ (함께 풀어 보는 문제 1을 가리키며) $(-6) + (-3)$을 계산해 봅시다.

1. 먼저 해야 할 일은 무엇입니까? 더하는 두 수가 같은 부호를 가진 수인지 다른 부호를 가진 수인지 확인합니다.
   - -6과 -3은 어떤 부호를 가진 수입니까? -6과 -3은 둘 다 음의 부호를 가진 정수들입니다.

2. 같은 부호를 가진 두 정수의 덧셈을 하려면 무엇을 해야 합니까? 두 수의 절댓값을 구해서 그 합을 구합니다.
   - -6의 절댓값은 얼마입니까? 6입니다.
   - 어떤 수의 절댓값은 그 수와 0 사이의 거리이므로 항상 양의 값이 됩니다.
   - -3의 절댓값은 얼마입니까? 3입니다.
   - 6과 3의 합은 9입니다.

3. 다음은 무엇을 해야 합니까? 두 수의 절댓값의 합에 두 수의 공통 부호인 $(-)$를 붙입니다.
   - $(-6) + (-3) = -9$입니다.

❷ (함께 풀어 보는 문제 2를 가리키며) $(-4) + (+2)$를 계산해 봅시다.

1. 가장 먼저 무엇을 해야 합니까? 먼저, 두 수가 같은 부호를 가졌는지 다른 부호를 가졌는지 확인해 봅니다.
   - (-4)는 음의 부호, $(+2)$는 양의 부호를 가졌으므로 두 수는 다른 부호를 가졌습니다.

2. 다른 부호를 가진 두 정수의 덧셈은 어떻게 합니까? 먼저 두 수의 절댓값을 구한 후, 절댓값의 차이를 구합니다.
   - (-4)의 절댓값은 4이고, $(+2)$의 절댓값은 2이므로 두 절댓값의 차이를 구하면 $4 - 2 = 2$가 됩니다.

Level 2.2
7차시

3. 다음은 무엇을 해야 합니까? 두 수의 절댓값의 차이에 절댓값이 큰 수의 부호를 붙입니다.
   - 여기서 어떤 수가 더 절댓값이 큽니까? 그렇습니다. -4가 $+2$보다 절댓값이 큽니다.
   - 따라서 -4의 부호인 음의 부호를 절댓값의 차이인 2에 붙이면 $(-4) + (+2) = -2$입니다.

❸ (함께 풀어 보는 문제 3을 가리키며) $(+\frac{4}{5}) + (-\frac{2}{5})$를 계산해 봅시다. 이번에는 두 분수를 더합니다. 부호가 있는 분수의 덧셈의 방법은 정수의 덧셈과 같습니다.

1. 가장 먼저 무엇을 합니까? 두 수가 같은 부호를 가졌는지 확인합니다.
   - $(+\frac{4}{5})$는 양의 부호, $(-\frac{2}{5})$는 음의 부호를 가졌으므로 다른 부호를 가진 분수들입니다.

2. 다른 부호를 가진 두 분수의 덧셈은, 먼저 두 분수의 절댓값을 구한 후 두 절댓값의 차이를 구합니다.

- 분수의 절댓값을 구하는 방법은 정수의 절댓값을 구하는 방법과 같습니다. 즉, 부호만 (+)로 바꿔 주면 됩니다.
- $(+\frac{4}{5})$의 절댓값은 얼마입니까? $\frac{4}{5}$입니다.
- $(-\frac{2}{5})$의 절댓값은 얼마입니까? $\frac{2}{5}$입니다.
- 두 절댓값의 차이는 $\frac{4}{5} - \frac{2}{5} = \frac{2}{5}$입니다.

3. 다음은 무엇을 합니까? $\frac{2}{5}$의 부호를 결정해야 합니다.

- 정수와 마찬가지로 두 분수 중 절댓값이 큰 수의 부호를 붙여 줍니다.
- 두 수 중 어느 수의 절댓값이 큽니까? $(+\frac{4}{5})$의 절댓값이 $(-\frac{2}{5})$의 절댓값보다 큽니다.
- $(+\frac{4}{5})$의 부호인 양의 부호를 두 수의 차이에 붙이면 $(+\frac{4}{5}) + (-\frac{2}{5}) = +\frac{2}{5}$입니다.

아 그렇구나!

- 혼동되는 문제 다시 풀기
- 최다 오류를 반례로 제시하여 개념 및 기술 획득 강화

아 그렇구나! 에서는 정수나 유리수의 덧셈에서 우리가 자주 혼동하는 문제들을 함께 풀어 봅니다. 이 문제들을 풀 때 왜 실수가 많은지 함께 생각해 봅시다.

❶ (아 그렇구나! 문제 1을 가리키며) (−3.8) + 0은 왜 혼동되는 문제입니까?

⇨ 정수나 유리수의 덧셈에서 첫 번째 할 일은 같은 부호를 가진 두 수의 덧셈 문제인지 다른 부호를 가진 두 수의 덧셈 문제인지를 확인하는 것입니다. 이 문제에 포함된 0은 양수도 음수도 아니므로 지금까지 배운 방법을 적용하는 데 어려움이 있습니다. 어떤 수에 0을 더하면 얼마입니까? 어떤 수에 0을 더하면 자기 자신이 됩니다. 따라서 (−3.8) + 0 = (−3.8)이 됩니다.

❷ (아 그렇구나! 문제 2를 가리키며) (−2.2) + (+2.2)는 왜 혼동되는 문제입니까?

⇨ 이 문제는 부호가 다르지만 절댓값이 같은 두 소수의 덧셈 문제입니다. 부호가 다른 수의 덧셈을 할 때는 절댓값을 먼저 구한 후, 두 절댓값의 차이를 구해 주고, 절댓값이 큰 수의 부호를 붙여 준다고 배웠습니다. −2.2와 +2.2의 절댓값은 둘 다 2.2입니다. 2.2 − 2.2는 0이므로 부호를 붙여 줄 필요가 없습니다. 부호가 다르지만 절댓값이 같은 두 수(정수, 분수, 소수 모두)의 합은 0이 됩니다.

❸ (아 그렇구나! 문제 3을 가리키며) $(+\frac{3}{7}) + (+7.3) + (-\frac{3}{7})$은 왜 혼동되는 문제입니까?

⇨ 이 문제는 세 수를 더해야 하는 문제입니다. 교환법칙이나 결합법칙을 사용하지 않고 차례대로 숫자를 더하면 분수와 소수의 혼합덧셈을 두 번 해야 하므로 실수할 가능성이 있습니다. 교환법칙을 적용하면 $(+7.3)$과 $(-\frac{3}{7})$의 자리를 바꿀 수 있으므로 $(+\frac{3}{7}) + (-\frac{3}{7}) + (+7.3)$이 됩니다. 다음으로 결합법칙을 적용하여 식을 바꾸면 $(+\frac{3}{7} + -\frac{3}{7}) + 7.3$이 됩니다. $(+\frac{3}{7})$과 $(-\frac{3}{7})$의 덧셈 결과는 0이 되므로, 0과 7.3을 더하면 답을 구할 수 있습니다. 어떤 수에 0을 더하면 자기 자신이 합의 결과가 됩니다. 따라서 $0 + 7.3$은 7.3이 됩니다.

배움 체크하기

(배움 체크 리스트 를 가리키며) 오늘 우리가 함께 공부한 것을 혼자서도 할 수 있는지 체크해 봅시다. 혼자서도 할 수 있으면 👍, 선생님의 도움이 더 필요하다면 ?에 동그라미로 표시하세요.

배움 체크 리스트	👍	?
1. 정수의 절댓값을 구할 수 있습니다.		
2. 분수나 소수의 절댓값을 구할 수 있습니다.		
3. 부호가 같은 두 정수의 합을 구할 때는 두 수의 절댓값을 구한 후 두 절댓값의 합을 구하고, 두 수의 공통 부호를 붙인다는 것을 이해하고 적용할 수 있습니다.		
4. 부호가 다른 두 정수의 합을 구할 때는 두 수의 절댓값을 구한 후 두 절댓값의 차를 구하고, 절댓값이 큰 수의 부호를 붙여 준다는 것을 이해하고 적용할 수 있습니다.		
5. 부호가 같은 두 분수나 소수의 합을 구할 때는 두 수의 절댓값을 구한 후 두 절댓값의 합을 구하고, 두 수의 공통 부호를 붙여 준다는 것을 이해하고 적용할 수 있습니다.		
6. 부호가 다른 두 분수나 소수의 합을 구할 때는 두 수의 절댓값을 구한 후 두 절댓값의 차를 구하고, 절댓값이 큰 수의 부호를 붙여 준다는 것을 이해하고 적용할 수 있습니다.		
7. 세 개 이상의 수를 덧셈할 때, 교환법칙이나 결합법칙을 적용하여 문제를 푸는 방법을 이해하고 적용할 수 있습니다.		

혼자 풀기

(혼자 풀어 보는 문제 1~7을 제시하며) 오늘 배운 것을 기억하면서 문제를 혼자 풀어 보는 시간입니다. 내비게이션 2.7 을 사용하면 도움이 됩니다.

다음을 계산하시오.

1. $(+12) + (+23) =$ ______

2. $4 + 17 + 6 = ($______ $+$ ______$) +$ ______

$=$ ______ $+$ ______ $=$ ______

3. $(+6) + (-12) =$ ______

4. $(-4.8) + (-8.2) =$ ______

5. $(-8) + (-14) =$ ______

6. $(-\frac{3}{4}) + (+\frac{9}{16}) =$ ______

7. $(+3.5) + (+2.9) + (-3.5) = ($______ $+$ ______$) +$ ______

$=$ ______ $+$ ______ $=$ ______

채점 및 오답 분석

학생이 쓴 답을 기재하고, 오답인 경우 중재 결정표 에서 가능한 오류 원인을 1~8 중에서 골라 번호로 기재합니다. 기타 원인 때문에 오답이 발생했을 경우, 구체적으로 어떤 이유인지 기재합니다. 가능한 오답의 원인을 모두 기재합니다.

혼자 풀어 보는 문제	정답	학생이 쓴 답	오답 원인
1. $(+12)+(+23)$	$+35$		
2. $4+17+6$	$(4+6)+17$ $=10+17$ $=27$		
3. $(+6)+(-12)$	-6		
4. $(-4.8)+(-8.2)$	-13.0		
5. $(-8)+(-14)$	-22		
6. $\left(-\frac{3}{4}\right)+\left(+\frac{9}{16}\right)$	$-\frac{3}{16}$		
7. $(+3.5)+(+2.9)$ $+(-3.5)$	$[(+3.5)+(-3.5)]$ $+(+2.9)=0+$ $(+2.9)=(+2.9)$		
	정답 개수	/ 7	

Level 2.2
7차시

오답 원인을 분석하여 차후 중재를 결정하세요.

오답 원인	발생 빈도	최다 발생 오류	중재 결정
1. 사전 지식 및 기술(절댓값, 덧셈의 항등원은 0, 덧셈 역원의 특성, 분수 소수의 사칙연산, 교환법칙, 결합법칙 등) 부족			
2. 용어나 문제 이해 부족(절댓값 구하기, 덧셈의 역원, 교환법칙, 결합법칙)			
3. 부호가 같은 두 정수의 덧셈 절차의 이해 및 적용의 어려움			
4. 부호가 다른 두 정수의 덧셈 절차의 이해 및 적용의 어려움			
5. 부호가 같은 두 소수나 분수의 덧셈 절차의 이해 및 적용의 어려움			
6. 부호가 다른 두 소수나 분수의 덧셈 절차의 이해 및 적용의 어려움			
7. 부주의/계산 실수			
8. 기타(구체적 원인 기재하기)			

가장 흔한 오답 원인	1과 2 중 하나	3, 4, 5, 6 중 하나	7
	AND	AND	OR
오답률	오답이 2개 이상	오답이 2개 이상	오답이 2개 미만
다음 중재	브리지(Bridge)	동 차시 반복	다음 차시

브리지(Bridge) 차시

- 2.5차시
- 2.6차시

8차시

덧셈의 교환법칙과 결합법칙

[내비게이션 2.8] 덧셈의 교환법칙과 결합법칙의 의미와 적용 순서

[교환법칙]

덧셈에서, 더하는 순서를 바꿔도 결과가 같다는 것을 나타내는 법칙이다.

$$a + b = b + a$$

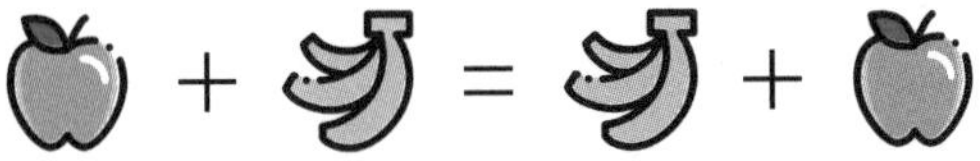

[결합법칙]

세 개 이상의 수를 더할 때, 어떤 수를 먼저 더해도(괄호로 묶어서 먼저 더함을 표시함) 그 결과가 같다는 것을 나타내는 법칙이다.

$$a + b + c = (a + b) + c = a + (b + c)$$

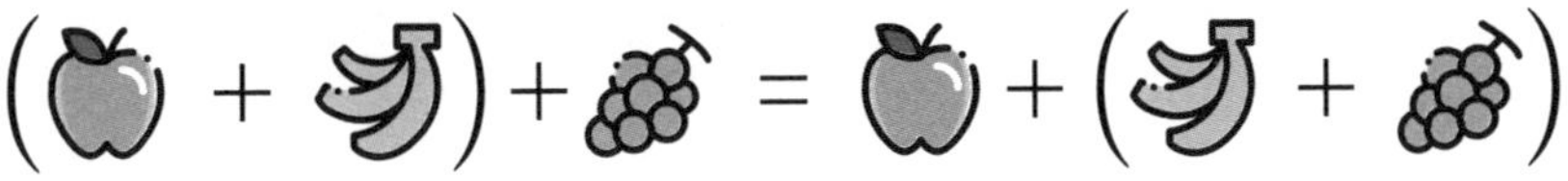

덧셈의 교환법칙 · 결합법칙 적용 절차			적용 예 (13 + 28 + 17)
1	두 수 찾기	더해지는 세 수 중 두 수의 합이 0, 10 또는 간단한 정수가 되는 두 수	13 + 28 + 17
2	교환법칙	두 수의 합이 간단한 정수가 되는 두 수를 이웃에 위치하기	13 + 17 + 28
3	결합법칙	괄호로 묶어 두 수의 합 구하기	(13 + 17) + 28 = 30 + 28
4	남은 덧셈 계산		30 + 28 = 58

차시 목표 정수와 유리수의 덧셈의 교환법칙과 결합법칙을 이해하고 세 수 이상의 덧셈에 적용할 수 있다.

사전 지식 자연수의 사칙연산, 소수와 분수의 덧셈과 뺄셈, 음의 정수와 양의 정수에 대한 이해, 수직선상에 대응점 그리기, 절댓값의 이해와 활용, 덧셈의 항등원은 0(a + 0 = a), 0과 항등식을 만드는 덧셈 역원의 특성[a + (−a) = 0]

준비물 2단계 8차시 학생용 교재, **내비게이션 2.8**

흔한 오류

Level 2.2
8차시

1. 세 개 이상의 수를 덧셈할 때, 교환법칙이나 결합법칙을 효율적으로 활용하지 못한다.
   - 오류 예: (−2.2) + (+5.0) + (−3.8) = (−2.2 + +5.0) + (−3.8) = −3.8 + −3.8 = −6.8

2. 분수나 소수가 혼합된 덧셈인 경우, 더해서 정수가 되는 두 수나 더해서 0이 되는 덧셈의 항등원을 찾아 문제를 단순화하는 데 어려움이 있다.
   - 오류 예: $(-0.75) + (\frac{3}{2}) + (+\frac{3}{4})$에서 (-0.75)와 $(+\frac{3}{4})$이 덧셈의 역원이며, 두 수의 합이 덧셈의 항등원인 0이 된다는 것을 인식하지 못해서 교환법칙이나 결합법칙을 사용하지 못한다.

사전평가

처음 두 문제는 가장 필수적인 사전 지식에 대한 이해를 묻고, 3번부터 7번까지는 차시 목표인 개념과 기술의 이해를 묻습니다.

다음을 계산하시오.

1. $4 + (-21) =$ ______________

2. $(-3) + (-8) =$ ______________

덧셈의 교환법칙과 결합법칙을 사용하여 다음 문제를 계산하시오.

3. $(-5) + (-11) + (+5) =$ (______ + ______) + ______ = ______

4. $(-8.2) + (-4.2) + (-1.8) =$ (______ + ______) + ______ = ______

5. $(+1.2) + (-2) + (+0.8) =$ (______ + ______) + ______ = ______

6. $(+\frac{5}{2}) + (-7) + (+\frac{3}{2}) =$ (______ + ______) + ______ = ______

7. $(+\frac{2}{3}) + (-\frac{7}{4}) + (+\frac{4}{3}) =$ (______ + ______) + ______ = ______

정답

1. -17
2. -11
3. $\{(-5) + (+5)\} + (-11) = -11$
4. $\{(-8.2) + (-1.8)\} + (-4.2) = -14.2$
5. $\{(+1.2) + (+0.8)\} + (-2) = 0$
6. $\{(+\frac{5}{2}) + (+\frac{3}{2})\} + (-7) = -3$
7. $\{(+\frac{2}{3}) + (+\frac{4}{3})\} + (-\frac{7}{4}) = (+\frac{1}{4})$

접속하기

차시 목표 및 개념 설명

오늘은 덧셈의 교환법칙과 결합법칙에 대해 배우려 합니다. 먼저, 이번 차시에서 많이 사용할 용어나 절차를 정리해 봅시다.

1. 절댓값이란, 수직선에서 어떤 수를 나타내는 점과 원점인 0과의 거리를 의미합니다. 거리는 항상 양수이므로 수의 부호에 상관없이 어떤 수의 절댓값은 항상 양수입니다. 절댓값의 기호는 $| \quad |$이며, -5에서 0까지 거리는 5이고 5에서 0까지 거리도 5이므로 $|-5| = |5| = 5$입니다.

2. 정수와 유리수의 덧셈 방법에 대해 기억해 봅시다. 부호가 같은 두 수의 덧셈은 두 수의 절댓값을 더하고 공통의 부호를 붙여 주는 방법으로 계산할 수 있습니다. 부호가 다른 두 수의 덧셈은 두 수의 절댓값의 차이를 구하고 절댓값이 더 큰 수의 부호를 붙여 주는 방법으로 계산할 수 있습니다.

3. 덧셈의 교환법칙이란, 덧셈에서 더하는 순서를 바꿔도 결과가 같다는 것을 나타내는 법칙입니다($a + b = b + a$; $1+ 2 = 2 + 1$). 다음 그림은 사과를 먼저 놓은 후 바나나를 올렸을 때의 무게가 바나나를 먼저 놓고 그 위에 사과를 올렸을 때의 무게와 같다는 것을 보여 줍니다.

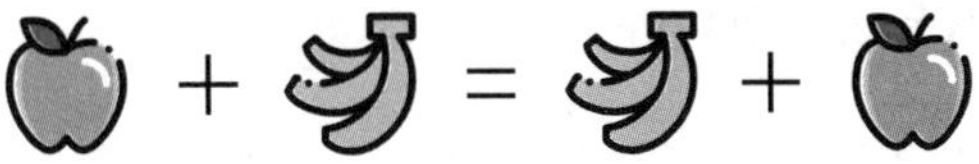

4. 덧셈의 결합법칙은, 세 개 이상의 수를 더할 때 어떤 수를 먼저 더해도 (괄호로 묶어서 먼저 더함을 표시함) 그 결과가 같다는 것을 나타내는 법칙입니다[$a + b + c = (a + b) + c = a + (b + c)$; $1 + 2 + 3 = (1 + 2) + 3 = 1 + (2 + 3)$]. 다음 그림은 사과와 바나나를 먼저 올려놓은 저울에 포도를 올린 무게와, 바나나와 포도를 먼저 올려놓은 저울에 사과를 올린 무게가 같다는 것을 보여 줍니다.

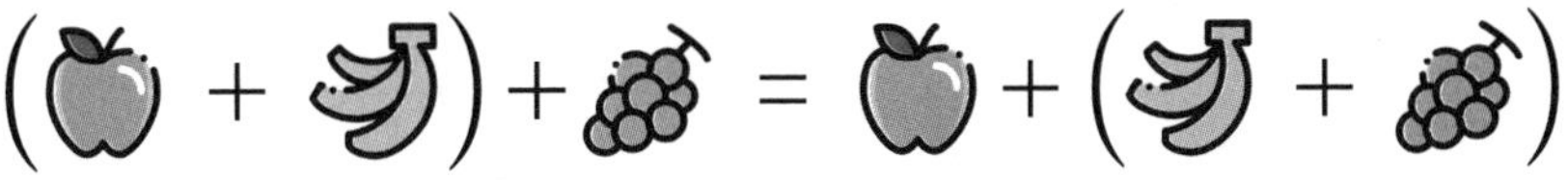

보여 주기

개념 및 기술 교수, 개념 및 기술 예시 제시, 보는 수학 내비게이션을 이용한 교사 모델링

다음 덧셈식을 교환법칙과 결합법칙을 사용해서 계산해 봅시다.

❶ (보여 주는 문제 1을 보여 주며) (+5) + (+6) + (+5)는 어떻게 계산해야 합니까?

1. 먼저, 두 수의 합이 0이 되거나 10의 배수가 되거나 간단한 정수가 되는 두 수가 있는지 확인합니다.
   - 이 문제에서는 (+5)와 (+5)를 더하면 10이 됩니다.

2. 두 수의 합이 0, 10 또는 간단한 정수가 되는 두 수가 서로 옆에 위치하도록 교환법칙을 이용하여 수들의 위치를 바꿔 줍니다.

   → (+5) + (+5) + (+6)

3. 결합법칙을 이용해 두 수를 먼저 계산합니다.

   → {(+5) + (+5)} + (+6) = 10 + (+6)

4. 간단해진 덧셈식을 계산합니다.

   → 10 + (+6) = 16

❷ (보여 주는 문제 2를 보여 주며) $(-2.4)+(-7)+(-0.6)$에는 교환법칙과 결합법칙을 어떻게 적용합니까?

1. 먼저, 두 수의 합이 0이 되거나 10의 배수가 되거나 간단한 정수가 되는 두 수가 있는지 확인합니다.
   - 이 문제에서는 (-2.4)와 (-0.6)을 더하면 -3이 됩니다.

2. 두 수의 합이 간단한 정수가 되는 두 수가 서로 옆에 위치하도록 교환법칙을 이용하여 수들의 위치를 바꿔 줍니다.

   → $(-2.4)+(-0.6)+(-7)$

3. 결합법칙을 이용해 두 수를 먼저 계산합니다.

   → $\{(-2.4)+(-0.6)\}+(-7)=(-3)+(-7)$

4. 간단해진 덧셈식을 계산합니다.

   → $\boxed{(-3)+(-7)=-10}$

Level 2.2
8차시

❸ (보여 주는 문제 3을 보여 주며) $(-\frac{3}{4})+(+5)+(-\frac{5}{4})$에는 교환법칙과 결합법칙을 어떻게 적용합니까?

1. 먼저, 두 수의 합이 0이 되거나 10의 배수가 되거나 간단한 정수가 되는 두 수가 있는지 확인합니다.
   - 이 문제에서는 $(-\frac{3}{4})$과 $(-\frac{5}{4})$를 더하면 $-\frac{8}{4}$, 즉 -2가 됩니다.

2. 두 수의 합이 간단한 정수가 되는 두 수가 서로 옆에 위치하도록 교환법칙을 이용하여 수들의 위치를 바꿔 줍니다.

   → $(-\frac{3}{4})+(-\frac{5}{4})+(+5)$

3. 결합법칙을 이용하여 두 수를 먼저 계산합니다.

→ $\{(-\frac{3}{4}) + (-\frac{5}{4})\} + (+5) = (-2) + (+5)$

4. 간단해진 덧셈식을 계산합니다.

→ $\boxed{-2 + (+5) = +3}$

함께 풀기

(내비게이션 2.8 을 보여 주며) 내비게이션 2.8은 오늘 우리가 배운 덧셈의 교환법칙과 결합법칙의 의미와 그 적용 방법을 간단하게 보여 줍니다. 두 수의 합이 0, 10 또는 간단한 정수가 되는 두 수를 찾아 그 두 수가 이웃에 위치하도록 교환법칙을 사용해 수의 위치를 바꾸고 결합법칙을 사용해 두 수를 먼저 계산합니다. 내비게이션을 보면서 다음 문제들을 함께 풀어 봅시다.

❶ (함께 풀어 보는 문제 1을 가리키며) (+51) + (−89) + (+19)를 계산해 봅시다.

1. 세 정수의 덧셈을 계산하려면 먼저 무엇을 해야 합니까? 두 수의 합이 0이 되거나, 10의 배수가 되거나, 간단한 정수가 되는 두 수가 있는지 확인합니다.
   - 이 문제에는 더했을 때 0, 10 또는 간단한 정수가 되는 두 수가 있습니까? (+51)과 (+19)를 더하면 +70으로 간단한 정수가 됩니다.

2. 다음은 무엇을 해야 합니까? 두 수의 합이 간단한 정수가 되는 두 수가 서로 옆에 위치하도록 교환법칙을 이용하여 수들의 위치를 바꿔 줍니다.
   - 51과 19를 바로 옆에 위치하도록 하려면 어떤 수들의 위치를 바꿔야 합니까? (−89)와 (+19)의 위치를 바꿔 주어야 합니다.
   - 두 수의 위치를 바꿔 주면 식이 어떻게 바뀝니까? (+51) + (+19) + (−89)로 바뀝니다.

3. 다음은 무엇을 해야 합니까? 결합법칙을 이용하여 두 수의 덧셈을 먼저 계산합니다.
   → {(+51) + (+19)} + (−89) = (+70) + (−89)

4. 간단해진 덧셈식을 계산합니다.
   - (+70) + (−89) = −19가 됩니다.

❷ (함께 풀어 보는 문제 2를 가리키며) $(+3.5)+(+1.7)+(-4.5)$를 **계산해 봅시다.**

1. 교환법칙과 결합법칙을 이용하여 세 수의 덧셈을 하려면 먼저 무엇을 해야 합니까? 두 수의 합이 0이 되거나, 10의 배수가 되거나, 간단한 정수가 되는 두 수가 있는지 확인합니다.
   - 이 문제에는 더했을 때 0, 10 또는 간단한 정수가 되는 두 수가 있습니까? $(+3.5)$와 (-4.5)를 더하면 -1로 간단한 정수가 됩니다.

2. 다음은 무엇을 해야 합니까? 두 수의 합이 간단한 정수가 되는 두 정수가 서로 옆에 위치하도록 교환법칙을 이용하여 수들의 위치를 바꿔 줍니다.
   - $+3.5$와 -4.5를 바로 옆에 위치하도록 하려면 어떤 수들의 위치를 바꿔야 합니까? $(+1.7)$과 (-4.5)의 위치를 바꿔 주어야 합니다.
   - 두 수의 위치를 바꿔 주면 식이 어떻게 바뀝니까? 식은 $(+3.5)+(-4.5)+(+1.7)$로 바뀝니다.

3. 다음은 무엇을 해야 합니까? 결합법칙을 이용하여 두 수의 덧셈을 먼저 계산합니다.
   → $\{(+3.5)+(-4.5)\}+(+1.7)=(-1)+(+1.7)$

4. 간단해진 덧셈식을 계산합니다.
   - $(-1)+(+1.7)=+0.7$이 됩니다.

❸ (함께 풀어 보는 문제 3을 가리키며) $(+\frac{3}{5})+(+\frac{3}{2})+(+\frac{2}{5})$를 **계산해 봅시다.**

1. 교환법칙과 결합법칙을 이용하여 세 수의 덧셈을 하려면 먼저 무엇을 해야 합니까? 두 수의 합이 0이 되거나, 10의 배수가 되거나, 간단한 정수가 되는 두 수가 있는지 확인합니다.
   - 이 문제는 더했을 때 0, 10 또는 간단한 정수가 되는 두 수가 있습니까? $(+\frac{3}{5})$과

$(+\frac{2}{5})$를 더하면 1이 됩니다.

2. 다음은 무엇을 해야 합니까? 두 수의 합이 간단한 정수가 되는 두 수가 서로 옆에 위치하도록 교환법칙을 이용하여 수들의 위치를 바꿔 줍니다.

- $(+\frac{3}{5})$과 $(+\frac{2}{5})$가 옆에 위치하도록 하려면 어떤 수들의 위치를 바꿔야 합니까? $(+\frac{3}{2})$과 $(+\frac{2}{5})$의 위치를 바꿔 주어야 합니다.
- 두 수의 위치를 바꿔 주면 식은 $(+\frac{3}{5})+(+\frac{2}{5})+(+\frac{3}{2})$이 됩니다.

3. 다음은 무엇을 해야 합니까? 결합법칙을 이용하여 두 수의 덧셈을 먼저 계산합니다.

$\rightarrow \{(+\frac{3}{5})+(+\frac{2}{5})\}+(+\frac{3}{2})=(+1)+(+\frac{3}{2})$

4. 간단해진 덧셈식을 계산합니다.

- $+1+(+\frac{3}{2})=+\frac{5}{2}$, 즉 $2\frac{1}{2}$이 됩니다.

Level 2.2
8차시

아 그렇구나!

☞ **혼동되는 문제 다시 풀기**
☞ **최다 오류를 반례로 제시하여 개념 및 기술 획득 강화**

✎ 아 그렇구나! 에서는 세 수 이상의 덧셈에 교환법칙과 결합법칙을 적용시키며 계산할 때 우리가 자주 혼동하는 문제들을 함께 풀어 봅니다. 이 문제들을 풀 때 왜 실수가 많은지 함께 생각해 봅시다.

1 (아 그렇구나! 문제 1을 가리키며) $(+\frac{3}{7}) + (+7.3) + (-\frac{3}{7})$은 왜 혼동되는 문제입니까?

⇨ 교환법칙이나 결합법칙을 사용하지 않고 차례대로 숫자를 더하면 분수와 소수의 혼합덧셈을 두 번 해야 하므로 실수할 가능성이 있습니다. 교환법칙을 적용하면 $(+7.3)$과 $(-\frac{3}{7})$의 자리를 바꿀 수 있으므로 $(+\frac{3}{7}) + (-\frac{3}{7}) + (+7.3)$이 됩니다. 다음으로, 결합법칙을 적용하여 식을 바꾸면 $(+\frac{3}{7} + -\frac{3}{7}) + (+7.3)$이 됩니다. $+\frac{3}{7}$과 $-\frac{3}{7}$의 덧셈 결과는 0이 되므로, 0과 7.3을 더하면 그 값은 7.3이 됩니다.

❷ (아 그렇구나! 문제 2를 가리키며) $(+0.75)+(-\frac{7}{3})+(-\frac{3}{4})$은 왜 혼동되는 문제입니까?

⇨ 이 문제는 소수와 분수가 섞여 있는 덧셈입니다. $+0.75$는 $+\frac{3}{4}$이므로 $+0.75$를 $+\frac{3}{4}$으로 바꿔 줍니다. $+\frac{3}{4}$과 $-\frac{3}{4}$은 덧셈의 역원이며 이 두 수의 합은 0입니다. 이 사실을 인식하지 못하면, 교환법칙을 사용하여 $(-\frac{7}{3})$과 $(-\frac{3}{4})$의 순서를 바꾸어 위치한 후 결합법칙을 적용하여 식을 $\{(+0.75)+(-\frac{3}{4})\}+(-\frac{7}{3})$로 바꾸지 못하게 됩니다. $\{(+0.75)+(-\frac{3}{4})\}+(-\frac{7}{3})=0+(-\frac{7}{3})=(-\frac{7}{3})$이 됩니다.

Level 2.2
8차시

배움 체크하기

(배움 체크 리스트 를 가리키며) 오늘 우리가 함께 공부한 것을 혼자서도 할 수 있는지 체크해 봅시다. 혼자서도 할 수 있으면 , 선생님의 도움이 더 필요하다면 ?에 동그라미로 표시하세요.

배움 체크 리스트		?
1. 정수나 유리수의 덧셈의 역원과 항등원의 의미를 이해합니다.		
2. 부호가 같은 두 정수나 유리수의 합을 구할 때는 두 수의 절댓값을 구한 후 두 절댓값의 합을 구하고, 두 수의 공통 부호를 붙여 준다는 것을 이해하고 적용할 수 있습니다.		
3. 부호가 다른 두 정수나 유리수의 합을 구할 때는 두 수의 절댓값을 구한 후 두 절댓값의 차를 구하고, 절댓값이 큰 수의 부호를 붙여 준다는 것을 이해하고 적용할 수 있습니다.		
4. 덧셈의 교환법칙과 결합법칙의 의미를 이해하고 적용할 수 있습니다.		
5. 세 수 이상의 덧셈을 할 때는 두 수의 합이 0, 10 또는 간단한 정수가 되는 두 수가 있는지를 먼저 확인해야 한다는 것을 이해하고 적용할 수 있습니다.		
6. 세 수 이상의 덧셈을 할 때는 두 수의 합이 0, 10 또는 간단한 정수가 되는 두 수가 있을 때, 두 수가 이웃하여 위치하도록 덧셈의 교환법칙을 적용하여 수들의 위치를 바꾼다는 것을 이해하고 적용할 수 있습니다.		
7. 세 수 이상의 덧셈을 할 때는 두 수의 합이 0, 10 또는 간단한 정수가 되는 두 수가 이웃하여 위치하였을 경우, 덧셈의 결합법칙을 적용하여 두 수를 괄호로 묶어 먼저 계산한다는 것을 이해하고 적용할 수 있습니다.		

혼자 풀기

(혼자 풀어 보는 문제 1~7을 제시하며) 오늘 배운 것을 기억하면서 문제를 혼자 풀어 보는 시간입니다. 내비게이션 2.8 을 사용하면 도움이 됩니다.

다음을 계산하시오.

1. $(-7)+(+24)=$ ____________

2. $(-13)+(-7)=$ ____________

교환법칙과 결합법칙을 적용하여 다음을 계산하시오.

3. $(-6)+(-13)+(+6)=($ ______ $+$ ______ $)+$ ______ $=$ ______

4. $(-6.2)+(-4.2)+(-3.8)=($ ______ $+$ ______ $)+$ ______ $=$ ______

5. $(+2.2)+(-3)+(+0.8)=($ ______ $+$ ______ $)+$ ______ $=$ ______

6. $(+\frac{3}{2})+(-6)+(+\frac{7}{2})=($ ______ $+$ ______ $)+$ ______ $=$ ______

7. $(+\frac{2}{5})+(-\frac{7}{4})+(+\frac{3}{5})=($ ______ $+$ ______ $)+$ ______ $=$ ______

채점 및 오답 분석

학생이 쓴 답을 기재하고, 오답인 경우 중재 결정표 에서 가능한 오류 원인을 1~8 중에서 골라 번호로 기재합니다. 기타 원인 때문에 오답이 발생했을 경우, 구체적으로 어떤 이유인지 기재합니다. 가능한 오답의 원인을 모두 기재합니다.

혼자 풀어 보는 문제	정답	학생이 쓴 답	오답 원인
1. $(-7)+(+24)$	17		
2. $(-13)+(-7)$	-20		
3. $(-6)+(-13)+(+6)$	$=\{(-6)+(+6)\}+(-13)$ $=0+(-13)$ $=-13$		
4. $(-6.2)+(-4.2)+(-3.8)$	$=\{(-6.2)+(-3.8)\}+(-4.2)$ $=-10+(-4.2)$ $=-14.2$		
5. $(+2.2)+(-3)+(+0.8)$	$=\{(+2.2)+(+0.8)\}+(-3)$ $=(+3)+(-3)$ $=0$		
6. $(+\frac{3}{2})+(-6)+(+\frac{7}{2})$	$=\{(+\frac{3}{2})+(+\frac{7}{2})\}+(-6)$ $=5+(-6)$ $=-1$		
7. $(+\frac{2}{5})+(-\frac{7}{4})+(+\frac{3}{5})$	$=\{(+\frac{2}{5})+(+\frac{3}{5})\}+(-\frac{7}{4})$ $=(+1)+(-\frac{7}{4})$ $=(-\frac{3}{4})$		
	정답 개수	/ 7	

중재 결정표

☞ **오답 원인을 분석하여 차후 중재를 결정하세요.**

오답 원인	발생 빈도	최다 발생 오류	중재 결정
1. 사전 지식 및 기술(덧셈의 항등원, 덧셈 역원의 특성, 분수 소수의 덧셈 뺄셈 등)			
2. 용어나 문제 이해의 어려움(교환법칙, 결합법칙)			
3. 부호가 같은 두 유리수의 덧셈 절차 이해 및 적용의 어려움			
4. 부호가 다른 두 유리수의 덧셈 절차 이해 및 적용의 어려움			
5. 두 수의 합이 0, 10 또는 간단한 정수가 되는 두 수를 찾아서 교환법칙을 적용하여 두 수가 이웃하도록 위치해야 한다는 것의 이해와 적용의 어려움			
6. 두 수의 합이 간단한 정수가 되는 두 수가 이웃하여 위치했을 경우, 결합법칙을 적용하여 두 수의 합을 먼저 구한다는 것의 이해와 적용의 어려움			
7. 부주의/계산 실수			
8. 기타(구체적 원인 기재하기)			

가장 흔한 오답 원인	1과 2 중 하나	3, 4, 5, 6 중 하나	7
	AND	AND	OR
오답률	오답이 2개 이상	오답이 2개 이상	오답이 2개 미만
다음 중재	브리지(Bridge)	동 차시 반복	다음 차시

브리지(Bridge) 차시

- 2.5차시
- 2.6차시
- 2.7차시

9차시

정수와 유리수의 뺄셈

[내비게이션 2.9] 정수와 유리수의 뺄셈

순서	예시
1. 뺄셈 연산기호를 덧셈으로 바꾸기	(+2) − (+4) → (+2) + −(+4)
2. 더해지는 수를 그 수의 역원으로 대체하여 쓰기	(+2) + −(+4) → (+2) + (−4) +4의 역원이라는 뜻
3. 유리수의 덧셈식으로 풀기	두 수의 부호가 다르므로, 절댓값의 차이를 구하고 절댓값이 큰 수의 부호를 붙임 $\lvert -4 \rvert - \lvert +2 \rvert = 2 \rightarrow -2$

더 간단하게…

1. 뺄셈을 덧셈으로 바꾼다.

2. 뺄셈 다음에 오는 수의 부호를 반대 부호로 바꾼다(예: −3 → +3, +5 → −5).

3. 덧셈식을 계산한다.

1. 뺄셈을 덧셈으로

$$(-2) - (-5) = (-2) + (+5)$$

2. 수의 부호 반대로

차시 목표 정수와 유리수의 뺄셈의 원리를 이해하고 계산할 수 있다.

사전 지식 자연수의 사칙연산, 음의 정수 양의 정수의 이해, 수직선상에 대응점 그리기, 덧셈의 교환법칙과 결합법칙의 이해와 활용, 절댓값의 이해와 활용, 덧셈의 항등원은 0(a + 0 = a), 0과 항등식을 만드는 덧셈 역원의 특성(a + (- a) = 0)

준비물 2단계 9차시 학생용 교재, **내비게이션 2.9**

흔한 오류

1. 음의 정수(유리수) − 음의 정수(유리수)의 결과는 처음 두 수보다 원점에서 더 가까워진다는 것을 이해하지 못한다.
   - 오류 예: −2 − −3 = −5

2. 양의 정수(유리수) − 음의 정수(유리수)의 결과는 양의 정수가 되고, 음의 정수(유리수) − 양의 정수(유리수)의 결과는 음의 정수가 되어 원점에서 처음 두 수보다 더 멀어진다는 것을 이해하지 못한다.
   - 오류 예: 4 − (−3) = 1, −4 − (+3) = −1

3. 정수 대신 소수나 분수가 사용될 때에는 정수의 뺄셈의 원칙을 적용하는 데 어려움을 보인다.

4. 세 개 이상의 수를 뺄셈할 때, 교환법칙이나 결합법칙을 효율적으로 활용하지 못한다.
   - 오류 예: (+2.8) − (−5.0) − (+3.8) = (+2.8 + +5.0) + (−3.8) = 7.8 + −3.8 = 10.6

사전평가

처음 두 문제는 가장 필수적인 사전 지식에 대한 이해를 묻고, 3번부터 7번까지는 차시 목표인 개념과 기술의 이해를 묻습니다.

다음을 계산하시오.

1. $(+14)+(-21)=$ ______

2. $0+(-2)=$ ______

3. $(+5)-(-11)=$ ______

4. $(-7)-(-7)=$ ______

5. $(-8.2)-(-4.2)=$ ______

6. $(-9)-(+15)=$ ______

7. $\left(-\frac{3}{13}\right)-\left(-\frac{7}{13}\right)-\left(\frac{9}{26}\right)=$ ______

정 답

1. -7
2. −2
3. +16
4. 0
5. -4
6. −24
7. $-\frac{1}{26}$

접속하기

차시 목표 및 개념 설명

오늘은 정수나 유리수의 뺄셈을 하는 방법에 대해 배우려 합니다. 먼저, 이번 차시에서 많이 사용될 용어와 절차를 정리해 봅시다.

1. 덧셈의 역원이란 무엇입니까? 어떤 수의 덧셈의 역원이란 그 수와 더해서 0이 되는 수 [$a + (-a) = 0$]로, 그 수와 절댓값은 같고 부호가 다른 수입니다. 예를 들어, -2의 덧셈의 역원은 2이고, $\frac{4}{5}$의 덧셈의 역원은 $-\frac{4}{5}$입니다.

2. 부호가 다른 두 정수나 유리수의 덧셈은 어떻게 합니까? 부호가 다른 두 정수의 덧셈을 할 때는 두 수의 절댓값을 구하여 그 차이를 구한 후, 절댓값이 큰 수의 부호를 붙여 줍니다. 예를 들어, $6 + (-5)$를 계산하려면 $|6|$과 $|-5|$의 차이인 1을 구한 후, 절댓값이 큰 수인 6의 부호인 양의 부호를 붙입니다. $6 + (-5) = 1$입니다.

3. 정수나 유리수의 뺄셈은 어떻게 합니까? 정수나 유리수의 뺄셈은 뺄셈을 덧셈으로 바꾸어 정수나 유리수의 덧셈 문제로 풉니다. 내비게이션 2.9 는 정수나 유리수의 뺄셈 문제를 덧셈 문제로 바꾸어 계산하는 방법을 간단히 보여 줍니다. 예를 들어, $(-1) - (+3)$을 계산하려면,

   1) 먼저, 뺄셈 연산기호 자리에 덧셈 연산기호를 쓰고, 뺄셈 기호는 괄호 앞에 씁니다.

      → $(-1) - (+3) = (-1) + -(+3)$

   2) 괄호 앞의 뺄셈 기호를 없애고, 더해지는 수 대신 그 수의 덧셈의 역원, 즉 숫자는 같고 부호만 반대인 수로 바꿉니다.

      → $(-1) + -(+3) = (-1) + (-3)$

   3) 두 정수의 덧셈을 계산합니다.

      → 부호가 같은 두 수를 덧셈할 때는 두 수의 절댓값을 구하고 그 합을 구한 후, 두

수의 공통 부호를 붙입니다. 두 수의 부호가 다른 경우에는 두 수의 절댓값을 구하고 그 차이를 구한 후, 절댓값이 큰 수의 부호를 붙여 줍니다.

→ (-1)과 (-3)은 부호가 같은 정수이므로 두 수의 절댓값의 합을 구한 후, 두 수의 공통 부호인 음의 부호를 붙입니다.

$(-1)+(-3)=(-4)$

Level 2.2
9차시

보여 주기

개념 및 기술 교수, 개념 및 기술 예시 제시, 보는 수학 내비게이션을 이용한 교사 모델링

다음 뺄셈 문제들을 풀어 봅시다.

1 (보여 주는 문제 1을 보여 주며) (+4) − (+6)은 어떻게 계산해야 합니까?

1. 먼저, 뺄셈의 연산기호 자리에 덧셈 연산기호를 쓰고, 뺄셈 기호는 괄호 앞에 씁니다.

   → (+4) + −(6)

2. 괄호 앞의 뺄셈 기호를 없애고, 더해지는 수 대신 그 수의 덧셈의 역원, 즉 부호만 다르고 절댓값이 같은 수로 바꿔 줍니다.

   → (+4) + −(6) = (+4) + (−6)

3. 두 정수의 덧셈을 계산합니다.
   - 부호가 같은 두 수를 덧셈할 때는 두 수의 절댓값을 구하고 그 합을 구한 후, 두 수의 공통 부호를 붙입니다.
   - 두 수의 부호가 다른 경우에는 두 수의 절댓값을 구하고 그 차이를 구한 후, 절댓값이 큰 수의 부호를 붙여 줍니다.
   - (+4) + (−6)은 부호가 다른 두 수의 덧셈입니다.
   - 두 수의 절댓값인 4와 6을 구하여 그 차이를 구하면 2입니다.
   - 두 수 중 절댓값이 큰 수인 −6의 부호(음의 부호)를 2에 붙이면 −2가 정답입니다.

   → (+4) + (−6) = (−2)

2 (보여 주는 문제 2를 보여 주며) (+3) − (−5)는 어떻게 계산합니까?

1. 먼저, 뺄셈의 연산기호 자리에 덧셈 연산기호를 쓰고, 뺄셈 기호는 괄호 앞에 씁니다.

   → (+3) + −(−5)

2. 괄호 앞의 뺄셈 기호를 없애고, 더해지는 수 대신 그 수의 덧셈의 역원, 즉 부호만 다르고 절댓값이 같은 수로 바꿔 줍니다.

   - (−5)의 역원은 5입니다.

     → (+3) + −(−5) = (+3) + (+5)

3. 두 정수의 덧셈을 계산합니다.

   - 부호가 같은 두 수를 덧셈할 때는 두 수의 절댓값을 구하고 그 합을 구한 후, 두 수의 공통 부호를 붙입니다.
   - 두 수의 부호가 다른 경우에는 두 수의 절댓값을 구하고 그 차이를 구한 후, 절댓값이 큰 수의 부호를 붙여 줍니다.
   - (+3) + (+5)는 부호가 같은 두 수의 덧셈입니다.
   - 두 수의 절댓값인 3과 5를 구하여 그 합을 구하고 두 수의 공통 부호를 붙입니다.

     → (+3) + (+5) = (+8)

Level 2.2
9차시

3 (보여 주는 문제 3을 보여 주며) (−3) − (−5)는 어떻게 계산합니까?

1. 먼저, 뺄셈의 연산기호 자리에 덧셈 연산기호를 쓰고, 뺄셈 기호는 괄호 앞에 씁니다.

   → (−3) + −(−5)

2. 괄호 앞의 뺄셈 기호를 없애 주고 더해지는 수 대신 그 수의 덧셈의 역원, 즉 부호만 다르고 절댓값이 같은 수로 바꿔 줍니다.

   - −5의 역원은 +5입니다.

     → (−3) + −(−5) = (−3) + (+5)

3. 두 정수의 덧셈을 해 줍니다.

- 부호가 같은 두 수를 덧셈할 때는 두 수의 절댓값을 구하고 그 합을 구한 후, 두 수의 공통 부호를 붙입니다.
- 두 수의 부호가 다른 경우에는 두 수의 절댓값을 구하고 그 차이를 구한 후, 절댓값이 큰 수의 부호를 붙여 줍니다.
- $(-3) + (+5)$는 부호가 다른 두 수의 덧셈입니다.
- 두 수의 절댓값인 3과 5를 구하여 그 차이를 구하면 2입니다.
- 절댓값이 큰 수는 +5이므로 절댓값의 차이에 양의 부호를 붙입니다.

→ $\boxed{(-3) + (+5) = +2}$

함께 풀기

(내비게이션 2.9 를 보여 주며) 내비게이션 2.9 는 정수나 유리수의 뺄셈을 하는 방법을 간단하게 보여 줍니다. 먼저, 뺄셈 연산기호 자리에 덧셈 연산기호를 쓰고, 뺄셈 기호는 더해지는 수 괄호 앞에 씁니다. 괄호 앞 뺄셈 기호를 없애고, 더해지는 수 대신 그 수의 덧셈의 역원을 씁니다. 정수나 유리수의 덧셈 문제를 풉니다. 내비게이션 2.9 를 보면서 다음 문제들을 함께 풀어 봅시다.

❶ (함께 풀어 보는 문제 1을 가리키며) $(-6) - (+11)$을 **계산해 봅시다.**

1. 먼저 해야 할 일은 무엇입니까? 뺄셈의 연산기호 자리에 덧셈 연산기호를 쓰고, 뺄셈 기호는 더해지는 수의 괄호 앞에 씁니다.
   - $(-6) - (+11)$은 $(-6) + -(+11)$이 됩니다.

2. 다음은 무엇을 해야 합니까? 괄호 앞에 있는 뺄셈 기호를 없애고, 더해지는 수를 그 수의 덧셈의 역원으로 바꿉니다.
   - $+11$의 덧셈의 역원은 얼마입니까? $+11$의 덧셈의 역원은 -11입니다.
   - $(-6) + -(+11)$이 $(-6) + (-11)$로 바뀝니다.

3. 두 정수의 덧셈을 해 줍니다.
   - 더해지는 두 정수는 같은 부호를 가졌습니까, 다른 부호를 가졌습니까? -6과 -11은 둘 다 음의 부호를 가졌습니다.
   - 두 수의 부호가 같을 때는 어떻게 덧셈을 합니까? 두 수의 부호가 같은 경우엔 두 수의 절댓값의 합을 구하고, 공통 부호인 음의 부호를 붙여 줍니다.
   - 두 수의 절댓값의 합은 얼마입니까? 6과 11의 합은 17입니다.
   - 17에 공통 부호인 음의 부호를 붙이면 $(-6) + (-11) = -17$입니다.

❷ (함께 풀어 보는 문제 2를 가리키며) (−15) − (−2)를 계산해 봅시다.

1. 먼저 무엇을 해야 합니까? 뺄셈의 연산기호 자리에 덧셈 연산기호를 쓰고, 뺄셈 기호는 괄호 앞에 씁니다.
   - 주어진 식 (−15) − (−2)는 (−15) + −(−2)가 됩니다.

2. 다음은 무엇을 해야 합니까? 괄호 앞에 있는 뺄셈 기호를 없애고, 더해지는 수를 그 수의 덧셈의 역원으로 바꿔 씁니다.
   - −2의 덧셈의 역원은 얼마입니까? (−2)의 덧셈의 역원은 +2입니다.
   - 식 (−15) + −(−2)는 (−15) + (+2)가 됩니다.

3. 다음은 무엇을 합니까? 두 정수의 덧셈을 해 줍니다.
   - (−15) + (+2)는 부호가 같은 두 정수의 덧셈입니까, 부호가 다른 두 정수의 덧셈입니까? −15 + +2는 부호가 다른 두 정수의 덧셈입니다.
   - 부호가 다른 두 수의 덧셈은 어떻게 계산합니까? 두 수의 부호가 다른 경우엔 두 수의 절댓값의 차이를 구하고, 절댓값이 큰 수의 부호를 붙여 줍니다.
   - 두 수의 절댓값의 차이는 |−15| − |+2| = 13입니다.
   - 두 수 중 절댓값이 큰 수인 −15의 부호를 13에 붙이면 (−15) − (−2) = −13입니다.

❸ (함께 풀어 보는 문제 3을 가리키며) $(+\frac{4}{5}) - (-\frac{2}{3})$를 계산해 봅시다.

1. 두 유리수의 뺄셈을 하려면 먼저 무엇을 해야 합니까? 뺄셈의 연산기호 자리에 덧셈 연산기호를 쓰고, 뺄셈 기호는 괄호 앞에 씁니다.
   - 주어진 식 $(+\frac{4}{5}) - (-\frac{2}{3})$는 $(+\frac{4}{5}) + -(-\frac{2}{3})$가 됩니다.

2. 다음은 무엇을 해야 합니까? 괄호 앞 뺄셈 기호를 없애고, 더해지는 수인 $-\frac{2}{3}$ 대신 그 수의 덧셈의 역원을 씁니다.

- $-\frac{2}{3}$의 덧셈의 역원은 얼마입니까? $-\frac{2}{3}$의 덧셈의 역원은 $+\frac{2}{3}$입니다.
- 식 $(+\frac{4}{5}) + -(-\frac{2}{3})$는 $(+\frac{4}{5}) + (+\frac{2}{3})$가 됩니다.

3. 다음은 무엇을 합니까? 두 유리수의 덧셈을 해 줍니다.

- $(+\frac{4}{5}) + (+\frac{2}{3})$는 부호가 같은 두 수의 덧셈입니까, 부호가 다른 두 수의 덧셈입니까? $+\frac{4}{5}$와 $+\frac{2}{3}$ 모두 양의 부호를 가졌으므로 부호가 같은 두 유리수의 덧셈입니다.
- 두 유리수의 부호가 같을 때는 어떻게 덧셈을 합니까? 두 수의 부호가 같은 경우엔 두 수의 절댓값의 합을 구하고, 두 수의 공통 부호를 붙여 줍니다.
- 두 수의 절댓값의 합은 얼마입니까? $|+\frac{4}{5}| + |+\frac{2}{3}| = \frac{12+10}{15} = \frac{22}{15}$입니다.
- 여기에 공통 부호인 양의 부호를 붙여 주면 답은 $+\frac{22}{15}$가 됩니다.

→ $\boxed{(+\frac{4}{5}) + (+\frac{2}{3}) = +\frac{22}{15}}$

Level 2.2
9차시

아 그렇구나!

- 혼동되는 문제 다시 풀기
- 최다 오류를 반례로 제시하여 개념 및 기술 획득 강화

아 그렇구나! 에서는 정수나 유리수의 뺄셈에서 우리가 자주 혼동하는 문제들을 함께 풀어 봅니다. 이 문제들을 풀 때 왜 실수가 많은지 함께 생각해 봅시다.

1 (아 그렇구나! 문제 1을 가리키며) (0) − (3.2)는 왜 혼동되는 문제입니까?

⇨ 0이나 음수에 대한 충분한 이해를 갖지 않은 상황에서는 아무것도 없다는 의미인 0에서 어떤 수를 뺀다는 것이 어렵게 느껴집니다. 정수나 유리수에서 0은 없다는 뜻이 아니라, 양수와 음수를 만드는 기준점이 되는 수로 이해해야 합니다. 즉, 기준점에서 음수 방향으로 3.2만큼 이동한다고 생각해야 하며, 아무것도 없는 것에서 3.2를 뺀다고 이해하면 문제 풀이가 어려워집니다. 또한 정수나 유리수의 덧셈에서는 뺄셈 연산기호(−)를 덧셈 기호(+)로 바꾸고, 더해지는 수 대신 그 수의 역원을 써 준 후에 덧셈을 해야 합니다. 0+ −(3.2)를 계산할 때는 두 유리수가 같은 부호를 가졌는지 다른 부호를 가졌는지를 결정해야 합니다. 그러나 0은 양수도 음수도 아니므로 지금까지 배운 방법을 적용하는 데 어려움이 있습니다. 0에서 3.2만큼 음의 방향으로 이동한 점은 무엇입니까? −3.2입니다.

❷ (아 그렇구나! 문제 2를 가리키며) $(-\frac{4}{3})-(+\frac{4}{3})-(-\frac{5}{12})$는 왜 혼동되는 문제입니까?

⇨ 이 문제는 세 분수의 뺄셈을 해야 하는 문제입니다. 결합법칙이나 교환법칙을 어떻게 써야 할지 쉽게 알 수 없을 때는 왼쪽부터 오른쪽으로 순서대로 연산을 해 주면 됩니다. 이 경우도 왼쪽부터 처음 두 수를 먼저 결합해서 계산하는 것이므로 결합법칙을 사용하는 것입니다. 먼저, $(-\frac{4}{3})-(+\frac{4}{3})$를 계산한 후 그 결과와 마지막 분수$(-\frac{5}{12})$의 뺄셈을 해 줍니다. 먼저, $(-\frac{4}{3})-(+\frac{4}{3})$를 계산해 봅시다. 뺄셈 연산기호를 덧셈으로 바꾼 후 더해지는 수의 역원을 쓰면 $(-\frac{4}{3})+(-\frac{4}{3})$가 됩니다. 같은 부호를 가진 두 유리수의 덧셈은 두 수의 절댓값의 합에 공통 부호를 붙여 줍니다. $(-\frac{4}{3})+(-\frac{4}{3})=-\frac{8}{3}$이 됩니다. 이제 $-\frac{8}{3}$과 나머지 수와 뺄셈 연산을 합니다. $-\frac{8}{3}-(-\frac{5}{12})$를 계산하려면 먼저 뺄셈 부호를 덧셈으로 바꿔 준 후 $(-\frac{5}{12})$ 자리에 그 수의 역원인 $(+\frac{5}{12})$를 써 줍니다. $-\frac{8}{3}+(+\frac{5}{12})$가 되므로 두 수의 절댓값의 차이에 절댓값이 큰 수인 $-\frac{8}{3}$의 부호인 음의 부호를 붙여 줍니다. $-\frac{8}{3}+(+\frac{5}{12})=-\frac{27}{12}$이 됩니다. 3으로 분자 분모를 약분하면 $-\frac{9}{4}$가 됩니다. 간단히 요약하면 다음과 같습니다.

$$(-\frac{4}{3})-(+\frac{4}{3})-(-\frac{5}{12})$$

$$\rightarrow \quad -\frac{8}{3}-(-\frac{5}{12})=-\frac{27}{12}=-\frac{9}{4}$$

❸ (아 그렇구나! 문제 3을 가리키며) 12 − 26은 왜 혼동이 되는 문제입니까?

⇨ 주어진 문제의 두 정수에는 부호가 없습니다. 양의 정수들은 편의상 양의 부호를 생략하고 사용합니다. 12는 +12와 같고, 26은 +26과 같습니다. (+12) − (+26)은 뺄셈 연산부호를 덧셈으로 바꾼 후 더해지는 수 대신 그 역원을 쓰면 (+12) + (−26)이 됩니다. 부호가 다른 정수의 덧셈이므로 두 수의 절댓값의 차이를 구하고, 절댓값이 큰 수의 부호를 붙여 줍니다. (+12) + (−26) = −14입니다.

Level 2.2
9차시

배움 체크하기

(배움 체크 리스트를 가리키며) 오늘 우리가 함께 공부한 것을 혼자서도 할 수 있는지 체크해 봅시다. 혼자서도 할 수 있으면 , 선생님의 도움이 더 필요하다면 ?에 동그라미로 표시하세요.

배움 체크 리스트		?
1. 정수, 분수, 소수의 절댓값을 구할 수 있습니다.		
2. 유리수의 덧셈의 역원을 구할 수 있습니다.		
3. 부호가 같은 두 유리수의 합을 구할 때는 두 수의 절댓값을 구한 후 두 절댓값의 합을 구하고, 두 수의 공통 부호를 붙여 준다는 것을 이해하고 적용할 수 있습니다.		
4. 부호가 다른 두 유리수의 합을 구할 때는 두 수의 절댓값을 구한 후 두 절댓값의 차를 구하고, 절댓값이 큰 수의 부호를 붙여 준다는 것을 이해하고 적용할 수 있습니다.		
5. 유리수의 뺄셈을 할 때는 먼저 뺄셈을 덧셈으로 바꾸고, 더해지는 수 대신 그 수의 덧셈의 역원을 써서 수식을 바꿔 준다는 것을 이해하고 적용할 수 있습니다.		
6. 유리수의 뺄셈을 할 때는 뺄셈식을 덧셈식으로 바꾼 후 유리수의 덧셈 방법을 이용해 정답을 구한다는 것을 이해하고 적용할 수 있습니다.		
7. 세 개 이상의 수의 뺄셈을 할 때는 교환법칙이나 결합법칙을 적용하여 문제를 풀 수 있다는 것을 이해하고 적용할 수 있습니다.		

혼자 풀기

(혼자 풀어 보는 문제 1~7을 제시하며) 오늘 배운 것을 기억하면서 문제를 혼자 풀어 보는 시간입니다. 내비게이션 2.9 를 사용하면 도움이 됩니다.

다음을 계산하시오.

1. $(+15)+(-22)=$ ______

2. $0+(-5)=$ ______

3. $(+7)-(-13)=$ ______

4. $(-9)-(-9)=$ ______

5. $(-9.4)-(-9.6)=$ ______

6. $(-6)-(+12)=$ ______

7. $(-\frac{4}{11})-(-\frac{4}{11})-(+\frac{7}{22})=$ ______

Level 2.2
9차시

채점 및 오답 분석

학생이 쓴 답을 기재하고, 오답인 경우 [중재 결정표]에서 가능한 오류 원인을 1~8 중에서 골라 번호로 기재합니다. 기타 원인 때문에 오답이 발생했을 경우, 구체적으로 어떤 이유인지 기재합니다. 가능한 오답의 원인을 모두 기재합니다.

혼자 풀어 보는 문제	정답	학생이 쓴 답	오답 원인
1. $(+15)+(-22)$	-7		
2. $0+(-5)$	-5		
3. $(+7)-(-13)$	$+20$		
4. $(-9)-(-9)$	-18		
5. $(-9.4)-(-9.6)$	$+0.2$		
6. $(-6)-(+12)$	-18		
7. $(-\frac{4}{11})-(-\frac{4}{11})-(+\frac{7}{22})$	$-\frac{7}{22}$		
	정답 개수	/ 7	

중재 결정표

오답 원인을 분석하여 차후 중재를 결정하세요.

오답 원인	발생 빈도	최다 발생 오류	중재 결정
1. 사전 지식 및 기술(절댓값, 덧셈의 항등원은 0, 덧셈 역원의 특성, 분수 소수의 사칙연산, 교환법칙, 결합법칙 등)			
2. 용어나 문제 이해 부족(절댓값 구하기, 덧셈의 역원, 교환법칙, 결합법칙)			
3. 부호가 같은 두 유리수의 덧셈 절차 이해 및 적용의 어려움			
4. 부호가 다른 두 유리수의 덧셈 절차 이해 및 적용의 어려움			
5. 두 유리수의 뺄셈을 유리수의 덧셈으로 전환하여 계산하는 것에 대한 이해 및 적용의 어려움			
6. 더해지는 수의 덧셈의 역원을 이용하여 유리수의 뺄셈을 계산하는 방법을 이해하고 적용하는 것의 어려움			
7. 부주의/계산 실수			
8. 기타(구체적 원인 기재하기)			

가장 흔한 오답 원인	1과 2 중 하나	3, 4, 5, 6 중 하나	7
	AND	AND	OR
오답률	오답이 2개 이상	오답이 2개 이상	오답이 2개 미만
다음 중재	브리지(Bridge)	동 차시 반복	다음 차시

브리지(Bridge) 차시

- 2.5차시
- 2.6차시
- 2.7차시

10차시

유리수의 덧셈과 뺄셈의 혼합계산

[내비게이션 2.10] 덧셈과 뺄셈의 혼합계산 순서

혼합계산 순서	예시
1. 뺄셈식을 덧셈식으로 바꾸기 (뺄셈 기호를 덧셈 기호로, 뺄셈 기호 다음에 오는 수의 부호를 반대 부호로 바꿈)	$(+2)-(+4)+(-3) \rightarrow (+2)+(-4)+(-3)$
2. 교환법칙과 결합법칙 적용 후, 덧셈식 풀기	$\{(+2)+(-4)\}+(-3)=-5$

혼합계산에 필요한 개념 및 기술들

〈덧셈식의 계산〉

1. 부호가 같은 경우: 절댓값 합에 공통 부호를 붙여 줌

2. 부호가 다른 경우: 절댓값 차에 절댓값 큰 수 부호를 붙여 줌

〈뺄셈식의 계산〉

1. 뺄셈을 덧셈으로 바꿔 줌

2. 뺄셈 다음에 오는 수의 부호를 반대 부호로 바꿔 줌(예: $-3 \rightarrow +3$, $+5 \rightarrow -5$)

3. 덧셈식 계산

1. 뺄셈을 덧셈으로

$$(-2) - (-5) = (-2) + (+5)$$

2. 수의 부호 반대로

〈덧셈의 교환법칙〉

덧셈에서 더하는 순서를 바꿔도 결과가 같다.

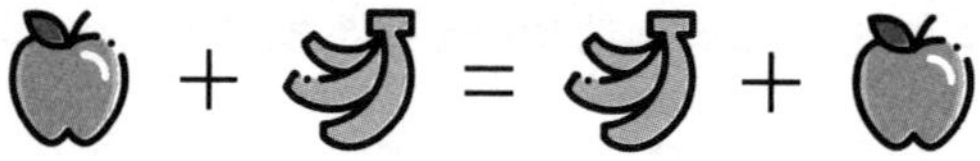

〈덧셈의 결합법칙〉

세 개 이상의 수를 더할 때, 어떤 수를 먼저 더해도(괄호로 묶어서 먼저 더함을 표시함) 그 결과가 같다.

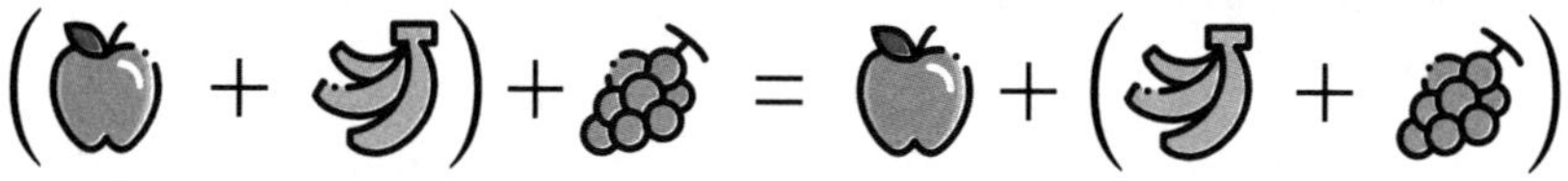

〈부호가 없는 수의 덧셈이나 뺄셈〉

숫자 앞에 생략된 +를 넣어 준 후 계산한다.

$$-3 + 5 - 8 = -3 + (+5) - (+8)$$

차시 목표 유리수의 덧셈과 뺄셈의 혼합계산 방법을 이해하고 적용할 수 있다.

사전 지식 유리수의 덧셈과 뺄셈, 절댓값의 이해와 활용, 덧셈의 교환법칙과 결합법칙, 덧셈의 역원

준비물 2단계 10차시 학생용 교재, **내비게이션 2.10**

흔한 오류

1. 뺄셈에서는 교환법칙과 결합법칙이 성립하지 않는데, 세 개 이상의 수를 혼합계산할 때 교환법칙이나 결합법칙을 적용하려 한다.
   - 오류 예: $(-5) + (-7) - (-6) - (-4) = (-5) + (-7) - \{(-6) - (-4)\} = -12 - (-2) = -10$

2. 부호가 생략된 덧셈과 뺄셈 계산 시, 연산기호(+, −)와 수의 부호를 혼동한다.
   - 오류 예: $-3 - 3 + 4 = -3 - (-3) + (+4)$라 이해한다.

Level 2.2
10차시

사전평가

처음 두 문제는 가장 필수적인 사전 지식에 대한 이해를 묻고, 3번부터 7번까지는 차시 목표인 개념과 기술의 이해를 묻습니다.

다음을 계산하시오.

1. $(+4)+(-6)=$ ________

2. $(-3)-(-9)=$ ________

3. $(-5)-(-11)-(-7)=$ ________

4. $(-8.2)+(-3.1)-(+5.1)=$ ________

5. $-2+7-4=$ ________

6. $(+\frac{5}{2})+(-7)-(-\frac{3}{2})=$ ________

7. $(-\frac{1}{5})-(+\frac{7}{10})-(+\frac{4}{15})=$ ________

정 답

1. -2　2. 6　3. 13　4. -16.4

5. 1　6. -3　7. $-\frac{7}{6}$

접속하기

차시 목표 및 개념 설명

오늘은 덧셈과 뺄셈의 혼합계산에 대해 배우려 합니다. 먼저, 덧셈과 뺄셈의 혼합계산을 하기 위해 필요한 정보들을 간단히 정리해 봅시다.

1. 유리수의 덧셈 방법에 대해 같이 정리해 봅시다. 부호가 같은 덧셈은 두 수의 절댓값을 덧셈한 후 공통의 부호를 붙여 주고, 부호가 다른 덧셈은 두 수의 절댓값 간의 차이를 구한 후 절댓값이 큰 수의 부호를 붙여 줍니다.

2. 유리수의 뺄셈 방법에 대해 같이 정리해 봅시다. 먼저, 뺄셈 부호를 덧셈으로 바꾸고, 뺄셈 다음에 오는 수를 그 수의 덧셈의 역원으로 바꾼 후 덧셈식을 계산합니다.

   1) 뺄셈 기호를 덧셈 기호로 바꿉니다.

   2) 뺄셈 다음에 오는 수의 부호를 반대 부호로 바꿉니다(덧셈의 역원으로 바꿉니다. 예: $-3 \rightarrow +3$, $+5 \rightarrow -5$).

   3) 덧셈식을 계산합니다.

1. 뺄셈을 덧셈으로

$$(-2) - (-5) = (-2) + (+5)$$

2. 수의 부호 반대로

3. 덧셈의 교환법칙이란, 덧셈을 할 때 더하는 순서를 바꿔도 결과가 같다는 것을 나타내는 법칙입니다.

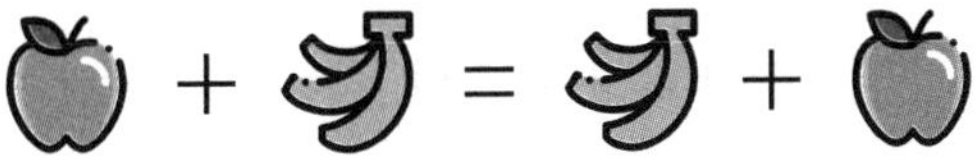

4. 덧셈의 결합법칙이란, 세 개 이상의 수를 더할 때 어떤 수를 먼저 더해도 (괄호로 묶어서 먼저 더함을 표시함) 그 결과가 같다는 것을 나타내는 법칙입니다.

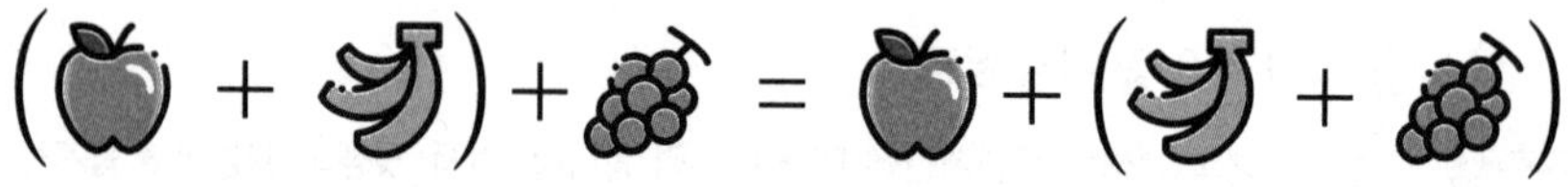

5. 부호가 없는 수의 덧셈이나 뺄셈을 혼동 없이 하려면 숫자 앞에 생략된 +를 넣어 준 후 계산합니다.

→ $-3 + 5 - 8 = -3 + (+5) - (+8)$

6. 유리수의 덧셈과 뺄셈의 혼합계산은 어떻게 합니까? 내비게이션 2.10 은 유리수의 덧셈과 뺄셈의 혼합계산 방법을 간단히 보여 주고 있습니다. 예를 들어, $(+2) - (+4) + (-3)$을 계산하려면,

1) 먼저, 뺄셈식을 덧셈식으로 바꿉니다.

뺄셈식을 덧셈식으로 바꾸려면 뺄셈 기호를 덧셈 기호로 바꾸고, 뺄셈 기호 다음에 오는 수의 부호를 반대 부호로 바꿉니다.

→ $(+2) - (+4) + (-3) = (+2) + (-4) + (-3)$

2) 교환법칙과 결합법칙을 적용하여 덧셈식을 계산합니다.

① $(+2) + (-4) + (-3)$을 계산할 때는 결합법칙을 적용하여 $(+2) + (-4)$를 먼저 계산합니다. $(+2) + (-4)$는 부호가 다른 두 수의 덧셈이므로 두 수의 절댓값 간의 차이에 절댓값이 더 큰 수(-4)의 부호를 붙입니다.

→ $(+2) + (-4) = -2$

② 다음은 $(+2) + (-4)$의 값인 (-2)와 (-3)의 합을 구합니다. 부호가 같은 두 수의 덧셈이므로 두 수의 절댓값의 합에 두 수의 공통 부호인 음의 부호를 붙입니다.

→ $(-2) + (-3) = -5$

③ $(+2) - (+4) + (-3) = -5$

보여 주기

개념 및 기술 교수, 개념 및 기술 예시 제시, 보는 수학 내비게이션을 이용한 교사 모델링

다음을 계산해 봅시다.

1 (보여 주는 문제 1을 보여 주며) $(-8)-(+6)+(-5)$는 어떻게 계산해야 합니까?

1. 먼저, 뺄셈식을 덧셈식으로 고쳐 줍니다.
   - 뺄셈 기호를 덧셈 기호로 바꾸고, 뺄셈 기호 다음에 오는 수 대신 그 수의 덧셈의 역원을 씁니다. 즉, 수의 부호를 반대 부호로 바꿉니다.

   $\rightarrow (-8)-(+6)+(-5)=(-8)+(-6)+(-5)$

2. 덧셈의 교환법칙과 결합법칙을 적용한 후 덧셈 계산을 합니다.

   $\rightarrow (-8)+(-6)+(-5)$

   $=\{(-8)+(-6)\}+(-5)$ ← 덧셈의 결합법칙

   $=-14+(-5)$

   $=\boxed{-19}$

2 (보여 주는 문제 2를 보여 주며) $(-2.4)-(-7)+(-0.6)$을 계산해 봅시다.

1. 먼저, 뺄셈식은 덧셈식으로 고쳐 줍니다.
   - 뺄셈 기호를 덧셈 기호로 바꾸고, 뺄셈 기호 다음에 오는 수의 부호를 반대 부호로 바꿔 줍니다.

   $\rightarrow (-2.4)-(-7)+(-0.6)=(-2.4)+(+7)+(-0.6)$

2. 덧셈의 교환법칙과 결합법칙을 적용한 후 덧셈 계산을 합니다.

→ $(-2.4) + (+7) + (-0.6)$

$= (-2.4) + (-0.6) + (+7)$ ← 덧셈의 교환법칙

$= \{(-2.4) + (-0.6)\} + (+7)$ ← 덧셈의 결합법칙

$= (-3.0) + (+7)$

$= \boxed{(+4)}$

❸ (보여 주는 문제 3을 보여 주며) $(-\frac{5}{13}) - (+\frac{12}{13}) - (-\frac{5}{26})$를 계산해 봅시다.

1. 뺄셈식을 덧셈식으로 바꿔 줍니다.

- 뺄셈 기호를 덧셈 기호로, 뺄셈 기호 바로 뒤에 오는 수의 부호를 반대 부호로 고쳐 줍니다.

→ $(-\frac{5}{13}) - (+\frac{12}{13}) - (-\frac{5}{26}) = (-\frac{5}{13}) + (-\frac{12}{13}) + (+\frac{5}{26})$

2. 덧셈의 교환법칙과 결합법칙을 적용한 후 덧셈식을 계산합니다.

→ $(-\frac{5}{13}) + (-\frac{12}{13}) + (+\frac{5}{26})$

$= \{(-\frac{5}{13}) + (-\frac{12}{13})\} + (+\frac{5}{26})$ ← 덧셈의 결합법칙

$= (-\frac{17}{13}) + (+\frac{5}{26})$

$= \boxed{(-\frac{29}{26})}$

함께 풀기

(내비게이션 2.10 을 보여 주며) 내비게이션 2.10 은 덧셈과 뺄셈의 혼합계산 절차를 간단하게 보여 줍니다. 먼저, 뺄셈식은 덧셈식으로 고치고(뺄셈 기호를 덧셈 기호로 바꾸고 뺄셈 기호 다음에 오는 수의 부호를 반대 부호로 바꿉니다), 교환법칙과 결합법칙을 이용하여 덧셈식을 계산합니다.

❶ (함께 풀어 보는 문제 1을 가리키며) $(+31)-(-59)+(-19)$를 **계산해 봅시다.**

1. 덧셈과 뺄셈이 있는 혼합계산을 하려면 먼저 무엇을 해야 합니까? 뺄셈식이 있는지 확인하고 뺄셈식을 덧셈식으로 고쳐 줍니다.
   - 뺄셈식을 덧셈식으로 고칠 때는 어떻게 해야 합니까? 뺄셈 연산기호를 덧셈으로 바꾸고, 뺄셈 기호 뒤에 오는 수의 부호를 반대 부호로 바꿔 줍니다.
   - 뺄셈을 덧셈으로 바꾸고, (-59)를 $(+59)$로 바꿔 주면 됩니다.

   $\rightarrow (+31)-(-59)+(-19)=(+31)+(+59)+(-19)$

2. 다음은 무엇을 합니까? 교환법칙과 결합법칙을 적용한 후 덧셈식을 계산합니다.

   $\rightarrow (+31)+(+59)+(-19)$

   $=\{(+31)+(+59)\}+(-19)$ ← 덧셈의 결합법칙

   $=(+90)+(-19)$

   $=\boxed{+71}$

❷ (함께 풀어 보는 문제 2를 가리키며) $(-3.5)-(+1.7)-(-4.5)$를 계산해 봅시다.

1. 덧셈과 뺄셈이 있는 혼합계산을 하려면 제일 먼저 무엇을 해야 합니까? 뺄셈식이 있는지 확인하고, 뺄셈식을 덧셈식으로 바꿉니다.

   - 뺄셈 연산기호를 덧셈 기호로 바꾸고, 뺄셈 기호 뒤에 오는 수의 부호를 반대 부호로 바꿉니다.

     $\rightarrow (-3.5)-(+1.7)-(-4.5)=(-3.5)+(-1.7)+(+4.5)$

2. 다음은 무엇을 합니까? 덧셈의 교환법칙과 결합법칙을 적용한 후 덧셈식을 계산합니다.

   $\rightarrow (-3.5)+(-1.7)+(+4.5)$

   $=(-3.5)+(+4.5)+(-1.7)$ ← 덧셈의 교환법칙

   $=\{(-3.5)+(+4.5)\}+(-1.7)$ ← 덧셈의 결합법칙

   $=(+1)+(-1.7)$

   $=\boxed{(-0.7)}$

❸ (함께 풀어 보는 문제 3을 가리키며) $\left(+\frac{3}{5}\right)-\left(+\frac{3}{2}\right)+\left(+\frac{2}{5}\right)$를 계산해 봅시다.

1. 유리수의 혼합계산을 하려면 제일 먼저 무엇을 해야 합니까? 뺄셈식을 덧셈식으로 바꿉니다.

   - 뺄셈 기호는 덧셈 기호로 바꾸고, 뺄셈 기호 다음에 오는 수의 부호를 반대 부호로 바꿔 줍니다.

     $\rightarrow \left(+\frac{3}{5}\right)-\left(+\frac{3}{2}\right)+\left(+\frac{2}{5}\right)=\left(+\frac{3}{5}\right)+\left(-\frac{3}{2}\right)+\left(+\frac{2}{5}\right)$

2. 다음은 무엇을 해야 합니까? 교환법칙과 결합법칙을 적용한 후 덧셈식을 계산합니다.

$\rightarrow (+\frac{3}{5}) + (-\frac{3}{2}) + (+\frac{2}{5})$

$= (+\frac{3}{5}) + (+\frac{2}{5}) + (-\frac{3}{2})$ ← 덧셈의 교환법칙

$= \{(+\frac{3}{5}) + (+\frac{2}{5})\} + (-\frac{3}{2})$ ← 덧셈의 결합법칙

$= (+1) + (-\frac{3}{2})$

$= \boxed{(-\frac{1}{2})}$

Level 2.2
10차시

아 그렇구나!

- 혼동되는 문제 다시 풀기
- 최다 오류를 반례로 제시하여 개념 및 기술 획득 강화

아 그렇구나! 에서는 세 수 이상의 덧셈과 뺄셈 혼합계산에서 우리가 자주 혼동하는 문제들을 함께 풀어 봅니다. 이 문제들을 풀 때 왜 실수가 많은지 함께 생각해 봅시다.

1 (아 그렇구나! 문제 1을 가리키며) $(+21)-(+13)-(+3)$은 왜 혼동이 되는 문제입니까?

⇨ 뺄셈에서는 결합법칙이 성립하지 않습니다. 그런데 $(+13)$에서 $(+3)$을 빼면 $+10$이 되므로 $(+13)$과 $(+3)$의 뺄셈에 결합법칙을 적용하여 먼저 계산할 경우 주어진 식이 $(+21)-\{(+13)-(+3)\}$이 되어 $+11$이라는 오답을 갖게 됩니다. 정답은 $(+21)-(+13)-(+3)=+5$입니다.

❷ (아 그렇구나! 문제 2를 가리키며) $-3-5+7-11$은 왜 혼동이 되는 문제입니까?

⇨ (−3)을 제외하고 계산식에 포함된 나머지 수들의 부호가 생략되어 있습니다. 부호가 생략된 경우에는 생략된 부호(+)를 각 숫자 앞에 써서 식을 다시 정리한 후 수식을 계산합니다. (−3)은 이미 부호를 가지고 있으므로 +를 써 주지 않습니다. $(-3)-(+5)+(+7)-(+11)$이 정리된 수식이며, 혼합계산 방법에 따라 뺄셈식을 덧셈식으로 바꾼 후 덧셈식을 계산합니다.

$$\begin{aligned} \rightarrow (-3)-(+5)+(+7)-(+11) &= (-3)+(-5)+(+7)+(-11) \\ &= \{(-3)+(-5)\}+(+7)+(-11) \\ &= -8+(+7)+(-11) \\ &= (-1)+(-11) \\ &= (-12) \end{aligned}$$

Level 2.2
10차시

배움 체크하기

(배움 체크 리스트 를 가리키며) 오늘 우리가 함께 공부한 것을 혼자서도 할 수 있는지 체크해 봅시다. 혼자서도 할 수 있으면 👍, 선생님의 도움이 더 필요하다면 ?에 동그라미로 표시하세요.

배움 체크 리스트	👍	?
1. 부호가 없는 수의 덧셈과 뺄셈을 할 때는 생략된 부호인 양의 부호(+)를 숫자들 앞에 넣어 준 후 계산한다는 것을 이해합니다.		
2. 부호가 같은 두 정수나 유리수의 합을 구할 때는 두 수의 절댓값을 구한 후 두 절댓값의 합을 구하고, 두 수의 공통 부호를 붙여 준다는 것을 이해하고 적용할 수 있습니다.		
3. 부호가 다른 두 정수나 유리수의 합을 구할 때는 두 수의 절댓값을 구한 후 두 절댓값 간의 차이를 구하고, 절댓값이 큰 수의 부호를 붙여 준다는 것을 이해하고 적용할 수 있습니다.		
4. 덧셈의 교환법칙의 의미를 이해하고 세 수 이상의 덧셈 계산에 적용할 수 있습니다.		
5. 덧셈의 결합법칙의 의미를 이해하고 세 수 이상의 덧셈 계산에 적용할 수 있습니다.		
6. 뺄셈식을 계산할 때는 뺄셈을 덧셈으로 바꾸고, 뺄셈 기호 다음에 오는 수의 부호를 반대 부호로 바꾸어 계산한다는 것을 이해하며 적용할 수 있습니다.		
7. 혼합계산은 뺄셈을 덧셈으로 바꾼 후 덧셈식으로 풀어 준다는 것을 이해하고 계산할 수 있습니다.		

혼자 풀기

(혼자 풀어 보는 문제 1~7을 제시하며) 오늘 배운 것을 기억하면서 문제를 혼자 풀어 보는 시간입니다. 내비게이션 2.10 을 사용하면 도움이 됩니다.

다음을 계산하시오.

1. $(+5)+(-7)=$ ________

2. $(-4)-(-8)=$ ________

3. $(-9)-(-12)-(-7)=$ ________

4. $(-5.3)-(+7.2)+(-5.1)=$ ________

5. $-8+6-9=$ ________

6. $(+\frac{7}{3})+(-5)-(-\frac{5}{3})=$ ________

7. $(-\frac{4}{5})-(+\frac{3}{10})-(+\frac{7}{15})=$ ________

채점 및 오답 분석

학생이 쓴 답을 기재하고, 오답인 경우 중재 결정표 에서 가능한 오류 원인을 1~8 중에서 골라 번호로 기재합니다. 기타 원인 때문에 오답이 발생했을 경우, 구체적으로 어떤 이유인지 기재합니다. 가능한 오답의 원인을 모두 기재합니다.

혼자 풀어 보는 문제	정답	학생이 쓴 답	오답 원인
1. $(+5)+(-7)$	(-2)		
2. $(-4)-(-8)$	$(+4)$		
3. $(-9)-(-12)-(-7)$	$(+10)$		
4. $(-5.3)-(+7.2)+(-5.1)$	(-17.6)		
5. $-8+6-9$	(-11)		
6. $(+\frac{7}{3})+(-5)-(-\frac{5}{3})$	(-1)		
7. $(-\frac{4}{5})-(+\frac{3}{10})-(+\frac{7}{15})$	$-\frac{47}{30}$		
	정답 개수	/ 7	

중재 결정표

오답 원인을 분석하여 차후 중재를 결정하세요.

오답 원인	발생 빈도	최다 발생 오류	중재 결정
1. 사전 지식 및 기술(절댓값 구하기, 유리수의 덧셈과 뺄셈)			
2. 용어나 문제 이해 부족(절댓값, 덧셈의 역원, 교환법칙, 결합법칙)			
3. 유리수의 덧셈 절차 이해 및 적용의 어려움			
4. 유리수의 뺄셈 절차 이해 및 적용의 어려움			
5. 교환법칙과 결합법칙의 이해와 적용의 어려움			
6. 혼합계산의 순서의 이해 및 적용의 어려움			
7. 부주의/계산 실수			
8. 기타(구체적 원인 기재하기)			

가장 흔한 오답 원인	1과 2 중 하나	3, 4, 5, 6 중 하나	7
	AND	AND	OR
오답률	오답이 2개 이상	오답이 2개 이상	오답이 2개 미만
다음 중재	브리지(Bridge)	동 차시 반복	다음 차시

브리지(Bridge) 차시

- 2.7차시
- 2.8차시
- 2.9차시

11차시

정수와 유리수의 곱셈

[내비게이션 2.11] 정수와 유리수의 곱셈

순서	예
1. 두 수의 부호를 확인하기	(+2) x (-4)
같은 부호? 곱셈 결과는 + / 다른 부호? 곱셈 결과는 -	다른 부호 → 곱셈 결과 -
2. 두 수의 절댓값의 곱 구하기	2 x 4 = 8
3. 절댓값의 곱에 부호 붙이기	-8

차시 목표 정수와 유리수의 곱셈의 원리를 이해하고 계산할 수 있다.

사전 지식 자연수의 사칙연산, 음의 정수와 양의 정수의 이해, 수직선상에 대응점 그리기, 절댓값의 이해와 활용, 곱셈의 항등원은 1(a×1=a),

곱셈의 역수{$a\times(\frac{1}{a})=1$}, 곱셈의 약분, 곱셈을 덧셈식의 반복으로 이해하고 계산하기

준비물 2단계 11차시 학생용 교재, **내비게이션 2.11**

흔한 오류

1. 두 음수의 곱셈 결과에 음의 부호를 붙인다.
   - 오류 예: $-2\times-3=-6$
2. 어떤 수와 그 수의 역수의 곱이 1임을 바로 알아차리지 못하고 계산에 혼동을 보인다.
   - $a\times(\frac{1}{a})=?$
3. 어떤 수에 1을 곱한 결과가 자신이 됨을 이해하지 못한다.
4. 정수 대신 소수나 분수가 사용될 때는 계산의 오류를 보인다.

사전평가

처음 두 문제는 가장 필수적인 사전 지식에 대한 이해를 묻고, 3번부터 7번까지는 차시 목표인 개념과 기술의 이해를 묻습니다.

다음을 계산하시오.

1. $(+4) \times (+2) =$ ______

2. $(+\frac{2}{3}) \times (+\frac{7}{4}) =$ ______

3. $(+6) \times (-2) =$ ______

4. $(-7) \times (+4) =$ ______

5. $(-0.2) \times (+5) =$ ______

6. $(-\frac{1}{3}) \times (-\frac{9}{5}) =$ ______

7. $(-3.2) \times (-2.3) =$ ______

정 답

1. 8　　2. $\frac{7}{6}$　　3. −12　　4. −28

5. −1　　6. $\frac{3}{5}$　　7. 7.36

접속하기

차시 목표 및 개념 설명

오늘은 정수나 유리수의 곱셈을 하는 방법에 대해 배우려 합니다. 먼저, 이번 차시에서 많이 사용될 용어를 정리해 봅시다.

1. 약수란 무엇입니까? 어떤 정수의 약수란 그 수를 나머지 없이 나눌 수 있는 정수를 말합니다. 예를 들어, 8의 약수는 8을 나머지 없이 나눌 수 있는 수들, 즉 1, 2, 4, 8입니다. 배수란 무엇입니까? 어떤 정수의 배수란 그 수에 정수를 곱했을 때 나오는 정수를 말합니다. 예를 들어, 2의 배수는 2에 정수 1을 곱해 나오는 수인 2, 정수 2를 곱해 나오는 수 4, 정수 3을 곱해 나오는 수인 6 등이 있습니다. 배수의 개수는 셀 수 없이 많습니다.

2. 곱셈의 역수는 무엇입니까? 어떤 수의 곱셈의 역수란 그 수와 곱해서 1이 되는 수{$a \times (\frac{1}{a}) = 1$}로, 그 수를 분수로 나타냈을 때 분자와 분모가 바뀐 수와 같습니다. 예를 들어, 2는 분수로 나타내면 $\frac{2}{1}$이므로 2의 곱셈의 역수는 $\frac{1}{2}$이고, $\frac{4}{5}$의 곱셈의 역수는 $\frac{5}{4}$입니다.

3. 곱셈은 덧셈과 어떤 관계가 있는지 생각해 봅시다. 6×4는 무슨 뜻입니까? 6×4는 한 단위에(예: 가방, 접시, 박스 등) 어떤 것이(예: 캔디, 연필, 계란) 4개씩 들어 있는데 6개 단위가 있다는 뜻입니다. 다시 말해, $4 + 4 + 4 + 4 + 4 + 4$라는 뜻입니다. $3 \times (-2)$는 무슨 뜻이며 얼마입니까? [예: (−2)개씩 들어 있는 것이 3개 있다는 것입니다. 즉, $(-2) + (-2) + (-2) = -6$과 같습니다.]

4. 정수나 유리수의 곱셈은 어떻게 계산합니까? 내비게이션 2.11 은 정수나 유리수의 곱셈 절차를 간단히 보여 주고 있습니다. $(+4) \times (-5)$를 계산하려면,

   1) 먼저, 두 수가 같은 부호를 가졌는지 다른 부호를 가졌는지 확인합니다.

      → 같은 부호를 곱하면 곱셈의 결과는 (+)가 되고, 다른 부호를 곱하면 곱셈의 결과는

(−)가 됩니다.

→ (+4)와 (−5)는 부호가 서로 다르므로 결과는 음의 부호 (−)가 됩니다.

2) 두 수의 절댓값을 구한 후, 두 절댓값을 곱합니다.

→ (+4)의 절댓값은 4이고 (−5)의 절댓값은 5입니다.

→ 두 수의 절댓값의 곱은 $4 \times 5 = 20$입니다.

3) 두 수의 절댓값의 곱에 1단계에서 구한 곱의 부호를 붙입니다.

- 두 수의 절댓값의 곱인 20에 1)에서 구한 곱의 부호인 (−)를 붙이면 답은 −20입니다.

보여 주기

개념 및 기술 교수, 개념 및 기술 예시 제시, 보는 수학 내비게이션을 이용한 교사 모델링

다음 곱셈 문제들을 풀어 봅시다.

1 (보여 주는 문제 1을 보여 주며) (+3) × (+4)는 어떻게 계산해야 합니까?

1. 먼저, 두 수의 부호가 같은지 다른지 확인합니다.
   - 두 수의 부호가 같으면 곱셈의 결과는 양의 부호(+)를 갖고, 두 수의 부호가 다르면 곱셈의 결과는 음의 부호(−)를 갖습니다.
   - (+3)과 (+4)의 부호가 같으므로 곱셈의 결과는 양수(+)가 됩니다.

2. 두 수의 절댓값의 곱을 구해 줍니다.
   - 3의 절댓값은 3이고 4의 절댓값은 4입니다.
   - 3과 4의 곱은 12입니다.

3. 두 수의 절댓값의 곱에 1단계에서 정해진 부호를 붙여 줍니다.
   - 12에 양의 부호를 붙이면 +12가 답입니다.

   → (+3) × (+4) = +12

2 (보여 주는 문제 2를 보여 주며) (4) × (−6)은 어떻게 계산합니까?

1. 먼저, 두 수의 부호가 같은지 다른지 확인합니다.
   - 두 수의 부호가 같으면 곱셈의 결과는 양의 부호(+)를 갖고, 부호가 다르면 곱셈의 결과는 음의 부호(−)를 갖습니다.

- $(+4)$와 (-6)의 부호가 다르므로 곱셈의 결과는 음의 부호(−)를 갖습니다.

2. 두 수의 절댓값의 곱을 구해 줍니다.

- 4의 절댓값은 4이고 (-6)의 절댓값은 6입니다.
- 4와 6의 곱은 24입니다.

3. 두 수의 절댓값의 곱에 1단계에서 정해진 부호를 붙여 줍니다.

- 24에 음의 부호를 붙이면 -24가 답입니다.

$\rightarrow$ $\boxed{(4) \times (-6) = -24}$

3 (보여 주는 문제 3을 보여 주며) $(-3) \times (-\frac{2}{3})$는 어떻게 계산합니까?

1. 먼저, 두 수의 부호가 같은지 다른지 확인합니다.

- 두 수의 부호가 같으면 곱셈의 결과는 양의 부호(+)를 갖고, 두 수의 부호가 다르면 곱셈의 결과는 음의 부호(−)를 갖습니다.
- (-3)과 $(-\frac{2}{3})$의 부호가 같으므로 곱셈의 결과는 양의 부호(+)를 갖습니다.

2. 두 수의 절댓값의 곱을 구해 줍니다.

- 3의 절댓값은 3이고 $-\frac{2}{3}$의 절댓값은 $\frac{2}{3}$입니다.
- 3과 $\frac{2}{3}$의 곱을 구할 때는 3을 분모가 1인 가분수 $\frac{1}{3}$로 바꾼 후 분모는 분모끼리, 분자는 분자끼리 곱합니다.

$\rightarrow \frac{3}{1} \times \frac{2}{3} = \frac{3 \times 2}{1 \times 3} = \frac{6}{3} = 2$

3. 두 수의 절댓값의 곱에 1단계에서 정해진 부호를 붙여 줍니다.

- 3과 $\frac{2}{3}$의 곱인 2에 양의 부호를 붙이면 $+2$가 답입니다.

$\rightarrow$ $\boxed{(-3) \times (-\frac{2}{3}) = +2}$

Level 2.3
11차시

함께 풀기

(내비게이션 2.11 을 보여 주며) 내비게이션 2.11 은 정수나 유리수의 곱셈을 하는 방법을 간단하게 보여 줍니다. 두 수의 부호가 같으면 곱셈의 결과는 양의 부호를 갖고, 두 수의 부호가 다르면 곱셈의 결과는 음의 부호를 갖습니다. 두 수의 절댓값의 곱을 구한 후에 부호를 붙입니다. 내비게이션 2.11 을 보면서 다음 문제들을 함께 풀어 봅시다.

1 (함께 풀어 보는 문제 1을 가리키며) $(-10) \times (+5)$를 **계산해 봅시다.**

1. 먼저 해야 할 일은 무엇입니까? 곱해지는 두 수의 부호가 같은지 다른지 확인합니다.

- (-10)과 $(+5)$의 부호는 같습니까? (-10)과 $(+5)$의 부호는 서로 다릅니다.
- 두 수의 부호가 다를 때, 곱셈의 결과는 어떤 부호를 갖게 됩니까? 부호가 다른 두 수의 곱은 음의 부호$(-)$를 갖게 됩니다.

2. 다음은 무엇을 합니까? 두 수의 절댓값을 구하고 절댓값을 곱합니다.

- -10의 절댓값은 얼마입니까? 10입니다.
- $+5$의 절댓값은 얼마입니까? $+5$의 절댓값은 5입니다.
- 두 절댓값을 곱한 값은 얼마입니까? $10 \times 5 = 50$입니다.

3. 다음은 무엇을 합니까? 두 수의 절댓값의 곱에 음의 부호인 $-$를 붙여 줍니다.

- 두 수의 절댓값의 곱인 50에 음의 부호를 붙이면 -50입니다.
- $(-10) \times (+5) = -50$입니다.

❷ (함께 풀어 보는 문제 2를 가리키며) $(-\frac{5}{2}) \times (-\frac{4}{5})$를 계산해 봅시다.

1. 먼저 해야 할 일은 무엇입니까? 두 수의 부호를 확인하여 곱셈 결과에 어떤 부호를 붙일지 결정합니다.
   - 두 분수는 같은 부호입니까, 다른 부호입니까? 같은 부호입니다.
   - 같은 부호인 두 유리수를 곱하면 결과는 어떻게 됩니까? 같은 부호를 곱하면 곱셈의 결과는 양의 부호(+)를 갖습니다.

2. 다음은 무엇을 합니까? 두 수의 절댓값을 구하고 그 곱을 구합니다.
   - $-\frac{5}{2}$의 절댓값은 얼마입니까? $\frac{5}{2}$입니다.
   - $-\frac{4}{5}$의 절댓값은 얼마입니까? $\frac{4}{5}$입니다.
   - $\frac{5}{2}$와 $\frac{4}{5}$를 곱하면 얼마입니까? 분수의 곱셈을 계산할 때는 분모는 분모끼리, 분자는 분자끼리 곱해 줍니다. $\frac{5}{2} \times \frac{4}{5} = \frac{5 \times 4}{2 \times 5} = \frac{20}{10} = 2$입니다.

3. 다음은 무엇을 합니까? 2에 양의 부호를 붙여 줍니다.
   - $(- -\frac{5}{2}) \times (- -\frac{4}{5}) = +2$가 정답입니다.

Level 2.3
11차시

❸ (함께 풀어 보는 문제 3을 가리키며) $(-2.5) \times (-4.3)$을 계산해 봅시다.

1. 두 유리수의 곱셈을 하려면 가장 먼저 무엇을 해야 합니까? 두 수의 부호를 확인합니다.
   - (-2.5)와 (-4.3)의 부호는 같습니까, 다릅니까? 두 수 모두 음의 부호를 가졌으므로 두 수의 부호는 같습니다.
   - 같은 부호를 가진 수의 곱은 결과가 양의 부호를 갖습니까, 음의 부호를 갖습니까? 같은 부호의 곱셈은 결과가 양의 부호를 갖습니다.

2. 다음은 무엇을 해야 합니까? 두 수의 절댓값을 구해서 곱해 줍니다.

- −2.5와 −4.3의 절댓값은 얼마입니까? −2.5의 절댓값은 2.5이고, −4.3의 절댓값은 4.3입니다.
- 2.5와 4.3을 곱하면 얼마입니까? $2.5 \times 4.3 = 10.75$입니다.

3. 다음은 무엇을 해야 합니까? 두 수의 절댓값의 곱에 1단계에서 구한 곱셈 결과의 부호인 +부호를 붙여 줍니다.

- 10.75에 양의 부호를 붙이면 $(-2.5) \times (-4.3) = +10.75$가 정답입니다.

아 그렇구나!

- 혼동되는 문제 다시 풀기
- 최다 오류를 반례로 제시하여 개념 및 기술 획득 강화

아 그렇구나! 에서는 정수나 유리수의 곱셈에서 우리가 자주 혼동하는 문제들을 함께 풀어 봅니다. 이 문제들을 풀 때 왜 실수가 많은지 함께 생각해 봅시다.

1 (아 그렇구나! 문제 1을 가리키며) $(-5.7) \times 0$은 왜 혼동되는 문제입니까?

⇨ 지금까지 배운 두 유리수의 곱셈 절차의 시작은 두 수의 부호를 확인해서 곱셈 결과의 부호를 결정하는 것입니다. 0은 양수도 음수도 아니므로 지금까지 배운 방법을 적용할 수가 없습니다. 어떤 수에 0을 곱하면 언제나 0이 된다는 사실($a \times 0 = 0$)을 기억하고 있으면 혼동 없이 정답을 찾을 수 있습니다.

2 (아 그렇구나! 문제 2를 가리키며) $(-2\frac{3}{4}) \times (+1\frac{2}{3})$는 왜 혼동되는 문제입니까?

⇨ 이 문제는 두 수의 절댓값인 $(2\frac{3}{4})$과 $(1\frac{2}{3})$를 각각 가분수인 $\frac{11}{4}$과 $+\frac{5}{3}$로 바꾸어 곱해야 하는데, 두 절댓값의 곱을 구할 때 정수는 정수끼리 곱하고 분수는 분수끼리 곱해서 $(2\frac{3}{4}) \times (1\frac{2}{3}) = (2 \times 1)\frac{3 \times 2}{4 \times 3} = 2\frac{1}{2}$이라 계산하면 오답입니다. 대분수의 곱셈은 대분수를 가분수로 바꾼 후 계산해야 합니다. $(2\frac{3}{4}) \times (1\frac{2}{3}) = \frac{11}{4} \times \frac{5}{3} = \frac{55}{12} = 4\frac{7}{12}$입니다.

Level 2.3
11차시

배움 체크하기

(배움 체크 리스트 를 가리키며) 오늘 우리가 함께 공부한 것을 혼자서도 할 수 있는지 체크해 봅시다. 혼자서도 할 수 있으면 , 선생님의 도움이 더 필요하다면 ?에 동그라미로 표시하세요.

배움 체크 리스트		?
1. 정수, 분수, 소수의 절댓값을 구할 수 있습니다.		
2. 곱셈은 덧셈식의 반복과 같다는 것을 이해합니다(예: $3 \times 2 = 2 + 2 + 2$).		
3. 분수의 곱셈에서 교차약분을 할 수 있습니다.		
4. 같은 부호를 가진 두 유리수의 곱셈의 결과는 양수가 된다는 것을 이해하고 적용할 수 있습니다.		
5. 같은 부호를 가진 두 유리수의 곱셈은 두 수의 절댓값의 곱에 +부호를 붙여 준다는 것을 이해하고 적용할 수 있습니다.		
6. 다른 부호를 가진 두 유리수의 곱셈의 결과는 음수가 된다는 것을 이해하고 적용할 수 있습니다.		
7. 다른 부호를 가진 두 유리수의 곱셈은 두 수의 절댓값의 곱에 −부호를 붙여 준다는 것을 이해하고 적용할 수 있습니다.		

혼자 풀기

(혼자 풀어 보는 문제 1~7을 제시하며) 오늘 배운 것을 기억하면서 문제를 혼자 풀어 보는 시간입니다. 내비게이션 2.11 을 사용하면 도움이 됩니다.

다음을 계산하시오.

1. $(+12)\times(+4) =$ ________

2. $(+\frac{4}{3})\times(+\frac{11}{4}) =$ ________

3. $(+9)\times(-3) =$ ________

4. $(-6)\times(+4) =$ ________

5. $(-0.3)\times(+5) =$ ________

6. $(-\frac{1}{7})\times(-\frac{21}{5}) =$ ________

7. $(-7.3)\times(-2.7) =$ ________

채점 및 오답 분석

학생이 쓴 답을 기재하고, 오답인 경우 중재 결정표 에서 가능한 오류 원인을 1~8 중에서 골라 번호로 기재합니다. 기타 원인 때문에 오답이 발생했을 경우, 구체적으로 어떤 이유인지 기재합니다. 가능한 오답의 원인을 모두 기재합니다.

혼자 풀어 보는 문제	정답	학생이 쓴 답	오답 원인
1. $(+12)\times(+4)$	$+48$		
2. $(+\frac{4}{3})\times(+\frac{11}{4})$	$+\frac{11}{3}$		
3. $(+9)\times(-3)$	-27		
4. $(-6)\times(+4)$	-24		
5. $(-0.3)\times(+5)$	-1.5		
6. $(-\frac{1}{7})\times(-\frac{21}{5})$	$+\frac{3}{5}$		
7. $(-7.3)\times(-2.7)$	$+19.71$		
	정답 개수	/ 7	

중재 결정표

오답 원인을 분석하여 차후 중재를 결정하세요.

오답 원인	발생 빈도	최다 발생 오류	중재 결정
1. 사전 지식 및 기술(절댓값, 곱셈의 항등원은 1, 반복된 덧셈식으로의 곱셈의 의미 이해, 분수와 소수의 사칙연산 등)			
2. 용어나 문제 이해 부족(절댓값, 곱셈의 역원, 약수, 배수 등)			
3. 부호가 같은 두 정수의 곱셈 절차 이해 및 적용 부족			
4. 부호가 다른 두 정수의 곱셈 절차 이해 및 적용의 어려움			
5. 부호가 같은 분수나 소수의 곱셈 절차 이해 및 적용의 어려움			
6. 부호가 다른 분수나 소수의 곱셈 절차 이해 및 적용의 어려움			
7. 부주의/계산 실수			
8. 기타(구체적 원인 기재하기)			

가장 흔한 오답 원인	1과 2 중 하나	3, 4, 5, 6 중 하나	7
	AND	AND	OR
오답률	오답이 2개 이상	오답이 2개 이상	오답이 2개 미만
다음 중재	브리지(Bridge)	동 차시 반복	다음 차시

브리지(Bridge) 차시

- 1.5차시
- 1.9차시
- 소수의 곱셈 세로식 알고리즘

12차시

정수와 유리수의 나눗셈

[내비게이션 2.12] 정수와 유리수의 나눗셈

순서	예
1. 두 수의 부호 확인하기	(+4) ÷ (−4)
같은 부호? 나눗셈 결과는 + / 다른 부호? 나눗셈 결과는 -	다른 부호 → 나눗셈 결과 -
2. 두 수의 절댓값을 나누기	4 ÷ 4 = 1
3. 절댓값을 나눈 값에 부호 붙이기	-1

차시 목표 정수와 유리수의 나눗셈의 원리를 이해하고 계산할 수 있다.

사전 지식 자연수의 사칙연산, 음의 정수와 양의 정수의 이해, 수직선상에 대응점 그리기, 절댓값의 이해와 활용, 곱셈의 항등원은 1($a \times 1 = a$),

곱셈의 역수($a \times (\frac{1}{a}) = 1$), 곱셈의 약분, 나눗셈을 곱셈의 역연산으로 이해하고 계산하기, 분수와 소수의 나눗셈

준비물 2단계 12차시 학생용 교재, **내비게이션 2.12**

흔한 오류

1. 두 음수의 나눗셈의 결과에 음의 부호를 붙인다.
   - 오류 예: $-4 \div -2 = -2$

2. 역수를 이용하여 나눗셈을 곱셈으로 계산할 때, 제수가 아니라 피제수를 역수로 교체한다.
   - 오류 예: $6 \div (\frac{2}{3}) = \frac{1}{6} \times \frac{2}{3} = \frac{2}{18} = \frac{1}{9}$

3. 역수를 이용하여 나눗셈을 곱셈으로 계산할 때, 제수를 역수를 고치지 않고 나눗셈 부호만 곱셈 부호로 바꾼다.
   - 오류 예: $6 \div (\frac{2}{3}) = 6 \times \frac{2}{3} = \frac{12}{3} = 4$

4. 대분수의 나눗셈을 할 때, 대분수를 가분수로 고치지 않고 정수 부분은 정수 부분끼리 나누고, 분수 부분은 분수 부분끼리 나눈다.
   - 오류 예: $4\frac{2}{3} \div 2\frac{1}{6} = (4 \div 2) + (\frac{2}{3} \times \frac{6}{1}) = 2 + 4 = 6$

사전평가

처음 두 문제는 가장 필수적인 사전 지식에 대한 이해를 묻고, 3번부터 7번까지는 차시 목표인 개념과 기술의 이해를 묻습니다.

다음을 계산하시오.

1. $(+8) \div (+2) =$ ______

2. $(+1.8) \div (+0.3) =$ ______

3. $(+32) \div (-8) =$ ______

4. $(-56) \div (+7) =$ ______

5. $(-\frac{3}{4}) \div (-3) =$ ______

6. $(+\frac{5}{12}) \div (-\frac{2}{3}) =$ ______

7. $(-1\frac{2}{5}) \div (+1\frac{6}{14}) =$ ______

정 답

1. 4　2. 6　3. -4　4. -8

5. $\frac{1}{4}$　6. $-\frac{5}{8}$　7. $-\frac{98}{100}$

접속하기

차시 목표 및 개념 설명

오늘은 정수나 유리수의 나눗셈을 하는 방법에 대해 배우려 합니다. 먼저, 이번 차시에서 많이 사용될 용어와 기술을 정리해 봅시다.

1. 역수란 무엇인가요? 어떤 수의 역수란 그 수와 곱해서 1이 되는 수 [$a \times (\frac{1}{a}) = 1$]로, 그 수를 분수로 나타냈을 때 분자와 분모가 바뀐 수와 같습니다. 예를 들어, 2는 분수로 나타내면 $\frac{2}{1}$이므로 2의 곱셈의 역수는 $\frac{1}{2}$이고, $\frac{4}{5}$의 곱셈의 역수는 $\frac{5}{4}$입니다.

2. 두 수를 곱셈했을 때, 곱셈 결과의 부호는 어떻게 결정합니까? 곱해진 두 수의 부호가 같을 때는 곱셈 결과에 양의 부호를 붙이고, 곱해진 두 수의 부호가 다를 때는 곱셈 결과에 음의 부호를 붙입니다.

3. 소수의 나눗셈은 어떻게 계산합니까? 소수를 분모가 10의 제곱수인 분수로 고쳐 분수의 나눗셈으로 계산하거나(1단계 7 · 8차시) 세로셈 방법을(1단계 9차시) 사용하여 계산합니다.

   (소수의 나눗셈 기술의 강화가 필요한 학생은 이번 차시를 진행하기 전에 1단계 7, 8, 9차시를 먼저 리뷰합니다.)

4. 정수나 유리수의 나눗셈은 어떻게 합니까? 내비게이션 2.12 는 정수나 유리수의 나눗셈 절차를 간단히 보여 주고 있습니다. 예를 들어, $(+4) \div (-4)$를 계산하려면,

   1) 먼저, 두 수의 부호가 같은지 다른지 확인합니다.
      - $(+4)$와 (-4)는 서로 다른 부호를 가지고 있습니다.
      - 다른 부호를 가진 두 수의 나눗셈 결과는 음의 부호를 갖습니다.

   2) 두 수의 절댓값을 구하고 그 절댓값의 나눗셈을 합니다.
      - $(+4)$의 절댓값은 4이고, (-4)의 절댓값도 4입니다.

- 두 수의 절댓값을 나눗셈한 결과는 $4 \div 4 = 1$입니다. $4 \div 4$를 계산하기 위해서는 피제수인 4를 $\frac{4}{1}$로 바꾸고, ÷ 기호를 ×로 바꾸고, 제수를 그 수의 역수로 바꿔 주어 곱셈식으로 계산하면 됩니다. $4 \div 4 = \frac{4}{1} \times \frac{1}{4} = \frac{4 \times 1}{1 \times 4} = \frac{4}{4} = 1$입니다.

3) 두 수의 절댓값을 나눈 값에 1단계에서 구한 부호를 붙입니다.

- 두 수의 절댓값을 나눗셈한 결과인 1에 음의 부호를 붙이면 $(+4) \div (-4) = -1$입니다.

Level 2.3
12차시

보여 주기

개념 및 기술 교수, 개념 및 기술 예시 제시, 보는 수학 내비게이션을 이용한 교사 모델링

다음 나눗셈 문제들을 풀어 봅시다.

1 (보여 주는 문제 1을 보여 주며) $(-32) \div (-4)$는 어떻게 계산해야 합니까?

1. 두 수의 부호가 같은지 다른지 확인합니다.
   - 부호가 같으면 나눗셈의 결과는 양수(+)가 되고, 부호가 다르면 나눗셈의 결과는 음수(−)가 됩니다.
   - (-32)와 (-4)의 부호가 같으므로 나눗셈의 결과는 양수가 됩니다.

2. 다음은 두 수의 절댓값을 구하고, 두 절댓값을 나눗셈합니다.
   - -32의 절댓값은 32, -4의 절댓값은 4입니다.
   - $32 \div 4$를 계산하기 위해서는 피제수인 32는 $\frac{32}{1}$로 바꾸고, ÷ 기호를 ×로 고쳐 주고, 제수를 그 수의 역수로 바꿔 주어 곱셈식으로 계산하면 됩니다.
   - 32를 4로 나눴을 때의 몫은 8입니다.

$$32 \div 4$$

역수

$$\frac{32}{1} \times \frac{1}{4} = \frac{32 \times 1}{1 \times 4} = \frac{32}{4} = 8$$

3. 마지막으로, 두 수의 절댓값을 나눈 값에 1단계에서 정해진 부호를 붙여 줍니다.
   - 두 수의 절댓값을 나눗셈한 결과인 8에 양의 부호를 붙이면 $(-32) \div (-4) = +8$입니다.

② (보여 주는 문제 2를 보여 주며) (+48) ÷ (−6)은 어떻게 계산합니까?

1. 두 수의 부호가 같은지 다른지 확인합니다.
   - 두 수의 부호가 같으면 나눗셈의 결과는 양수(+)가 되고, 부호가 다르면 나눗셈의 결과는 음수(−)가 됩니다.
   - (+48)과 (−6)의 부호가 다르므로 나눗셈의 결과는 음수가 됩니다.

2. 두 수의 절댓값을 구하고 두 수를 나눗셈합니다.
   - (+48)과 (−6)의 절댓값은 각각 48과 6입니다.
   - 48 ÷ 6을 계산하려면 피제수인 48을 $\frac{48}{1}$로 바꾸고, ÷ 부호를 ×로 바꾸고, 제수를 그 수의 역수로 바꿔 주어 곱셈식으로 계산하면 됩니다.
   - 몫은 8입니다.

$$48 \div 6$$

역수

$$\frac{48}{1} \times \frac{1}{6} = \frac{48 \times 1}{1 \times 6} = \frac{48}{6} = 8$$

3. 마지막으로, 두 수의 절댓값을 나눈 값에 1단계에서 정해진 부호를 붙여 줍니다.
   - 두 수의 절댓값을 나눗셈한 결과인 8에 음의 부호를 붙이면 (+48) ÷ (−6) = −8입니다.

③ (보여 주는 문제 3을 보여 주며) (−6) ÷ $(+\frac{2}{3})$는 어떻게 계산합니까?

1. 두 수의 부호가 같은지 다른지 확인합니다.
   - 부호가 같으면 나눗셈의 결과는 양수(+)가 되고, 부호가 다르면 나눗셈의 결과는 음수(−)가 됩니다.
   - (−6)과 $(+\frac{2}{3})$의 부호가 다르므로 나눗셈의 결과는 음수가 됩니다.

2. 두 수의 절댓값의 나눗셈을 합니다.

- (-6)과 $(+\frac{2}{3})$의 절댓값은 각각 6과 $\frac{2}{3}$입니다.
- 유리수의 나눗셈을 할 때는 피제수인 6을 $\frac{6}{1}$으로 바꾸고, 나눗셈 기호 대신 곱셈 기호를 쓰고, 제수 대신 그 역수를 씁니다.
- $6 \div \frac{2}{3} = 6 \times \frac{3}{2} = 9$입니다.

$$6 \div \frac{2}{3}$$

역수

$$\frac{6}{1} \times \frac{3}{2} = \frac{6 \times 3}{1 \times 2} = \frac{18}{2} = 9$$

3. 다음은 두 수의 절댓값을 나눈 값에 1단계에서 정해진 부호를 붙여 줍니다.

- 두 수의 절댓값을 나눈 값인 9에 음의 부호를 붙여 주면 $(-6) \div (+\frac{2}{3}) = -9$입니다.

함께 풀기

(내비게이션 2.12 를 보여 주며) 내비게이션 2.12 는 오늘 우리가 배운 부호가 같은 정수나 유리수, 부호가 다른 정수나 유리수의 나눗셈을 하는 방법을 간단하게 보여 줍니다. 두 수를 나눗셈할 때는 두 수의 절댓값을 나눈 값에 두 수의 부호가 같으면 양의 부호를 두 수의 부호가 다르면 음의 부호를 붙입니다. 내비게이션 2.12 를 보면서 다음 문제들을 함께 풀어 봅시다.

1 (함께 풀어 보는 문제 1을 가리키며) $(-10.5) \div (-1.5)$를 **계산해 봅시다.**

1. 유리수를 나눗셈할 때 가장 먼저 해야 할 일은 무엇입니까? 두 수의 부호가 같은지 다른지를 확인하여 나눗셈 결과의 부호를 결정합니다.
   - 두 수의 부호가 같습니까, 다릅니까? 두 수가 모두 음수이므로 두 수의 부호가 같습니다.
   - 두 수의 부호가 같을 때, 나눗셈의 결과는 어떤 부호를 갖게 됩니까? 부호가 같은 두 수의 나눗셈은 양의 부호(+)를 갖게 됩니다.

2. 나눗셈 결과의 부호를 결정한 다음엔 무엇을 합니까? 두 수의 절댓값을 구하고 절댓값의 나눗셈의 몫을 구합니다.
   - -10.5의 절댓값은 얼마입니까? 10.5입니다.
   - -1.5의 절댓값은 얼마입니까? -1.5의 절댓값은 1.5입니다.
   - 10.5를 1.5로 나누면 몫은 얼마입니까? 나눗셈에 포함된 수가 소수일 경우에는 나눗셈을 곱셈으로 바꿔 풀기보다는 소수의 나눗셈으로 계산하는 것이 더 편리합니다.
   - $10.5 \div 1.5 = 7$입니다.

3. 다음은 무엇을 해야 합니까? 두 수의 절댓값을 나눈 값인 7에 1단계에서 구한 부호를 붙입니다.
   - 7에 양의 부호를 붙이면 $-10.5 \div -1.5 = +7$입니다.

❷ (함께 풀어 보는 문제 2를 가리키며) $(-\frac{7}{2}) \div (+\frac{14}{5})$를 계산해 봅시다.

1. 두 분수의 나눗셈을 계산하려면 먼저 무엇을 해야 합니까? 두 수의 부호를 확인하여 나눗셈 결과에 어떤 부호를 붙일지 결정합니다.
   - 두 분수는 같은 부호입니까, 다른 부호입니까? 다른 부호입니다.
   - 다른 부호를 나누면 결과는 어떻게 됩니까? 다른 부호를 나누면 나눗셈의 몫은 음의 부호(−)를 갖습니다.

2. 다음은 무엇을 해야 합니까? 두 수의 절댓값을 나눈 값을 구합니다.
   - $-\frac{7}{2}$의 절댓값은 얼마입니까? $\frac{7}{2}$입니다.
   - $\frac{14}{5}$의 절댓값은 얼마입니까? $\frac{14}{5}$입니다.
   - $\frac{7}{2} \div \frac{14}{5}$를 계산합니다.
   - 분수의 나눗셈을 할 때는 ÷ 기호를 ×로 바꾸고, 제수를 역수로 바꿔 줍니다.
   - $\frac{7}{2} \div \frac{14}{5} = \frac{5}{4}$입니다.

$$\frac{7}{2} \div \frac{14}{5}$$

역수

$$\frac{7}{2} \times \frac{5}{14} = \frac{7 \times 5}{2 \times 14} = \frac{35}{28} = \frac{5}{4}$$

3. 이제 무엇을 해야 합니까? 두 절댓값을 나눗셈한 결과에 부호를 붙입니다.
   - 두 절댓값의 나눗셈한 결과인 $\frac{5}{4}$에 음의 부호를 붙여 줍니다.
   - $\frac{7}{2} \div \frac{14}{5} = -\frac{5}{4}$입니다.

③ (함께 풀어 보는 문제 3을 가리키며) $(+\frac{2}{3}) \div (-\frac{6}{5})$을 계산해 봅시다.

1. 두 분수의 나눗셈을 할 때는 가장 먼저 무엇을 합니까? 두 수의 부호를 확인하여 두 분수의 나눗셈값의 부호를 결정합니다.

   - 두 수가 같은 부호를 가졌습니까, 다른 부호를 가졌습니까? 다른 부호를 가진 두 수의 나눗셈입니다.
   - 다른 부호를 가진 수들을 나눗셈하면 그 몫은 어떤 부호가 됩니까? 다른 부호를 가진 두 수의 나눗셈의 몫은 음의 부호(−)를 갖습니다.

2. 다음은 무엇을 해야 합니까? 두 수의 절댓값을 구해서 나눠 줍니다.

   - $+\frac{2}{3}$의 절댓값은 얼마입니까? $\frac{2}{3}$입니다.
   - $-\frac{6}{5}$의 절댓값은 얼마입니까? $\frac{6}{5}$입니다.
   - $\frac{2}{3} \div \frac{6}{5}$을 계산합니다.
   - 나눗셈을 할 때는 ÷ 부호를 ×로 고쳐 주고, 제수를 그 수의 역수로 바꿔 주어 곱셈식으로 계산하면 됩니다.
   - 몫은 $\frac{5}{9}$입니다.

$$\frac{2}{3} \div \frac{6}{5}$$

역수

$$\frac{2}{3} \times \frac{5}{6} = \frac{2 \times 5}{3 \times 6} = \frac{10}{18} = \frac{5}{9}$$

3. 다음은 무엇을 해야 합니까? 두 수의 절댓값을 나눈 값에 1단계에서 구한 부호를 붙입니다.

   - 두 절댓값을 나눈 결과인 $\frac{5}{9}$에 음의 부호(−)를 붙입니다.
   - $\frac{2}{3} \div -\frac{6}{5} = -\frac{5}{9}$입니다.

Level 2.3
12차시

아 그렇구나!

혼동되는 문제 다시 풀기
최다 오류를 반례로 제시하여 개념 및 기술 획득 강화

아 그렇구나! 에서는 정수나 유리수의 나눗셈에서 우리가 자주 혼동하는 문제들을 함께 풀어 봅니다. 이 문제들을 풀 때 왜 실수가 많은지 함께 생각해 봅시다.

1 (아 그렇구나! 문제 1을 가리키며) $(0) \div (-\frac{4}{3})$는 왜 혼동되는 문제입니까?

⇨ 두 유리수의 나눗셈을 할 때는, 먼저 두 수의 부호를 확인해서 나눗셈 결과의 부호를 결정합니다. 0은 양수도 음수도 아니므로 지금까지 배운 방법으로는 부호를 결정할 수 없습니다. 0은 0을 제외한 어떤 수로 나눠도 0이 됩니다$(0 \div a = 0)$.

2 (아 그렇구나! 문제 2를 가리키며) $(-2\frac{3}{4}) \div (+1\frac{2}{3})$는 왜 혼동되는 문제입니까?

⇨ 주어진 문제는 대분수의 나눗셈입니다. 두 수의 절댓값($2\frac{3}{4}$과 $1\frac{2}{3}$)을 구한 후, 각 절댓값을 가분수인 $\frac{11}{4}$과 $+\frac{5}{3}$로 바꾸어 나눗셈을 해야 정답을 구할 수 있습니다. 정수는 정수끼리 나누고 분수는 분수끼리 나눠서 $(2 \div 1) + (\frac{3}{4} \div \frac{2}{3}) = 2 + \frac{9}{8} = 3\frac{1}{8}$이라 답하면 오답입니다. 대분수의 나눗셈은 반드시 가분수로 바꾼 후 해야 합니다.

$$(-2\frac{3}{4}) \div (1\frac{2}{3}) = (-\frac{11}{4}) \div (\frac{5}{3})$$

$$= (-\frac{11}{4}) \times (\frac{3}{5})$$

$$= -\frac{33}{20}$$

3 (아 그렇구나! 문제 3을 가리키며) 0 ÷ 0은 왜 혼동되는 문제입니까?

⇨ 종종 0 ÷ 0 = 0이라 답하는 학생들이 많습니다. 0 ÷ 0의 답을 구하기 위해 0 ÷ 0 = a라 쓰고 나눗셈을 곱셈식으로 나타내면 0 = 0 × a로 쓸 수 있습니다. 0에 어떤 수를 곱해야 0이 됩니까? 어떤 수에 0을 곱하면 항상 0입니다. 따라서 a는 모든 수가 됩니다. 0 ÷ 0의 정답은 모든 수입니다.

Level 2.3
12차시

배움 체크하기

(배움 체크 리스트 를 가리키며) 오늘 우리가 함께 공부한 것을 혼자서도 할 수 있는지 체크해 봅시다. 혼자서도 할 수 있으면 , 선생님의 도움이 더 필요하다면 ?에 동그라미로 표시하세요.

배움 체크 리스트		?
1. 분수, 소수의 나눗셈을 계산할 수 있습니다.		
2. 정수, 분수, 소수의 절댓값을 구할 수 있습니다.		
3. 정수와 유리수의 역수를 이해하고 구할 수 있습니다.		
4. 두 수의 나눗셈을 할 때, 나눗셈 기호를 곱셈 기호로 바꾸고 제수를 역수로 바꾸어 곱셈으로 계산하는 방법을 이해하고 적용할 수 있습니다.		
5. 나눗셈 결과의 부호는 나눗셈에 포함된 두 수의 부호가 같은지 다른지에 따라 결정된다는 것을 이해하고 적용할 수 있습니다.		
6. 같은 부호를 가진 두 유리수의 나눗셈은 두 수의 절댓값을 나눈 값에 양의 부호를 붙여 준다는 것을 이해하고 적용할 수 있습니다.		
7. 다른 부호를 가진 두 유리수의 나눗셈은 두 수의 절댓값을 나눈 값에 음의 부호를 붙여 준다는 것을 이해하고 적용할 수 있습니다.		

혼자 풀기

(혼자 풀어 보는 문제 1~7을 제시하며) 오늘 배운 것을 기억하면서 문제를 혼자 풀어 보는 시간입니다. 내비게이션 2.12 를 사용하면 도움이 됩니다.

다음을 계산하시오.

1. $(+18) \div (+3) =$ ________

2. $(+2.1) \div (+0.7) =$ ________

3. $(+54) \div (-9) =$ ________

4. $(-63) \div (+7) =$ ________

5. $(-\frac{2}{5}) \div (-10) =$ ________

6. $(+\frac{7}{15}) \div (-\frac{4}{3}) =$ ________

7. $(-2\frac{4}{5}) \div (+2\frac{1}{10}) =$ ________

채점 및 오답 분석

학생이 쓴 답을 기재하고, 오답인 경우 중재 결정표 에서 가능한 오류 원인을 1~8 중에서 골라 번호로 기재합니다. 기타 원인 때문에 오답이 발생했을 경우, 구체적으로 어떤 이유인지 기재합니다. 가능한 오답의 원인을 모두 기재합니다.

혼자 풀어 보는 문제	정답	학생이 쓴 답	오답 원인
1. $(+18) \div (+3)$	$+6$		
2. $(+2.1) \div (+0.7)$	$+3$		
3. $(+54) \div (-9)$	-6		
4. $(-63) \div (+7)$	-9		
5. $(-\frac{2}{5}) \div (-10)$	$+\frac{1}{25}$		
6. $(+\frac{7}{15}) \div (-\frac{4}{3})$	$-\frac{7}{20}$		
7. $(-2\frac{4}{5}) \div (+2\frac{1}{10})$	$-\frac{4}{3}$		
정답 개수		/ 7	

중재 결정표

오답 원인을 분석하여 차후 중재를 결정하세요.

오답 원인	발생 빈도	최다 발생 오류	중재 결정
1. 사전 지식 및 기술(절댓값, 역수 구하기, 곱셈의 역 연산으로 나눗셈 이해하기, 분수와 소수의 사칙연산 등)			
2. 용어나 문제 이해 부족(절댓값, 곱셈의 역수, 약수, 배수 등)			
3. 부호가 같은 두 정수의 나눗셈 절차 이해 및 적용의 어려움			
4. 부호가 다른 두 정수의 나눗셈 절차 이해 및 적용의 어려움			
5. 부호가 같은 분수나 소수의 나눗셈 절차 이해 및 적용의 어려움			
6. 부호가 다른 분수나 소수의 나눗셈 절차 이해 및 적용의 어려움			
7. 부주의/계산 실수			
8. 기타(구체적 원인 기재하기)			

가장 흔한 오답 원인	1과 2 중 하나	3, 4, 5, 6 중 하나	7
	AND	AND	OR
오답률	오답이 2개 이상	오답이 2개 이상	오답이 2개 미만
다음 중재	브리지(Bridge)	동 차시 반복	다음 차시

브리지(Bridge) 차시

- 1.5차시
- 1.6차시
- 1.7차시
- 1.8차시
- 1.9차시

13차시

곱셈의 교환법칙과 결합법칙을 이용한 곱셈 계산

[내비게이션 2.13] 교환법칙과 결합법칙을 이용한 곱셈

1. 두 수 찾기 | 절댓값의 곱의 결과가 간단한 정수가 되는 두 수를 찾음

$(-4)\times(-7)\times(-2.5)$에서 (-4)와 (-2.5)의 절댓값의 곱은 10이므로 이 두 수에 교환법칙과 결합법칙을 적용한다.

2. 교환법칙 적용 | 두 수가 이웃에 위치하도록 곱셈식 안의 수를 재배치

$(-4)\times(-2.5)\times(-7)$

3. 결합법칙 적용 | 절댓값의 곱이 간단한 정수가 되는 두 수를 괄호 안에 묶음

$\{(-4)\times(-2.5)\}\times(-7)$

4. 절댓값의 곱 계산 | 괄호 안 곱셈을 먼저 계산 후, 왼쪽에서 오른쪽으로 계산

$\{4\times2.5\}\times7=10\times7=70$

5. 곱의 부호 결정 | 음수의 개수가 짝수 → 양의 부호, 음의 개수 홀수 → 음의 부호

곱셈식 안에 포함된 음수가 3개이므로 절댓값의 곱에 음의 부호를 붙여 주면 -70이 답이 된다.

음의 부호 짝수 개 → +
음의 부호 홀수 개 → −

더 간단히 정리하면…

교환법칙, 결합법칙을 적용하여 수식 재정렬 → 절댓값의 곱 구하기 → 부호 결정

차시 목표 곱셈의 교환법칙과 결합법칙을 적용하여 곱셈식을 계산할 수 있다.

사전 지식 정수와 유리수의 사칙연산, 음의 유리수와 양의 유리수의 이해, 절댓값의 이해와 활용, 곱셈의 역수, 곱셈의 약분, 덧셈의 교환법칙과 결합법칙, 곱셈의 항등원, 거듭제곱수의 계산

준비물 2단계 13차시 학생용 교재, **내비게이션 2.13**

흔한 오류

1. 곱셈이나 나눗셈 외에 덧셈이나 뺄셈이 들어 있는 수식을 계산할 때, 곱셈의 교환법칙이나 결합법칙을 사용한다.
   - 오류 예: $3 \times 5 + 5 \times 4 = 3 \times (5 + 5) \times 4$

2. 음수를 포함한 경우 결합법칙을 적용할 때, 분배법칙과 혼동하여 음의 부호를 괄호 밖으로 빼내서 계산한다.
   - 오류 예: $(-0.2) \times 3.2 \times (-5) = -(0.2 \times 5) \times 3.2$

3. 음수의 제곱수와 양수의 제곱수에 음의 부호를 붙인 것을 구별하여 계산하지 못한다.
   - 오류 예: -3^2을 $(-3)^2$과 혼동하여, $+9$로 대답한다.

사전평가

처음 두 문제는 가장 필수적인 사전 지식에 대한 이해를 묻고, 3번부터 7번까지는 차시 목표인 개념과 기술의 이해를 묻습니다.

다음을 계산하시오.

1. $(-2)^3 =$ ____________

2. $(+\frac{2}{3}) \times (+\frac{3}{2}) =$ ____________

3. $(-4) \times (+3) \times (-5) \times (-2.5) =$ ____________

4. $(+\frac{7}{2}) \times (+\frac{2}{5}) \times (-\frac{5}{7}) \times (+\frac{7}{2}) =$ ____________

5. $(-\frac{1}{2})^2 \times 4^2 =$ ____________

6. $(-2) \times (+15) \times (-\frac{5}{2}) \times (-\frac{2}{3}) =$ ____________

7. $(-\frac{1}{3}) \times (-\frac{9}{5}) \times (-3) \times (+\frac{10}{9}) =$ ____________

정답

1. -8　　2. 1　　3. -150　　4. $-\frac{7}{2}$

5. 4　　6. -50　　7. -2

접속하기

차시 목표 및 개념 설명

오늘은 곱셈의 교환법칙과 결합법칙을 이용하여 정수나 유리수의 곱셈을 하는 방법에 대해 배우려 합니다. 먼저, 이번 차시에서 많이 사용될 용어를 정리해 봅시다.

1. 약수란 무엇입니까? 어떤 정수의 약수란 그 수를 나머지 없이 나눌 수 있는 정수를 말합니다. 예를 들어, 8의 약수는 8을 나머지 없이 나눌 수 있는 수들인 1, 2, 4, 8이 8의 약수가 됩니다. 그럼 공약수란 무엇입니까? 공약수는 두 수의 공통된 약수를 말합니다. 공약수는 분수를 약분할 때, 분모와 분자를 같은 수로 나눠 주어 더 간단한 분수로 나타내기 위해 사용됩니다.

2. 곱셈의 역수란 무엇입니까? 어떤 수의 곱셈의 역수란 그 수와 곱해서 1이 되는 수($a \times (\frac{1}{a}) = 1$)로, 그 수를 분수로 나타냈을 때 분자, 분모가 바뀐 수와 같습니다. 예를 들어, 2는 분수로 나타내면 $\frac{2}{1}$이므로 2의 곱셈의 역수는 $\frac{1}{2}$이고, $\frac{4}{5}$의 곱셈의 역수는 $\frac{5}{4}$입니다. 어떤 수와 그 역수를 곱해 주면 1이 된다는 것을 알고 있으면 유리수의 곱셈에서 유용하게 사용할 수 있습니다.

$$a \times (\frac{1}{a}) = 1$$

3. 거듭제곱수는 무엇입니까? 어떤 수를 반복적으로 곱한다는 의미를 갖고 있고, 밑과 지수의 형태로 표기합니다.

$$\text{밑}^{\text{지수}} = 2^3 = 2 \times 2 \times 2$$

4. 이번 차시에서는 세 수 이상의 유리수의 곱셈 문제를 곱셈의 교환법칙과 결합법칙을 사용하여 계산하는 방법을 배우려 합니다.

1) 먼저, 곱셈의 교환법칙은 곱하는 수들의 순서를 바꿔도 곱이 같다는 원칙입니다.

$$a \times b = b \times a$$

2) 곱셈의 결합법칙은 곱하는 수들을 결합하는 순서(보통 괄호를 사용하여 먼저 계산한다는 것을 나타냅니다)를 바꿔도 그 결과가 같다는 원칙입니다.

$$(a \times b) \times c = a \times (b \times c)$$

5. 내비게이션 2.13 은 세 수 이상의 유리수의 곱셈을 교환법칙과 결합법칙을 적용하여 계산하는 방법을 간단히 보여 줍니다. 예를 들어, $(-2) \times (-9) \times (-2.5)$를 계산하려면,

1) 먼저, 두 수의 절댓값을 곱해서 간단한 정수가 되는 수가 있는지 확인합니다.

(-2)와 (-2.5)를 곱하면 5가 되므로 이 두 수를 우선 계산합니다.

2) 곱셈의 교환법칙을 적용하여 두 수의 절댓값의 곱이 간단한 정수가 되는 수를 이웃에 위치하도록 수의 순서를 바꿉니다.

- (-2)와 (-2.5)가 이웃에 위치하도록 (-9)와 (-2.5)의 순서를 바꿉니다.
- $(-2) \times (-9) \times (-2.5) = (-2) \times (-2.5) \times (-9)$

3) 곱셈의 결합법칙을 적용하여 두 수의 절댓값의 곱이 간단한 정수가 되는 수를 괄호로 묶습니다.

$$(-2) \times (-2.5) \times (-9) = \{(-2) \times (-2.5)\} \times (-9)$$

4) 각 수의 절댓값을 구하여 괄호부터 절댓값끼리 곱셈을 합니다.

$$\{(2) \times (2.5)\} \times (9) = 5 \times 9 = 45$$

Level 2.3
13차시

5) 곱셈 결과의 부호를 결정하여 절댓값의 곱셈 결과에 부호를 붙입니다.

① 곱셈식에 음수가 짝수 개 포함되어 있으면 곱셈식의 결과는 양의 부호(+)를 갖고, 곱셈식에 음수가 홀수 개 포함되어 있으면 곱셈식의 결과는 음의 부호(−)를 갖습니다.

② 주어진 식에는 음수가 3개(홀수) 포함되어 있으므로 곱셈식의 결과는 음의 부호를 갖습니다.

③ 절댓값의 곱인 45에 음의 부호(−)를 붙이면 $(-2) \times (-9) \times (-2.5) = -45$입니다.

보여 주기

개념 및 기술 교수, 개념 및 기술 예시 제시, 보는 수학 내비게이션을 이용한 교사 모델링

다음 곱셈 문제들을 풀어 봅시다.

1 (보여 주는 문제 1을 보여 주며) $(-4) \times (-7) \times (-2.5)$는 어떻게 계산해야 합니까?

1. 먼저, 두 수의 절댓값을 곱해서 간단한 정수가 되는 두 수가 있는지 확인합니다.
   - (-4)의 절댓값 4와 (-2.5)의 절댓값 2.5를 곱하면 10이 되므로 이 두 수를 먼저 계산합니다.

2. 곱셈의 교환법칙을 적용하여 두 수의 절댓값의 곱이 간단한 정수가 되는 두 수를 이웃에 위치하도록 수의 순서를 바꿉니다.
   - (-4)와 (-2.5)가 이웃에 위치하도록 (-7)과 (-2.5)의 위치를 바꿉니다.
   - $(-4) \times (-7) \times (-2.5) = (-4) \times (-2.5) \times (-7)$

3. 결합법칙을 적용하여 두 수의 절댓값의 곱이 간단한 정수가 되는 두 수를 괄호로 묶습니다.

   → $(-4) \times (-2.5) \times (-7) = \{(-4) \times (-2.5)\} \times (-7)$

4. 절댓값의 곱을 괄호부터 계산 후, 왼쪽에서 오른쪽 방향으로 계산합니다.

   → $\{4 \times 2.5\} \times 7 = 10 \times 7 = 70$

5. 곱셈 결과의 부호를 결정하여 절댓값의 곱에 부호를 붙입니다.
   - 곱해진 음수 개수가 홀수이면 음의 부호를, 짝수이면 양의 부호를 붙여 줍니다.
   - 주어진 곱셈식에는 3개의 음수가 있으므로 곱셈식의 결과는 음의 부호를 갖습니다.

Level 2.3
13차시

- 절댓값들의 곱에 음의 부호를 붙이면 $(-4)\times(-7)\times(-2.5) = -70$입니다.

❷ (보여 주는 문제 2를 보여 주며) $(-3)^2\times(-2)\times(\frac{1}{9})$은 어떻게 계산합니까?

1. 먼저, 두 수의 절댓값을 곱하여 간단한 정수가 되는 두 수가 있는지 확인합니다.
   - 제곱수가 있는 문제는, 먼저 제곱수를 같은 수의 곱셈식으로 풀어 줍니다. $(-3)^2$은 $(-3)\times(-3) = 9$입니다.
   - 수식 $(-3)^2\times(-2)\times(\frac{1}{9})$은 $9\times(-2)\times(\frac{1}{9})$이 됩니다.
   - 9와 $\frac{1}{9}$의 절댓값의 곱은 1이므로 $(-3)^2$과 $\frac{1}{9}$을 먼저 계산합니다.

2. 곱셈의 교환법칙을 적용하여 두 수의 절댓값의 곱이 간단한 정수가 되는 두 수가 이웃에 위치하도록 수들의 위치를 바꿉니다.

   $\rightarrow 9\times(-2)\times\frac{1}{9} = 9\times\frac{1}{9}\times(-2)$

3. 결합법칙을 적용하여 두 수의 절댓값의 곱이 간단한 정수가 되는 두 수를 괄호로 묶습니다.

   $\rightarrow 9\times\frac{1}{9}\times(-2) = \{9\times(\frac{1}{9})\}\times(-2)$

4. 절댓값의 곱을 괄호부터 계산 후, 왼쪽에서 오른쪽 방향으로 계산합니다.

   $\rightarrow \{9\times(\frac{1}{9})\}\times(2) = \{9\times(\frac{1}{9})\}\times(2) = 1\times2 = 2$

5. 곱셈 결과의 부호를 결정하여 절댓값의 곱에 부호를 붙입니다.
   - 곱셈식에 포함된 음수의 개수가 홀수이면 음의 부호를, 짝수이면 양의 부호를 붙여 줍니다.
   - 주어진 식에는 (-2)에 1개의 음수가 있으므로 절댓값들의 곱에 음의 부호를 붙여 줍니다.

- 절댓값들의 곱인 2에 음의 부호를 붙이면 $(-3)^2\times(-2)\times(\frac{1}{9}) = -2$입니다.

❸ (보여 주는 문제 3을 보여 주며) $(+\frac{7}{3})\times(-\frac{5}{4})\times(-\frac{3}{7})\times(+\frac{4}{5})$는 어떻게 계산합니까?

1. 두 수의 절댓값을 곱하여 간단한 정수가 되는 두 수가 있는지 확인합니다.

- $(+\frac{7}{3})$과 $(-\frac{3}{7})$의 절댓값의 곱은 1이고, $(-\frac{5}{4})$와 $(+\frac{4}{5})$의 절댓값의 곱은 1이므로 이 두 쌍의 수들을 각각 먼저 계산합니다.

2. 교환법칙을 적용하여 두 수의 절댓값의 곱이 간단한 정수가 되는 두 수가 이웃에 위치하도록 수들의 위치를 바꿉니다.

$\rightarrow (+\frac{7}{3})\times(-\frac{5}{4})\times(-\frac{3}{7})\times(+\frac{4}{5}) = (+\frac{7}{3})\times(-\frac{3}{7})\times(-\frac{5}{4})\times(+\frac{4}{5})$

3. 결합법칙을 적용하여 두 수의 절댓값의 곱이 간단한 정수가 되는 수들을 괄호로 묶습니다.

$\rightarrow \{(+\frac{7}{3})\times(-\frac{3}{7})\}\times\{(-\frac{5}{4})\times(+\frac{4}{5})\}$

4. 절댓값의 곱을 괄호부터 계산 후, 왼쪽에서 오른쪽 방향으로 계산합니다.

$\rightarrow \{(\frac{\cancel{7}^{1}}{\cancel{3}_{1}})\times(\frac{\cancel{3}^{1}}{\cancel{7}_{1}})\}\times\{(\frac{\cancel{5}^{1}}{\cancel{4}_{1}})\times(\frac{\cancel{4}^{1}}{\cancel{5}_{1}})\}$

$= 1\times1 = 1$

5. 곱셈 결과의 부호를 결정하여 절댓값의 곱에 부호를 붙입니다.

- 곱해진 음수 개수가 홀수이면 음의 부호를, 짝수이면 양의 부호를 붙여 줍니다.
- 주어진 곱셈식에는 2개의 음수가 있으므로 절댓값들의 곱에 양의 부호를 붙여 줍니다.
- 절댓값의 곱인 1에 양의 부호를 붙이면 $(+\frac{7}{3})\times(-\frac{5}{4})\times(-\frac{3}{7})\times(+\frac{4}{5}) = +1$입니다.

Level 2.3
13차시

함께 풀기

(내비게이션 2.13 을 보여 주며) 내비게이션 2.13 은 곱셈의 교환법칙과 결합법칙을 적용하여 세 수 이상의 곱셈을 하는 방법을 간단하게 보여 줍니다. 두 수의 절댓값을 곱한 값이 간단한 정수가 되는 두 수를 교환법칙을 적용하여 서로 이웃에 위치하도록 수들의 순서를 바꾸고, 결합법칙을 적용하여 두 수를 괄호로 묶습니다. 각 수의 절댓값을 구하여 괄호부터 절댓값의 곱을 구한 후 곱셈 결과의 부호를 결정하여 절댓값의 곱에 부호를 붙입니다. 곱셈식 안에 음수가 홀수 개 포함되어 있으면 음의 부호를, 곱셈식 안에 음수가 짝수 개 포함되어 있으면 양의 부호를 절댓값의 곱에 붙입니다. 내비게이션 2.13 을 보면서 다음 문제들을 함께 풀어 봅시다.

1 (함께 풀어 보는 문제 1을 가리키며) $(+4) \times (-7) \times (+5)$를 **계산해 봅시다.**

1. 세 수 이상이 포함된 정수의 곱을 할 때 가장 먼저 해야 할 일은 무엇입니까? 두 수의 절댓값의 곱이 간단한 정수가 되는 두 수가 있는지 확인합니다.

- 주어진 곱셈식에서는 $(+4)$와 $(+5)$의 절댓값을 곱하면 20이 됩니다.

2. 다음은 무엇을 합니까? 두 수의 절댓값의 곱이 간단한 정수가 되는 두 수를 이웃에 위치시키기 위해 교환법칙을 적용하여 수들의 위치를 바꿉니다.

- 교환법칙을 사용하여 $(+4)$와 $(+5)$를 이웃에 위치한 수들로 만들려면 위치를 바꿔야 하는 수들은 어떤 수들입니까? (-7)과 $(+5)$입니다.
- (-7)과 $(+5)$의 자리를 바꾸면 주어진 곱셈식은 $(+4) \times (-7) \times (+5) = (+4) \times (+5) \times (-7)$이 됩니다.

3. 다음은 무엇을 합니까? 두 수의 절댓값의 곱이 간단한 정수가 되는 두 수를 괄호로 묶습니다.

$\rightarrow (+4) \times (+5) \times (-7)$

$= \{(+4) \times (+5)\} \times (-7)$

4. 다음은 무엇을 합니까? 각 수의 절댓값을 구하고, 괄호 안부터 절댓값의 곱을 구해 줍니다.

$\rightarrow \{(+4) \times (+5)\} \times (7)$

$= 20 \times 7$

$= 140$

5. 다음은 무엇을 합니까? 절댓값의 곱에 부호를 붙여 줍니다.

- 곱셈 결과의 부호는 어떻게 결정합니까? 음수가 몇 개 곱해졌는지를 확인하여 음수가 홀수 개수만큼 있으면 음의 부호를, 음수가 짝수 개수만큼 있으면 양의 부호를 붙입니다.
- 주어진 곱셈식에는 음의 부호를 가진 수가 몇 개 있습니까? 음의 부호를 가진 수는 (-7)로 한 개입니다.
- 음수의 개수가 홀수이므로 곱셈 결과는 음의 부호를 갖습니다.
- 절댓값들의 곱인 140에 음의 부호를 붙이면 $\{(+4) \times (+5)\} \times (-7) = -140$입니다.

❷ (함께 풀어 보는 문제 2를 가리키며) $(-\frac{5}{4}) \times (-9) \times (-\frac{4}{5})$를 계산해 봅시다.

1. 세 개 이상의 유리수가 포함된 곱셈식을 계산하려면 가장 먼저 무엇을 해야 합니까? 절댓값들의 곱이 간단한 정수가 되는 두 수가 있는지 확인합니다.

- 주어진 곱셈식에서는 절댓값들의 곱이 간단한 정수가 되는 두 수가 있습니까? $-\frac{5}{4}$와 $-\frac{4}{5}$의 절댓값은 각각 $\frac{5}{4}$와 $\frac{4}{5}$이므로 두 절댓값을 곱하면 1이 됩니다.

2. 절댓값의 곱이 간단한 정수가 되는 두 수를 확인한 후 무엇을 해야 합니까? 이 두 수를 이웃에 위치시키기 위해 교환법칙을 적용하여 수들의 위치를 바꿉니다.

- $-\frac{5}{4}$와 $-\frac{4}{5}$를 이웃에 위치시키려면 자리를 바꿔야 하는 수들은 어떤 수들입니까? (-9)와 $-\frac{4}{5}$입니다.
- 교환법칙을 적용하여 (-9)와 $-\frac{4}{5}$의 자리를 바꾸면 주어진 곱셈식은 $(-\frac{5}{4}) \times (-\frac{4}{5}) \times (-9)$ 가 됩니다.

3. 다음은 무엇을 합니까? 절댓값의 곱이 간단한 정수가 되는 두 수를 결합법칙을 적용하여 괄호로 묶어 줍니다.

→ $\{(-\frac{5}{4}) \times (-\frac{4}{5})\} \times (-9)$

4. 다음은 무엇을 합니까? 각 수의 절댓값을 구하고, 괄호 안에 있는 수들부터 절댓값의 곱을 구해 줍니다.

→ $\{(\frac{\cancel{5}^{1}}{\cancel{4}_{1}}) \times (\frac{\cancel{4}^{1}}{\cancel{5}_{1}})\} \times (9) = 1 \times 1 \times 9 = 9$

5. 다음은 무엇을 합니까? 세 수의 절댓값의 곱에 부호를 붙입니다.

- 곱셈 결과의 부호는 어떻게 결정합니까? 곱셈식에 음수가 몇 개 곱해졌는지를 세어서 홀수 개의 음수가 곱해진 곱셈식이면 곱셈 결과에 음의 부호를 붙이고, 짝수 개의 음수가 곱해진 곱셈식이면 곱셈 결과에 양의 부호를 붙입니다.
- 주어진 식에서는 음수가 몇 개 곱해졌습니까? 곱해진 세 수가 모두 음수이므로 곱셈 결과에 음의 부호를 붙여 줍니다.
- 세 수의 절댓값의 곱인 9에 음의 부호를 붙이면 $(-\frac{5}{4}) \times (-\frac{4}{5}) \times (-9) = -9$입니다.

3 (함께 풀어 보는 문제 3을 가리키며) $(-2)^3 \times 5^2$을 **계산해 봅시다.**

1. 거듭제곱이 있는 곱셈식을 계산하려면 가장 먼저 무엇을 해야 합니까? 거듭제곱수를 같은 수의 곱셈식으로 바꿔 쓴 후, 절댓값을 곱했을 때 간단한 정수가 되는 두 수가 있는지 확인합니다.
   - 거듭제곱수를 같은 수의 곱셈식으로 바꾸면 주어진 식은 어떻게 바뀝니까? $(-2) \times (-2) \times (-2) \times (5) \times (5)$가 됩니다.
   - 절댓값을 곱했을 때, 간단한 정수가 되는 두 수는 무엇입니까? (-2)와 (5)의 절댓값은 각각 2와 5이고 절댓값의 곱은 10입니다.

2. 절댓값을 곱했을 때, 간단한 정수가 되는 두 수를 찾은 후 무엇을 해야 합니까? 이 두 수를 이웃에 두기 위해 곱셈식의 수의 위치를 교환법칙을 적용하여 바꿉니다.
   - 교환법칙을 사용하여 자리를 바꿔야 하는 수들은 무엇입니까? -2와 5를 이웃수로 두기 위해서는 첫 번째 (-2) 뒤에 첫 번째 5를 위치시키고, 두 번째 (-2) 뒤에 두 번째 5를 위치시켜야 합니다.
   - 교환법칙을 적용하여 수들의 위치를 바꾸면 주어진 식은 $(-2) \times (5) \times (-2) \times (5) \times (-2)$가 됩니다.

3. 절댓값의 곱이 간단한 정수가 되는 두 수들을 이웃에 위치시킨 후 무엇을 합니까? 절댓값의 곱이 간단한 정수가 되는 두 수를 결합법칙을 적용하여 괄호로 묶어 줍니다.

   $\rightarrow \{(-2) \times (5) \times (-2) \times (5)\} \times (-2)$

4. 다음은 무엇을 합니까? 각 수의 절댓값을 구하고, 절댓값의 곱을 괄호로 묶은 수부터 구해 줍니다.

   $\rightarrow \{2 \times 5\} \times \{2 \times 5\} \times 2$

   $= 10 \times 10 \times 2 = 200$

Level 2.3
13차시

5. 다음은 무엇을 합니까? 절댓값의 곱에 부호를 붙입니다.

- 곱셈 결과의 부호는 어떻게 결정합니까? 곱셈식에 음수가 몇 개 곱해졌는지를 세어서 홀수 개의 음수가 곱해진 곱셈식이면 곱셈 결과에 음의 부호를 붙이고, 짝수 개의 음수가 곱해진 곱셈식이면 곱셈 결과에 양의 부호를 붙입니다.
- 주어진 식에서는 음수가 몇 개 곱해졌습니까? (-2)가 세 번 곱해졌으므로 홀수 개의 음수가 곱셈에 포함되었습니다.
- 곱셈 결과에 음의 부호를 붙여 줍니다.
- 절댓값의 곱인 200에 음의 부호를 붙이면 $(-2)^3 \times 5^2 = -200$입니다.

아 그렇구나!

혼동되는 문제 다시 풀기

최다 오류를 반례로 제시하여 개념 및 기술 획득 강화

아 그렇구나! 에서는 세 수 이상의 곱셈에 교환법칙과 결합법칙을 적용할 때 우리가 자주 혼동하는 문제들을 함께 풀어 봅니다. 이 문제들을 풀 때 왜 실수가 많은지 함께 생각해 봅시다.

1 (아 그렇구나! 문제 1을 가리키며) $-2^2 \times 5^2$은 왜 혼동되는 문제입니까?

⇨ 이 문제에서 -2^3은 (-2)가 두 번 곱해진 $(-2)^2$이 아니라, 2가 두 번 곱해진 수에 음의 부호인 −가 한 번 붙여진 수입니다. 곱셈식에 음수가 한 번만 포함되었으므로 곱셈 결과는 음의 부호를 갖습니다. 교환법칙과 결합법칙을 사용하여 절댓값의 곱인 $(2) \times (2) \times (5) \times (5) = (2 \times 5) \times (2 \times 5) = 100$을 계산 후 음의 부호를 붙여 줍니다. -100이 정답입니다.

Level 2.3
13차시

2 (아 그렇구나! 문제 2를 가리키며) $(-1) \times (-1)^2 \times (-1)^3 \times (-1)^4 \times \cdots (-1)^9 \times (-1)^{10}$은 왜 혼동되는 문제입니까?

⇨ 제곱수들의 부호 패턴을 알면 쉽게 접근할 수 있는 문제입니다. 음수의 제곱수들은 지수가 짝수이면 양의 부호를 갖고, 지수가 홀수이면 음의 부호를 갖습니다.

(-1)은 지수가 1이므로 음수인 -1, $(-1)^2$은 양수인 1, $(-1)^3$은 음수인 -1, … $(-1)^{10}$은 양수인 1이 됩니다. 수식 $(-1) \times (-1)^2 \times (-1)^3 \times (-1)^4 \times \cdots (-1)^9 \times (-1)^{10}$은 $(-1) \times (1) \times (-1) \times (1) \times (-1) \times (1) \times (-1) \times (1) \times (-1) \times (1)$이 됩니다. 음수가 5개 곱해진 식이므로 절댓값의 곱인 1에 음의 부호를 붙여 주면 -1이 정답이 됩니다.

3 (아 그렇구나! 문제 3을 가리키며) $(-0.2) \times 4.2 \times (-5)$는 왜 혼동되는 문제입니까?

⇨ 교환법칙과 결합법칙을 사용하여 절댓값의 곱을 계산 후 곱셈식의 부호를 결정할 때, 가끔 덧셈에 대한 곱셈의 분배법칙과 혼동하는 경우가 있습니다. 분배법칙과 혼동하여 $-(0.2 \times 5) \times 4.2$로 식을 바꿀 경우, -4.2가 답이 됩니다. 이 문제는 $(-0.2 \times -5) \times 4.2$로 계산하여야 합니다. 괄호 안의 곱셈 결과는 1이 되고, 1과 4.2를 곱하면 그 값은 4.2가 됩니다.

배움 체크하기

(배움 체크 리스트 를 가리키며) 오늘 우리가 함께 공부한 것을 혼자서도 할 수 있는지 체크해 봅시다. 혼자서도 할 수 있으면 👍, 선생님의 도움이 더 필요하다면 ?에 동그라미로 표시하세요.

배움 체크 리스트	👍	?
1. 거듭제곱의 의미를 이해하고, 거듭제곱수를 곱셈식으로 나타낼 수 있습니다(예: $3^2 = 3 \times 3$).		
2. 절댓값들의 곱의 결과가 1 또는 10의 배수가 되거나 약분이 쉽게 되는 수들을 수식에서 찾아낼 수 있습니다.		
3. 절댓값의 곱이 간단한 정수가 되는 두 수를 교환법칙을 이용하여 이웃에 위치하도록 수의 자리를 바꾼다는 것을 이해하고 적용할 수 있습니다.		
4. 절댓값의 곱이 간단한 정수가 되는 두 수를 결합법칙을 적용하여 괄호로 묶어 먼저 계산한다는 것을 이해하고 적용할 수 있습니다.		
5. 사칙연산의 순서를 적용하며 왼쪽에서 오른쪽으로 절댓값들의 곱을 계산할 수 있습니다.		
6. 곱해진 수들 중 음의 부호를 가진 수가 짝수 개이면 곱셈식 계산 결과는 양수가 됨을 이해하고 적용할 수 있습니다.		
7. 곱해진 수들 중 음의 부호를 가진 수가 홀수 개이면 곱셈식 계산 결과는 음수가 됨을 이해하고 적용할 수 있습니다.		

혼자 풀기

(혼자 풀어 보는 문제 1~7을 제시하며) 오늘 배운 것을 기억하면서 문제를 혼자 풀어 보는 시간입니다. 내비게이션 2.13 을 사용하면 도움이 됩니다.

다음을 계산하시오.

1. $(-3)^3 =$ __________

2. $(-\frac{3}{2}) \times (-\frac{2}{3}) =$ __________

3. $(-4) \times (+7) \times (-3) \times (-\frac{1}{4}) =$ __________

4. $(+\frac{7}{11}) \times (+\frac{3}{5}) \times (-\frac{11}{7}) \times (-\frac{5}{3}) =$ __________

5. $(-\frac{1}{2})^3 \times 2^2 =$ __________

6. $(-5) \times (+16) \times (-\frac{3}{5}) \times (-\frac{2}{4}) =$ __________

7. $(-\frac{1}{3}) \times (-\frac{8}{5}) \times (-3) \times (+\frac{10}{8}) =$ __________

채점 및 오답 분석

학생이 쓴 답을 기재하고, 오답인 경우 [중재 결정표]에서 가능한 오류 원인을 1~8 중에서 골라 번호로 기재합니다. 기타 원인 때문에 오답이 발생했을 경우, 구체적으로 어떤 이유인지 기재합니다. 가능한 오답의 원인을 모두 기재합니다.

혼자 풀어 보는 문제	정답	학생이 쓴 답	오답 원인
1. $(-3)^3$	-27		
2. $(-\frac{3}{2})\times(-\frac{2}{3})$	1		
3. $(-4)\times(+7)\times(-3)\times(-\frac{1}{4})$	-21		
4. $(+\frac{7}{11})\times(+\frac{3}{5})\times(-\frac{11}{7})\times(-\frac{5}{3})$	1		
5. $(-\frac{1}{2})^3\times 2^2$	$-\frac{1}{2}$		
6. $(-5)\times(+16)\times(-\frac{3}{5})\times(-\frac{2}{4})$	-24		
7. $(-\frac{1}{3})\times(-\frac{8}{5})\times(-3)\times(+\frac{10}{8})$	-2		
정답 개수		/ 7	

Level 2.3
13차시

중재 결정표

오답 원인을 분석하여 차후 중재를 결정하세요.

오답 원인	발생 빈도	최다 발생 오류	중재 결정
1. 사전 지식 및 기술(절댓값 계산, 곱셈의 역원과 항등원, 거듭제곱수의 계산, 분수의 약분, 분수와 소수의 사칙연산 등)			
2. 용어나 문제 이해 부족(절댓값, 곱셈의 역원, 약분, 거듭제곱, 지수 등)			
3. 거듭제곱수의 이해나 계산 오류			
4. 교환법칙의 이해나 적용의 어려움			
5. 결합법칙의 이해나 적용의 어려움			
6. 곱셈식에 포함된 음수의 개수와 곱한 결과의 부호 간의 관계의 이해나 적용의 어려움			
7. 부주의/계산 실수			
8. 기타(구체적 원인 기재하기)			

가장 흔한 오답 원인	1과 2 중 하나	3, 4, 5, 6 중 하나	7
	AND	AND	OR
오답률	오답이 2개 이상	오답이 2개 이상	오답이 2개 미만
다음 중재	브리지(Bridge)	동 차시 반복	다음 차시

브리지(Bridge) 차시

- 2.1차시
- 2.8차시
- 2.11차시

14차시

덧셈에 대한 곱셈의 분배법칙

[내비게이션 2.14] 덧셈에 대한 곱셈의 분배법칙의 적용 절차

$$A\times B + A\times C = A\times(B+C)$$

$$A\times(B+C) = A\times B + A\times C$$

단계	예
두 항과 연산 확인	3 x 4 + 3 x 6은 3 x 4, 3 x 6의 덧셈
공통인수 확인하고 표시하기	3 x 4, 3 x 6
괄호 안에 나머지 인수와 연산 쓰기	(4 + 6)
공통인수와 괄호의 곱셈식 만들기	3 x (4 + 6)
괄호 계산하고 공통인수와 곱하기	3 x 10 = 30

단계	예
공통인수 확인하기	6 x (100 + 9)에서 6
공통인수와 괄호 안의 두 수 곱 구하기	6 x 100, 6 x 9
괄호 안의 연산기호로 두 항 연결하기	6 x 100 + 6 x 9
곱셈식 풀고 두 항의 덧셈/뺄셈 계산하기	600 + 54 = 654

차시 목표 덧셈에 대한 곱셈의 분배법칙을 이해하고 계산에 적용할 수 있다.

사전 지식 유리수의 사칙연산, 양수와 음수의 이해, 덧셈의 역원, 곱셈의 항등원의 특성, 정수의 인수, 정수의 공통인수

준비물 2단계 14차시 학생용 교재, **내비게이션 2.14**

흔한 오류

1. 덧셈이나 곱셈의 결합법칙과 분배법칙을 혼동하여 세 수의 덧셈이나 곱셈에 분배법칙을 적용한다.
   - 오류 예: $3 + 4 + 5 = 3(4 + 5)$, $3 \times 4 \times 5 = 3 \times (4 + 5)$
2. 덧셈 대신 뺄셈이 들어간 경우에 분배법칙을 적용하는 데 혼동을 보인다.
   - 오류 예: $3 \times 4 - 3 \times 9 = ?$
3. 음수가 공통인수인 경우, 괄호 안에 들어갈 연산에 혼동을 보인다.
   - 오류 예: $(-3) \times 4 + (-3) \times 5 = (-3) \times (4 - 5)$
4. $a(b + c) = ab + ac$로 분배법칙을 쉽게 적용하나, $(b + c)a = ab + ac$는 분배법칙을 적용하여 계산하는 데 어려움을 보인다.
5. $a(b + c)$를 $ab + ac$로 변환시키는 데는 분배법칙을 비교적 수월하게 적용하나, $ab + ac$를 $a(b + c)$로 변환시키기 위해 분배법칙을 적용하는 데는 어려움을 보인다.

사전평가

처음 두 문제는 가장 필수적인 사전 지식에 대한 이해를 묻고, 3번부터 7번까지는 차시 목표인 개념과 기술의 이해를 묻습니다.

✎ 다음을 계산하시오.

1. $(25) \times (200 + 3) =$ ______________

2. $(-8) \times (+96) + (-8) \times (+4) =$ ______________

✎ 분배법칙을 이용하여 다음을 계산하시오.

3. $(+24) \times (+\frac{1}{3} - \frac{3}{4}) =$ ______________ $=$ __________

4. $(-30) \times \{(-\frac{3}{10}) + (-\frac{5}{6})\} =$ ______________ $=$ __________

5. $49 \times 49 + 49 \times (-39) =$ ______________ $=$ __________

6. $(-5) \times (+27) + (-5) \times (+3) =$ ______________ $=$ __________

7. $(11) \times (6.82) - (11) \times (4.82) =$ ______________ $=$ __________

정 답

1. 5075 **2.** −800 **3.** −10 **4.** 34

5. 490 **6.** −150 **7.** 22

접속하기

차시 목표 및 개념 설명

오늘은 덧셈에 대한 곱셈의 분배법칙의 뜻과 적용하는 방법에 대해 배우려 합니다. 먼저, 이번 차시에서 많이 사용될 용어를 정리해 봅시다.

1. 인수란 무엇입니까? 어떤 정수의 인수란, 주어진 정수를 정수의 곱셈식으로 나타낼 때 곱셈식에 포함된 정수들을 주어진 정수의 인수라 합니다. 예를 들어, $8 = 1 \times 8 = 2 \times 4$로 나타낼 수 있으므로 1, 2, 4, 8이 주어진 정수 8의 인수입니다. $12 = 1 \times 12 = 2 \times 6 = 3 \times 4$로 나타낼 수 있으므로 1, 2, 3, 4, 6, 12가 정수 12의 인수입니다.

2. 정수의 공통인수란 무엇입니까? 연산에 포함된 두 정수의 인수 중 공통되는 인수를 말합니다. 예를 들어, 8과 12의 공통인수는 4입니다. $8 + 12$를 공통인수인 4를 사용하여 나타내면 $4 \times 2 + 4 \times 3$으로 나타낼 수 있습니다.

3. 덧셈에 대한 곱셈의 분배법칙이란, 두 수의 합에 어떤 수를 곱한 것은 두 수에 각각 어떤 수를 곱하여 더한 것과 같다는 원칙입니다. 분배법칙을 적용하면 계산이 복잡한 곱셈 문제를 간단한 곱셈 문제로 바꿔 계산할 수 있습니다.

세 수 a, b, c에 대하여, $a \times (b + c) = a \times b + a \times c$ $a \times b + a \times c = a \times (b + c)$

4. 내비게이션 2.14 는 분배법칙을 적용하여 혼합계산을 하는 방법을 간략하게 보여 주고 있습니다. 혼합계산에서 분배법칙은 두 가지 방식으로 적용될 수 있습니다.

$$\underline{A \times B + A \times C = A \times (B + C)}$$

예를 들어, $3 \times 4 + 3 \times 6$을 분배법칙을 적용하여 계산하려면,

1) 먼저, 두 항과 연산을 확인합니다.

3×4와 3×6의 덧셈 연산을 해야 합니다.

2) 공통인수를 확인하고 표시합니다.

→ 3×4와 3×6

3) 괄호 안에 공통인수가 아닌 나머지 인수와 연산을 씁니다.

→ $(4 + 6)$

4) 공통인수와 괄호의 곱셈식을 만듭니다.

→ $3 \times (4 + 6)$

5) 괄호를 계산한 후 공통인수와 곱합니다.

→ $3 \times 10 = 30$

$$A \times (B + C) = A \times B + A \times C$$

예를 들어, $6 \times (100 + 9)$를 분배법칙을 적용하여 계산하려면,

6) 먼저, 공통인수를 확인합니다.

$6 \times (100 + 9)$에서 공통인수는 6입니다.

7) 공통인수와 괄호 안의 두 수의 곱을 각각 구합니다.

6×100과 6×9

8) 괄호 안의 연산기호로 두 항을 연결합니다.

괄호 안 연산기호는 덧셈 기호이므로 6×100과 6×9를 덧셈으로 연결합니다.

→ $6 \times 100 + 6 \times 9$

9) 두 곱셈식을 각각 풀고, 두 항의 덧셈이나 뺄셈을 계산합니다.

$6 \times 100 + 6 \times 9 = 600 + 54 = 654$입니다.

보여 주기

개념 및 기술 교수, 개념 및 기술 예시 제시, 보는 수학 내비게이션을 이용한 교사 모델링

분배법칙을 적용하여 다음 문제들을 풀어 봅시다.

1 (보여 주는 문제 1을 보여 주며) $(-4) \times (17) + (-4) \times (8)$을 분배법칙을 적용하여 계산하려면 어떻게 해야 합니까? 이 문제는 같은 수가 공통으로 곱해진 두 항의 합을 같은 수와 괄호의 곱으로 바꿔야 하는 문제입니다.

1. 먼저, 공통인수가 곱해진 두 항을 확인하고, 두 항을 연결한 연산을 확인합니다.
   - 두 항 $(-4) \times (17)$과 $(-4) \times (8)$이 덧셈으로 연결되어 있습니다.

2. 두 항에 공통으로 곱해진 공통인수를 찾아 하이라이트 표시를 하거나 동그라미 칩니다.
   - $(-4) \times (17)$과 $(-4) \times (8)$의 공통인수는 (-4)입니다.

3. 괄호 안에 공통인수 외의 나머지 인수를 써 주고, 두 항을 연결했던 연산의 기호를 씁니다.

   → $(17 + 8)$

4. 공통인수와 괄호의 곱셈식을 만듭니다.

   → $(-4) \times (17 + 8)$

5. 괄호 안을 먼저 계산 후, 공통인수와 곱셈을 하여 답을 구합니다.

   → $(-4) \times (25) = -100$입니다.

❷ (보여 주는 문제 2를 보여 주며) $(6) \times (-\frac{2}{5}) + (4) \times (-\frac{2}{5})$는 분배법칙을 어떻게 적용합니까? 이 문제도 같은 수가 공통으로 곱해진 두 항의 합을 같은 수와 괄호의 곱으로 바꿔야 하는 문제입니다.

1. 공통인수가 곱해진 두 항을 확인하고, 두 항을 연결한 연산을 확인합니다.
   - 두 항 $(6) \times (-\frac{2}{5})$와 $(4) \times (-\frac{2}{5})$가 덧셈으로 연결되어 있습니다.

2. 두 항에 공통으로 곱해진 공통인수를 찾아 하이라이트 표시를 하거나 동그라미 칩니다.
   - $(6) \times (-\frac{2}{5})$ 와 $(4) \times (-\frac{2}{5})$ 의 공통인수는 $(-\frac{2}{5})$ 입니다.

3. 괄호 안에 공통인수 외의 나머지 인수를 써 주고, 두 항을 연결했던 연산의 기호를 써 줍니다.

   → $(6 + 4)$

4. 공통인수와 괄호의 곱셈식을 만듭니다.

   → $(-\frac{2}{5}) \times (6 + 4)$

5. 괄호 안을 먼저 계산 후, 공통인수와 곱셈을 하여 답을 구합니다.
   - $(-\frac{2}{5}) \times (10) = -4$입니다.

Level 2.3
14차시

❸ (보여 주는 문제 3을 보여 주며) $(+18) \times \{(-\frac{5}{9}) + (+\frac{4}{6})\}$를 풀기 위해서는 분배법칙을 어떻게 적용합니까? 이 문제는 지금까지 푼 두 문제와 반대 방향으로 분배법칙을 적용합니다. 공통인수와 괄호의 곱으로 나타낸 식을 공통인수를 괄호 안의 두 수에 각각 곱한 후, 두 항의 덧셈식으로 바꾸어 계산하는 문제입니다.

1. 공통인수를 확인합니다.

- 괄호 밖에 있는 $(+18)$이 공통인수입니다.

2. 공통인수를 괄호 안의 두 수와 각각 곱하여 두 항을 구합니다.

- $(+18) \times (-\frac{5}{9})$와 $(+18) \times (+\frac{4}{6})$가 두 항이 됩니다.

3. 괄호 안의 연산기호로 두 항을 연결해 줍니다.

- 괄호 안의 연산기호인 덧셈 기호로 두 항을 연결해 줍니다.

$\rightarrow (+18) \times (-\frac{5}{9}) + (+18) \times (+\frac{4}{6})$

4. 각 곱셈식을 먼저 푼 후, 두 곱셈 결과의 덧셈(뺄셈)식을 계산합니다.

$\rightarrow (+18) \times (-\frac{5}{9}) + (+18) \times (+\frac{4}{6})$

$= -10 + 12$

$= \boxed{+2}$

함께 풀기

(내비게이션 2.14 를 보여 주며) 내비게이션 2.14 는 분배법칙을 적용하여 혼합계산을 하는 방법을 간단하게 보여 줍니다. 문제에서 제시하는 수식이 어떤 형태인가에 따라, 내비게이션에 있는 두 절차 중 하나를 따라서 문제를 풀면 됩니다.

1 (함께 풀어 보는 문제 1을 가리키며) $(+4) \times (-2.5) - (+2) \times (-2.5)$를 계산해 봅시다. 이 문제를 풀려면 어떤 절차를 따라야 합니까? 이 문제는 어떤 정수가 공통으로 곱해진 두 항의 차를 그 공통인수와 괄호의 곱으로 바꿔서 풀어야 하는 문제입니다. 내비게이션 2.14 에서는 왼쪽 줄에 있는 절차를 따라가면 됩니다.

1. 분배법칙을 적용하여 주어진 혼합계산 문제를 풀려면 제일 먼저 무엇을 해야 합니까? 공통인수가 곱해진 두 항을 확인하고, 두 항을 연결한 연산을 확인합니다.
   - 주어진 식에서 두 항은 무엇과 무엇입니까? $(+4) \times (-2.5)$와 $(+2) \times (-2.5)$입니다.
   - 두 항은 어떤 연산으로 연결되어 있습니까? 뺄셈으로 연결되어 있습니다.

2. 다음은 무엇을 합니까? 두 항에 공통으로 곱해진 공통인수를 찾아 하이라이트 표시를 하거나 동그라미 칩니다.
   - 두 항에 공통으로 곱해진 공통인수는 무엇입니까? (-2.5)입니다.
   - $(+4) \times (-2.5)$와 $(+2) \times (-2.5)$에 있는 공통인수 (-2.5)에 하이라이트 표시를 합니다.

3. 다음은 무엇을 합니까? 괄호 안에 들어갈 숫자와 연산을 결정하고 괄호 안에 써 줍니다.
   - 괄호 안에 들어갈 연산기호는 무엇입니까? 두 항이 뺄셈으로 연결되어 있으므로 괄호 안에도 뺄셈 기호를 씁니다.

     → $(+4 - +2)$

4. 다음은 무엇을 해야 합니까? 공통인수와 괄호의 곱셈식을 만듭니다.

- 공통인수는 (-2.5)이고 괄호의 수식은 $(4-2)$이므로 $(-2.5) \times (4-2)$로 곱셈식을 만듭니다.

5. 이제 괄호 안을 먼저 계산 후, 공통인수와 곱셈을 하여 답을 구합니다. $(-2.5) \times (2) = -5$입니다.

❷ (함께 풀어 보는 문제 2를 가리키며) $(-20) \times \{(-\frac{1}{5}) + (-\frac{1}{4})\}$을 분배법칙을 적용하여 계산해 봅시다. 이 문제는 공통인수와 괄호의 곱으로 나타낸 식을 공통인수를 괄호 안의 두 수에 각각 곱한 후 두 항의 덧셈식으로 바꾸어 계산하는 문제입니다. 내비게이션 2.14에서는 오른쪽 줄에 있는 절차를 따르면 됩니다.

1. 분배법칙을 적용하여 혼합계산식을 풀 때 제일 먼저 무엇을 해야 합니까? 공통인수를 확인합니다.

- 주어진 혼합계산식에 포함된 공통인수는 무엇입니까? 괄호 밖에 있는 (-20)이 공통인수입니다.

2. 다음은 무엇을 합니까? 공통인수를 괄호 안의 두 수와 각각 곱합니다.

- 공통인수를 괄호 안의 두 수와 각각 곱하면 $(-20) \times (-\frac{1}{5})$과 $(-20) \times (-\frac{1}{4})$이 됩니다.

3. 다음은 무엇을 합니까? 괄호 안의 연산기호로 두 항을 연결해 줍니다.

- 주어진 식에서 괄호 안의 연산기호는 무엇입니까? 덧셈 기호입니다.
- 덧셈 기호로 위에서 구한 두 항을 연결해 줍니다.

$\rightarrow (-20) \times (-\frac{1}{5}) + (-20) \times (-\frac{1}{4})$

4. 각 항의 곱셈식을 먼저 계산한 후, 두 항의 덧셈식을 계산합니다.

- $(-20) \times (-\frac{1}{5})$을 계산한 값은 얼마입니까? $(-20) \times (-\frac{1}{5}) = 4$입니다.
- $(-20) \times (-\frac{1}{4})$을 계산한 값은 얼마입니까? $(-20) \times (-\frac{1}{4}) = 5$입니다.
- $4 + 5 = 9$가 정답입니다.
- 복잡한 식인데 분배법칙을 적용하여 푸니 의외로 간단한 답이 나왔습니다.

→ $(-20) \times (-\frac{1}{5}) + (-20) \times (-\frac{1}{4}) = 4 + 5 = 9$

③ (함께 풀어 보는 문제 3을 가리키며) $(-\frac{2}{3}) \times \{(\frac{6}{5}) - (\frac{9}{10})\}$를 분배법칙을 적용하여 계산해 봅시다. 이 문제는 공통인수와 괄호의 곱으로 나타낸 식을 공통인수를 괄호 안의 두 수에 각각 곱한 후 두 항의 뺄셈식으로 바꾸어 계산하는 문제입니다. 내비게이션 2.14 에서는 오른쪽 줄에 있는 절차를 따르면 됩니다.

1. 분배법칙을 적용하여 혼합계산식을 풀려면 먼저 무엇을 합니까? 공통인수를 확인합니다.

   - 주어진 식의 공통인수는 무엇입니까? 괄호 밖에 있는 $(-\frac{2}{3})$가 공통인수입니다.

2. 다음은 무엇을 합니까? 공통인수를 괄호 안의 두 수와 각각 곱하여 뺄셈을 할 두 항을 구합니다.

   - 공통인수를 괄호 안의 두 항과 각각 곱하면 $(-\frac{2}{3}) \times (\frac{6}{5})$과 $(-\frac{2}{3}) \times (\frac{9}{10})$가 됩니다.

3. 다음은 무엇을 합니까? 괄호 안의 연산기호로 두 항을 연결해 줍니다.

   - 주어진 식에서 괄호 안의 연산기호는 무엇입니까? 뺄셈 기호입니다.
   - 따라서 뺄셈 기호로 두 항을 연결해 줍니다.

   → $(-\frac{2}{3}) \times (\frac{6}{5}) - (-\frac{2}{3}) \times (\frac{9}{10})$

4. 다음은 무엇을 합니까? 각 곱셈식을 먼저 계산한 후, 뺄셈식을 계산합니다.

- $(-\frac{2}{3}) \times (\frac{6}{5})$은 얼마입니까? $(-\frac{2}{3}) \times (\frac{6}{5}) = -\frac{4}{5}$입니다.
- $(-\frac{2}{3}) \times (\frac{9}{10})$는 얼마입니까? $(-\frac{2}{3}) \times (\frac{9}{10}) = -\frac{3}{5}$입니다.
- 두 곱셈 결과를 뺄셈하면 $(-\frac{4}{5}) - (-\frac{3}{5}) = -\frac{1}{5}$이 됩니다.

$\rightarrow (-\frac{2}{3}) \times (\frac{6}{5}) - (-\frac{2}{3}) \times (\frac{9}{10})$

$= -\frac{4}{5} - (-\frac{3}{5})$

$= \boxed{-\frac{1}{5}}$

아 그렇구나!

👉 혼동되는 문제 다시 풀기
👉 최다 오류를 반례로 제시하여 개념 및 기술 획득 강화

✎ 아 그렇구나! 에서는 분배법칙을 적용한 혼합계산에서 우리가 자주 혼동하는 문제들을 함께 풀어 봅니다. 이 문제들을 풀 때 왜 실수가 많은지 함께 생각해 봅시다.

❶ (아 그렇구나! 문제 1을 가리키며) 분배법칙을 사용하여 $-3 \times 4 + 3 \times 9$를 계산할 때 어려운 점은 무엇입니까?

⇨ 3을 −3의 덧셈의 역원으로 생각하지 않으면 이 문제는 공통인수가 없는 것처럼 보입니다. 3을 $-(-3)$으로 대체시키면 식이 $-3 \times 4 - (-3) \times 9$로 바뀌게 되어 공통인수인 −3을 쉽게 찾을 수 있습니다. $-3 \times (4 - 9) = -3 \times (-5) = 15$가 됩니다.

❷ (아 그렇구나! 문제 2를 가리키며) $(57) \times (99)$를 분배법칙을 사용하여 계산할 때 어려운 점은 무엇입니까?

⇨ 보통 분배법칙을 사용해야 하는 문제들은 공통인수와 괄호(두 수의 합이나 차)의 곱셈으로 제시되거나, 공통인수를 갖는 두 항의 합이나 차로 제시가 됩니다. 57×99는 이 두 가지 경우에 모두 해당되지 않습니다. 이 문제는 둘 중에 한 수를 분해하여 괄호로 만들어야 분배법칙을 적용할 수 있습니다. 99는 $100-1$이므로 주어진

식은 57 × (100−1)로 바꿔 쓸 수 있습니다. 57 × (100−1) = 57 × 100 − 57 × 1 = 5700 − 57 = 5643입니다.

3 (아 그렇구나! 문제 3을 가리키며) **분배법칙을 적용하여 (−0.5) × 4.2 + (−0.5)를 계산할 때 어떤 어려움이 있습니까?**

⇨ 이 문제는 곱셈에 대한 항등원의 성질을 이용하여 (−0.5)를 (−0.5) × 1로 대체할 수 있다는 사실을 이해하지 못하면 분배법칙을 적용하기가 어려워집니다. (−0.5)를 (−0.5) × 1로 대체하면 (−0.5) × 4.2 + (−0.5) × 1 = (−0.5) × (4.2 + 1) = (−0.5) × (5.2) = −2.6이 됩니다.

배움 체크하기

(배움 체크 리스트를 가리키며) 오늘 우리가 함께 공부한 것을 혼자서도 할 수 있는지 체크해 봅시다. 혼자서도 할 수 있으면 👍, 선생님의 도움이 더 필요하다면 ?에 동그라미로 표시하세요.

배움 체크 리스트	👍	?
1. 곱셈의 항등원의 특성을 이해하고(예: $a \times 1 = a$) 적용할 수 있습니다.		
2. 덧셈의 역원을 이용하여 양수를 음수의 역원으로[예: $3 = -(-3)$], 음수를 양수의 역원으로[예: $-3 = -(+3)$] 교체하여 사용할 수 있습니다.		
3. 어떤 정수를 곱셈식으로 표현하여 인수를 구할 수 있으며, 두 곱셈식 간의 공통인수의 의미를 이해하고 구할 수 있습니다.		
4. 분배법칙의 의미를 이해하고 적용할 수 있습니다.		
5. 공통인수와 괄호의 곱으로 제시된 혼합계산식을 분배법칙을 이용하여 계산하는 방법을 이해하고 적용할 수 있습니다.		
6. 공통인수와 정수의 곱으로 이뤄진 두 항을 더하거나 빼야 할 때($a \times b + a \times c$), 분배법칙을 이용하여 공통인수(a)를 찾아 공통인수(a)와 괄호($b + c$)의 곱으로 계산하는 방법을 이해하고 적용할 수 있습니다.		
7. 주어진 식을 보고, 분배법칙을 적용하는 두 절차 중 적합한 절차를 선택하고 적용할 수 있습니다.		

혼자 풀기

(혼자 풀어 보는 문제 1~7을 제시하며) 오늘 배운 것을 기억하면서 문제를 혼자 풀어 보는 시간입니다. 내비게이션 2.14 를 사용하면 도움이 됩니다.

다음을 계산하시오.

1. $(15) \times (197 + 3) =$ ____________

2. $(-6) \times (+87) + (-6) \times (+13) =$ ____________

분배법칙을 적용하여 다음을 계산하시오.

3. $(+12) \times (+\frac{2}{3} - \frac{1}{4}) =$ ____________ $=$ ________

4. $(-42) \times \{(-\frac{3}{7}) + (-\frac{5}{6})\} =$ ____________ $=$ ________

5. $43 \times 49 + 43 \times 51 =$ ____________ $=$ ________

6. $(-6) \times (+24) + (-6) \times (+6) =$ ____________ $=$ ________

7. $(21) \times (19.5) - (21) \times (16.5) =$ ____________ $=$ ________

채점 및 오답 분석

학생이 쓴 답을 기재하고, 오답인 경우 중재 결정표 에서 가능한 오류 원인을 1~8 중에서 골라 번호로 기재합니다. 기타 원인 때문에 오답이 발생했을 경우, 구체적으로 어떤 이유인지 기재합니다. 가능한 오답의 원인을 모두 기재합니다.

혼자 풀어 보는 문제	정답	학생이 쓴 답	오답 원인
1. $(15)\times(197+3)$	$15\times200=3000$		
2. $(-6)\times(+87)$ $+(-6)\times(+13)$	$(-6)\times(87)+(-6)\times(13)$ $=(-522)+(-78)$ $=-600$		
3. $(+12)\times(+\frac{2}{3}-\frac{1}{4})$	$(+12)\times\frac{2}{3}-(+12)\times\frac{1}{4}$ $=8-3=5$		
4. $(-42)\times\{(-\frac{3}{7})$ $+(-\frac{5}{6})\}$	$(-42)\times(-\frac{3}{7})+(-42)\times(-\frac{5}{6})$ $=18+35=53$		
5. $43\times49+43\times51$	$43\times(49+51)$ $=43\times100=4300$		
6. $(-6)\times(+24)$ $+(-6)\times(+6)$	$(-6)\times\{(+24)+(+6)\}$ $=(-6)\times(+30)$ $=-180$		
7. $(21)\times(19.5)$ $-(21)\times(16.5)$	$21\times(19.5-16.5)$ $=21\times3=63$		
	정답 개수	/ 7	

Level 2.3
14차시

중재 결정표

오답 원인을 분석하여 차후 중재를 결정하세요.

오답 원인	발생 빈도	최다 발생 오류	중재 결정
1. 사전 지식 및 기술(덧셈의 역원과 항등원, 곱셈의 항등원, 공통인수, 인수, 유리수의 사칙연산)			
2. 용어나 문제 이해 부족(인수, 공통인수, 덧셈의 역원, 분배법칙)			
3. 분배법칙 의미 이해 부족			
4. 분배법칙 적용 절차의 이해와 적용의 어려움			
5. 인수나 공통인수 결정의 방법의 이해와 적용의 어려움			
6. 분배법칙 절차 선택의 오류(두 가지 방법 중)			
7. 부주의/계산 실수			
8. 기타(구체적 원인 기재하기)			

가장 흔한 오답 원인	1과 2 중 하나	3, 4, 5, 6 중 하나	7
	AND	AND	OR
오답률	오답이 2개 이상	오답이 2개 이상	오답이 2개 미만
다음 중재	브리지(Bridge)	동 차시 반복	다음 차시

브리지(Bridge) 차시

- 2.3차시
- 2.5차시
- 2.11차시

15차시

유리수의 혼합계산

[내비게이션 2.15] 유리수의 혼합계산 순서

	유리수의 혼합계산		$(3-1)\times2^2-8\div4\times3$
1	지수 계산	a^n	$2^2 = 4$
2	괄호 계산	( ) → { } → [ ]	(3 − 1) = 2
3	곱셈, 나눗셈 계산	×, ÷	• $(3-1)\times2^2 = 2\times4 = 8$ • $8\div4\times3 = 2\times3 = 6$
4	덧셈, 뺄셈 계산	+, −	8 − 6 = 2

(3, 4 공통) 같은 항에 ×, ÷ (또는 +, −)가 연속 존재할 때는 우측에서 좌측

혼합계산 순서, 이렇게 외워 봐요!

차시 목표 유리수의 혼합계산의 절차를 이해하고 적용할 수 있다.

사전 지식 유리수의 사칙연산

준비물 2단계 15차시 학생용 교재, **내비게이션 2.15**

흔한 오류

1. 덧셈과 뺄셈이 연속으로 존재할 때, 항상 덧셈을 먼저 하고 뺄셈을 나중에 계산하려 한다.
   - 오류 예: $3 - 4 + 5 = 3 - (4 + 5) = 3 - 9 = -6$

2. 곱셈과 나눗셈이 연속으로 존재할 때, 항상 곱셈을 먼저하고 나눗셈을 나중에 계산하려 한다.
   - 오류 예: $6 \div 3 \times 4 = 6 \div (3 \times 4) = 6 \div 12 = \frac{1}{2}$

3. $(2 + 3)^3$처럼 괄호의 지수가 있을 때, 지수를 계산하기 위해서는 괄호를 먼저 계산해야 하는데 괄호를 그냥 둔 채로 $(2 + 3)^3$의 지수를 먼저 계산하려 한다.

사전평가

처음 두 문제는 가장 필수적인 사전 지식에 대한 이해를 묻고, 3번부터 7번까지는 차시 목표인 개념과 기술의 이해를 묻습니다.

다음을 계산하시오.

1. $3 - 2 + 4 - 6 =$ ______

2. $45 \div 9 \times (-6) \div 2 =$ ______

3. $(+6) + (-24) \div (-8 + 2) =$ ______

4. $\{(-36 \div 3^2 - 3\} \times (2 + 6) =$ ______

5. $\{\frac{2}{5} + (-\frac{2}{5})^2 \times (-\frac{5}{2})\} + \frac{3}{10} =$ ______

6. $\{(8 - 4) \div \frac{12}{5}\} - 4^2 \times (\frac{2}{3}) =$ ______

7. $6 - \{(-2)^3 - (2 - 4)\} \div 3 =$ ______

정 답

1. -1　2. -15　3. 10　4. -56

5. $\frac{3}{10}$　6. -9　7. 8

접속하기

차시 목표 및 개념 설명

오늘은 덧셈, 뺄셈, 곱셈, 나눗셈이 섞여 있는 혼합계산 방법에 대해서 배우려 합니다. 먼저, 이번 차시에서 많이 사용될 용어를 정리해 봅시다.

1. 거듭제곱수란 무엇입니까? 어떤 수의 거듭제곱수란, 어떤 수가 반복적으로 곱해진 수를 말합니다. 예를 들어, $2^3 = 2 \times 2 \times 2 = 8$이 됩니다.

2. 지수란 무엇입니까? 거듭제곱수에서 같은 수를 몇 번 곱해야 하는지를 표시해 주는 수로서 수의 오른쪽 위에 쓰입니다. 예를 들어, 2^3에서 3이 지수이며, 이것은 밑인 2를 3번 반복해서 곱해야 함을 의미합니다.

3. 유리수의 혼합계산에서는 계산의 순서를 기억하는 것이 중요합니다. 내비게이션 2.15는 유리수의 혼합계산 절차와 그 절차를 기억하는 방법을 간단히 보여 주고 있습니다. 지수 → 괄호 → 곱셈, 나눗셈 → 덧셈, 뺄셈 순으로 계산합니다. 곱셈과 나눗셈이 연속적으로 존재할 때는 왼쪽에서 오른쪽 순서로 계산합니다. 항상 곱셈을 나눗셈보다 먼저 계산한다고 오해해서는 안 됩니다. 마찬가지로, 덧셈과 뺄셈이 연속적으로 존재할 때도 왼쪽에서 오른쪽 순서로 계산합니다. 다음을 기억합시다.

혼합계산 순서, 이렇게 외워 봐요!

순서대로 계산 후 매 단계에서 요약된 식을 써 주면,
실수를 줄일 수 있습니다.

1원칙 지수 → 괄호 → 곱셈, 나눗셈 → 덧셈, 뺄셈

2원칙 $+$, $-$ (또는 $\times$, $\div$)가 연속적으로 존재 시, 왼쪽에서 오른쪽 방향으로 계산

Level 2.3
15차시

보여 주기

개념 및 기술 교수, 개념 및 기술 예시 제시, 보는 수학 내비게이션을 이용한 교사 모델링

다음 문제들을 계산해 봅시다.

❶ (보여 주는 문제 1을 보여 주며) $+5 - 3 \times 5 + (-4) \div 2$를 계산해 봅시다.

1. 먼저, 혼합계산의 순서에 따라 지수가 있는지 확인합니다.
   - 이 식에는 지수가 포함되어 있지 않습니다.

2. 괄호가 있는지 확인합니다.
   - 이 식에는 괄호가 포함되어 있지 않습니다.

3. 다음은 곱셈이나 나눗셈이 있는지 확인합니다.
   - 3×5와 $(-4) \div 2$에 곱셈과 나눗셈이 포함되어 있으므로 먼저 계산을 합니다.
   - $3 \times 5 = 15$, $(-4) \div 2 = -2$
   - 곱셈 값과 나눗셈 값을 주어진 식에 대입하고 식을 정리하면 $+5 - 15 + (-2)$입니다.

4. 이제 왼쪽에서 오른쪽으로 덧셈, 뺄셈을 순서대로 계산합니다.
   - $5 - 15 = -10 \rightarrow -10 + (-2) = -12$가 정답입니다.

❷ (보여 주는 문제 2를 보여 주며) $1 - [5 - 6 \times \{(3 - 2) + 2^3\}]$을 계산해 봅시다.

1. 먼저, 지수가 있는지 확인해 봅니다.
   - 2^3에 지수가 있으므로 2^3을 먼저 계산합니다. $2^3 = 8$입니다.
   - 2^3 대신 8을 쓰고 주어진 식을 정리하면 $1 - [5 - 6 \times \{(3 - 2) + 8\}]$이 됩니다.

2. 괄호가 있는지 확인해 봅니다. 이 식에서는 소괄호, 중괄호, 대괄호가 모두 있습니다.

- 소괄호, 중괄호, 대괄호 순으로 계산합니다. $(3 - 2) = 1 \rightarrow \{(3 - 2) + 2^3\} = \{1 + 8\} = 9$입니다.
- 괄호를 정리하면 대괄호는 $[5 - 6 \times \{9\}]$가 되고, 전체 식은 $1 - [5 - 6 \times 9]$가 됩니다.
- 대괄호 안에 연산이 두 개 이상 존재하는 혼합계산이므로 혼합계산 절차에 따라 계산합니다.

3. 곱셈, 나눗셈이 있는지 확인해 봅니다.

- 대괄호 안에 곱셈이 있으므로 먼저 6×9를 계산해 줍니다. $6 \times 9 = 54$이므로 대괄호는 $[5 - 54]$가 됩니다.
- 식을 정리하면 전체 식은 $1 - [5 - 54]$가 됩니다.

4. 왼쪽에서 오른쪽으로 계산해 주는데, 이 경우 아직 괄호가 있으므로 괄호부터 계산하고 왼쪽에서 오른쪽으로 계산합니다.

- $1 - (-49) = 50$입니다.

3 (보여 주는 문제 3을 보여 주며) $(+18) \times \{(-\frac{1}{3})^2 + (+\frac{4}{9})\} - 8 \div (2)^2$을 **계산해 봅시다.**

1. 먼저, 지수가 있는지 확인합니다.

- $(-\frac{1}{3})^2$과 $(2)^2$에 지수가 포함되어 있습니다. 지수를 먼저 계산하면 $(-\frac{1}{3})^2 = \frac{1}{9}$이 되고, $2^2 = 4$가 됩니다.
- 거듭제곱값을 식에 쓰고 식을 정리하면 주어진 식은 $(+18) \times \{\frac{1}{9} + \frac{4}{9}\} - 8 \div 4$가 됩니다.

Level 2.3
15차시

2. 괄호가 있는지 확인하고 계산합니다.

- $\{\frac{1}{9} + \frac{4}{9}\}$를 계산하면 $\frac{5}{9}$가 됩니다.
- 괄호 안을 계산한 값을 식에 쓰고 식을 정리하면 $(+18) \times \{\frac{5}{9}\} - 8 \div 4$가 됩니다.

3. 곱셈이나 나눗셈이 있는지 확인하고 계산합니다.

- $(+18) \times \{\frac{5}{9}\} = 10$이고, $8 \div 4 = 2$가 됩니다.
- 곱셈 값과 나눗셈 값을 식에 쓰고 정리하면 식은 $10 - 2$가 됩니다.

4. 왼쪽에서 오른쪽으로 계산하면 $10 - 2 = 8$이 됩니다.

함께 풀기

(내비게이션 2.15 를 보여 주며) 이 내비게이션은 오늘 우리가 배운 유리수의 혼합계산 순서를 간단하게 보여 줍니다. 지수 → 괄호 → 곱셈, 나눗셈 → 덧셈, 뺄셈 순으로 계산합니다. 곱셈과 나눗셈 기호가 연속적으로 포함되어 있을 때는 왼쪽에서 오른쪽 순서로 계산합니다. 내비게이션을 보면서 다음 문제들을 함께 풀어 봅시다.

❶ (함께 풀어 보는 문제 1을 가리키며) $-\frac{1}{3} \times \{(-3) - (-3)^3 \div (\frac{9}{5})\}$를 계산해 봅시다.

1. 혼합계산식을 풀 때는 제일 먼저 무엇을 확인하고 계산합니까? 지수가 있는지 확인하고, 지수를 계산해 줍니다.

- 주어진 식에는 지수가 포함되어 있습니까? $(-3)^3$이 지수가 포함된 수입니다.
- $(-3)^3$을 계산하면 그 값은 얼마입니까? $(-3)^3 = -27$입니다.
- $(-3)^3$ 대신 -27을 식에 쓰고 주어진 식을 정리하면 $-\frac{1}{3} \times \{(-3) - (-27) \div (\frac{9}{5})\}$가 됩니다.

2. 다음은 무엇을 합니까? 괄호 안의 식을 계산합니다.

- 주어진 식에는 괄호가 포함되어 있습니까? 주어진 식에는 중괄호가 포함되어 있고 중괄호 안에는 뺄셈과 나눗셈이 있습니다.
- 괄호 안에 뺄셈과 나눗셈 연산이 포함되어 있을 때는 어떻게 합니까? 나눗셈부터 계산합니다.
- $(-27) \div (\frac{9}{5})$를 계산하면 그 값이 얼마입니까? $(-27) \div (\frac{9}{5}) = -27 \times \frac{5}{9} = -15$입니다.
- 다음은 중괄호 안의 뺄셈을 계산합니다.
- $\{(-3) - (-15)\}$를 계산한 결과는 얼마입니까? $\{(-3) - (-15)\} = 12$입니다.
- 괄호 안을 계산한 값을 괄호식 대신 쓰면 주어진 식은 $-\frac{1}{3} \times (12)$로 정리됩니다.

Level 2.3
15차시

3. 다음은 무엇을 합니까? 곱셈이나 나눗셈 계산을 합니다.

- 수식이 곱셈식이 되었으므로 $-\frac{1}{3} \times (12)$를 계산하면 $-\frac{1}{3} \times (12) = -4$가 됩니다.

4. 다음은 무엇을 합니까? 덧셈이나 뺄셈이 있는지 확인하고 계산합니다.

- 덧셈과 뺄셈식은 없습니다.

❷ (함께 풀어 보는 문제 2를 가리키며) $\{(-\frac{2}{3}) + (-\frac{7}{3})\} + (-21) \div 7$을 함께 풀어 봅시다.

1. 혼합계산을 할 때는 제일 먼저 무엇을 합니까? 지수가 있는지 확인합니다.

- 주어진 식에는 지수가 있는 수가 포함되어 있습니까? 주어진 식에는 지수가 있는 수가 포함되어 있지 않습니다.

2. 다음은 무엇을 합니까? 괄호 안의 식을 계산합니다.

- 주어진 식에는 괄호가 포함되어 있습니까? 중괄호 $\{(-\frac{2}{3}) + (-\frac{7}{3})\}$가 포함되어 있습니다.
- 중괄호 안을 계산한 값은 얼마입니까? $\{(-\frac{2}{3}) + (-\frac{7}{3})\} = -3$입니다.
- 중괄호 대신 중괄호를 계산한 값 -3을 쓰고 식을 정리하면 주어진 식은 $-3 + (-21) \div 7$이 됩니다.

3. 다음은 무엇을 합니까? 곱셈이나 나눗셈이 있는지 확인하고 계산합니다.

- 주어진 식에는 곱셈이나 나눗셈이 포함되어 있습니까? $(-21) \div 7$을 계산해야 합니다. $(-21) \div 7$을 계산한 값은 얼마입니까? $(-21) \div 7 = -3$입니다.
- 나눗셈식 대신 나눗셈한 결과 값을 쓰면 주어진 식은 $-3 + (-3)$이 됩니다.

4. 다음은 무엇을 합니까? 덧셈이나 뺄셈이 있는지 확인하고 계산합니다.

- $-3 + (-3)$을 계산한 값은 얼마입니까? $-3 + (-3) = -6$입니다.

3 (함께 풀어 보는 문제 3을 가리키며) $(-\frac{2}{5})^2 \div \{(2-5) \times (\frac{2}{10}) - (+2)\}$를 **계산해 봅시다.**

1. 혼합계산식을 풀 때 가장 먼저 해야 하는 일은 무엇입니까? 지수를 포함하고 있는 수가 있는지 확인합니다.

- 주어진 식에는 지수가 있는 수가 포함되어 있습니까? $(-\frac{2}{5})^2$에 지수가 있습니다.
- 지수를 계산하면 $(-\frac{2}{5})^2$은 얼마가 됩니까? $(-\frac{2}{5})^2 = \frac{4}{25}$입니다.
- 지수를 계산한 값을 쓰고 주어진 식을 정리하면 $\frac{4}{25} \div \{(2-5) \times (\frac{2}{10}) - (+2)\}$가 됩니다.

2. 다음은 무엇을 해야 합니까? 괄호가 있는지 확인하고 괄호 안을 계산하는데, 먼저 소괄호부터, 중괄호 그리고 대괄호 순으로 계산합니다.

- 주어진 식에는 괄호가 포함되어 있습니까?
  소괄호와 중괄호가 포함되어 있습니다.
- 괄호가 여러 종류일 때는 무엇을 먼저 계산합니까? 소괄호, 중괄호, 대괄호 순으로 계산합니다.
- 소괄호인 $(2-5)$를 계산하면 얼마입니까? $(2-5) = -3$입니다.
  -3을 소괄호 대신 쓰면 중괄호식은 $\{-3 \times (\frac{2}{10}) - (+2)\}$가 됩니다.
- 괄호 안에 연산이 혼합연산이면 어떻게 계산합니까? 곱셈이나 나눗셈 계산 후 덧셈이나 뺄셈 계산을 해 줍니다.
- 곱셈식을 계산하면 얼마가 됩니까? $-3 \times (\frac{2}{10}) = -\frac{6}{10}$입니다.
  곱셈식 대신 $-\frac{6}{10}$을 쓰면 중괄호식은 $\{-\frac{6}{10} - 2\}$로 정리가 됩니다.
- $\{-\frac{6}{10} - 2\}$는 얼마입니까? $\{-\frac{6}{10} - 2\} = -\frac{26}{10}$입니다.
  중괄호를 계산한 결과를 중괄호식 대신 쓰고 식을 다시 정리하면 주어진 식은 $\frac{4}{25} \div (-\frac{26}{10})$이 됩니다.

Level 2.3
15차시

3. 다음은 무엇을 합니까? 곱셈이나 나눗셈을 계산합니다.

- 정리된 식이 나눗셈식이므로 제수의 역수를 이용하여 곱셈식으로 바꿔 주면 $\frac{4}{25} \div (-\frac{26}{10})$은 $\frac{4}{25} \times (-\frac{10}{26})$이 됩니다.
- $\frac{4}{25} \times (-\frac{10}{26})$을 계산한 값은 얼마입니까? $\frac{4}{25} \times (-\frac{10}{26}) = -\frac{4}{65}$입니다.

4. 다음은 무엇을 합니까? 덧셈이나 뺄셈이 있는지 확인하고 계산합니다.

- 덧셈과 뺄셈식은 없습니다.

아 그렇구나!

- 혼동되는 문제 다시 풀기
- 최다 오류를 반례로 제시하여 개념 및 기술 획득 강화

아 그렇구나! 에서는 유리수의 혼합계산에서 우리가 자주 혼동스러워하는 문제들을 함께 풀어 봅니다. 이 문제들을 풀 때 왜 실수가 많은지 함께 생각해 봅시다.

1 (아 그렇구나! 문제 1을 가리키며) 혼합연산의 순서를 사용하여 $-3 - 6 + 3 \times (\frac{1}{3})$을 계산할 때 혼동되는 점은 무엇입니까?

⇨ 곱셈식 $3 \times (\frac{1}{3}) = 1$을 계산하고 나면 주어진 식은 $-3 - 6 + 1$로 정리됩니다. 항상 덧셈을 뺄셈보다 먼저 계산해야 한다고 생각하는 경우, $6 + 1$을 먼저 계산하여 7을 구한 후 $-3 - 7$을 계산하여 -10이라는 오답을 얻게 됩니다. 덧셈이나 뺄셈이 동시에 연속으로 있을 경우, 왼쪽에서 오른쪽으로 먼저 나오는 연산부터 계산해야 합니다. 따라서 $-3 - 6$을 먼저 계산하여 -9를 얻고, $-9 + 1$을 계산하면 정답은 -8입니다.

2 (아 그렇구나! 문제 2를 가리키며) $(63) \div (-\frac{9}{4}) \times (\frac{4}{7})$를 혼합연산의 순서를 사용하여 계산할 때 혼동되는 점은 무엇입니까?

⇨ 곱셈을 나눗셈보다 먼저 계산해야 한다고 알고 있다면 $(-\frac{9}{4}) \times (\frac{4}{7})$를 먼저 계산

하여 $-\frac{9}{7}$를 중간값으로 얻고 $63 \div (-\frac{9}{7}) = -49$라는 오답을 얻게 됩니다. 하지만 곱셈과 나눗셈 기호가 연속적으로 있을 경우, 왼쪽에서 오른쪽으로 먼저 나오는 연산부터 계산해 줘야 합니다. $63 \div (-\frac{9}{4})$를 먼저 계산하여 -28을 몫으로 구하고, $-28 \times (\frac{4}{7})$를 계산하면 정답은 -16입니다.

3 (아 그렇구나! 문제 3을 가리키며) **혼합계산 순서를 적용하여 $\{(-2)^2 + 3\}^3$을 계산하려 할 때 혼동되는 것은 무엇입니까?**

⇨ 혼합계산의 첫 번째 순서는 지수 계산입니다. $(-2)^2$을 계산하여 4를 얻은 후, 식을 정리하면 $\{4 + 3\}^3$이 됩니다. $(4 + 3)^3$을 $4^3 + 3^3$이라 놓고 지수를 먼저 계산한 후 덧셈을 하게 되면 오답을 낼 수 있습니다. 중간 괄호 밖에 또 다른 지수가 있으므로, 먼저 중간 괄호인 $4 + 3$을 정리해야 합니다. $\{4 + 3\}^3 = 7^3$이므로 343이 정답입니다.

배움 체크하기

(배움 체크 리스트 를 가리키며) 오늘 우리가 함께 공부한 것을 혼자서도 할 수 있는지 체크해 봅시다. 혼자서도 할 수 있으면 👍, 선생님의 도움이 더 필요하다면 ?에 동그라미로 표시하세요.

배움 체크 리스트	👍	?
1. 부호가 있는 유리수의 덧셈과 뺄셈을 이해하고 계산할 수 있습니다.		
2. 부호가 있는 유리수의 곱셈과 나눗셈을 이해하고 계산할 수 있습니다.		
3. 지수가 있는 유리수의 의미를 알고 계산할 수 있습니다.		
4. 세 가지 종류의 괄호를 이해하고 소괄호, 중괄호, 대괄호 순으로 계산한다는 것을 이해하고 계산할 수 있습니다.		
5. 유리수의 혼합계산을 할 때, 지수계산, 괄호 계산, 곱셈 또는 나눗셈 계산, 덧셈 또는 뺄셈 계산 순서로 계산해야 한다는 것을 이해하고 적용할 수 있습니다.		
6. 곱셈이나 나눗셈이 연속으로 나왔을 경우엔 왼쪽에 있는 연산부터 계산한다는 것을 이해하고 적용할 수 있습니다.		
7. 덧셈이나 뺄셈이 연속으로 나왔을 경우엔 왼쪽에 있는 연산부터 계산한다는 것을 이해하고 적용할 수 있습니다.		

혼자 풀기

(혼자 풀어 보는 문제 1~7을 제시하며) 오늘 배운 것을 기억하면서 문제를 혼자 풀어 보는 시간입니다. 내비게이션 2.15 를 사용하면 도움이 됩니다.

다음을 계산하시오.

1. $5 - 3 + 7 - 11 =$ ____________

2. $54 \div 6 \times (-4) \div 12 =$ ____________

3. $(+8) + (-49) \div (-11 + 4) =$ ____________

4. $\{(-36) \div 6^2 - 4\} \times \{(-2)^3 + 5\} =$ ____________

5. $\{\frac{2}{3} + (-\frac{2}{3})^3 \times (-\frac{9}{4})\} - \frac{1}{3} =$ ____________

6. $\{(15 - 9) \div \frac{18}{7}\} - 5^2 \times (\frac{1}{6}) =$ ____________

7. $6 - \{(-2)2^4 + (3 - 4)\} \div 3 =$ ____________

채점 및 오답 분석

학생이 쓴 답을 기재하고, 오답인 경우 중재 결정표 에서 가능한 오류 원인을 1~8 중에서 골라 번호로 기재합니다. 기타 원인 때문에 오답이 발생했을 경우, 구체적으로 어떤 이유인지 기재합니다. 가능한 오답의 원인을 모두 기재합니다.

혼자 풀어 보는 문제	정답	학생이 쓴 답	오답 원인
1. $5 - 3 + 7 - 11$	-2		
2. $54 \div 6 \times (-4) \div 12$	-3		
3. $(+8) + (-49) \div (-11 + 4)$	15		
4. $\{(-36) \div 6^2 - 4\} \times \{(-2)^3 + 5\}$	15		
5. $\{\frac{2}{3} + (-\frac{2}{3})^3 \times (-\frac{9}{4})\} - \frac{1}{3}$	1		
6. $\{(15 - 9) \div \frac{18}{7}\} - 5^2 \times (\frac{1}{6})$	$-\frac{11}{6}$		
7. $6 - \{(-2)2^4 + (3-4)\} \div 3$	17		
	정답 개수	/ 7	

중재 결정표

오답 원인을 분석하여 차후 중재를 결정하세요.

오답 원인	발생 빈도	최다 발생 오류	중재 결정
1. 사전 지식 및 기술(유리수의 사칙연산)			
2. 용어나 문제 이해 부족(지수, 거듭제곱수, 혼합연산)			
3. 지수가 있는 유리수의 의미 이해와 계산의 어려움			
4. 괄호 계산의 순서의 이해와 적용의 어려움			
5. 혼합연산의 순서에 대한 이해와 적용의 어려움			
6. 곱셈이나 나눗셈(또는 덧셈이나 뺄셈)을 연속적으로 계산하는 식에서 왼쪽에 있는 연산부터 계산해야 한다는 것의 이해와 적용의 어려움			
7. 부주의/계산 실수			
8. 기타(구체적 원인 기재하기)			

가장 흔한 오답 원인	1과 2 중 하나	3, 4, 5, 6 중 하나	7
	AND	AND	OR
오답률	오답이 2개 이상	오답이 2개 이상	오답이 2개 미만
	↓	↓	↓
다음 중재	브리지(Bridge)	동 차시 반복	다음 차시

브리지(Bridge) 차시

- 2.7차시
- 2.9차시
- 2.11차시
- 2.12차시

16차시

문자를 사용한 식

[내비게이션 2.16] 문자를 사용하여 수량 사이의 관계를 나타내기

1단계	문제 의미 파악하기
2단계	구해야 하는 값 확인하고 계산식 세우기
3단계	알고 있는 값 확인하고 계산식에 넣기
4단계	문자로 대체된 값 확인하고 계산식에 넣기

차시 목표 수 대신 문자를 사용하여 수량 사이의 관계를 식으로 나타낼 수 있다.

사전 지식 정수와 유리수의 사칙연산, 분배법칙, 수량 사이의 관계식(농도, 거리, 가격 등)

준비물 2단계 16차시 학생용 교재, **내비게이션 2.16**

흔한 오류

1. 상황과 관련 있는 도식이나 공식을 알지 못해서 문제 해결을 위한 식을 세우지 못한다.
   - 오류 예: 시속 x로 3시간 달린 거리를 구하는 경우, 거리 = 시속 × 시간이라는 공식을 알지 못하면 거리를 구하는 식을 세우지 못한다.
2. 수량 간의 관계를 의미하는 정보를 이해하지 못하여 연산기호를 결정하지 못한다.
3. 다단계 문제 해결식을 세우지 못한다.
4. 동일한 문자가 다른 수량을 나타낼 수 있다는 것을 이해하지 못한다.
   - 오류 예: 문자 x가 키, 몸무게, 나이, 수학 성적, 가격, 시속, 거리, 높이, 친구 수 등 다양한 변수나 미지수를 나타낼 수 있다는 것을 이해하지 못한다.

사전평가

처음 두 문제는 가장 필수적인 사전 지식에 대한 이해를 묻고, 3번부터 7번까지는 차시 목표인 개념과 기술의 이해를 묻습니다.

다음을 구할 때 필요한 식을 세우시오.

1. 용돈 3만 원 중에서 엄마 생일 선물을 사기 위해 5,000원을 쓰고 남은 돈

   남은 돈 = ____________

2. 오전에 30분 달리고 오후에 40분 달렸을 때, 오늘 하루 달리기한 시간

   오늘 달린 시간 = ____________

다음을 문자를 사용한 식으로 나타내시오.

3. 한 송이에 900원 하는 장미 x송이를 살 때 가격

4. 직사각형의 넓이가 54cm^{2}이고 가로의 길이가 $x$cm일 때, 세로의 길이

5. 한 변의 길이가 $a$cm인 정삼각형의 둘레의 길이

6. 시속 5km로 x시간 달린 거리

7. 한 개에 1,500원 하는 아이스크림 a개와 한 병에 800원인 음료수 b병의 값

정답

1. 30,000원−5,000원 2. 30분+40분 3. $900x$ 4. $54 \div x$

5. $3a$ 6. $5x$ 7. $1500a+800b$

Level 2.4
16차시

접속하기

차시 목표 및 개념 설명

오늘은 수 대신 문자를 사용하여 수량 사이의 관계를 나타내는 것을 배우려 합니다. 먼저, 이번 차시에서 많이 사용될 용어와 개념을 정리해 봅시다.

1. 수량 사이의 관계를 나타내기 위해 수학에서는 무엇을 사용합니까? 수학에서 연산(덧셈, 뺄셈, 곱셈, 나눗셈 등)은 수량들 간에 어떤 관계가 있는지를 의미하는 역할을 합니다. 예를 들어, 2와 5라는 두 수량이 주어졌을 때 덧셈 연산을 사용하면 이제 2와 5는 무관한 수량이 아니라 "2와 5의 합"이라는 관계에서 새롭게 이해될 수 있습니다. 마찬가지로, 4와 2라는 두 수량에 대해 나눗셈 연산을 적용하면 4와 2를 "4를 2로 나눈 몫"이라는 새로운 관계에서 이해할 수 있게 됩니다.

2. 수량 사이의 관계에서 문자는 왜 사용합니까? 실생활에서는 어떤 것의 수량 값이 상황에 따라 변동하거나 또는 구체적인 값이 정해지지 않은 경우가 있습니다. 예를 들어, 볼링 게임에서 내가 얻을 점수는 그날의 나의 컨디션이나 함께 게임할 친구들의 상황에 따라 다릅니다. 또한 5명의 친구를 생일 파티에 초대했는데 두 명은 올 것이 확실한데 나머지 세 명은 올 수 있을지 확실하지 않은 경우, 부모님께 몇 명의 친구가 올 것이라 정확하게 말씀드리기 어렵습니다. 이런 경우에서처럼, 어떤 수량 값이 변동하여 정확한 값을 알 수 없거나 구체적인 값이 주어지지 않았을 경우에도 문자를 사용하면 다른 수량과 관계를 만들 수 있습니다.

3. (내비게이션 2.16을 보여 주며) 내비게이션 2.16은 구체적인 값이 주어지지 않은 수량을 대신하여 문자를 사용하고 수량 사이의 관계를 연산기호를 통해 나타내어 문자식을 만드는 방법을 간단하게 보여 줍니다.

1	문제 의미 파악하기
2	구해야 하는 값 확인하고 계산식 세우기
3	알고 있는 값 확인하고 계산식에 넣기
4	문자로 나타낸 값 확인하고 계산식에 넣기

예를 들어, 승희의 키가 $x$cm일 때 승희보다 3cm 작은 서은이의 키를 문자를 포함한 식으로 나타내려면,

1) 먼저, 문제의 의미를 파악합니다.

승희의 키를 알 때 서은이의 키를 구하는 문제입니다.

2) 구해야 하는 값을 확인하고 계산식을 세웁니다.

- 서은이의 키를 구해야 하는 문제입니다.
- 서은이의 키 = 승희의 키−승희와 서은이의 키 차이

3) 알고 있는 값을 확인하고 계산식에 넣어 줍니다.

- 승희와 서은이의 키 차이가 3임을 알고 있습니다.
- 서은이의 키 = 승희 − 3

4) 문자로 나타낸 값을 확인하고 계산식에 넣어 줍니다.

- 문자로 나타낸 값은 승희의 키이며 승희의 키는 x입니다.
- 서은이의 키 = $x - 3$

Level 2.4
16차시

보여 주기

개념 및 기술 교수, 개념 및 기술 예시 제시, 보는 수학 내비게이션을 이용한 교사 모델링

다음을 문자를 포함한 식으로 나타내시오.

❶ (보여 주는 문제 1을 보여 주며) 700원짜리 초콜릿 x개를 샀을 때의 가격을 문자를 포함한 식으로 나타내 봅시다.

1. 먼저, 문제의 의미를 파악합니다.
   - 초콜릿을 사고 가격을 계산하는 문제입니다.

2. 구해야 하는 값을 확인하고, 식을 세웁니다.
   - 초콜릿 x개를 샀을 때의 총 가격을 구해야 합니다.
   - 초콜릿 총 가격 = 초콜릿 1개당 가격 × 초콜릿 개수입니다.

3. 알고 있는 값이 무엇인지 확인하고, 알고 있는 값을 넣어 계산식을 바꿔 줍니다.
   - 알고 있는 값은 초콜릿 1개의 가격이 700원이라는 것입니다.
   - 초콜릿의 총 가격을 구하는 식에 '초콜릿 한 개당 가격' 대신 '700'원이라는 값을 쓰면, 식은 초콜릿 총 가격 = 700 × 초콜릿 개수가 됩니다.

4. 문자로 나타낸 값의 의미를 확인하고, 문자를 넣어 계산식을 바꿔 줍니다.
   - x는 구입한 초콜릿의 개수를 의미하므로 x를 넣어 계산식을 바꿉니다.
   - 초콜릿 총 가격 = 700 × x가 됩니다.

2 (보여 주는 문제 2를 보여 주며) 1.5L 콜라를 x명의 가족이 똑같이 나눠 마실 때, 한 사람이 마시는 콜라 양을 문자식으로 나타내어 봅시다.

1. 먼저, 문제의 의미를 파악합니다.
   - 콜라를 똑같이 나누어 마실 때, 한 사람이 마시는 콜라의 양을 계산하는 문제입니다.

2. 구해야 하는 값을 확인하고 계산식을 세웁니다.
   - 콜라 1.5L를 x명이 나누어 마실 때, 한 사람이 마시는 콜라가 얼마인지를 구해야 합니다.
   - 한 사람이 마시는 콜라 양 = 전체 콜라 양 ÷ 사람 수입니다.

3. 알고 있는 값이 무엇인지 확인하고, 알고 있는 값을 넣어 계산식을 바꿔 줍니다.
   - 전체 콜라 양이 1.5L라는 것을 알고 있습니다.
   - 한 사람이 마시는 콜라 양을 구하는 식에 '전체 콜라 양' 대신 1.5를 써넣으면 한 사람이 마시는 콜라 양 = 1.5 ÷ 사람 수가 됩니다.

4. 문자로 나타낸 값의 의미를 확인하고, 문자를 넣어 계산식을 바꿔 줍니다.
   - x는 콜라를 마실 사람의 수를 의미하므로 x를 넣어 계산식을 바꿉니다.
   - 한 사람이 마시는 콜라의 양 = $1.5 \div x$가 됩니다.

3 (보여 주는 문제 3을 보여 주며) 직사각형 모양인 아이패드의 넓이를 문자식으로 나타내 봅시다.

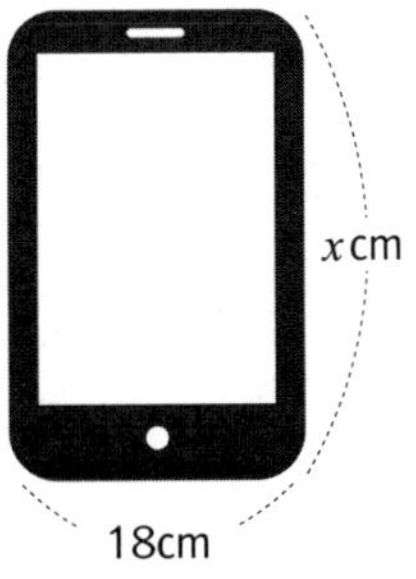

Level 2.4
16차시

1. 먼저, 문제의 의미를 파악합니다.
   - 직사각형의 넓이를 계산하는 문제입니다.

2. 구해야 하는 값을 확인하고 계산식을 세웁니다.
   - 가로가 18cm, 세로가 $x$cm인 직사각형 모양의 아이패드의 넓이를 구해야 합니다.
   - 아이패드 넓이 = 가로 × 세로입니다.

3. 알고 있는 값이 무엇인지 확인하고, 알고 있는 값을 넣어 계산식을 바꿔 줍니다.
   - 아이패드의 가로의 길이는 18cm이라는 것을 알고 있습니다.
   - '가로 길이' 대신 18을 식에 써넣으면, 아이패드 넓이 = 18 × 세로 길이가 됩니다.

4. 문자로 나타낸 값의 의미를 확인하고 계산식에 넣어 계산식을 바꿔 줍니다.
   - x는 세로의 길이를 의미하므로 x를 넣어 계산식을 바꿉니다.
   - 아이패드 넓이 = $18 \times x$가 됩니다.

함께 풀기

(내비게이션 2.16 을 보여 주며) 이 내비게이션은 구체적인 값을 알지 못하는 수량 대신 문자를 사용하고 연산을 사용하여 수량들 간의 관계를 나타내는 방법을 보여 줍니다. 내비게이션을 보면서 다음 문제를 같이 풀어 봅시다.

❶ (함께 풀어 보는 문제 1을 가리키며) 두발자전거가 a대 있을 때, 자전거의 바퀴 수를 문자를 사용하여 나타내 봅시다.

1. 문자를 사용하여 식을 만들려면 가장 먼저 무엇을 해야 합니까? 문제의 의미를 파악합니다.
   - 이 문제는 무엇을 구하는 문제입니까? 두발자전거가 여러 대 있을 때, 두발자전거의 전체 바퀴 수를 구해야 하는 문제입니다.

2. 다음은 무엇을 생각해야 합니까? 구해야 하는 값을 확인하고 계산식을 세웁니다.
   - 구해야 하는 값은 무엇입니까? 자전거의 바퀴 수를 문자를 사용하여 나타내야 합니다.
   - 두발자전거 3대가 있다면 바퀴가 몇 개입니까? $2 \times 3 = 6$입니다.
   - 두발자전거가 10대 있으면, 바퀴는 모두 몇 개입니까? $2 \times 10 = 20$개입니다. 이처럼 두발자전거 총 바퀴 수는 자전거 수에 2(자전거 바퀴 수)를 곱하여 구할 수 있습니다.
   - 구하는 값을 나타내는 식은 두발자전거의 총 바퀴 수 = 자전거 한 대당 바퀴 수 × 자전거 수입니다.

3. 다음은 무엇을 합니까? 알고 있는 값이 무엇인지 확인하고, 알고 있는 값을 넣어 계산식을 바꿔 줍니다.

- 어떤 값을 알고 있습니까? 두발자전거 한 대의 바퀴 수를 알고 있습니다. 두발자전거 한 대에는 바퀴가 몇 개 있습니까? 2개입니다.
- 알고 있는 값을 넣어 계산식을 정리하면 두발자전거의 총 바퀴 수를 구하는 식은 어떻게 바뀝니까? 두발자전거 총 바퀴 수 = 2 × 자전거 수가 됩니다.

4. 다음은 무엇을 합니까? 문자로 나타낸 값의 의미를 확인하고, 문자를 넣어 계산식을 바꿔 줍니다.
   - a는 무엇을 의미합니까? 자전거 수를 의미합니다.
   - a를 넣어 식을 정리하면 식은 어떻게 됩니까? 두발자전거 총 바퀴 수 = 2 × a가 됩니다.

❷ (함께 풀어 보는 문제 2를 가리키며) 형이 y살일 때, 형보다 4살 어린 동생의 나이를 문자를 사용하여 나타내 봅시다.

1. 어떤 상황을 문자를 사용한 식으로 나타내려면 가장 먼저 무엇을 해야 합니까? 문제의 의미를 파악합니다.
   - 주어진 문제는 무슨 의미입니까? 동생과 형의 나이 차이를 알 때 동생의 나이를 구하는 문제입니다.

2. 다음은 무엇을 해야 합니까? 구해야 하는 값을 확인하고 계산식을 세웁니다.
   - 구해야 하는 값은 무엇입니까? 동생의 나이를 계산해야 합니다.
   - 동생의 나이는 어떻게 구합니까? 형의 나이에서 형과 동생의 나이 차이를 빼면 동생의 나이를 구할 수 있습니다.
   - 동생 나이 = 형의 나이 − 형과 동생의 나이 차이입니다.

3. 다음은 무엇을 해야 합니까? 이미 알고 있는 값이 무엇인지 확인하고, 알고 있는 값을 넣어 계산식을 바꿔 줍니다.

- 어떤 값을 알고 있습니까? 형과 동생의 나이 차이를 알고 있습니다.
- 형과 동생의 나이 차이는 얼마입니까? 4살입니다.
- 알고 있는 값을 넣어 계산식을 정리하면 식은 어떻게 됩니까? 동생 나이 = 형의 나이 − 4가 됩니다.

4. 다음은 무엇을 합니까? 문자로 나타낸 값의 의미를 확인하고, 문자를 넣어 계산식을 바꿔 줍니다.

- y는 무엇을 의미합니까? 형의 나이를 의미합니다.
- y를 넣어 계산식을 정리하면 식은 어떻게 됩니까? 동생 나이 = y − 4가 됩니다.

③ (함께 풀어 보는 문제 3을 가리키며) 시속 $b$km로 3시간 운전한 거리를 문자를 사용하여 나타내 봅시다.

1. 문자를 포함하는 식을 만들기 위해 가장 먼저 해야 하는 일은 무엇입니까? 문제의 의미를 파악합니다.

- 주어진 문제는 어떤 의미입니까? 일정한 시속으로 운전할 때, 얼마의 시간이 지나면 얼마나 멀리 운전해 갔는지를 계산하는 문제입니다.

2. 다음은 무엇을 해야 합니까? 구해야 하는 값을 확인하고 계산식을 세웁니다.

- 한 시간에 30km씩 운전해서 두 시간을 운전하면 얼마나 멀리 갈 수 있습니까? 30 × 2 = 60km까지 갈 수 있습니다.
- 한 시간에 30km씩 운전해서 4시간을 운전하면 얼마나 멀리 갈 수 있습니까? 30 × 4 = 120km까지 갈 수 있습니다.
- 이 문제에서 구해야 하는 것은 무엇입니까? 운전한 거리를 구해야 합니다.

- 운전한 거리는 어떻게 계산할 수 있습니까? 운전한 거리 = 시속 × 운전 시간으로 구할 수 있습니다.

3. 다음은 무엇을 합니까? 이미 알고 있는 값이 무엇인지 확인하고, 알고 있는 값을 넣어 계산식을 바꿔 줍니다.
   - 어떤 값을 알고 있습니까? 운전 시간을 알고 있습니다.
   - 운전 시간은 얼마입니까? 3시간입니다.
   - 알고 있는 값을 넣어 계산식을 정리하면 어떻게 됩니까? 운전한 거리 = 시속 × 3이 됩니다.

4. 다음은 무엇을 합니까? 문자로 나타낸 값의 의미를 확인하고, 문자를 넣어 계산식을 바꿔 줍니다.
   - b는 무엇을 의미합니까? 시속을 의미합니다.
   - 시속 대신 문자 b를 넣어 계산식을 정리하면 식은 어떻게 됩니까? 운전한 거리 = $b \times 3 = 3 \times b$가 됩니다.

아 그렇구나!

☞ 혼동되는 문제 다시 풀기

☞ 최다 오류를 반례로 제시하여 개념 및 기술 획득 강화

✎ 아 그렇구나! 에서는 구체적인 값이 주어지지 않은 수량을 문자로 대신 나타내고 수량 간의 관계를 문자식으로 나타낼 때 우리가 자주 혼동하는 문제들을 함께 풀어 봅니다. 이 문제들을 풀 때 왜 실수가 많은지 함께 생각해 봅시다.

1 (아 그렇구나! 문제 1을 가리키며) 한 개에 1,000원 하는 빵 y개를 사고 10,000원을 냈을 때의 거스름돈을 문자를 사용하여 나타내 봅시다.

⇨ 이 문제는 두 단계식을 세워야 하는 문제입니다. 이 문제에서 구해야 할 것은 거스름돈인데, 거스름돈을 구하기 위해서는 먼저 지불해야 할 빵값을 구해야 합니다. 빵값을 구하는 식은 빵값 = 빵 한 개당 가격 × 빵의 개수이고, 알고 있는 값과 문자를 넣어 빵값 구하는 식을 정리하면 빵 값 = $1000 \times y$가 됩니다. 빵값을 구한 후, 거스름돈을 계산합니다. 거스름돈은 내가 낸 돈에서 빵값을 빼 구할 수 있습니다. 거스름돈을 구하는 식은 거스름돈 = 내가 낸 돈 − 빵 값입니다. 이제 내가 낸 돈 대신 10,000원을 쓰고 빵값 대신 위에서 문자식으로 구한 $1000 \times y$을 대신 써 주면, 거스름돈을 구하는 문자식은 $10000 - 1000 \times y$입니다.

❷ (아 그렇구나! 문제 2를 가리키며) 십의 자리의 숫자가 x, 일의 자리의 숫자가 y인 두 자리 자연수를 식으로 나타낼 때 어려운 점은 무엇입니까?

⇨ 이 문제는 자연수의 십의 자릿수의 자릿값과 일의 자릿수의 자릿값을 이해하지 못하면 xy라 답할 가능성이 있습니다. 두 자리 자연수 34를 예로 들어 봅시다. 34에서 3은 얼마입니까? 34에서 3은 3×10, 즉 30을 의미합니다. 34에서 4는 얼마를 의미합니까? 34에서 4는 $4 \times 1 = 4$를 의미합니다. $34 = 3 \times 10 + 4 \times 1$입니다. 같은 방법으로, 십의 자리의 숫자가 x, 일의 자리의 숫자가 y인 두 자리 자연수를 식으로 나타내면 $x \times 10 + y \times 1$, 즉 $10x + y$입니다.

❸ (아 그렇구나! 문제 3을 가리키며) 넓이가 $a$cm^{2}이고 높이가 $b$cm인 평행사변형의 밑변의 길이를 문자를 사용해 나타낼 때 어려운 점은 무엇입니까?

⇨ 주어진 문제는 먼저 평행사변형의 면적을 구하는 공식이 밑변의 길이 × 높이라는 것을 기억하지 못하면 문자식을 만들기가 어렵습니다. 게다가 이 문제에는 구체적인 값을 아는 수량은 없고, 넓이와 높이가 모두 문자로 되어 있어서 더 혼동될 수 있습니다. 뿐만 아니라 우리가 구해야 하는 수량은 평행사변형의 면적이 아니라 밑변의 길이이므로 평행사변형 면적 구하는 공식에 나눗셈을 적용하여 밑변의 길이를 구해야 합니다. 평행사변형 면적 = 밑변의 길이 × 높이이므로, 밑변의 길이를 구하려면 평행사변형 면적을 높이로 나누어 주어야 합니다(밑변의 길이 = 평행사변형 면적 ÷ 높이). 구체적인 값을 아는 수량은 없으므로 문자로 나타난 수량을 계산식에 넣어 식을 정리하면, 식은 밑변의 길이 $= a \div b$ 가 됩니다.

배움 체크하기

(배움 체크 리스트 를 가리키며) 오늘 우리가 함께 공부한 것을 혼자서도 할 수 있는지 체크해 봅시다. 혼자서도 할 수 있으면 , 선생님의 도움이 더 필요하다면 ?에 동그라미로 표시하세요.

배움 체크 리스트		?
1. 정수와 유리수의 사칙연산을 할 수 있습니다.		
2. 도형의 면적과 거리 구하는 공식을 이해하고 기억할 수 있습니다.		
3. 구체적인 값이 주어지지 않은 수량 대신 문자를 사용하여 식을 세울 수 있다는 것을 이해하고 적용할 수 있습니다.		
4. 뺄셈이나 덧셈식에 포함된 수들의 관계를 이해하고, 구체적인 값이 주어지지 않은 수량은 문자로 대신 표시하여 문자가 있는 뺄셈식이나 덧셈식을 만드는 방법을 이해하고 적용할 수 있습니다.		
5. 곱셈이나 나눗셈에 포함된 수들의 관계를 이해하고, 구체적인 값이 주어지지 않은 수량은 문자로 대신 표시하여 문자가 있는 곱셈식이나 나눗셈식을 만드는 방법을 이해하고 적용할 수 있습니다.		
6. 문자를 포함하는 식을 만드는 방법을 이해하고, 구해야 하는 값, 알고 있는 값 그리고 문자로 대신 나타낸 값을 확인하고 계산식에 적용할 수 있습니다.		
7. 도형의 면적이나 거리 구하는 공식에 포함되는 값 중 한 개나 그 이상의 값들이 문자로 나타내졌을 경우, 그 문자를 포함한 문자식으로 도형의 면적이나 거리를 표현할 수 있습니다.		

혼자 풀기

(혼자 풀어 보는 문제 1~7을 제시하며) 오늘 배운 것을 기억하면서 문제를 혼자 풀어 보는 시간입니다. 내비게이션 2.16 을 사용하면 도움이 됩니다.

다음을 구할 때 필요한 식을 세우시오.

1. 1학년 7반의 학생 수가 32명이고 그중 여학생이 20명일 때, 남학생의 수

남학생 수 = ________________

2. 현재 42살인 한나 아빠의 5년 후 나이

한나 아빠의 5년 후 나이 = ________________

다음을 문자를 사용한 식으로 나타내시오.

3. 한 개에 700원 하는 아이스크림 x개를 살 때의 가격

4. 직사각형의 넓이가 48cm^{2}이고 가로의 길이가 $x$cm일 때, 세로의 길이

5. 한 변의 길이가 $a$cm인 정사각형의 둘레의 길이

6. 시속 20km로 x시간 달린 거리

7. 한 개에 1,500원 하는 아이스크림 x개를 사고 5,000원짜리 y장을 냈을 때의 거스름돈

채점 및 오답 분석

학생이 쓴 답을 기재하고, 오답인 경우 중재 결정표 에서 가능한 오류 원인을 1~8 중에서 골라 번호로 기재합니다. 기타 원인 때문에 오답이 발생했을 경우, 구체적으로 어떤 이유인지 기재합니다. 가능한 오답의 원인을 모두 기재합니다.

혼자 풀어 보는 문제	정답	학생이 쓴 답	오답 원인
1. 1학년 7반의 학생 수가 32명이고 그중 여학생이 20명일 때, 남학생의 수	$32 - 20$		
2. 현재 42살인 한나 아빠의 5년 후 나이	$42 + 5$		
3. 한 개에 700원 하는 아이스크림 x개를 살 때의 가격	$700 \times x$		
4. 직사각형의 넓이가 48cm^{2}이고 가로의 길이가 $x$cm일 때, 세로의 길이	$48 \div x$		
5. 한 변의 길이가 $a$cm인 정사각형의 둘레의 길이	$a + a + a + a$ 또는 $4 \times a$		
6. 시속 20km로 x시간 달린 거리	$20 \times x$		
7. 한 개에 1,500원 하는 아이스크림 x개를 사고 5,000원짜리 y장을 냈을 때의 거스름돈	$5000 \times y - 1500 \times x$		
	정답 개수	/ 7	

Level 2.4
16차시

중재 결정표

오답 원인을 분석하여 차후 중재를 결정하세요.

오답 원인	발생 빈도	최다 발생 오류	중재 결정
1. 사전 지식 및 기술(유리수의 사칙연산, 수량의 관계에 대한 지식)			
2. 용어나 문제 이해 부족(수량, 수량의 관계, 농도, 거리, 면적 등)			
3. 구해야 하는 값을 계산하기 위해 계산식을 세우는 방법의 이해와 적용의 어려움			
4. 문자식 만드는 방법에 따라 구해야 하는 값, 알고 있는 값, 문자로 대신 표현된 값을 찾는 방법의 이해와 적용의 어려움			
5. 구해야 하는 값을 계산하기 위해 알고 있는 값과 문자로 대신 표현된 값을 계산식에 대입하여 문자식을 만드는 방법의 이해와 적용의 어려움			
6. 다단계 문제 해결이 필요한 2개 이상의 연산이 포함된 상황을 문자식을 이용해 나타내는 방법의 이해와 적용의 어려움			
7. 부주의/계산 실수			
8. 기타(구체적 원인 기재하기)			

가장 흔한 오답 원인	1과 2 중 하나	3, 4, 5, 6 중 하나	7
	AND	AND	OR
오답률	오답이 2개 이상	오답이 2개 이상	오답이 2개 미만
다음 중재	브리지(Bridge)	동 차시 반복	다음 차시

브리지(Bridge) 차시
- 1.15차시
- 1.16차시

17차시

문자를 사용한 곱셈식 간단히 나타내기

[내비게이션 2.17] 곱셈 기호를 생략하고 문자식 간단히 나타내기

[식의 유형과 풀이 순서]

1유형: 곱셈만 포함한 식

1. 식의 유형을 확인하기
2. 절댓값이 같은 문자의 곱을 양의 부호의 거듭제곱으로 나타내기
3. 거듭제곱과 남은 문자의 절댓값을 곱한 후, 곱셈 기호를 생략하고 알파벳 순서로 쓰기
4. 거듭제곱을 포함한 문자의 곱에 수를 곱한 후, 곱셈 기호를 생략하고 수를 맨 앞에 쓰기
5. 음의 부호의 수에 따라 부호를 결정하기(음의 부호가 짝수 개 – 양수, 음의 부호 홀수 – 음수)

2유형: 괄호가 있는 식과 수의 곱셈

1. 식의 유형을 확인하기
2. 괄호가 있는 식과 수의 절댓값을 곱해 주고, 곱셈 기호를 생략하여 써 주기
3. 수의 절댓값을 괄호식 앞에 쓰기
4. 음의 부호의 수에 따라 부호를 결정하기

3유형: 두 개 이상의 곱셈식이 덧셈이나 뺄셈으로 연결된 식

1. 식의 유형을 확인하기

2. 곱셈식을 각각 따로 정리하기

3. 덧셈이나 뺄셈으로 정리된 두 곱셈식을 연결해 주기

[곱셈 기호를 생략하여 문자식 간단히 표기하는 방법]

1. (수) × (문자) 또는 (문자) × (수) = (수)(문자)
   - 곱셈 기호를 생략하고 수를 문자 앞에 쓴다.
   - $2 \times a = 2a$, $a \times 2 = 2a$
2. (문자) × (문자) = (문자)(문자)
   - (다른 문자) 곱셈 기호를 생략하고 알파벳 순서로 쓴다.

     $b \times a = ab$, $a \times b = ab$
   - (같은 문자) 문자가 같을 때는 거듭제곱으로 나타낸다.

     $a \times a \times a = aaa = a^3$
3. (괄호식) × (수) = (수)(괄호식)
   - 곱셈 기호를 생략하고 수를 괄호 앞에 쓴다.
   - $(a + b) \times 2 = 2(a + b)$, $2 \times (a + b) = 2(a + b)$

차시 목표 문자를 사용한 식에서 곱셈 기호를 생략하여 간단히 나타낼 수 있다.

사전 지식 유리수의 곱셈, 거듭제곱수로 나타내기, 유리수의 혼합연산의 계산 순서

준비물 2단계 17차시 학생용 교재, **내비게이션 2.17**

흔한 오류

1. 문자와 숫자의 곱셈을 문자가 숫자만큼 곱해진 것이라 생각한다.
   - 오류 예: $5 \times a = a \times a \times a \times a \times a$

2. 음의 부호를 가진 문자가 포함된 곱셈식을 계산하는 데 어려움을 보인다.
   - 오류 예: $(-x) \times x \times (-y)$

3. 두 개 이상의 문자들이 반복적으로 곱해졌을 때, 거듭제곱된 문자들의 곱으로 표현하는 데 어려움을 보인다.
   - 오류 예: $x \times y \times x \times y \times 2 \times x = 2 \times x^3 \times y^2 = 2x^3y^2$

사전평가

처음 두 문제는 가장 필수적인 사전 지식에 대한 이해를 묻고, 3번부터 7번까지는 차시 목표인 개념과 기술의 이해를 묻습니다.

곱셈 기호를 생략하고 다음을 간단히 나타내시오.

1. $x \times x =$ ________

2. $x \times y \times x =$ ________

3. $x \times \frac{1}{y} =$ ________

4. $a \times a \times (-3) \times a =$ ________

5. $x \times \frac{2}{3} \times x =$ ________

6. $(a + b) \times 5 =$ ________

7. $4 \times b \times a - 2 \times a =$ ________

정답

1. x^2 2. x^2y 3. $\frac{x}{y}$ 4. $-3a^3$
5. $\frac{2}{3}x^2$ 6. $5a+5b$ 7. $4ab-2a$

접속하기

차시 목표 및 개념 설명

오늘은 문자가 있는 식에서 곱셈 기호를 생략하고 간단하게 나타내는 방법을 배우려 합니다. 먼저, 이번 차시에서 많이 사용될 용어를 정리해 봅시다.

1. 거듭제곱수란 무엇입니까? 어떤 수의 거듭제곱수란, 어떤 수가 반복적으로 곱해진 수를 말합니다. 예를 들어, $2^3 = 2 \times 2 \times 2 = 8$이 됩니다.

2. 문자가 반복적으로 곱해졌을 경우에도 거듭제곱꼴로 나타낼 수 있습니다. 예를 들어, $x^3 = x \times x \times x$입니다.

3. 혼합계산 순서를 기억해 봅시다. 갈비 그림에서 어떻게 배웠습니까? 지수 → 괄호 → 곱셈, 나눗셈 → 덧셈, 뺄셈 순으로 계산합니다.

혼합계산 순서, 이렇게 외워 봐요!

4. (내비게이션 2.17 을 보여 주며) 내비게이션 2.17 은 곱셈 기호를 생략하고 문자가 있는 식을 간단히 나타내는 기술과 관련하여 우리가 흔히 접하는 문제 유형과 그 해결 순서 그리고 곱셈 기호를 생략하여 문자가 있는 식을 간단히 나타내는 데 사용되는 표기 방법이 정리되어 있습니다.

   1) 먼저, 곱셈 기호를 생략하여 문자가 있는 식을 간단히 나타내는 기술과 관련하여 우리가 흔히 접하는 문제 중에는 다음과 같은 세 가지 유형이 있습니다.

① 1유형: 곱셈 기호만 포함된 식

② 2유형: 괄호식과 수의 곱셈식이 포함된 식

③ 3유형: 두 개 이상의 곱셈식이 덧셈이나 뺄셈으로 연결된 식

각 유형에 따라 문제 해결 순서가 좀 다른데, 구체적인 순서는 앞으로 문제를 풀면서 배워 봅시다.

2) 다음의 표기 방법은 문자가 있는 식을 곱셈 기호를 생략하여 나타낼 때, 일반적으로 사용되는 표기 방법입니다.

① (수) × (문자) 또는 (문자) × (수) = (수)(문자)

- 곱셈 기호를 생략하고 수를 문자 앞에 쓴다.

  → $2 \times a = 2a$, $a \times 2 = 2a$

② (문자) × (문자) = (문자)(문자)

- (서로 다른 문자) 곱셈 기호를 생략하고 알파벳 순서로 쓴다.

  → $b \times a = ab$, $a \times b = ab$

- (같은 문자) 문자가 같을 때는 거듭제곱꼴로 나타낸다.

  → $a \times a \times a = aaa = a^3$

③ (괄호식) × (수) = (수)(괄호식)

- 곱셈 기호를 생략하고 수를 괄호 앞에 쓴다.

  → $(a + b) \times 2 = 2\,(a + b)$, $2 \times (a + b) = 2(a + b)$

보여 주기

개념 및 기술 교수, 개념 및 기술 예시 제시, 보는 수학 내비게이션을 이용한 교사 모델링

다음 식을 곱셈 기호와 나눗셈 기호를 생략하여 간단한 식으로 나타내시오.

❶ (보여 주는 문제 1을 보여 주며) $(-4) \times x \times y \times y$를 간단한 식으로 나타내 봅시다.

1. 먼저, 문제의 유형을 결정합니다.
   - 주어진 식은 숫자와 문자의 곱셈으로만 이뤄진 식입니다.

2. 다음은 절댓값이 같은 문자가 곱해졌는지 확인하여 거듭제곱으로 나타냅니다.
   - 주어진 식에서는 y가 두 번 곱해져 있습니다.
   - $y \times y$를 거듭제곱으로 바꾸면 y^2이 됩니다.

3. 다음은 거듭제곱된 문자와 나머지 문자의 절댓값을 곱해 준 후, 곱셈 기호를 생략하고 알파벳순으로 씁니다.
   - 주어진 문제에서는 y^2과 나머지 문자인 x의 곱셈을 곱셈 기호를 생략하고 나타냅니다.

     $\rightarrow x \times y^2 = xy^2$

4. 정리된 문자와 숫자의 절댓값을 곱한 후, 곱셈 기호를 생략하고 숫자를 맨 앞에 씁니다.

   $\rightarrow (4) \times xy^2 = 4xy^2$

5. 문자식의 부호를 결정합니다.

- 음의 부호가 짝수이면 양의 부호, 음의 부호가 홀수이면 음의 부호를 붙여 줍니다.
- 음의 부호가 (-4)에 한 개 포함되어 있으므로 문자식의 부호는 음의 부호가 됩니다.

  → $\boxed{-4xy^2}$

❷ (보여 주는 문제 2를 보여 주며) $(a+b)\times(-9)$를 곱셈 기호를 생략하고 간단히 나타내어 봅시다.

1. 먼저, 식의 유형을 결정합니다.

- 주어진 식은 괄호가 있는 덧셈식과 수가 곱해지는 곱셈입니다.

2. 괄호가 있는 식과 수를 곱할 때는 먼저 괄호와 수의 절댓값을 곱해 주고, 수 사이의 곱셈 기호를 생략하여 써 줍니다.

→ $(a+b)\,9$

3. 수를 괄호 앞에 써 줍니다.

→ $9\,(a+b)$

4. 음의 부호 수에 따라 식의 부호를 결정합니다.

- 음의 부호가 짝수이면 양의 부호, 음의 부호가 홀수이면 음의 부호를 붙여 줍니다.
- 주어진 식에서는 음의 부호가 한 개 포함되어 있으므로 음의 부호가 식의 부호가 됩니다.

  → $\boxed{-9\,(a+b)}$

3 (보여 주는 문제 3을 보여 주며) $2 \times (-x) - y \times y \times 3$을 곱셈 기호를 생략하여 나타내 봅시다.

1. 문제의 유형을 결정합니다.
   - 주어진 문제는 두 개의 곱셈식이 뺄셈으로 연결되어 있는 혼합계산식입니다.
   - 이런 경우는 곱셈만 있는 두 식[$2 \times (-x)$, $y \times y \times 3$]을 각각 정리한 후, 뺄셈으로 연결해 줍니다.

2. 먼저 $2 \times (-x)$를 곱셈 기호를 생략하고 정리해 봅시다. $2 \times (-x)$는 숫자와 문자의 곱입니다.
   - 먼저, 숫자와 문자의 절댓값의 곱을 곱셈 부호 없이 써 줍니다.

     → $2x$
   - 음의 부호 수에 따라 식의 부호를 결정합니다. 음의 부호가 1개이므로 $2x$는 음의 부호를 갖게 됩니다.

     → $-2x$
   - 숫자를 문자 앞에 씁니다.

     → $-2x$

3. 다음은 $y \times y \times 3$을 정리합니다. $y \times y \times 3$을 거듭제곱이 있는 문자와 수의 곱입니다.
   - $y \times y$를 두 문자의 절댓값의 거듭제곱으로 나타냅니다.

     → y^2
   - y^2과 3을 곱해 줍니다. 숫자와 문자를 곱해 줄 때는 숫자와 문자의 절댓값을 곱셈 기호 없이 곱합니다.

     → $y^2 3$
   - 음의 부호 개수에 따라 식의 부호를 결정해 줍니다. 음의 부호가 없으므로 $3y^2$는 양수입니다.

→ $y^2 3$

- 수를 문자 앞에 써 줍니다.

→ $3y^2$

4. 다음은 $-2x$를 $3y^2$과 빼셈으로 연결합니다.

→ $\boxed{-2x - 3y^2}$

함께 풀기

(내비게이션 2.17 을 보여 주며) 이 내비게이션은 곱셈 기호를 생략하여 문자식을 간단하게 나타내는 순서를 식의 유형에 따라 보여 주고 일반적인 표기 방법을 보여 줍니다. 먼저, 식의 유형을 확인한 후 내비게이션 2.17 의 각 유형 아래 쓰인 풀이 순서를 차례로 적용하면 됩니다.

1 (함께 풀어 보는 문제 1을 가리키며) **곱셈 기호를 생략하고 $x \times x \times (-1) \times y$를 간단히 나타내 봅시다.**

1. 제일 먼저 무엇을 합니까? 주어진 식이 곱셈만 포함하는 식인지, 괄호가 있는 식과 수의 곱셈인지, 혼합계산인지 식의 유형을 확인합니다.
   - 주어진 식은 숫자와 문자의 곱셈으로만 이루어진 곱셈식입니다.

2. 곱셈 기호만 포함하는 곱셈식을 간단히 정리하기 위해서는 먼저 무엇을 해야 합니까? 절댓값이 같은 문자가 있는지 알아보고, 절댓값이 같은 문자의 곱셈은 거듭제곱으로 나타냅니다.
   - 절댓값이 같은 문자가 주어진 식에 있습니까? 주어진 문제에서는 x가 두 번 곱해져 있으므로 $x \times x$를 거듭제곱으로 나타내야 합니다.
   - $x \times x$를 거듭제곱으로 나타내면 어떻게 됩니까? $x \times x = x^2$입니다.

3. 다음은 무엇을 해야 합니까? 거듭제곱으로 나타낸 문자와 나머지 문자의 절댓값을 곱해 주어, 곱셈 기호를 생략하고 알파벳순으로 써 줍니다.
   - 주어진 식에 x 외에 다른 문자가 있습니까? y가 있습니다.
   - x^2과 y를 곱하면 어떻게 됩니까? $x^2 \times y = x^2y$입니다.

4. 다음은 무엇을 합니까? 정리된 문자식과 수의 절댓값을 곱해 준 후, 곱셈 기호를 생략하고 수를 문자식 맨 앞에 써 줍니다.

- 주어진 식에 수가 있습니까? (−1)이 있습니다.
- (−1)의 절댓값은 무엇입니까? 1입니다.
- 1을 x^2y에 곱합니다. $(1) \times x^2y = 1x^2y$, 즉 x^2y입니다.

5. 다음은 무엇을 합니까? 음의 부호 개수에 따라 문자식의 부호를 결정합니다.

- 주어진 식에는 음의 부호를 가진 수나 문자가 몇 개 곱해져 있습니까? (−1)에 음의 부호가 한 개 포함되어 있습니다.
- 음의 부호가 홀수 개 포함되어 있으면 정리된 식은 어떤 부호를 갖습니까? 정리된 문자식은 음의 부호를 갖습니다.
- 정리된 문자식에 음의 부호를 붙이면 어떻게 됩니까? $-x^2y$가 됩니다.

❷ (함께 풀어 보는 문제 2를 가리키며) $(x - y) \times (-3)$을 곱셈 기호를 생략하고 나타내 봅시다.

1. 문자가 포함된 식을 간단히 나타낼 때 가장 먼저 해야 할 일은 무엇입니까? 먼저, 식의 유형을 체크합니다.

- 주어진 식은 곱셈만 포함하는 식입니까, 괄호가 있는 식과 수가 곱해지는 식입니까, 아니면 혼합계산식입니까? 괄호가 있는 뺄셈식과 수가 곱해진 식입니다.

2. 괄호가 있는 식과 수를 곱할 때는 제일 먼저 무엇을 합니까? 괄호와 수의 절댓값을 곱해 줍니다. 이때, 곱셈 기호는 생략합니다.

- 주어진 식에서 괄호 안에 있는 식은 무엇입니까? 괄호 안에 있는 식은 $(x - y)$입니다.
- 괄호에 곱해야 할 수는 무엇입니까? 괄호에 곱해야 할 수는 (−3)입니다.

- 괄호식에 숫자를 곱할 때는 어떻게 해야 합니까? (-3)을 $(x-y)$에 곱할 때는 (-3)의 절댓값인 3을 $(x-y)$에 곱해 주고, 곱셈 기호를 생략하여 써 줍니다.

  → $(x-y)\,3$

3. 다음은 무엇을 합니까? 숫자를 괄호 앞에 써 줍니다.

→ $3(x-y)$

4. 다음은 무엇을 합니까? 식의 부호를 결정합니다.

- 식의 부호는 어떻게 결정합니까? 음의 부호가 짝수이면 양의 부호, 음의 부호가 홀수이면 음의 부호를 붙여 줍니다.
- 주어진 식에서는 음의 부호가 몇 개 포함되어 있습니까? (-3)에 음의 부호가 한 개 포함되어 있으므로 식의 결과는 음의 부호를 갖습니다.

  → $\boxed{-3\,(x-y)}$

3 (함께 풀어 보는 문제 3을 가리키며) $3 \times b \times a + 4 \times b$를 곱셈 기호를 생략하여 나타내 봅시다.

1. 문자가 있는 식을 간단히 나타낼 때 제일 먼저 할 일은 무엇입니까? 주어진 식이 곱셈만 포함하는 식인지, 괄호가 있는 식과 수의 곱셈인지, 혼합계산식인지 식의 유형을 확인합니다.

- 주어진 식은 어떤 유형입니까? 곱셈만 있는 두 식이 덧셈으로 연결된 혼합계산식입니다.
- 이 문제는 어떻게 풀어 나가야 합니까? 곱셈만 있는 두 식($3 \times b \times a$, $4 \times b$)을 각각 정리한 후, 덧셈으로 연결해 주면 됩니다.

2. 먼저, $3 \times b \times a$를 곱셈 기호를 생략하고 정리해 봅시다.

- $3 \times b \times a$에는 절댓값이 같은 문자가 있습니까? 절댓값이 같은 문자는 없고 숫자 3과 두 문자 a, b가 곱해진 식입니다.
- $3 \times b \times a$는 어떻게 정리합니까? 먼저, 두 문자를 간단한 형태로 만듭니다. $b \times a$를 곱셈 기호를 생략하고 알파벳 순서로 쓰면 ab가 됩니다.
- 다음은 무엇을 합니까? 숫자 3과 ab를 곱해 줍니다.
- 수와 문자식을 곱해 줄 때는 곱셈 기호를 생략하고 수를 문자 앞에 씁니다. $3 \times ab = 3ab$가 됩니다.

3. 다음은 무엇을 합니까? $4 \times b$를 곱셈 기호를 생략하고 간단히 정리합니다.

- 수와 문자의 곱셈식은 어떻게 정리합니까? 곱셈 기호를 생략하고 숫자 다음에 문자를 씁니다.
- $4 \times b = 4b$가 됩니다.

4. 다음은 무엇을 합니까? 2단계와 3단계에서 정리한 $3ab$와 $4b$를 덧셈 기호로 연결합니다.

- $3ab + 4b$가 정답입니다.

5. 다음은 무엇을 합니까? 식의 부호를 결정합니다.

- 주어진 식에는 음의 부호가 없습니다.

아 그렇구나!

혼동되는 문제 다시 풀기
최다 오류를 반례로 제시하여 개념 및 기술 획득 강화

아 그렇구나! 에서는 곱셈 기호를 생략하고 문자식을 나타낼 때 우리가 자주 혼동하는 문제들을 함께 풀어 봅시다. 이 문제들을 풀 때 왜 실수가 많은지 함께 생각해 봅시다.

1 (아 그렇구나! 문제 1을 가리키며) $a \times (-a) \times (-b) \times 3$을 곱셈 기호를 생략하고 간단하게 나타낼 때 혼동되는 것은 무엇입니까?

⇨ 이 문제에서는 a와 $(-a)$가 절댓값이 같은 문자라는 것을 이해하지 못하면, 절댓값이 같은 문자의 곱을 거듭제곱으로 나타내는 데 실패하게 됩니다. 2와 (−2)의 절댓값이 똑같이 2인 것처럼, a와 $(-a)$의 절댓값은 a이고 $a \times (a)$를 거듭제곱으로 나타내면 a^2입니다. 주어진 문자식은 $3a^2b$로 정리할 수 있습니다.

2 (아 그렇구나! 문제 2를 가리키며) $x \times (\frac{1}{y})$을 곱셈 기호를 생략하여 간단하게 나타낼 때 혼동되는 것은 무엇입니까?

⇨ 배운 방법대로 곱셈식을 정리하면, 곱셈 기호를 생략하고 알파벳 순서로 배열하여 $x\frac{1}{y}$을 얻게 됩니다. 분수에서 $2 \times \frac{1}{3}$이 $2\frac{1}{3}$과 같습니까? $2 \times \frac{1}{3} = \frac{2}{1} \times \frac{1}{3} = \frac{2}{3}$이고, $2\frac{1}{3} = 2 + \frac{1}{3} = \frac{7}{3}$이므로 서로 다른 값입니다. 마찬가지로, $x\frac{1}{y} = x + \frac{1}{y}$을

의미하므로 $x \times (\frac{1}{y})$과 다른 의미를 가진 식입니다. $x \times (\frac{1}{y})$은 $\frac{x}{1} \times \frac{1}{y}$로 바꾸어 계산하여 $\frac{x \times 1}{1 \times y} = \frac{x}{y}$로 나타냅니다.

3 (아 그렇구나! 문제 3을 가리키며) $a \times 0.1$을 곱셈 기호를 생략하고 나타낼 때 혼동되는 점은 무엇입니까?

⇨ 배운 방법대로 수와 문자를 곱한 후 곱셈 기호를 생략하고 수를 앞에 쓰면 $2 \times 0.1 = 0.2$에서처럼 $a \times 0.1 = 0.a$라고 혼동하는 경우가 있습니다. 문자와 소수가 곱해졌을 때는 문자와 소수를 각각 따로 씁니다. $a \times 0.1 = 0.1a$가 정답입니다. 마찬가지로, $a \times 0.01$도 $0.0a$가 아니라 $0.01a$입니다.

배움 체크하기

(배움 체크 리스트 를 가리키며) 오늘 우리가 함께 공부한 것을 혼자서도 할 수 있는지 체크해 봅시다. 혼자서도 할 수 있으면 , 선생님의 도움이 더 필요하다면 ?에 동그라미로 표시하세요.

배움 체크 리스트		?
1. 부호가 있는 유리수의 곱셈을 이해하고 계산할 수 있습니다.		
2. 거듭제곱의 의미를 알고, 반복적으로 곱해진 수를 거듭제곱수로 나타낼 수 있습니다.		
3. 절댓값이 같은 문자들의 곱셈식을 문자의 거듭제곱으로 나타낼 수 있습니다.		
4. 숫자와 문자가 곱해졌을 때, 곱셈 기호를 생략하고 숫자를 문자 앞에 쓴다는 것을 이해하고 적용할 수 있습니다.		
5. 서로 다른 문자들이 곱해졌을 때, 곱셈 기호를 생략하고 문자들을 알파벳 순서로 쓴다는 것을 이해하고 적용할 수 있습니다.		
6. 괄호가 있는 식과 수가 곱해졌을 때, 곱셈 기호를 생략하고 수를 앞에 쓰고, 그다음에 괄호식을 쓴다는 것을 이해하고 적용할 수 있습니다[예: $3 \times (x + y)$].		
7. 문자가 분모에 있는 식과 문자가 분자에 있는 식이 곱해진 경우, 유리수의 곱셈에서처럼 분자는 분자끼리 분모는 분모끼리 곱한다는 것을 이해하고 적용할 수 있습니다[예: $x \times (\frac{1}{y})$].		
8. 두 개 이상의 곱셈식이 덧셈이나 뺄셈으로 연결된 혼합계산의 경우, 각 곱셈식을 따로 정리한 후 덧셈이나 뺄셈으로 연결한다는 것을 이해하고 적용할 수 있습니다.		

혼자 풀기

(혼자 풀어 보는 문제 1~7을 제시하며) 오늘 배운 것을 기억하면서 문제를 혼자 풀어 보는 시간입니다. 내비게이션 2.17 을 사용하면 도움이 됩니다.

곱셈 기호를 생략하고 다음을 간단히 나타내시오.

1. $a \times a \times a =$ ____________

2. $a \times b \times \mathrm{c} =$ ____________

3. $y \times \dfrac{1}{x} =$ ____________

4. $x \times x \times (-2) \times x =$ ____________

5. $x \times \dfrac{2}{5} \times x =$ ____________

6. $(x + y) \times 3 =$ ____________

7. $4 \times b \times a - 2 \times a =$ ____________

채점 및 오답 분석

학생이 쓴 답을 기재하고, 오답인 경우 중재 결정표 에서 가능한 오류 원인을 1~8 중에서 골라 번호로 기재합니다. 기타 원인 때문에 오답이 발생했을 경우, 구체적으로 어떤 이유인지 기재합니다. 가능한 오답의 원인을 모두 기재합니다.

혼자 풀어 보는 문제	정답	학생이 쓴 답	오답 원인
1. $a \times a \times a$	a^3		
2. $a \times b \times \mathrm{c}$	$ab\mathrm{c}$		
3. $y \times \frac{1}{x}$	$\frac{y}{x}$		
4. $x \times x \times (-2) \times x$	$(-2)x^3$		
5. $x \times \frac{2}{5} \times x$	$\frac{2}{5}x^2$		
6. $(x+y) \times 3$	$3(x+y)$		
7. $4 \times b \times a - 2 \times a$	$-8a^2b$		
	정답 개수	/ 7	

중재 결정표

오답 원인을 분석하여 차후 중재를 결정하세요.

오답 원인	발생 빈도	최다 발생 오류	중재 결정
1. 사전 지식 및 기술(유리수의 사칙연산, 절댓값의 이해 및 계산)			
2. 용어나 문제 이해 부족(거듭제곱수, 문자식, 절댓값 등)			
3. 같은 문자가 곱해진 경우, 문자의 거듭제곱으로 나타내는 것에 대한 이해와 적응의 어려움			
4. 수와 문자의 곱셈식인 경우 곱셈 기호를 생략하고 수를 문자 앞에 쓰고, 문자와 문자의 곱셈식인 경우 곱셈 기호를 생략하고 문자들을 알파벳순으로 쓴다는 것에 대한 이해와 적용의 어려움			
5. 괄호가 있는 식과 수의 곱셈은 곱셈 기호를 생략하여 쓰고 수를 괄호 앞에 쓴다는 것에 대한 이해와 적용 어려움			
6. 두 개 이상의 곱셈식이 덧셈이나 뺄셈으로 연결된 혼합계산식일 때는 곱셈식을 각각 따로 정리한 후 덧셈이나 뺄셈으로 연결한다는 것에 대한 이해와 적용 어려움			
7. 부주의/계산 실수			
8. 기타(구체적 원인 기재하기)			

가장 흔한 오답 원인	1과 2 중 하나	3, 4, 5, 6 중 하나	7
	AND	AND	OR
오답률	오답이 2개 이상	오답이 2개 이상	오답이 2개 미만
다음 중재	브리지(Bridge)	동 차시 반복	다음 차시

브리지(Bridge) 차시

- 2.1차시
- 2.14차시
- 2.15차시

18차시

문자를 사용한 나눗셈식 간단히 나타내기

[내비게이션 2.18] 나눗셈 기호를 생략하여 문자식 간단히 나타내기

[문자식의 유형과 나눗셈 기호를 생략하고 간단히 나타내는 절차]

1유형: 나눗셈만 포함된 식

1. 절댓값의 식으로 전환
2. 나눗셈식을 분수로 전환: 피제수는 분자에, 제수는 분모에 써 줌

$$피제수 \div 제수 = \frac{피제수}{제수}$$

3. 부호 결정

2유형: 괄호식이 포함된 나눗셈식

1. 괄호식은 네모로 전환
2. 절댓값의 식으로 전환
3. 나눗셈식을 분수로 전환: 피제수는 분자에, 제수는 분모에 써 줌

$$피제수 \div 제수 = \frac{피제수}{제수}$$

4. 부호 결정
5. 네모를 괄호식으로 전환

3유형: 혼합계산

1. 괄호식은 네모로 전환
2. 곱셈과 나눗셈식 정리
3. 덧셈과 뺄셈
4. 네모를 괄호식으로 전환

[나눗셈 기호를 생략하는 문자식 표기 방법]

1. $\blacksquare \div \bullet = \blacksquare \times \dfrac{1}{\bullet} = \dfrac{\blacksquare}{\bullet}$

- 나눗셈을 곱셈으로 바꾸고, 제수 대신 제수의 역수를 써서 곱셈식으로 바꾼다.

  $a \div 2 = a \times \dfrac{1}{2} = \dfrac{a}{2}$

  $b \div a = b \times \dfrac{1}{a} = \dfrac{b}{a}$

2. $(\blacksquare + \blacktriangle) \div \bullet = (\blacksquare + \blacktriangle) \times \dfrac{1}{\bullet}$

   $= \dfrac{(\blacksquare + \blacktriangle)}{\bullet}$

- 나눗셈을 곱셈으로 바꾸고, 제수 대신 제수의 역수를 써서 곱셈식으로 바꾼다.
- $(a + b) \div 2 = (a + b) \times \dfrac{1}{2} = \dfrac{(a + b)}{2}$

  $2 \div (a + b) = 2 \times \dfrac{1}{(a + b)} = \dfrac{2}{(a + b)}$

3. 혼합계산

혼합계산 순서대로 계산한 후(지수 → 괄호 → 곱셈, 나눗셈 → 덧셈, 뺄셈), 곱셈과 나눗셈 기호는 생략하고, 덧셈과 뺄셈 기호는 생략하지 않는다.

차시 목표 문자를 사용한 식에서 나눗셈 기호를 생략하여 간단히 나타낼 수 있다.

사전 지식 유리수의 곱셈과 나눗셈, 역수, 유리수의 혼합연산의 계산 순서

준비물 2단계 18차시 학생용 교재, **내비게이션 2.18**

흔한 오류

1. 숫자를 문자로 나눌 경우, 곱셈의 역원의 성질을 이용해서 계산하는 데 어려움을 보인다.
   - 오류 예: $5 \div a = \frac{1}{5} \times a$

2. 숫자나 문자를 분수가 계수인 문자식으로 나눌 때, 분수가 계수인 문자식의 곱셈의 역수를 구하는 데 어려움을 보인다.
   - 오류 예: $5 \div \frac{2}{3}x = 5 \times \frac{3}{2}x = \frac{15}{2}x$

3. 문자의 혼합계산 문제에서 계산 순서를 혼동한다.

4. 곱셈과 나눗셈이 포함된 문자식에서 항상 곱셈을 먼저 정리하려 한다.
   - 오류 예: $y \div x \times z = y \div xz = \frac{y}{xz}$

사전평가

처음 두 문제는 가장 필수적인 사전 지식에 대한 이해를 묻고, 3번부터 7번까지는 차시 목표인 개념과 기술의 이해를 묻습니다.

나눗셈 기호를 생략하고 다음 식을 간단히 나타내시오.

1. $2 \div (-5) =$ __________

2. $1 \div 3 =$ __________

3. $(2a + 3b) \div c =$ __________

4. $(a - 4b) \div 2c =$ __________

5. $x \times 2y \div 7 =$ __________

6. $6x \div 5 + 3y =$ __________

7. $3 \times a \div 2 + 4 \times b \div 3 =$ __________

정답

1. $-\frac{2}{5}$
2. $\frac{1}{3}$
3. $\frac{2a}{c}+\frac{3b}{c}$
4. $\frac{a}{2c}-\frac{2b}{c}$
5. $\frac{2xy}{7}$
6. $\frac{6x}{5}+3y$
7. $\frac{3a}{2}+\frac{4b}{3}$

접속하기

차시 목표 및 개념 설명

오늘은 나눗셈 기호를 생략하고 문자식을 간단하게 나타내는 방법을 배우려 합니다. 먼저, 이번 차시에서 많이 사용될 용어를 정리해 봅시다.

1. 어떤 수의 역수란 무엇입니까? 역수란 어떤 수와 곱했을 때 곱셈의 항등원인 1을 만드는 수를 말합니다. $2 \times (\frac{1}{2}) = 1$이므로 $\frac{1}{2}$은 2의 역수이고, 2는 $\frac{1}{2}$의 역수입니다.

2. 같은 원리가 문자식에도 적용됩니다. $x \times \frac{1}{x} = 1$이므로 문자 x의 역수는 $\frac{1}{x}$이고, $\frac{1}{x}$의 역수는 x입니다.

3. 나눗셈에서 피제수와 제수는 무엇입니까? 피제수는 나눠지는 수(÷ 앞에 오는 수)이고, 제수는 나누는 수(÷ 뒤에 나오는 수)를 말합니다.

4. 유리수의 나눗셈 방법을 알고 있으면 문자의 나눗셈 방법을 이해하는 데 도움이 됩니다.

1) 먼저, 정수의 나눗셈 방법을 기억해 봅시다. $4 \div 3$은 어떻게 계산합니까?

나눗셈 부호를 곱셈으로 바꾸고, 3 대신 3의 역수인 $\frac{1}{3}$을 곱해 줍니다.

$\rightarrow 4 \times \frac{1}{3} = \frac{4}{1} \times \frac{1}{3} = \frac{4 \times 1}{1 \times 3} = \frac{4}{3}$

피제수 ÷ 제수 = $\frac{\text{피제수}}{\text{제수}}$

2) 분수의 나눗셈 방법을 기억해 봅시다. $\frac{2}{3} \div \frac{5}{7}$는 어떻게 계산합니까? 정수에서처럼 나눗셈 부호를 곱셈으로 바꾸고, 제수 $\frac{5}{7}$의 역수인 $\frac{7}{5}$을 곱해 줍니다.

$\rightarrow \frac{2}{3} \div \frac{5}{7} = \frac{2}{3} \times \frac{7}{5} = \frac{2 \times 7}{3 \times 5} = \frac{14}{15}$

5. 혼합계산 순서를 기억해 봅시다. 갈비 그림에서 어떻게 배웠습니까? 지수 → 괄호 → 곱셈, 나눗셈 → 덧셈, 뺄셈 순으로 계산합니다.

혼합계산 순서, 이렇게 외워 봐요!

6. (내비게이션 2.18 을 보여 주며) 내비게이션 2.18 은 나눗셈 기호를 생략하고 문자가 있는 식을 간단히 나타내는 방법과 관련하여 우리가 흔히 접하는 식의 유형과 그 해결 순서를 보여 줍니다. 식의 유형을 확인한 후, 유형에 맞는 절차를 적용하면 문자식을 간단히 정리할 수 있습니다.

1) 먼저, 우리가 흔히 접하는 문자식에는 다음과 같은 세 가지 유형이 있습니다.

- 1유형: 나눗셈 기호만 포함된 식
- 2유형: 괄호식이 포함된 나눗셈식
- 3유형: 혼합계산이 포함된 식

각 유형에 따라 문제 해결 순서가 조금씩 다른데, 구체적인 순서는 앞으로 문제를 풀면서 배워 봅시다.

2) 다음의 표기 방법은 문자가 있는 식을 곱셈 기호를 생략하여 나타낼 때 일반적으로 사용되는 표기 방법입니다.

[나눗셈 기호를 생략하는 문자식 표기 방법]

1. $\blacksquare \div \bullet = \blacksquare \times \dfrac{1}{\bullet} = \dfrac{\blacksquare}{\bullet}$

- 나눗셈을 곱셈으로 바꾸고, 제수 대신 제수의 역수를 써서 곱셈식으로 바꾼다.

  $a \div 2 = a \times \dfrac{1}{2} = \dfrac{a}{2}$

  $b \div a = b \times \dfrac{1}{a} = \dfrac{b}{a}$

2. $(\blacksquare + \blacktriangle) \div \bullet = (\blacksquare + \blacktriangle) \times \dfrac{1}{\bullet}$

   $= \dfrac{(\blacksquare + \blacktriangle)}{\bullet}$

- 나눗셈을 곱셈으로 바꾸고, 제수 대신 제수의 역수를 써서 곱셈식으로 바꾼다.
- $(a + b) \div 2 = (a + b) \times \dfrac{1}{2} = \dfrac{(a + b)}{2}$

  $2 \div (a + b) = 2 \times \dfrac{1}{(a + b)} = \dfrac{2}{(a + b)}$

보여 주기

개념 및 기술 교수, 개념 및 기술 예시 제시, 보는 수학 내비게이션을 이용한 교사 모델링

다음 식을 나눗셈 기호를 생략하여 간단한 식으로 나타내시오.

1 (보여 주는 문제 1을 보여 주며) $(-a) \div (-2b)$를 간단한 식으로 나타내 봅시다.

1. 나눗셈 기호를 생략하고 간단한 식으로 나타낼 때는 먼저 문자식의 유형을 결정합니다.
   - 주어진 식은 나눗셈만 있는 문자식입니다.

2. 다음은 문자나 숫자의 절댓값들의 나눗셈식으로 바꿔 줍니다.

   $\rightarrow a \div 2b$

3. 나눗셈식을 분수의 곱셈식으로 전환해 줍니다. 피제수는 분자에, 제수는 분모에 써 줍니다.

   $\rightarrow a \div 2b$

   $= a \times \dfrac{1}{2b}$

   $= \dfrac{a}{1} \times \dfrac{1}{2b} = \dfrac{a}{2b}$

4. 다음은 문자식의 부호를 결정합니다.
   - 음의 부호 개수에 따라 문자식의 부호를 결정합니다.
   - 음의 부호를 가진 수나 문자가 홀수 개이면 음수가 되고, 음의 부호를 가진 수나 문자식이 짝수 개이면 양수가 됩니다.
   - 주어진 문제에서는 $(-a)$와 $(-2b)$에 음의 부호가 두 개 포함되어 있으므로, 문자식의 부호는 양의 부호가 됩니다.

→ $\boxed{\dfrac{a}{2b}}$

2 (보여 주는 문제 2를 보여 주며) $(x+2) \div (-4)$를 간단한 식으로 나타내 봅시다.

1. 먼저, 식의 유형을 확인합니다.
   - 괄호가 있는 나눗셈식입니다.

2. 괄호를 □로 대체해 써 줍니다.

   → $\square \div (-4)$

3. 수나 문자를 절댓값으로 바꿉니다.

   → $\square \div (4)$

4. 나눗셈식을 분수로 바꾸어 줍니다.
   - 피제수를 분자에, 제수를 분모에 써 줍니다.

$$\square \div 4 = \frac{\square}{4}$$

5. 식의 부호를 결정합니다.
   - 음의 부호 수가 홀수 개이면 식을 정리한 결과는 음의 부호를 갖게 됩니다.
   - 음의 부호 수가 짝수 개이면 식을 정리한 결과는 양의 부호를 갖게 됩니다.
   - 주어진 식에는 (-4)만 음의 부호를 가지고 있으므로, 문자식을 정리한 결과는 음의 부호를 갖습니다.

6. □를 원래의 괄호식으로 바꿉니다.

$$-\frac{\square}{4} = -\frac{(x+2)}{4}$$

3 (보여 주는 문제 3을 보여 주며) $3 \times a \div 5 + 2 \times b \div 3$을 곱셈과 나눗셈 기호를 생략하여 간단히 나타내어 봅시다.

1. 먼저, 주어진 문자식의 유형을 확인합니다.
   - 주어진 문자식은 혼합계산식입니다.

2. 괄호를 □로 대체해 줍니다.
   - 주어진 식에는 괄호가 없습니다.

3. 곱셈과 나눗셈을 왼쪽에서 오른쪽으로 순서대로 정리해 줍니다.

   → $3 \times a \div 5$

   $3 \times a = 3a$

   $3a \div 5 = \frac{3a}{5}$

   → $2 \times b \div 3$

   $2 \times b = 2b$

   $2b \div 3 = \frac{2b}{3}$

4. 덧셈이나 뺄셈을 정리해 줍니다.

   → $\frac{3a}{5} + \frac{2b}{3}$

5. □를 괄호식으로 대체해 줍니다.
   - 주어진 식에는 괄호가 없으므로 $\frac{3a}{5} + \frac{2b}{3}$가 정답입니다.

함께 풀기

(내비게이션 2.18 을 보여 주며) 이 내비게이션은 나눗셈 기호를 생략하여 문자식을 간단하게 나타내는 방법을 보여 줍니다. 내비게이션을 참고하여 다음 문제를 함께 풀어 봅시다.

1 (함께 풀어 보는 문제 1을 가리키며) **나눗셈 기호를 생략하고 $(-8x) \div 3y$를 간단히 나타내 봅시다.**

1. 문자가 포함된 나눗셈식을 간단히 정리할 때 제일 먼저 해야 할 일은 무엇입니까? 식의 유형을 확인합니다.
   - 주어진 식은 어떤 유형에 속하는 식입니까? 주어진 식은 두 문자항의 나눗셈식입니다.
   - 내비게이션에서 나눗셈으로 이루어진 식을 정리하는 순서를 보면서 함께 풀어 봅시다.

2. 나눗셈식을 정리하려면 먼저 무엇을 해야 합니까? 식에 포함된 수와 문자를 절댓값으로 바꿉니다.
   - 절댓값으로 바꾸어야 하는 문자항은 무엇입니까? $-8x$를 절댓값 $8x$로, $3y$를 절댓값 $3y$로 바꿉니다.

     $\rightarrow (8x) \div 3y$

3. 다음은 무엇을 합니까? 나눗셈식을 분수식으로 만들어 줍니다.
   - 나눗셈을 분수로 바꾸려면 어떻게 해야 합니까? $(8x)$를 분자에, $3y$를 분모에 씁니다.

     $\rightarrow (8x) \div 3y = \dfrac{8x}{3y}$

4. 다음은 무엇을 합니까? 정리된 문자식의 부호를 결정합니다.

- 문자식의 부호는 어떻게 결정합니까? 주어진 식에 포함된 음수의 개수를 세어서 음수가 홀수 개이면 정리된 식에 음의 부호를 붙이고, 음수가 짝수 개이면 정리된 식에 양의 부호를 붙여 줍니다.
- 주어진 식에는 음수가 몇 개입니까? 주어진 식에는 음수가 한 개($-8x$) 포함되어 있으므로 정리된 식도 음수가 됩니다.

→ $\boxed{-\frac{8x}{3y}}$

2 (함께 풀어 보는 문제 2를 가리키며) $(-a) \div (b - 7)$을 함께 풀어 봅시다.

1. 나눗셈식을 정리하려면 제일 먼저 무엇을 해야합니까? 주어진 식의 유형을 확인합니다.

- 주어진 식은 어떤 유형의 식입니까? 주어진 식은 괄호가 포함된 나눗셈식입니다.

2. 괄호가 포함된 나눗셈식을 정리하려면 무엇을 먼저 합니까? 괄호를 □로 대체합니다.

→ $(-a) \div \square$

3. 다음은 무엇을 합니까? 주어진 식을 절댓값의 나눗셈식으로 바꿉니다.

- 절댓값으로 바꿔야 할 것은 무엇입니까? $(-a)$를 그 절댓값인 a로 바꿉니다.

4. 다음은 무엇을 해야 합니까? 나눗셈식을 분수로 바꿉니다.

- 나눗셈식을 분수로 바꾸려면 어떻게 해야 합니까? 분자에는 a를, 분모에는 □를 씁니다.

→ $\frac{a}{\square}$

5. 다음은 무엇을 합니까? 주어진 식의 부호를 결정해야 합니다.

- 식의 부호는 어떻게 결정합니까? 주어진 식에 음의 부호가 홀수 개 포함되어 있으면 정리된 식은 음의 부호를 갖고, 음의 부호가 짝수 개 포함되어 있으면 정리된 식은 양의 부호를 갖습니다.
- 주어진 식에는 음의 부호가 몇 개 포함되어 있습니까? 주어진 식에는 $(-a)$에 음의 부호가 1개 들어 있으므로, 정리된 식은 음의 부호를 갖습니다.

→ $-\dfrac{a}{\square}$

6. □를 괄호식으로 대체합니다.

→ $-\dfrac{a}{\square} = -\dfrac{a}{(b-7)}$

❸ (함께 풀어 보는 문제 3을 가리키며) $x \div 4 \times (x + y)$를 곱셈과 나눗셈 기호를 생략하고 나타내 봅시다.

1. 식을 정리하기 위해 가장 먼저 해야 하는 것은 무엇입니까? 식의 유형을 확인합니다.

- 주어진 식의 유형은 무엇입니까? 주어진 식은 혼합계산식입니다.

2. 혼합계산식은 어떻게 정리를 시작합니까? 먼저 괄호식이 있는지 확인하고, 괄호식을 □로 대체합니다.

→ $x \div 4 \times \square$

3. 다음은 무엇을 해야 합니까? 곱셈과 나눗셈을 왼쪽에서 오른쪽으로 순서대로 계산합니다.

$\rightarrow x \div 4 = \frac{x}{4}$

$\rightarrow \frac{x}{4} \times \square = \frac{x\square}{4}$

4. 다음은 무엇을 합니까? □를 괄호식으로 대체합니다.

$$\rightarrow \boxed{\frac{x\square}{4} = \frac{x(x+y)}{4}}$$

아 그렇구나!

☞ 혼동되는 문제 다시 풀기
☞ 최다 오류를 반례로 제시하여 개념 및 기술 획득 강화

아 그렇구나! 에서는 곱셈과 나눗셈 기호를 생략하고 문자식을 정리할 때 우리가 자주 혼동하는 문제들을 함께 풀어 봅니다. 이 문제들을 풀 때 왜 실수가 많은지 함께 생각해 봅시다.

1 (아 그렇구나! 문제 1을 가리키며) $\frac{x}{3} \div \frac{y}{5}$**를 나눗셈 기호를 생략하고 나타낼 때 혼동되는 점은 무엇입니까?**

⇨ 나눗셈식을 정리하려면 나눗셈식을 분수식으로 바꿔야 합니다. 주어진 문제에서는 피제수와 제수가 이미 분수 형태이므로 $\frac{\text{분수}}{\text{분수}}$가 됩니다. 주어진 문제에서처럼 분수 ÷ 분수를 정리해야 할 경우에는 분수의 나눗셈에서 배웠던 것처럼 곱셈식으로 바꿔서 정리해 줍니다. 피제수 × (제수의 역수)로 바꿔서 정리해 줍니다. 주어진 식은 $\frac{x}{3} \times \frac{5}{y}$로 바뀌고, $\frac{5x}{3y}$로 정리합니다.

2 (아 그렇구나! 문제 2를 가리키며) $3 \div (-\frac{1}{a})$**을 나눗셈 기호를 생략하고 나타낼 때 혼동되는 점은 무엇입니까?**

⇨ 주어진 문제는 간단한 나눗셈식처럼 보이지만, 제수가 이미 분수이기 때문에 주어

진 식을 분수식으로 나타내는 것이 혼동됩니다. 나눗셈식에 분수가 들어 있을 때는 아 그렇구나! 문제 1에서처럼 나눗셈 기호를 곱셈으로 바꾸고, 제수 대신 제수의 역수를 써서 곱셈식으로 나타낸 후 정리합니다. 그런데 $-\frac{1}{a}$의 역수가 무엇인지 혼동하는 경우에는 이 문제를 정리하기가 어렵습니다. 역수란 그 수와 곱해서 1이 되는 수이므로 $-\frac{1}{a}$의 역수는 $-\frac{a}{1} = -a$입니다. 주어진 문제는 곱셈식으로 나타내면 $3 \times (-a)$가 되고, 정리하면 $-3a$입니다.

3 (아 그렇구나! 문제 3을 가리키며) $x \div \frac{1}{y} \times \frac{1}{z}$을 **곱셈과 나눗셈 기호를 생략하고 나타낼 때 혼동되는 점은 무엇입니까?**

⇨ 혼합계산을 할 때, 곱셈을 먼저 해야 한다고 생각하는 경우에는 주어진 문제를 풀 때 $\frac{1}{y} \times \frac{1}{z}$을 먼저 정리하여 $\frac{1}{xy}$로 바꾼 후 $x \div \frac{1}{xy}$을 정리하게 됩니다. 이 경우엔 분수가 포함된 나눗셈식이므로 분수의 나눗셈에서처럼 나눗셈 기호를 곱셈으로 바꾸고, $\frac{1}{xy}$의 역수($\frac{xy}{1} = xy$)를 써서 식을 $x \times xy = x^2y$로 정리하여 오답을 내게 됩니다.

하지만 주어진 문제에서처럼 곱셈과 나눗셈이 같은 항에 있을 경우에는 왼쪽에서 오른쪽으로 순서대로 계산해 주어야 합니다. 주어진 문제는 $x \div \frac{1}{y}$을 먼저 계산하여 $x \times y = xy$를 얻고, $xy \times \frac{1}{z}$을 계산하여 $\frac{xy}{z}$로 정리할 수 있습니다. 정답은 $\frac{xy}{z}$입니다.

배움 체크하기

(배움 체크 리스트 를 가리키며) 오늘 우리가 함께 공부한 것을 혼자서도 할 수 있는지 체크해 봅시다. 혼자서도 할 수 있으면 👍, 선생님의 도움이 더 필요하다면 ?에 동그라미로 표시하세요.

배움 체크 리스트	👍	?
1. 분수의 나눗셈식을 곱셈식으로 바꾸어 계산할 수 있습니다.		
2. 유리수의 곱셈의 역원을 이해하고 구할 수 있습니다.		
3. 나눗셈만으로 이뤄진 문자식을 나눗셈 기호를 생략하고 간단히 정리하는 방법을 이해하고 적용할 수 있습니다.		
4. 괄호식이 포함된 나눗셈식을 나눗셈 기호를 생략하고 간단히 정리하는 방법을 이해하고 적용할 수 있습니다.		
5. 혼합계산이 포함된 문자식을 곱셈과 나눗셈 기호를 생략하고 간단히 정리할 때는, 혼합연산에서처럼 곱셈 또는 나눗셈을 먼저 정리하고 덧셈과 뺄셈을 정리한다는 것을 이해하고 적용할 수 있습니다.		
6. 혼합계산식을 정리할 때는 곱셈과 나눗셈 기호는 생략하나 덧셈과 뺄셈식은 생략하지 않는다는 것을 알고 있습니다.		
7. 분수가 있는 문자식의 나눗셈은 분수의 나눗셈에서처럼 나눗셈 기호를 곱셈으로 바꾸고, 제수를 제수의 역수로 바꾸어 곱셈식으로 계산하고 정리한다는 것을 이해하고 적용할 수 있습니다.		

혼자 풀기

(혼자 풀어 보는 문제 1~7을 제시하며) 오늘 배운 것을 기억하면서 문제를 혼자 풀어 보는 시간입니다. 내비게이션 2.18 을 사용하면 도움이 됩니다.

나눗셈 기호를 생략하고 다음 식을 간단히 나타내시오.

1. $1 \div (-3) =$ ______________

2. $2 \div 5 =$ ______________

3. $(4a + b) \div 3c =$ ______________

4. $(a - 3b) \div c =$ ______________

5. $x \times y \div 4 =$ ______________

6. $5x \div 3 - 2y =$ ______________

7. $2 \times a \div 5 + 3 \times b \div 5 =$ ______________

채점 및 오답 분석

학생이 쓴 답을 기재하고, 오답인 경우 중재 결정표 에서 가능한 오류 원인을 1~8 중에서 골라 번호로 기재합니다. 기타 원인 때문에 오답이 발생했을 경우, 구체적으로 어떤 이유인지 기재합니다. 가능한 오답의 원인을 모두 기재합니다.

혼자 풀어 보는 문제	정답	학생이 쓴 답	오답 원인
1. $1 \div (-3)$	$-\frac{1}{3}$		
2. $2 \div 5$	$\frac{2}{5}$		
3. $(4a + b) \div 3c$	$\frac{(4a+b)}{3c}$		
4. $(a - 3b) \div c$	$\frac{(a-3b)}{c}$		
5. $x \times y \div 4$	$\frac{xy}{4}$		
6. $5x \div 3 - 2y$	$\frac{5x}{3} - 2y$ 또는 $\frac{5x-6y}{3}$		
7. $2 \times a \div 5 + 3 \times b \div 5$	$\frac{2a}{5} + \frac{3b}{5}$ 또는 $\frac{2a+3b}{5}$		
	정답 개수	/ 7	

중재 결정표

☞ **오답 원인을 분석하여 차후 중재를 결정하세요.**

오답 원인	발생 빈도	최다 발생 오류	중재 결정
1. 사전 지식 및 기술(분수의 곱셈, 분수의 나눗셈, 역수 구하기, 혼합계산 순서)			
2. 용어나 문제 이해 부족(역수, 제수, 피제수)			
3. 나눗셈만 포함된 문자식을 정리하는 방법의 이해와 적용의 어려움			
4. 괄호식을 포함한 나눗셈식을 정리하는 방법의 이해와 적용의 어려움			
5. 혼합연산이 포함된 문자식을 정리하는 방법의 이해와 적용의 어려움			
6. 분수를 포함하는 나눗셈 문자식을 정리하는 방법의 이해와 적용의 어려움			
7. 부주의/계산 실수			
8. 기타(구체적 원인 기재하기)			

가장 흔한 오답 원인	1과 2 중 하나	3, 4, 5, 6 중 하나	7
	AND	AND	OR
오답률	오답이 2개 이상	오답이 2개 이상	오답이 2개 미만
다음 중재	브리지(Bridge)	동 차시 반복	다음 차시

브리지(Bridge) 차시
- 2.14차시
- 2.15차시

19차시

식의 값

[내비게이션 2.19] 식의 값 구하기

	순서	예 $(3x + 4)$
1	문자에 들어갈 값과 문자식 확인하기	$x = 2$일 때, $3x + 4$
2	생략된 곱셈이나 나눗셈 기호 써서, 문자식 다시 쓰기	$3 \times x + 4$
3	문자식에 문자 대신 괄호 넣기	$3 \times (\quad) + 4$
4	괄호에 문자값 넣기	$x = \boxed{2}$ → $3 \times (\quad) + 4$
5	식의 값 계산하기	$3 \times 2 + 4 = 10$

차시 목표 문자를 사용한 식에 수를 대입하여 식의 값을 구할 수 있다.

사전 지식 정수와 유리수의 사칙연산, 거듭제곱수의 계산, 곱셈 기호, 나눗셈 기호가 생략된 식의 이해

준비물 2단계 19차시 학생용 교재, **내비게이션 2.19**

흔한 오류

1. 곱셈이나 나눗셈 기호가 생략된 문자식에 문자값을 대입하여 식의 값을 구할 경우, 곱셈이나 나눗셈을 하지 않고 그대로 둔다.
   - 오류 예: $x = 3$일 때, 식의 값 $2x$를 구하는 경우, 23이라 쓴다.
2. 문자에 대입하는 수가 음수일 때, 계산에 오류를 보인다.
   - 오류 예: $x = -3$일 때, 식의 값 $2x$를 구하는 경우, $2 \times 3 = 6$이라 쓴다.
3. 복잡한 식에 분수나 소수를 대입해서 계산해야 하는 경우, 계산에 오류를 보인다.
   - 오류 예: $x = \frac{2}{3}$일 때, $3 - x^3 = 3 - \frac{2^3}{3}$
4. 두 개의 문자를 사용한 식에 수를 대입해서 식의 값을 구하는 경우, 값을 혼동하여 대입한다.
   - 오류 예: $x = 3, y = \frac{2}{3}$일 때, $3y - x^3 = 3(3) - (\frac{2}{3})^3$

사전평가

처음 두 문제는 가장 필수적인 사전 지식에 대한 이해를 묻고, 3번부터 7번까지는 차시 목표인 개념과 기술의 이해를 묻습니다.

다음 식의 값을 구하시오.

1. $5 \times 2 + 7 =$

2. $\frac{3}{4} \times (2)^2 - 2 =$

3. $x = -3$일 때, $2x + 2$

4. $x = -2$일 때, $5 - 2x$

5. $x = -2,\ y = 1$일 때, $2x^2 + y$

6. $x = -1,\ y = 3$일 때, $\frac{3x}{2y}$

7. $x = \frac{1}{2},\ y = 3$일 때, $-\frac{4}{3}xy$

정 답

1. 17 2. 1 3. -4 4. 9

5. 9 6. $-\frac{1}{2}$ 7. -2

접속하기

차시 목표 및 개념 설명

오늘은 문자 대신 수를 대입하여 식의 값을 구하는 것을 배우려 합니다. 먼저, 이번 차시에서 많이 사용될 용어와 개념을 정리해 봅시다.

1. 대입이란 무엇입니까? 문자를 포함한 식에서 문자 대신 수를 넣는 것을 "문자에 수를 대입한다."라고 합니다.

2. 식의 값이란 무엇입니까? 문자에 수를 대입하여 계산한 결과를 식의 값이라 합니다.

3. (내비게이션 2.19를 보여 주며) 내비게이션 2.19는 문자가 포함된 식에서 문자 대신 구체적인 수를 대입하여, 식의 값을 구하는 순서를 간단하게 보여 줍니다.

   예를 들어, $x = 2$일 때, $3x + 4$를 구하려면,

   1) 먼저, 문자값이 들어갈 문자식과 문자값을 확인합니다.

      여기에서 문자식은 $3x + 4$이고, 문자값은 $x = 2$입니다.

   2) 다음은 문자식에서 생략된 곱셈이나 나눗셈 기호를 써서 문자식을 다시 씁니다.

      주어진 문자식 $3x + 4$에서는 3과 x 사이에 곱셈 기호가 생략되었습니다.

      $\rightarrow 3x + 4 = 3 \times x + 4$

   3) 다음은 문자식에 문자 대신 괄호를 넣습니다.

      $\rightarrow 3 \times (\quad) + 4$

   4) 다음은 괄호에 문자값을 넣습니다.

      $\rightarrow$ $x = \boxed{2}$ $\quad$ $3 \times (\quad) + 4$

   5) 마지막으로, 식의 값을 계산합니다. $3 \times (2) + 4 = 10$입니다.

보여 주기

개념 및 기술 교수, 개념 및 기술 예시 제시, 보는 수학 내비게이션을 이용한 교사 모델링

문자를 포함한 식의 값을 구하여라.

1 (보여 주는 문제 1을 보여 주며) $x = -2$일 때, $3x + 5$를 구하여라.

1. 문자를 포함한 문자식의 값을 구할 때는 먼저 문자에 들어갈 값과 문자가 들어갈 문자식을 확인합니다.
   - 문자 x의 값은 -2이고, 문자가 들어갈 문자식은 $3x + 5$입니다.

2. 곱셈 기호와 나눗셈 기호가 생략되어 있는 곳에 곱셈 기호와 나눗셈 기호를 써서 문자식을 다시 씁니다.
   - 문자식 $3x + 5$에는 3과 x 사이에 곱셈 기호가 생략되어 있으므로, 곱셈 기호를 넣어 다시 문자식을 쓰면 $3 \times x + 5$가 됩니다.

3. 문자식에 문자 대신 괄호를 씁니다.
   - 문자 x 대신 괄호를 써 주고, 문자식을 다시 쓰면 $3 \times (\quad) + 5$가 됩니다.

4. 괄호에 문자값을 넣어 줍니다.
   - 괄호에 문자값 -2를 넣어 주면 $3 \times (-2) + 5$가 됩니다.

5. 문자가 없는 수식이 되면 식의 값을 계산합니다.
   - $3 \times (-2) + 5$를 계산하면 $-6 + 5 = -1$이 됩니다.
   - 식의 값은 -1입니다.

2 (보여 주는 문제 2를 보여 주며) $a = 3$, $b = -1$일 때, $2ab + b$를 구하여라.

1. 먼저, 문자에 들어갈 값과 문자가 들어갈 문자식을 확인합니다.
   - 문자 a의 값은 3이고 문자 b의 값은 -1, 문자가 들어갈 문자식은 $2ab + b$입니다.

2. 곱셈 기호와 나눗셈 기호가 생략되어 있는 곳에 곱셈 기호와 나눗셈 기호를 써서 문자식을 다시 씁니다.
   - 문자식 $2ab + b$에는 2와 a, b 사이에 곱셈 기호가 생략되어 있으므로, 곱셈 기호를 넣어 다시 문자식을 쓰면 $2 \times a \times b + b$가 됩니다.

3. 문자식에 문자 대신 괄호와 네모를 씁니다.
   - 문자 a 대신 괄호를 써 주고 b 대신 네모를 써서 문자식을 다시 쓰면 $2 \times (\quad) \times \square + \square$가 됩니다.

4. 괄호와 네모에 문자값을 넣어 줍니다.
   - 괄호에 문자값 $a = 3$을, 네모에 문자값 $b = -1$을 넣어 주면 $2 \times (3) \times \boxed{-1} + \boxed{-1}$이 됩니다.

5. 문자가 없는 수식이 되면 식의 값을 계산합니다.
   - $2 \times (3) \times (-1) + (-1)$을 계산하면 $-6 + -1 = -7$이 됩니다.
   - 식의 값은 -7입니다.

3 (보여 주는 문제 3을 보여 주며) $x = -3$, $y = 3$일 때, $-\frac{x}{y} + 2$를 구하여라.

1. 먼저, 문자에 들어갈 값과 문자가 들어갈 문자식을 확인합니다.
   - 문자 x의 값은 -3이고 문자 y의 값은 3, 문자가 들어갈 문자식은 $-\frac{x}{y} + 2$입니다.

2. 곱셈 기호와 나눗셈 기호가 생략되어 있는 곳에 곱셈 기호와 나눗셈 기호를 써서 문자식을 다시 씁니다.

- 문자식 $-\frac{x}{y} + 2$에는 x와 $-y$ 사이에 나눗셈 기호가 생략되어 있으므로, 나눗셈 기호를 넣어 다시 문자식을 쓰면 $x \div -y + 2$가 됩니다.

3. 문자식에 문자 대신 괄호와 네모를 씁니다.

- 문자 x 대신 괄호를, y 대신 네모를 써 주고 문자식을 다시 쓰면 $(\ \ ) \div -\boxed{} + 2$가 됩니다.
- $-y$이므로 y 대신 네모를 쓰고, 네모 앞에 − 부호를 붙여 주어야 합니다.

4. 괄호와 네모에 문자값을 넣어 줍니다.

- 괄호에 문자값 $x = -3$을, 네모에 문자값 $y = 3$을 넣어 주면 $(-3) \div -\boxed{3} + 2$가 됩니다.

5. 문자가 없는 수식이 되면 식의 값을 계산합니다.

- $(-3) \div -\boxed{3} + 2$를 계산하면 $1 + 2 = 3$이 됩니다.
- 식의 값은 3입니다.

함께 풀기

(내비게이션 2.19 를 보여 주며) 이 내비게이션은 문자 대신에 수를 대입하여 식의 값을 구하는 절차를 간단하게 보여 줍니다. 문자값과 문자가 들어갈 문자식을 확인한 후, 문자식의 생략된 연산 기호를 씁니다. 문자식에 포함된 문자 대신 괄호를 써 주고, 괄호에 문자값을 넣어서 식을 계산합니다. 내비게이션 2.19 를 보면서 다음 문제를 같이 풀어 봅시다.

1 (함께 풀어 보는 문제 1을 가리키며) $x = -1,\ y = 1$일 때, $2x - y$를 구하여라.

1. 문자가 있는 식의 값을 구하려면 제일 먼저 무엇을 해야 합니까? 먼저, 문자에 들어갈 값과 문자가 들어갈 문자식을 확인합니다.
   - 문자에 들어갈 문자값은 얼마입니까? 문자 x의 값은 -1이고, 문자 y의 값은 1입니다.
   - 문자가 들어갈 문자식은 무엇입니까? 문자가 들어갈 문자식은 $2x - y$입니다.

2. 다음은 무엇을 해야 합니까? 곱셈 기호와 나눗셈 기호가 생략되어 있는 곳에 곱셈 기호와 나눗셈 기호를 다시 씁니다.
   - 문자식 $2x - y$에는 어떤 연산기호가 생략되었습니까? 2와 x 사이에 곱셈 기호가 생략되어 있습니다.
   - 곱셈 기호를 넣어 문자식을 다시 쓰면 문자식은 어떻게 됩니까? 곱셈 기호를 넣으면 문자식은 $2 \times x - y$가 됩니다.

3. 다음은 무엇을 합니까? 문자식에 문자 대신 괄호와 네모를 씁니다.
   - 문자 x 대신 괄호를, y 대신 네모를 쓰면 문자식은 $2 \times (\quad) - \square$가 됩니다.

4. 다음은 무엇을 합니까? 괄호와 네모에 문자값을 넣어 줍니다.
   - 괄호에는 무엇을 넣습니까? 괄호에는 문자값 $x = -1$을 넣습니다. 네모에는 무엇

을 넣습니까? 네모에는 문자값 $y = 1$을 넣습니다.

- 두 문자값을 넣으면 식이 어떻게 됩니까? 식은 $2 \times (-1) - \boxed{1}$이 됩니다.

5. 다음은 무엇을 합니까? 문자가 없는 수식이 되면 식의 값을 계산합니다.

- $2 \times (-1) - (1)$을 계산하면 $-2 - 1 = -3$이 됩니다. 식의 값은 -3입니다.

❷ (함께 풀어 보는 문제 2를 가리키며) $x = -\frac{2}{3}$, $y = 2$일 때, $\frac{1}{2}xy$를 구하여라.

1. 문자가 있는 식의 값을 구하려면 먼저 무엇을 해야 합니까? 먼저, 문자에 들어갈 값과 문자가 들어갈 문자식을 확인합니다.

- 문자에 들어갈 문자값은 얼마입니까? 문자 x의 값은 $-\frac{2}{3}$이고, 문자 y의 값은 2입니다.
- 문자식은 무엇입니까? 문자가 들어갈 문자식은 $\frac{1}{2}xy$입니다.

2. 다음은 무엇을 해야 합니까? 곱셈 기호와 나눗셈 기호가 생략되어 있는 곳에 곱셈 기호와 나눗셈 기호를 다시 씁니다.

- 문자식 $\frac{1}{2}xy$에는 무엇이 생략되었습니까? $\frac{1}{2}$과 x, x와 y 사이에 곱셈 기호가 생략되어 있습니다.
- 곱셈 기호를 다시 쓰면 문자식은 어떻게 됩니까? 곱셈 기호를 넣으면 문자식은 $\frac{1}{2} \times x \times y$가 됩니다.

3. 다음은 무엇을 합니까? 문자식에 문자 대신 괄호와 네모를 씁니다.

- 문자 x 대신 괄호를 써 주고, y 대신 네모를 써서 문자식을 다시 쓰면 $\frac{1}{2} \times (\quad) \times \square$가 됩니다.

4. 다음은 무엇을 합니까? 괄호와 네모에 문자값을 넣어 줍니다.

- 괄호에 들어갈 문자값은 무엇입니까? 괄호에는 문자값 $x = -\frac{2}{3}$를 씁니다. 네모에 들어갈 문자값은 무엇입니까? 네모에는 문자값 $y = 2$를 씁니다.
- 괄호와 네모에 문자값을 넣으면 식은 어떻게 됩니까? 괄호에 x값을, 네모에 y값을 넣으면 식은 $\frac{1}{2} \times (-\frac{2}{3}) \times (2)$가 됩니다.

5. 다음은 무엇을 합니까? 문자가 없는 수식이 되면 식의 값을 계산합니다.

- 식의 값 $\frac{1}{2} \times (-\frac{2}{3}) \times (2)$를 계산하면 얼마입니까? $-\frac{2}{3}$입니다.
- 식의 값은 $-\frac{2}{3}$입니다.

3 (함께 풀어 보는 문제 3을 가리키며) $x = \frac{1}{2}, y = 4$일 때, $\frac{y}{x}$를 구하여라.

1. 문자가 있는 식의 값을 구하려면 제일 먼저 무엇을 해야 합니까? 먼저, 문자에 들어갈 값과 문자가 들어갈 문자식을 확인합니다.

- 문자에 들어갈 문자값은 얼마입니까? 문자 x의 값은 $\frac{1}{2}$이고, 문자 y의 값은 4입니다.
- 문자식은 무엇입니까? 문자가 들어갈 문자식은 $\frac{y}{x}$입니다.

2. 다음은 무엇을 해야 합니까? 곱셈 기호와 나눗셈 기호가 생략되어 있는 곳에 곱셈 기호와 나눗셈 기호를 다시 씁니다.

- 문자식 $\frac{y}{x}$에는 무엇이 생략되었습니까? $\frac{y}{x}$에서 x와 y 사이에 나눗셈 기호가 생략되어 있습니다.
- 나눗셈 기호를 넣어 문자식을 다시 쓰면 어떻게 됩니까? $y \div x$가 됩니다.

3. 다음은 무엇을 합니까? 문자식에 문자 대신 괄호와 네모를 씁니다.

- 문자 x 대신 괄호를, y 대신 네모를 써서 문자식을 다시 쓰면 $\square \div (\ \ )$가 됩니다.

4. 이제 무엇을 합니까? 괄호와 네모에 문자값을 넣어 줍니다.

- 괄호에 들어갈 문자값은 무엇입니까? 괄호에는 문자값 $x = \frac{1}{2}$을 넣습니다. 네모에 들어갈 문자값은 무엇입니까? 네모에는 $y = 4$를 넣습니다.
- 괄호와 네모에 문자값을 각각 넣으면 식은 어떻게 됩니까? $\boxed{4} \div (\frac{1}{2})$이 됩니다.

5. 다음은 무엇을 합니까? 문자가 없는 수식이 되면 식의 값을 계산합니다.

- 정수와 분수의 나눗셈인 $(4) \div (\frac{1}{2})$을 계산하려면 나눗셈 기호를 곱셈으로 바꾸고, 제수 대신 제수의 역수를 곱해 줍니다.
- $(4) \times (\frac{2}{1})$이 됩니다.
- 식의 값은 8입니다.

아 그렇구나!

☞ **혼동되는 문제 다시 풀기**
☞ **최다 오류를 반례로 제시하여 개념 및 기술 획득 강화**

아 그렇구나! 에서는 문자 대신 수를 대입하여 문자식의 값을 구할 때 우리가 자주 혼동하는 문제들을 함께 풀어 봅니다. 이 문제들을 풀 때 왜 실수가 많은지 함께 생각해 봅시다.

1 (아 그렇구나! 문제 1을 가리키며) $x = -2$일 경우, x^2의 식의 값을 구할 때 어려운 점은 무엇입니까?

⇨ 이 문제는 음의 정수의 제곱수를 구하는 계산이 포함되어 있습니다. -2의 제곱을 구할 때, -2^2이라 구하게 되면 -4가 식의 값이 됩니다. 문자에 숫자를 대입하기 전에 항상 괄호를 넣는 것을 잊지 말아야 합니다. $(-2)^2$은 -2×-2이므로 4입니다.

2 (아 그렇구나! 문제 2를 가리키며) $x = 1$, $y = 3$일 경우, 식의 값 $3xy$를 구할 때 혼동되는 점은 무엇입니까?

⇨ 이 문제는 $3xy$가 3과 x, y의 곱셈이라는 것을 이해하지 못하면 x와 y에 1과 3을 단순 대입하여 313이라는 오답을 얻게 됩니다. 식의 값을 구할 때는 생략된 곱셈이나 나눗셈 기호를 써서 문자식을 다시 써 주는 것을 잊지 말아야 합니다. $3xy = 3 \times x \times y$이므로 $3 \times 1 \times 3 = 9$가 됩니다.

배움 체크하기

(배움 체크 리스트 를 가리키며) 오늘 우리가 함께 공부한 것을 혼자서도 할 수 있는지 체크해 봅시다. 혼자서도 할 수 있으면 👍, 선생님의 도움이 더 필요하다면 ❓에 동그라미로 표시하세요.

배움 체크 리스트	👍	❓
1. 정수와 유리수의 사칙연산을 할 수 있습니다.		
2. 거듭제곱수를 계산할 수 있습니다.		
3. 문자 대신 수를 대입할 수 있고, 한 번에 2개의 문자값(예: x와 y, 또는 a와 b)을 대입하여야 할 때도 혼동 없이 정확한 문자값을 대입할 수 있습니다.		
4. 문자식의 생략된 곱셈 기호나 나눗셈 기호를 써서 문자식을 다시 쓸 수 있습니다.		
5. 문자 대신 숫자를 대입할 때, 숫자를 괄호나 네모 안에 써야 한다는 것을 이해하고 적용할 수 있습니다.		
6. 문자 대신 수를 대입한 후, 혼합연산의 순서를 따라 식의 값을 계산할 수 있습니다.		

혼자 풀기

(혼자 풀어 보는 문제 1~7을 제시하며) 오늘 배운 것을 기억하면서 문제를 혼자 풀어 보는 시간입니다. 내비게이션 2.19 를 사용하면 도움이 됩니다.

다음 식의 값을 구하시오.

1. $3 \times 2 + 9 =$

2. $(\frac{2}{5})^2 \times 25 - 3 =$

3. $x = -2$일 때, $3x + 3$

4. $x = -3$일 때, $-4 - 3x$

5. $x = -3,\ y = 2$일 때, $x^2 + 2y$

6. $x = -2,\ y = 3$일 때, $\frac{2x}{3y}$

7. $x = \frac{3}{4},\ y = 2$일 때, $-\frac{2}{3}xy$

채점 및 오답 분석

학생이 쓴 답을 기재하고, 오답인 경우 [중재 결정표]에서 가능한 오류 원인을 1~8 중에서 골라 번호로 기재합니다. 기타 원인 때문에 오답이 발생했을 경우, 구체적으로 어떤 이유인지 기재합니다. 가능한 오답의 원인을 모두 기재합니다.

혼자 풀어 보는 문제	정답	학생이 쓴 답	오답 원인
1. $3 \times 2 + 9$	15		
2. $(\frac{2}{5})^2 \times 25 - 3$	1		
3. $x = -2$일 때, $3x + 3$	-3		
4. $x = -3$일 때, $-4 - 3x$	5		
5. $x = -3$, $y = 2$일 때, $x^2 + 2y$	13		
6. $x = -2$, $y = 3$일 때, $\frac{2x}{3y}$	$-\frac{4}{9}$		
7. $x = \frac{3}{4}$, $y = 2$일 때, $-\frac{2}{3}xy$	-1		
정답 개수		/ 7	

중재 결정표

☞ **오답 원인을 분석하여 차후 중재를 결정하세요.**

오답 원인	발생 빈도	최다 발생 오류	중재 결정
1. 사전 지식 및 기술(정수, 유리수의 사칙연산, 거듭제곱수 계산)			
2. 용어나 문제 이해 부족(대입, 문자식)			
3. 문자에 수를 대입하는 것의 이해와 적용의 어려움			
4. 생략된 곱셈 기호나 나눗셈 기호를 문자식에 다시 쓰는 것에 대한 이해와 적용의 어려움			
5. 음의 부호 가진 수를 대입했을 때, 계산 과정에서의 오류			
6. 두 개의 문자값을 대입할 때, 문자값을 적절한 자리에 대입하는 과정의 이해와 적용의 어려움			
7. 부주의/계산 실수			
8. 기타(구체적 원인 기재하기)			

가장 흔한 오답 원인	1과 2 중 하나	3, 4, 5, 6 중 하나	7
	AND	AND	OR
오답률	오답이 2개 이상	오답이 2개 이상	오답이 2개 미만
다음 중재	브리지(Bridge)	동 차시 반복	다음 차시

브리지(Bridge) 차시

- 2.1차시
- 2.10차시
- 2.15차시

20차시

일차식과 수의 곱셈

[내비게이션 2.20] 일차식의 이해에 필요한 용어와 일차식과 수의 곱셈 순서

[일차식을 이해하는 데 필요한 용어]

	용어	정의	예
1	항	수 또는 수와 문자의 곱으로 이루어진 식	식 $3x+2$에서 항은 $3x$와 2
2	상수항	수로만 이루어진 항	식 $3x+2$에서 상수항은 2
3	계수	수와 문자의 곱으로 이루어진 항에서 문자에 곱해진 수	식 $3x+2$에서 3이 x의 계수
4	다항식	한 개의 항 또는 두 개 이상의 항의 합으로 이루어진 식	$3x$, $3x+2$, $x-y+5$
5	단항식	다항식 중에서 한 개의 항으로만 이루어진 식	$3x$, x^2, 2
6	차수	문자가 있는 항에서 문자가 곱해진 개수를 그 문자에 대한 항의 차수라 함	1차식 – $3x$ 2차식 – $5x^2$
7	다항식의 차수	차수가 다른 항이 여러 개가 포함된 다항식의 경우, 차수가 가장 큰 항의 차수	$2x^2+x+5$에는 2차식인 $2x^2$, 1차식인 x, 상수항인 5가 있지만, 다항식 $2x^2+x+5$의 차수는 2차식
8	일차식	다항식 중 차수가 1인 다항식	$2x+1$, $-3b$, $2x-y$

[분배법칙]

$$A \times (B + C) = (A \times B) + (A \times C)$$

$$(B + C) \times A = (A \times B) + (A \times C)$$

[문자항만 있는 일차식과 수의 곱셈 계산]

	순서	예 $\{2x \times (-2)\}$
1	생략된 곱셈 기호 써 주고, 계산할 식 다시 정리	• $2x = 2 \times x$ • 식을 다시 쓰면 $2 \times x \times (-2)$
2	교환법칙 적용해서 문자를 맨 뒤로 위치	• $2 \times x \times (-2)$ $= 2 \times (-2) \times x$
3	수의 곱을 구한 후, 곱셈 기호를 생략하고 문자 앞에 씀	• $2 \times (-2) = (-4)$ • $(-4) \times x = -4x$

[괄호가 있는 일차식과 수의 곱셈 계산]

	순서	예 $\{2(4a - 3)\}$
1	괄호와 수 사이에 생략된 곱셈 기호를 써서 계산식 정리	$2 \times (4a - 3)$
2	괄호 안의 일차식을 덧셈식으로 바꿈 (덧셈식이면 그대로 두고, 뺄셈식이면 뺄셈을 덧셈으로 바꾸고 뒤에 있는 수의 덧셈의 역원을 써 줌)	$2 \times (4a - 3)$ $= 2 \times \{4a + (-3)\}$
3	분배법칙을 사용하여 괄호를 풀어 줌	$2 \times \{4a + (-3)\}$ $= 2 \times 4a + 2 \times (-3)$
4	각 항 곱셈 후, 곱셈 기호 생략하고 식 정리	$2 \times 4a + 2 \times (-3)$ $= 8a + (-6)$

차시 목표 일차식과 수의 곱셈을 할 수 있다.

사전 지식 정수와 유리수의 사칙연산, 분배법칙, 일차식 의미, 덧셈의 역원

준비물 2단계 20차시 학생용 교재, **내비게이션 2.20**

흔한 오류

1. 일차식과 수의 곱셈을 분배법칙을 적용하여 계산할 때, 수를 문자항에만 곱하고 상수항에는 곱하지 않는다.
   - 오류 예: $3(2x + 2) = 6x + 2$

2. 일차식에 곱하는 수나 일차식을 나누는 수가 분수일 때, 수와 가까운 항만 곱하거나 나눠 준다.
   - 오류 예: $(2x + 2) \times \frac{3}{4} = 2x + \frac{3}{2}$

3. 일차식과 수의 곱셈에 교환법칙이 성립한다는 것을 인식하지 못하고 다른 문제라 생각한다.
   - 오류 예: $3(2x + 2)$와 $(2x + 2) \times 3$이 같다는 것을 알지 못한다.

4. 수와 일차식 곱셈[예: $3(2x + 2)$]에는 분배법칙을 적용하는데, 일차식과 수의 곱셈[예: $(2x + 2) \times 3$]에는 분배법칙을 쉽게 적용하지 못한다.

사전평가

처음 두 문제는 가장 필수적인 사전 지식에 대한 이해를 묻고, 3번부터 7번까지는 차시 목표인 개념과 기술의 이해를 묻습니다.

다음을 계산하시오.

1. $6x \times 7$

2. $-3a \times 6$

3. $\frac{3}{4}x \times (-8)$

4. $4(3a - 6)$

5. $-5(3b + 3)$

6. $(2x + 3) \times 5$

7. $(-3y + 9) \times \frac{1}{3}$

8. $\frac{2}{3}(3y - 6)$

정 답

1. $42x$	**2.** $-18a$	**3.** $-6x$	**4.** $12a-24$
5. $-15b-15$	**6.** $10x+15$	**7.** $-y+3$	**8.** $2y-4$

접속하기

차시 목표 및 개념 설명

오늘은 일차식과 수의 곱셈을 하는 방법을 배우려 합니다. 먼저, 이번 차시에서 많이 사용될 용어와 개념을 정리해 봅시다. 새로운 용어가 많으므로 새 용어만 따로 공부해도 좋습니다. 이번 차시의 목적은 용어의 이해가 아니라 곱셈의 이해이므로 내비게이션 2.20 의 용어 설명을 보면서 선생님의 수업을 따라오도록 지도하십시오.

Level 2.4
20차시

1. 항이란 무엇입니까? 항이란 수 또는 수와 문자의 곱으로 이루어진 식을 말합니다. 예를 들어, 식 $3x + 2$에서 항은 $3x$와 2입니다. 특히 2처럼 수로만 이루어진 항을 상수항이라 합니다.

2. 계수란 무엇입니까? 계수란 수와 문자의 곱으로 이루어진 항에서 문자에 곱해진 수를 말합니다. 예를 들어, 식 $3x + 2$에서 3이 x의 계수입니다.

3. 다항식이란 한 개의 항 또는 두 개 이상의 항의 합으로 이루어진 식을 말하고, 단항식은 다항식 중에서 한 개의 항으로만 이루어진 식입니다. 다항식의 예는 $3x$, $3x+2$, $x-y+5$ 등입니다. 단항식의 예는 $3x$, x^2, 2 등입니다. 모든 단항식은 다항식도 됩니다.

4. 항의 차수는 무엇입니까? 문자가 있는 항에서 문자가 곱해진 개수를 그 문자에 대한 항의 차수라고 합니다. 예를 들어, $5x^2$은 $5 \times x \times x$이므로 (x가 두 번 곱해짐) 2차식입니다. $3x$는 x가 한 번만 곱해져 있으므로 1차식입니다.

5. 다항식의 차수는 무엇입니까? 다항식에는 한 개의 항만 있는 경우도 있지만 차수가 다른 여러 개의 항이 있는 경우가 많습니다. 차수가 다른 항이 여러 개가 포함된 다항식의 경우에는 차수가 가장 큰 항의 차수가 그 다항식의 차수가 됩니다. 예를 들어, $2x^2 + x + 5$에는 2차식인 $2x^2$, 1차식인 x, 상수항인 5가 있지만, 다항식 $2x^2 + x + 5$의 차수는 2차식입니다.

6. 그럼 일차식이란 무엇입니까? 일차식이란 다항식 중 차수가 1인 다항식을 말합니다. $2x+1$, $-3b$, $2x-y$ 등이 일차식입니다.

7. 분배법칙은 무엇입니까? 괄호 안에 있는 다항식과 숫자나 단항식의 곱셈식에 적용할 수 있는 법칙입니다.

$$A\times(B+C)=(A\times B)+(A\times C) \qquad (B+C)\times A=(A\times B)+(A\times C)$$

(내비게이션 2.20을 보여 주며) 내비게이션 2.20은 일차식과 수의 곱셈에 필요한 용어들을 간단히 정리해 주고, 일차식과 수의 곱셈 방법을 간단하게 보여 줍니다. 다음 문제들을 풀면서 내비게이션 2.20의 절차가 유형별로 어떻게 적용되는지 배워 봅시다.

보여 주기

☞ **개념 및 기술 교수, 개념 및 기술 예시 제시, 보는 수학 내비게이션을 이용한 교사 모델링**

1 (보여 주는 문제 1을 보여 주며) $2x \times (-2)$를 계산해 봅시다.

1. 먼저, 문제의 유형을 파악합니다.
   - 일차식과 수의 곱셈 문제는 두 가지 유형이 있습니다.

     문자항만 있는 일차식과 수의 곱셈 문제와 괄호식과 수의 곱셈 문제입니다.
   - 이 문제는 문자항만 있는 일차식과 수의 곱셈 문제입니다.

2. 다음은 생략된 곱셈 기호를 써 줍니다.
   - $2x$에 생략된 기호를 써 주면 $2 \times x$가 되어 문제는 $2 \times x \times (-2)$가 됩니다.

3. 다음은 교환법칙을 적용해서 문자를 맨 뒤로 가게 합니다.

   $\rightarrow 2 \times x \times (-2) = 2 \times (-2) \times x$

4. 마지막으로 수의 곱을 구한 후, 곱셈 기호를 생략하여 문자 앞에 씁니다.

   $\rightarrow$ $(-4) \times x = (-4)x = -4x$

2 (보여 주는 문제 2를 보여 주며) $2(4a + 3)$을 계산해 봅시다.

1. 먼저, 문제의 유형을 파악합니다.
   - 이 문제는 괄호식과 수의 곱셈 문제입니다.

2. 다음은 괄호와 수 사이에 생략된 곱셈 기호를 씁니다.

- 2와 괄호 사이에 곱셈이 생략되었습니다. 곱셈 기호를 쓰면 식은 $2 \times (4a + 3)$이 됩니다.

3. 다음은 괄호 안의 일차식이 덧셈식인지 뺄셈식인지 확인하고, 뺄셈식이면 덧셈식으로 바꾸어 줍니다.

- 괄호 안의 일차식이 덧셈식입니다.

4. 다음은 분배법칙을 사용하여 괄호를 풀어 주고 식을 정리합니다.

$\rightarrow 2 \times (4a + 3) = 2 \times 4 \times a + 2 \times 3$

5. 마지막으로, 각 항의 곱을 구한 후 곱셈 기호를 생략하고 수를 문자 앞에 써서 식을 정리합니다.

$\rightarrow \boxed{2 \times 4 \times a + 2 \times 3 = 8a + 6}$

❸ (보여 주는 문제 3을 보여 주며) $(x - 3) \times 4$를 **계산해 봅시다.**

1. 먼저, 문제의 유형을 파악합니다.

- 이 문제는 괄호식과 수의 곱셈 문제인데, 수가 괄호식 뒤에 곱해졌습니다.
- 곱셈에서는 교환법칙이 성립하므로 곱하는 수가 괄호 뒤에 있어도 괄호 앞에 동일한 수가 곱해졌을 때와 답이 같습니다.

2. 다음은 괄호와 수 사이에 생략된 곱셈 기호를 써 줍니다.

- 이 문제에는 생략된 곱셈 부호가 없습니다.

3. 괄호 안의 일차식이 덧셈식인지 뺄셈식인지 확인하고, 뺄셈식이면 덧셈식으로 바꿔 줍니다.

- 괄호 안의 일차식 $x - 3$은 뺄셈식이므로 덧셈의 역원의 성질을 이용하여 $x - 3$을 덧셈식으로 바꿔 줍니다.
- $x - 3$을 덧셈식으로 바꾸려면 뺄셈 기호는 덧셈 기호로 바꾸고, 3은 덧셈의 역원인 -3으로 바꿉니다.
- $x - 3 = x + (-3)$이 됩니다.

4. 다음은 분배법칙을 사용하여 괄호를 풀어 주고 식을 정리합니다.

$\rightarrow \{x + (-3)\} \times 4 = x \times 4 + (-3) \times 4$

5. 마지막으로, 각 항의 곱을 구한 후 곱셈 기호를 생략하고 수를 문자 앞에 써서 식을 정리합니다.

$\rightarrow \underline{x \times 4} + (-3) \times 4 = \underline{4x} + (-12)$

곱셈의 교환법칙 $x \times 4 = 4 \times x = 4x$

함께 풀기

(내비게이션 2.20 을 보여 주며) 내비게이션 2.20 은 일차식과 수의 곱셈을 이해하는 데 필요한 용어들과 그 계산 방법을 문제 유형별로 정리해 보여 줍니다. 내비게이션 2.20 을 보면서 다음 문제를 같이 풀어 봅시다.

1 (함께 풀어 보는 문제 1을 가리키며) $12y \times (-\frac{1}{3})$을 계산해 봅시다.

1. 이 문제는 어떤 유형의 문제입니까? 이 문제는 문자항만 있는 일차식과 수의 곱셈 문제입니다.

2. 문자가 있는 식을 계산하려면 먼저 무엇을 해야 합니까? 생략된 곱셈 기호를 써 줍니다.
   - 곱셈 기호가 어디에서 생략되었습니까? $12y$는 원래 $12 \times y$입니다.
   - 곱셈 기호를 다시 써서 문제식을 정리하면 어떻게 됩니까? $12 \times y \times (-\frac{1}{3})$이 됩니다.

3. 다음은 무엇을 해야 합니까? 교환법칙을 적용합니다.
   - 곱셈의 교환법칙은 무슨 뜻입니까? 곱셈의 교환법칙은 곱하는 수들의 자리를 바꿔도 곱의 결과는 같다는 뜻입니다.
   - 이 문제에서는 숫자끼리 먼저 곱하기 위해 문자와 숫자의 자리를 바꾸어 줍니다.
   - 문자와 숫자의 자리를 바꾸면 식이 어떻게 됩니까? $12 \times (-\frac{1}{3}) \times y$가 됩니다.

4. 다음은 무엇을 합니까? 수의 곱을 구한 후 곱셈 기호를 생략하고 문자 앞에 그 곱의 결과를 써 줍니다.
   - 수의 곱은 얼마입니까? $12 \times (-\frac{1}{3}) = -4$입니다.
   - -4를 문자인 y 앞에 쓰면 $-4y$가 답이 됩니다.

2 (함께 풀어 보는 문제 2를 가리키며) $(-2)\ (3x + 6)$을 함께 계산해 봅시다.

1. 이 문제는 어떤 유형의 문제입니까? 이 문제는 괄호 안에 있는 일차식과 수의 곱셈 문제입니다.

2. 일차식과 수의 곱셈 문제를 계산하려면 먼저 무엇을 해야 합니까? 먼저, 괄호와 수 사이에 생략된 곱셈 기호를 써서 계산식을 다시 정리합니다.
   - 곱셈 기호를 쓰면 식은 $(-2) \times (3x + 6)$으로 바뀝니다.

3. 다음은 무엇을 합니까? 괄호 안에 있는 일차식이 덧셈식인지 뺄셈식인지 확인하고, 덧셈식이면 그대로 두고 뺄셈식이면 덧셈식으로 바꿔 줍니다.
   - 이 문제는 덧셈식입니까, 뺄셈식입니까? 괄호 안의 일차식은 덧셈식이므로 그대로 둡니다.

4. 다음은 무엇을 합니까? 덧셈에 대한 곱셈의 분배법칙을 적용합니다.
   - 분배법칙 적용 방법이 생각나지 않는다면 내비게이션을 참조하십시오.
   - $(-2) \times (3x + 6) = (-2) \times (3x) + (-2) \times (6)$이 됩니다.

5. 마지막으로, 각 항의 곱셈을 한 뒤 곱셈 기호를 생략하고 수를 문자 앞에 써서 식을 정리합니다.
   - 정리해야 할 곱셈식은 무엇입니까? $(-2) \times (3x)$와 $(-2) \times (6)$입니다.
   - $(-2) \times (3x)$를 정리하면 어떻게 됩니까? $(-2) \times (3x)$를 정리하면 $-6x$입니다.
   - $(-2) \times (6)$을 계산하면 어떻게 됩니까? $(-2) \times (6)$을 계산하면 -12입니다.
   - $(-2) \times (3x) + (-2) \times (6) = -6x + (-12)$가 답입니다.

❸ (함께 풀어 보는 문제 3을 가리키며) $(3x - 6)\frac{1}{3}$을 계산해 봅시다.

1. 이 문제는 어떤 유형의 곱셈 문제입니까? 괄호 안에 들어 있는 일차식과 숫자의 곱셈 문제입니다.

2. 괄호 안의 일차식과 숫자의 곱셈식을 풀려면 가장 먼저 무엇을 해야 합니까? 괄호식과 수 사이에 생략된 곱셈 기호를 씁니다.
   - 생략된 곱셈 기호를 쓰면 주어진 곱셈식은 어떻게 됩니까? $(3x - 6) \times \frac{1}{3}$이 됩니다.

3. 다음은 무엇을 합니까? 괄호 안의 일차식이 덧셈식이면 그대로 두고, 뺄셈식이면 덧셈식으로 바꿔 줍니다.
   - $3x - 6$은 덧셈식입니까, 뺄셈식입니까? 뺄셈식입니다.
   - 뺄셈식인 $3x - 6$을 덧셈식으로 바꾸려면 무엇을 해야 합니까? 뺄셈 기호를 덧셈으로 바꾸고, 6 대신 6의 덧셈의 역원인 (-6)을 씁니다.
   - $3x - 6$이 $3x + (-6)$이 됩니다.

4. 다음은 무엇을 합니까? 분배법칙을 적용하고, 식을 정리합니다.
   - 분배법칙을 적용하여 $\{3x + (-6)\} \times \frac{1}{3}$을 계산하면 어떻게 됩니까? 분배법칙을 적용하여 계산하면 $\{3x + (-6)\} \times \frac{1}{3} = 3x \times \frac{1}{3} + (-6) \times \frac{1}{3}$이 됩니다.

5. 다음은 무엇을 합니까? 각 항의 곱셈을 계산하고 곱셈 기호를 생략하고 수를 문자 앞에 써서 식을 정리해 줍니다.
   - 계산해야 할 곱셈식은 무엇입니까? $3x \times \frac{1}{3}$과 $(-6) \times \frac{1}{3}$입니다.
   - $3x \times \frac{1}{3}$과 $(-6) \times \frac{1}{3}$을 계산하면 결과는 어떻게 됩니까? $3x \times \frac{1}{3}$을 계산하면 x가 되고, $(-6) \times \frac{1}{3}$을 계산하면 -2가 됩니다.

   $\rightarrow 3x \times \frac{1}{3} + (-6) \times \frac{1}{3} = x + (-2)$

   ↑ $1x = x$

아 그렇구나!

- 혼동되는 문제 다시 풀기
- 최다 오류를 반례로 제시하여 개념 및 기술 획득 강화

아 그렇구나! 에서는 일차식과 수를 곱할 때 우리가 자주 혼동하는 문제들을 함께 풀어 봅니다. 이 문제들을 풀 때 왜 실수가 많은지 함께 생각해 봅시다.

1 (아 그렇구나! 문제 1을 가리키며) $4 \times x$를 계산할 때 혼동되는 점은 무엇입니까?

⇨ 문자항과 수의 곱셈에서는 문자항의 계수와 수를 곱한 후, 문자 앞에 쓰도록 배웠습니다. $4 \times x$를 계산할 때, x의 계수가 없다고 생각하는 경우가 있습니다. x라는 문자항의 계수는 1입니다. 4와 1의 곱은 4이므로 4를 문자 x 앞에 쓰면 $4x$가 정답입니다.

2 (아 그렇구나! 문제 2를 가리키며) $(3x + 7y)$ (-4)를 계산할 때 혼동되는 점은 무엇입니까?

⇨ 먼저, 주어진 문제는 괄호 안의 일차식이 두 문자의 일차항($3x$와 $7y$)으로 이루어져 있습니다. 두 개 이상의 일차항이 괄호식 안에 포함되어 있을 때에도 괄호식과 숫자를 곱하는 방법으로 동일하게 계산하면 됩니다. 또한 주어진 식은 수가 괄호식 다음에 곱해져 있습니다. (-4) $(3x + 7y)$에는 분배법칙을 쉽게 적용하면서도 (3x

$+ 7y)(-4)$에는 분배법칙을 쉽게 적용하지 못하는 경우가 있습니다. 곱셈의 교환법칙을 적용하면 $(3x + 7y)(-4) = (-4)(3x + 7y)$입니다. $(3x + 7y)(-4) = -12x - 28y$입니다.

❸ (아 그렇구나! 문제 3을 가리키며) $-3(-4 - 2y)$를 계산할 때 혼동되는 점은 무엇입니까?

⇨ 주어진 식에서는 상수항이 문자항보다 앞에 쓰여 있어서, 주어진 식을 수와 일차식의 곱셈 문제로 이해하지 못하는 경우가 있습니다. $-4 - 2y$는 덧셈의 교환법칙을 적용하면 $-2y + -4$가 됩니다. $-3(-2y + -4) = -3 \times (-2y) + -3 \times (-4) = 6y + 12$가 답입니다.

배움 체크하기

(배움 체크 리스트 를 가리키며) 오늘 우리가 함께 공부한 것을 혼자서도 할 수 있는지 체크해 봅시다. 혼자서도 할 수 있으면 👍, 선생님의 도움이 더 필요하다면 ?에 동그라미로 표시하세요.

배움 체크 리스트	👍	?
1. 정수와 유리수의 사칙연산을 할 수 있습니다.		
2. 분배법칙을 이해합니다.		
3. 일차식과 수의 곱셈에서 교환법칙을 적용하고 계산할 수 있습니다[예: $2 \times (3x + 2) = (3x + 2) \times 2$].		
4. 일차 단항식과 정수의 곱셈 방법을 이해하고 적용할 수 있습니다(예: $2x \times 3$).		
5. 문자항의 계수나 곱해지는 수가 분수인 일차 단항식과 수의 곱셈을 이해하고 적용할 수 있습니다(예: $\frac{1}{2}x \times 4$).		
6. 괄호가 있는 일차식과 정수의 곱셈을 분배법칙을 사용해서 계산하는 방법을 이해하고 적용할 수 있습니다.		
7. 괄호가 있는 일차식과 분수의 곱셈을 분배법칙을 사용해서 계산하는 방법을 이해하고 적용할 수 있습니다.		
8. 괄호 안의 일차식이 뺄셈일 경우, 이를 덧셈식으로 바꾼 후 분배법칙을 적용하는 방법을 이해하고 적용할 수 있습니다.		

혼자 풀기

(혼자 풀어 보는 문제 1~7을 제시하며) 오늘 배운 것을 기억하면서 문제를 혼자 풀어 보는 시간입니다. 내비게이션 2.20 을 사용하면 도움이 됩니다.

다음을 계산하시오.

1. $7x \times 3$

2. $-4a \times 5$

3. $\frac{2}{5}x \times (-10)$

4. $3(5a - 4)$

5. $-5(4b + 3)$

6. $(-6y + 3) \times \frac{2}{3}$

7. $-\frac{2}{3}(3y - 6)$

채점 및 오답 분석

학생이 쓴 답을 기재하고, 오답인 경우 중재 결정표 에서 가능한 오류 원인을 1~8 중에서 골라 번호로 기재합니다. 기타 원인 때문에 오답이 발생했을 경우, 구체적으로 어떤 이유인지 기재합니다. 가능한 오답의 원인을 모두 기재합니다.

혼자 풀어 보는 문제	정답	학생이 쓴 답	오답 원인
1. $7x \times 3$	$21x$		
2. $-4a \times 5$	$-20a$		
3. $\frac{2}{5}x \times (-10)$	$-4x$		
4. $3(5a - 4)$	$15a - 12$		
5. $-5(4b + 3)$	$-20b - 15$		
6. $(-6y + 3) \times \frac{2}{3}$	$-4y + 2$		
7. $-\frac{2}{3}(3y - 6)$	$-2y + 4$		
	정답 개수	/ 7	

중재 결정표

☞ **오답 원인을 분석하여 차후 중재를 결정하세요.**

오답 원인	발생 빈도	최다 발생 오류	중재 결정
1. 사전 지식 및 기술(정수, 유리수의 사칙연산, 분배법칙, 덧셈의 역원)			
2. 용어나 문제 이해 부족(항, 상수, 단항식, 다항식, 일차식)			
3. 문자항만 있는 일차식과 정수의 곱셈 절차 이해와 적용의 어려움			
4. 문자항만 있는 일차식과 분수의 곱셈 절차의 이해와 적용의 어려움			
5. 분배법칙을 덧셈인 일차식과 수(정수 또는 분수)의 곱셈에 적용하는 데 어려움			
6. 분배법칙을 뺄셈인 일차식과 수(정수 또는 분수)의 곱셈에 적용하는 데 어려움			
7. 부주의/계산 실수			
8. 기타(구체적 원인 기재하기)			

가장 흔한 오답 원인	1과 2 중 하나	3, 4, 5, 6 중 하나	7
	AND	AND	OR
오답률	오답이 2개 이상	오답이 2개 이상	오답이 2개 미만
	↓	↓	↓
다음 중재	브리지(Bridge)	동 차시 반복	다음 차시

브리지(Bridge) 차시

- 2.14차시
- 2.15차시

21차시

일차식과 수의 나눗셈

[내비게이션 2.21] 일차식의 이해에 필요한 용어와 일차식과 수의 나눗셈 순서

[일차식을 이해하는 데 필요한 용어]

	용어	정의	예
1	항	수 또는 수와 문자의 곱으로 이루어진 식	식 $3x + 2$에서 항은 $3x$와 2
2	상수항	수로만 이루어진 항	식 $3x + 2$에서 상수항은 2
3	계수	수와 문자의 곱으로 이루어진 항에서 문자에 곱해진 수	식 $3x + 2$에서 3이 x의 계수
4	다항식	한 개의 항 또는 두 개 이상의 항의 합으로 이루어진 식	$3x$, $3x + 2$, $x - y + 5$
5	단항식	다항식 중에서 한 개의 항으로만 이루어진 식	$3x$, x^2, 2
6	차수	문자가 있는 항에서 문자가 곱해진 개수를 그 문자에 대한 항의 차수라 함	1차식 – $3x$ 2차식 – $5x^2$
7	다항식의 차수	차수가 다른 항이 여러 개가 포함된 다항식의 경우, 차수가 가장 큰 항의 차수	$2x^2 + x + 5$에는 2차식인 $2x^2$, 1차식인 x, 상수항인 5가 있지만, 다항식 $2x^2 + x + 5$의 차수는 2차식
8	일차식	다항식 중 차수가 1인 다항식	$2x + 1$, $-3b$, $2x - y$

[분배법칙]

$A\times(B+C) = (A\times B)+(A\times C)$

$(B+C)\times A = (A\times B)+(A\times C)$

[문자항만 있는 일차식과 수의 곱셈 계산]

	순서	예 $2x \div (-2)$
❶	나눗셈식을 곱셈식으로 바꿈 (나눗셈 기호를 곱셈 기호로 바꾸고, 제수의 곱셈의 역원을 씀)	$2x \times (-\frac{1}{2})$
❷	생략된 곱셈 기호를 써 주고, 계산할 식 다시 정리	$2x = 2\times x$ 식을 다시 쓰면 $2\times x\times(-\frac{1}{2})$
❸	교환법칙 적용해서 문자를 맨 뒤로 위치	$2\times x\times(-\frac{1}{2}) = 2\times(-\frac{1}{2})\times x$
❹	수의 곱을 구한 후, 곱셈 기호를 생략하고 문자 앞에 씀	$2\times(-\frac{1}{2}) = (-1)$ $(-1)\times x = -1x = -x$

[괄호가 있는 일차식과 수의 나눗셈 계산]

	순서	예 $(4a-4)\div 2$
❶	나눗셈식을 곱셈식으로 바꿈 (나눗셈 기호를 곱셈으로 바꾸고, 제수의 곱셈의 역원을 써 줌)	$(4a-4)\times\frac{1}{2}$
❷	괄호 안의 일차식을 덧셈식으로 바꿈 (덧셈식이면 그대로 두고, 뺄셈식이면 뺄셈을 덧셈으로 바꾸고 뒤에 있는 수의 덧셈의 역원을 씀)	$(4a-4)\times\frac{1}{2}$ $=\{4a+(-4)\}\times\frac{1}{2}$
❸	분배법칙을 사용하여 괄호를 풀어 줌	$\{4a+(-4)\}\times\frac{1}{2}$ $=\{4a\times\frac{1}{2}+(-4)\}\times\frac{1}{2}$
❹	각 항 곱셈 후, 곱셈 기호 생략하고 식 정리	$4a\times\frac{1}{2}+(-4)\times\frac{1}{2}$ $=2a+(-2)$

차시 목표 일차식과 수의 나눗셈을 할 수 있다.

사전 지식 정수와 유리수의 사칙연산, 분배법칙, 일차식 의미, 곱셈의 역원, 덧셈의 역원

준비물 2단계 21차시 학생용 교재, **내비게이션 2.21**

흔한 오류

1. 일차식과 수의 나눗셈에서 나눗셈을 곱셈으로 바꾸고 분배법칙을 적용하여 계산할 때, 문자항만 수로 나누고 상수항은 수로 나누지 않는다.
   - 오류 예: $(2x + 2) \div 2 = 2x \times \frac{1}{2} + 2$
2. 일차식과 수의 나눗셈을 할 때, 나눗셈을 곱셈으로 바꾸고 수의 역수를 곱해 주어 풀 수 있다는 것을 이해하지 못한다.
3. 일차식을 나누는 수가 분수일 때, 수와 가까운 항만 나눠 준다.
   - 오류 예: $(2x + 2) \div \frac{3}{4} = 2x + 2 \times \frac{4}{3}$
4. 일차식과 수의 나눗셈에서는 교환법칙이 성립하지 않는다는 것을 이해하지 못하고 수 ÷ 괄호식을 괄호식 ÷ 수로 계산하려 한다.
   - 오류 예: $2 \div (2x + 2)$를 $(2x + 2) \div 2$와 같다고 놓고 계산한다.

사전평가

처음 두 문제는 가장 필수적인 사전 지식에 대한 이해를 묻고, 3번부터 7번까지는 차시 목표인 개념과 기술의 이해를 묻습니다.

다음을 계산하시오.

1. $21x \div (-3)$

2. $12a \div 6$

3. $\frac{3}{4}x \div (-\frac{4}{5})$

4. $-15b \div \frac{3}{4}$

5. $(6x + 3) \div 3$

6. $(-3y + 9) \div \frac{3}{2}$

7. $(5y - 15) \div (-\frac{5}{6})$

정 답

1. $-7x$
2. $2a$
3. $\frac{-15x}{16}$
4. $-20b$
5. $2x+1$
6. $-2y+6$
7. $-6y+18$

접속하기

차시 목표 및 개념 설명

오늘은 일차식을 숫자로 나누는 방법을 배우려 합니다. 먼저, 이번 차시에서 많이 사용될 용어와 개념을 정리해 봅시다. 새로운 용어가 많으므로 새 용어만 따로 공부해도 좋습니다. 이번 차시의 목적은 용어의 이해가 아니라 일차식과 숫자의 나눗셈의 이해이므로 내비게이션 2.21 의 용어 설명을 보면서 선생님의 수업을 따라오도록 지도하십시오.

1. 항이란 무엇입니까? 항이란 수 또는 수와 문자의 곱으로 이루어진 식을 말합니다. 예를 들어, 식 $2x + 3$에서 항은 $2x$와 3입니다. 특히 3처럼 수로만 이루어진 항을 상수항이라 합니다.

2. 계수란 무엇입니까? 계수란 수와 문자의 곱으로 이루어진 항에서 문자에 곱해진 수를 말합니다. 예를 들어, 식 $2x + 3$에서 2가 x의 계수입니다.

3. 다항식이란 한 개의 항 또는 두 개 이상의 항의 합으로 이루어진 식을 말하고, 단항식은 다항식 중에서 한 개의 항으로만 이루어진 식입니다. 다항식의 예는 $2x$, $2x + 3$, $x - y + 4$ 등입니다. 단항식의 예는 $2x$, x^2, 3 등입니다.

4. 항의 차수는 무엇입니까? 문자가 있는 항에서 문자가 곱해진 개수를 그 문자에 대한 항의 차수라고 합니다. 예를 들어, $4x^2$은 $4 \times x \times x$이므로 (x가 두 번 곱해짐) 2차식입니다. $2x$는 x가 한 번만 곱해져 있으므로 1차식입니다.

5. 다항식의 차수는 무엇입니까? 다항식에는 한 개의 항만 있는 경우도 있지만 차수가 다른 여러 개의 항이 있는 경우가 많습니다. 차수가 다른 항이 여러 개가 포함된 다항식의 경우에는 차수가 가장 큰 항의 차수가 그 다항식의 차수가 됩니다. 예를 들어, $3x^2 + x + 4$에는 2차식인 $3x^2$, 1차식인 x, 상수항인 4가 있지만, 다항식 $3x^2 + x + 4$의 차수는 2차식입니다.

6. 그럼 일차식이란 무엇입니까? 일차식이란 다항식 중 차수가 1인 다항식을 말합니다. $3x + 2$, $-4b$, $3x - y$ 등이 일차식입니다.

7. 분배법칙은 무엇입니까? 괄호 안에 있는 다항식과 숫자나 단항식의 곱셈식에 적용할 수 있는 법칙입니다.

$$A \times (B + C) = (A \times B) + (A \times C)$$

$$(B + C) \times A = (A \times B) + (A \times C)$$

(내비게이션 2.21 을 보여 주며) 내비게이션 2.21 은 일차식과 수의 나눗셈에 필요한 용어들을 간단히 정리해 주고, 일차식을 숫자로 나누는 방법을 문제 유형에 따라 간단하게 보여 줍니다. 문제를 함께 푸는 동안 내비게이션의 순서가 어떻게 적용되는지 생각해 봅시다.

보여 주기

개념 및 기술 교수, 개념 및 기술 예시 제시, 보는 수학 내비게이션을 이용한 교사 모델링

1 (보여 주는 문제 1을 보여 주며) $2x \div (-2)$를 계산해 봅시다.

1. 가장 먼저 일차식과 수의 나눗셈식의 유형을 파악해야 합니다.
   - 일차식과 수의 나눗셈 문제는 두 가지 유형이 있습니다.
     문자항만 있는 일차식과 수의 나눗셈 문제와, 괄호식과 수의 나눗셈 문제입니다.
   - 이 문제는 문자항만 있는 일차식과 수의 나눗셈입니다.

2. 문자항만 있는 일차식과 수의 나눗셈 문제를 계산하려면 먼저 나눗셈을 곱셈으로 바꾸고, 제수인 (-2) 대신 곱셈의 역원$(-\frac{1}{2})$을 써서 식을 정리합니다.

   $\rightarrow 2x \div (-2) = 2x \times (-\frac{1}{2})$

3. 다음은 생략된 곱셈 기호를 씁니다.
   - $2x$에 생략된 기호를 써 주면 $2 \times x$가 되어 문제는 $2 \times x \times (-\frac{1}{2})$이 됩니다.

4. 다음은 교환법칙을 적용해서 문자를 맨 뒤로 가게 합니다.

   $\rightarrow 2 \times (-\frac{1}{2}) \times x$

5. 마지막으로, 수의 곱을 구한 후 곱셈 기호를 생략하여 문자 앞에 씁니다.

   $\rightarrow \boxed{2 \times (-\frac{1}{2}) \times x = (-1) \times x = (-1)x = -x}$

❷ (보여 주는 문제 2를 보여 주며) $4a \div (-\frac{2}{3})$를 계산해 봅시다.

1. 가장 먼저 일차식과 수의 나눗셈식의 유형을 파악해야 합니다.
   - 이 문제는 문자항만 있는 일차식과 수의 나눗셈 문제입니다.

2. 문자항만 있는 일차식과 수의 나눗셈을 계산하려면 먼저 나눗셈을 곱셈으로 바꾸고, 제수인 $(-\frac{2}{3})$ 대신 곱셈의 역원인 $(-\frac{3}{2})$을 써 줍니다.
   - $4a \div (-\frac{2}{3})$가 $4a \times (-\frac{3}{2})$이 됩니다.

3. 다음은 생략된 곱셈 기호를 씁니다.
   - $4a$에 생략된 곱셈 기호를 써 주면 $4 \times a$가 되어 주어진 식은 $4 \times a \times (-\frac{3}{2})$이 됩니다.

4. 다음은 교환법칙을 적용해서 문자를 맨 뒤로 가게 합니다.

   $\rightarrow 4 \times (-\frac{3}{2}) \times a$

5. 마지막으로, 수의 곱을 구한 후 곱셈 기호를 생략하고 수를 문자 앞에 써서 식을 정리합니다.

   $\rightarrow \boxed{4 \times (-\frac{3}{2}) \times a = -6 \times a = -6a}$

❸ (보여 주는 문제 3을 보여 주며) $(4x + 2) \div 2$를 계산해 봅시다.

1. 가장 먼저 일차식과 수의 나눗셈식의 유형을 파악해야 합니다. 이 문제는 괄호식과 수의 나눗셈 문제입니다.

2. 괄호식과 수의 나눗셈을 계산하려면 먼저 나눗셈을 곱셈으로 바꾸고, 제수인 2 대신 제수의 곱셈의 역원인 $\frac{1}{2}$을 씁니다.

→ $(4x + 2) \times \frac{1}{2}$

3. 괄호 안의 일차식이 덧셈식인지 뺄셈식인지 확인하고, 뺄셈식이면 덧셈식으로 바꿉니다.

- 괄호 안의 일차식 $4x + 2$는 덧셈식입니다.

Level 2.4
21차시

4. 다음은 분배법칙을 사용하여 괄호를 풀어 주고 식을 정리합니다.

→ $(4x + 2) \times \frac{1}{2} = 4x \times \frac{1}{2} + 2 \times \frac{1}{2}$

5. 마지막으로, 각 항의 곱을 구한 후 곱셈 기호를 생략하고 수를 문자 앞에 써서 식을 정리합니다.

→ $\boxed{4x \times \frac{1}{2} + 2 \times \frac{1}{2} = 2x + 1}$

함께 풀기

(내비게이션 2.21 을 보여 주며) 내비게이션 2.21 은 일차식과 수의 나눗셈 방법을 문제 유형에 따라 간단히 정리하여 보여 줍니다. 내비게이션 2.21 을 보면서 다음 문제를 같이 풀어 봅시다.

1 (함께 풀어 보는 문제 1을 가리키며) $12y \div (-\frac{1}{3})$을 계산해 봅시다.

1. 이 문제는 어떤 유형의 문제입니까? 이 문제는 문자항만 있는 일차식과 수의 나눗셈 문제입니다.

2. 문자항만 있는 일차식과 수의 나눗셈 문제를 계산하려면 먼저 무엇을 해야 합니까? 나눗셈식을 곱셈식으로 바꿉니다.

- 나눗셈식을 어떻게 곱셈식으로 바꿉니까? 나눗셈 기호를 곱셈 기호로 바꾸고, 제수인 $(-\frac{1}{3})$ 대신 그 곱셈의 역원인 -3을 곱해 줍니다.
- 주어진 식 $12y \div (-\frac{1}{3})$을 곱셈식으로 바꾸면 $12y \times (-3)$이 됩니다.

3. 다음은 무엇을 합니까? 생략된 곱셈 기호를 씁니다.

- 곱셈 기호가 어디에서 생략되었습니까? $12y$는 원래 $12 \times y$입니다.
- 곱셈 기호를 넣어 식을 정리하면 어떻게 됩니까? $12 \times y \times (-3)$이 됩니다.

4. 다음은 무엇을 해야 합니까? 교환법칙을 적용하여 숫자는 숫자끼리 곱합니다.

- 곱셈의 교환법칙은 무슨 뜻입니까? 곱셈의 교환법칙은 곱하는 수들의 자리를 바꿔도 곱의 결과는 같다는 뜻입니다.
- 식 $12 \times y \times (-3)$을 계산하기 위해 곱셈의 교환법칙을 어떻게 적용합니까? 숫자끼리 먼저 곱하기 위해 문자(y)와 숫자(-3)의 자리를 바꿔 줍니다.

- 문자(y)와 숫자(-3)의 자리를 바꾸면 식 $12 \times y \times (-3)$은 어떻게 바뀝니까? $12 \times (-3) \times y$가 됩니다.

5. 다음은 무엇을 합니까? 수의 곱을 구한 후, 곱셈 기호를 생략하고 문자 앞에 그 곱의 결과를 써 줍니다.
   - 수의 곱은 얼마입니까? $12 \times (-3) = -36$입니다.
   - -36을 문자인 y 앞에 쓰면 어떻게 됩니까? $-36y$가 됩니다.

Level 2.4
21차시

2 (함께 풀어 보는 문제 2를 가리키며) $(3x + 6) \div (-\frac{3}{4})$을 함께 계산해 봅시다.

1. 이 문제는 어떤 유형의 문제입니까? 이 문제는 괄호 안에 있는 일차식과 수의 나눗셈 문제입니다.

2. 괄호 안에 있는 일차식과 수의 나눗셈을 계산하려면 제일 먼저 무엇을 해야 합니까? 나눗셈식을 곱셈식으로 바꿉니다.
   - 나눗셈식은 어떻게 해야 곱셈식이 됩니까? 먼저, 나눗셈 기호를 곱셈 기호로 바꾸고, 제수인 $(-\frac{3}{4})$의 곱셈의 역원인 $(-\frac{4}{3})$를 곱해 주면 됩니다.
   - $(3x + 6) \div (-\frac{3}{4})$을 곱셈식으로 바꾸면 어떻게 됩니까? $(3x + 6) \times (-\frac{4}{3})$가 됩니다.

3. 다음으로 무엇을 합니까? 다음에는 괄호 안에 있는 일차식이 덧셈식인지 뺄셈식인지 확인하여 덧셈식이면 그대로 두고, 뺄셈식이면 덧셈식으로 바꿔 줍니다.
   - 주어진 문제의 일차식(괄호 안에 있는 식)은 덧셈식입니까, 뺄셈식입니까? 괄호 안의 일차식은 덧셈식입니다.

4. 다음은 무엇을 합니까? 덧셈에 대한 곱셈의 분배법칙을 적용합니다. 분배법칙 적용 방법이 생각이 나지 않으면 다시 내비게이션 을 참조하십시오.

→ $(3x+6)\times(-\frac{4}{3}) = 3x\times(-\frac{4}{3}) + 6\times(-\frac{4}{3})$

5. 다음은 무엇을 합니까? 각 항의 곱셈을 한 뒤, 곱셈 기호를 생략하고 수를 문자 앞에 써서 식을 정리합니다.

- 계산해야 할 곱셈식은 무엇입니까? $3x\times(-\frac{4}{3})$와 $6\times(-\frac{4}{3})$입니다.
- $3x\times(-\frac{4}{3})$를 계산하면 어떻게 됩니까? $3x\times(-\frac{4}{3}) = -4x$입니다.
- $6\times(-\frac{4}{3})$를 계산하면 어떻게 됩니까? $6\times(-\frac{4}{3}) = -8$입니다.
- 두 곱셈의 결과를 더하면 $3x\times(-\frac{4}{3}) + 6\times(-\frac{4}{3}) = -4x-8$이 정답입니다.

③ (함께 풀어 보는 문제 3을 가리키며) **$(-3x-6)\div\frac{1}{3}$을 계산해 봅시다.**

1. 이 문제는 어떤 유형의 나눗셈 문제입니까? 괄호 안에 들어 있는 일차식과 수의 나눗셈 문제입니다.

2. 괄호 안에 들어 있는 일차식과 수의 나눗셈을 계산하려면 제일 먼저 무엇을 해야 합니까? 나눗셈식을 곱셈식으로 바꿉니다.

- 나눗셈식을 곱셈식으로 바꾸려면 어떻게 해야 합니까? 나눗셈 기호를 곱셈 기호로 대신 써 주고, 제수인 $\frac{1}{3}$ 대신 그 곱셈에 대한 역원인 3을 곱해 줍니다.
- $(-3x-6)\div\frac{1}{3}$을 곱셈식으로 바꾸면 $(-3x-6)\times3$이 됩니다.

3. 다음은 무엇을 합니까? 괄호 안의 일차식이 덧셈식이면 그대로 두고, 뺄셈식이면 덧셈식으로 바꿔 줍니다.

- $-3x - 6$은 덧셈식입니까, 뺄셈식입니까? 뺄셈식입니다.
- 뺄셈식인 $-3x - 6$을 덧셈식으로 바꾸려면 어떻게 해야 합니까? 뺄셈 기호를 덧셈으로 바꾸고, 6 대신 6의 덧셈에 대한 역원인 -6을 씁니다. $-3x - 6$이 $-3x + (-6)$이 됩니다.

4. 다음은 무엇을 합니까? 분배법칙을 적용하고 식을 정리합니다.

$\rightarrow \{-3x + (-6)\} \times 3 = -3x \times 3 + (-6) \times 3$

5. 다음은 무엇을 합니까? 각 항의 곱셈을 계산하고, 곱셈 기호를 생략하고 수를 문자 앞에 써서 식을 정리해 줍니다.

- 계산해야 할 곱셈식은 무엇입니까? $-3x \times 3$과 $(-6) \times 3$을 계산해야 합니다.
- $-3x \times 3$을 계산한 결과는 무엇입니까? $-3x \times 3 = -9x$입니다.
- $(-6) \times 3$을 계산한 결과는 무엇입니까? -18입니다.
- 두 곱셈식의 결과를 덧셈하면 $-3x \times 3 + (-6) \times 3 = -9x + -18$이 됩니다.

아 그렇구나!

- 혼동되는 문제 다시 풀기
- 최다 오류를 반례로 제시하여 개념 및 기술 획득 강화

아 그렇구나! 에서는 일차식을 숫자로 나눗셈할 때 우리가 자주 혼동하는 문제들을 함께 풀어 봅니다. 이 문제들을 풀 때 왜 실수가 많은지 함께 생각해 봅시다.

1 (아 그렇구나! 문제 1을 가리키며) $(2x + 2y) \div 2$를 계산할 때 혼동되는 점은 무엇입니까?

⇨ 이 문제는 지금까지 풀어 온 문제들과는 달리 두 문자항이 있는 일차식입니다. x, y가 함께 있어서 일차식과 수의 나눗셈 방법을 적용하지 못하는 경우가 있습니다. 이 문제는 괄호식과 수의 나눗셈 문제 풀이와 동일한 방법으로 풀면 답을 구할 수 있습니다. $x + y$가 답입니다.

2 (아 그렇구나! 문제 2를 가리키며) $4 \div (2x+2)$를 계산할 때 혼동되는 점은 무엇입니까?

⇨ 일차식과 수의 나눗셈에서는 교환법칙이 성립하지 않으므로 $\{4 \div (2x+2)\} \neq \{(2x+2) \div 4\}$ 문제를 $(2x+2) \div 4$로 바꿔 풀면 안 됩니다. 이 문제를 풀기 위해서는 일차식과 수의 나눗셈에서처럼 나눗셈 부호를 곱셈으로 바꾸고, 제수인 괄호 $(2x+2)$의 곱셈의 역원, 즉 $\frac{1}{(2x+2)}$을 곱해 줍니다. $4 \times \frac{1}{(2x+2)} = \frac{4}{(2x+2)}$ 또는 $\frac{2}{x+1}$가 정답입니다. $(2x+2)$의 곱셈의 역원을 구할 때, $\frac{1}{2x}$로 계산하지 않도록 주의하십시오.

Level 2.4

21차시

배움 체크하기

(배움 체크 리스트 를 가리키며) 오늘 우리가 함께 공부한 것을 혼자서도 할 수 있는지 체크해 봅시다. 혼자서도 할 수 있으면 👍, 선생님의 도움이 더 필요하다면 ?에 동그라미로 표시하세요.

배움 체크 리스트	👍	?
1. 정수와 유리수의 사칙연산을 할 수 있습니다.		
2. 곱셈의 역원과 덧셈의 역원을 구할 수 있습니다.		
3. 일차식과 수의 나눗셈 문제를 일차식과 수의 곱셈 문제로 바꿀 수 있습니다(나눗셈 기호를 곱셈으로, 제수를 제수의 곱셈의 역원으로 바꿔 줌).		
4. 문자항만 있는 일차식과 수의 곱셈 방법을 이해하고 적용할 수 있습니다(예: $2x \times 3$).		
5. 괄호가 있는 일차식과 수의 곱셈을 분배법칙을 사용해서 계산하는 방법을 이해하고 적용할 수 있습니다.		
6. 괄호 안의 일차식이 뺄셈일 경우, 이를 덧셈식으로 바꾼 후 분배법칙을 적용하는 방법을 이해하고 적용할 수 있습니다.		
7. 일차식과 수의 나눗셈에서는 교환법칙이 성립하지 않는다는 것을 이해하고 적용할 수 있습니다.		

혼자 풀기

(혼자 풀어 보는 문제 1~7을 제시하며) 오늘 배운 것을 기억하면서 문제를 혼자 풀어 보는 시간입니다. 내비게이션 2.21 을 사용하면 도움이 됩니다.

다음을 계산하시오.

1. $21x \div (-3)$

2. $18a \div 6$

3. $\frac{2}{5}x \div (-\frac{4}{10})$

4. $-14b \div \frac{7}{4}$

5. $(8x + 12) \div 4$

6. $(-10y + 5) \div \frac{5}{2}$

7. $(27y - 15) \div (-\frac{3}{5})$

채점 및 오답 분석

학생이 쓴 답을 기재하고, 오답인 경우 중재 결정표 에서 가능한 오류 원인을 1~8 중에서 골라 번호로 기재합니다. 기타 원인 때문에 오답이 발생했을 경우, 구체적으로 어떤 이유인지 기재합니다. 가능한 오답의 원인을 모두 기재합니다.

혼자 풀어 보는 문제	정답	학생이 쓴 답	오답 원인
1. $21x \div (-3)$	$-7x$		
2. $18a \div 6$	$3a$		
3. $\frac{2}{5}x \div (-\frac{4}{10})$	$-x$		
4. $-14b \div \frac{7}{4}$	$-8b$		
5. $(8x + 12) \div 4$	$2x + 3$		
6. $(-10y + 5) \div \frac{5}{2}$	$-4y + 2$		
7. $(27y - 15) \div (-\frac{3}{5})$	$-45y + 25$		
	정답 개수	/ 7	

중재 결정표

오답 원인을 분석하여 차후 중재를 결정하세요.

오답 원인	발생 빈도	최다 발생 오류	중재 결정
1. 사전 지식 및 기술(정수, 유리수의 사칙연산, 분배법칙, 덧셈의 역원, 곱셈의 역원)			
2. 용어나 문제 이해 부족(항, 상수, 단항식, 다항식, 일차식)			
3. 문자만 있는 일차식과 정수의 나눗셈 문제를 곱셈 문제로 바꾸고, 곱셈 계산 방법의 이해와 적용의 어려움			
4. 괄호에 있는 일차식과 정수의 나눗셈 문제를 곱셈 문제로 바꾸고, 곱셈 계산 방법의 이해와 적용의 어려움			
5. 문자만 있는 일차식과 분수의 나눗셈 문제를 곱셈 문제로 바꾸고, 곱셈 계산 방법의 이해와 적용의 어려움			
6. 괄호에 있는 일차식과 분수의 나눗셈 문제를 곱셈 문제로 바꾸고, 곱셈 계산 방법의 이해와 적용의 어려움			
7. 부주의/계산 실수			
8. 기타(구체적 원인 기재하기)			

가장 흔한 오답 원인	1과 2 중 하나	3, 4, 5, 6 중 하나	7
	AND	AND	OR
오답률	오답이 2개 이상	오답이 2개 이상	오답이 2개 미만
다음 중재	브리지(Bridge)	동 차시 반복	다음 차시

브리지(Bridge) 차시

- 1.5와 1.6차시
- 2.10차시
- 2.14차시
- 2.18차시

22차시

계수가 정수인 일차식의 덧셈과 뺄셈

[내비게이션 2.22] 계수가 정수인 일차식의 덧셈과 뺄셈 순서

[문자가 있는 항의 덧셈과 뺄셈의 의미]

문자항	의미	덧셈식	덧셈식의 의미
		⇒ 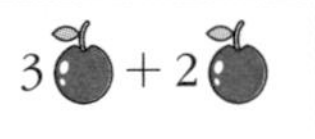	
$3x$	$x + x + x$	⇒ $3x + 2x$	$3x + 2x = 5x$

[일차항만 있는 일차식의 덧셈과 뺄셈 순서]

		순서	예 $2x-(-2x)$
뺄셈 순서	1	뺄셈식을 덧셈식으로 바꿈 (뺄셈 기호를 덧셈 기호로, 빼는 식의 항을 반대 부호로 바꿈)	$2x - (-2x)$ $= 2x + (+2x)$
덧셈 순서	2	동류항끼리 모아 줌	$2x + 2x$
	3	일차항의 계수끼리 더해 주고, 문자를 씀	$(2 + 2)x$ $= 4x$

[괄호가 있는 일차식의 덧셈과 뺄셈 순서]

		순서	예 $2(2a-1)-3(-3a+2)$
뺄셈 순서	1	뺄셈식은 덧셈식으로 바꿈 (뺄셈 기호를 덧셈 기호로, 빼는 식의 괄호 안 모든 항을 반대 부호로 바꿈)	$2(2a-1)-3(-3a+2)$ $=2(2a-1)+3(+3a-2)$
덧셈 순서	2	분배법칙을 사용하여 괄호를 풀어 줌	$4a-2+9a-6$
	3	동류항끼리 계산함 (문자가 있는 동류항은 계수끼리 덧셈이나 뺄셈을 한 후 문자를 붙임)	$4a+9a-2-6$ $\rightarrow 4a+9a=(4+9)a=13a$ $\rightarrow -2-6=(-2-6)=-8$
	4	동류항 결과를 더함	$=13a-8$

차시 목표 계수가 정수인 일차식의 덧셈과 뺄셈을 할 수 있다.

사전 지식 정수와 유리수의 사칙연산, 분배법칙, 일차식 의미, 덧셈의 역원

준비물 2단계 22차시 학생용 교재, **내비게이션 2.22**

흔한 오류

1. 동류항이 아닌데도 더하거나 빼려고 한다.
   - 오류 예: $2x + 3 = 5x$

2. 차수가 달라도 문자가 같으면 동류항이라 생각하고 더하거나 빼려고 한다.
   - 오류 예: $2x^2 + 4x = 6x$

3. 음의 부호가 앞에 있는 괄호를 풀 때 괄호 안의 모든 항의 부호를 반대 부호로 바꿔야 하는데, 하나 이상 항의 부호를 바꾸지 않는다.
   - 오류 예: $2x - (3x + 2y - 4) = 2x - 3x + 2y - 4$

4. 분배법칙을 적용하여 괄호를 풀어야 하는 경우, 괄호와 곱해진 수를 모든 항에 곱하지 않는다.
   - 오류 예: $2(2x + 4) = 4x + 4$

사전평가

처음 두 문제는 가장 필수적인 사전 지식에 대한 이해를 묻고, 3번부터 7번까지는 차시 목표인 개념과 기술의 이해를 묻습니다.

다음을 계산하시오.

1. $4x - 6x$

2. $-2x + 6y$

3. $4a + 3 - 3a - 2$

4. $(12a + 7) + (9a - 5)$

5. $(7y + 4) - (5y - 3)$

6. $3(6x + 3) - 2(8x + 4)$

7. $4(-2a - 5) + 3(-2a + 5)$

정 답

1. $-2x$ 2. $-2x+6y$ 3. $a+1$ 4. $21a+2$

5. $2y+7$ 6. $2x+1$ 7. $-14a-5$

접속하기

차시 목표 및 개념 설명

오늘은 일차식끼리의 덧셈, 뺄셈하는 방법을 배우려 합니다. 먼저, 이번 차시에서 많이 사용될 용어와 개념을 정리해 봅시다.

1. 항은 무엇입니까? 항은 수 또는 수와 문자의 곱으로 이루어진 식을 말합니다. 예를 들어, 식 $3x + 2$에서 항은 $3x$와 2입니다. 특히 2처럼 수로만 이루어진 항을 상수항이라 합니다.

2. 항의 차수는 무엇입니까? 문자가 있는 항에서 문자가 곱해진 개수를 그 문자에 대한 항의 차수라고 합니다. 예를 들어, $5x^2$은 $5 \times x \times x$이므로 (x가 두 번 곱해짐) 이차식입니다. $3x$는 x가 한 번만 곱해져 있으므로 1차식입니다.

3. 동류항이란 무엇입니까? 동류항이란 $4x$, $5x$ 같이 문자와 차수가 같은 항들을 그 문자에 대한 동류항이라 합니다. $3x$와 $2y$는 동류항입니까? $3x$와 $2y$는 문자가 서로 다르므로 동류항이 아닙니다. $3x$와 $2x^2$은 동류항입니까? $3x$와 $2x^2$은 문자는 같지만 차수가 다르므로 동류항이 아닙니다. 동류항은 $3x$, $7x$처럼 문자와 차수가 같은 항입니다.

4. 일차식의 덧셈, 뺄셈을 배울 때 동류항은 왜 중요합니까? 일차식의 덧셈, 뺄셈을 할 때는 동류항끼리 덧셈이나 뺄셈을 합니다. 동류항이 아닌 항끼리는 더하거나 뺄 수 없습니다.

5. $3x$란 무슨 뜻입니까? x가 3개 있다는 뜻입니다. 다시 말하면, $3x = x + x + x$입니다. $3x + 2x$는 x값 세 개와 x값 두 개를 더한다는 뜻입니다. x를 사과라 생각하면, 사과 3개와 사과 2개를 더한다는 뜻입니다. 사과 3개와 사과 2개를 더하면 사과가 몇 개입니까? 사과 3개 + 사과 2개 = 사과 5개입니다. $3x + 2x = 5x$입니다.

문자항	의미	덧셈식	덧셈식의 의미
		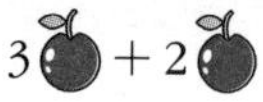	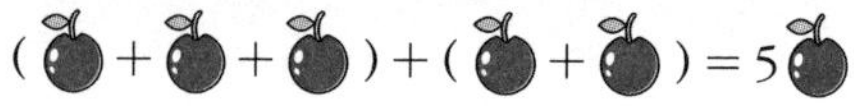
$3x$	$x + x + x$	$3x + 2x$	$3x + 2x = 5x$

6. (내비게이션 2.22 를 보여 주며) 내비게이션 2.22 는 일차식끼리 덧셈, 뺄셈하는 방법을 간단하게 보여 줍니다. 먼저 괄호를 푼 후, 동류항끼리 계산한 다음 모든 항을 덧셈합니다.

보여 주기

개념 및 기술 교수, 개념 및 기술 예시 제시, 보는 수학 내비게이션을 이용한 교사 모델링

다음을 계산하시오.

❶ (보여 주는 문제 1을 보여 주며) $(5x+7)+(3x-2)$를 계산해 봅시다.

1. 먼저, 주어진 식이 일차식의 뺄셈식이라면 덧셈식으로 바꿉니다.
   - 주어진 식은 일차식의 덧셈식이므로 이 단계가 필요치 않습니다.

2. 일차식끼리의 덧셈은 분배법칙으로 괄호를 풀어 주는 것으로 시작합니다.
   - 주어진 식처럼 괄호 앞에 수가 곱해지지 않은 경우, 괄호에 1이 곱해졌다고 생각하고 1을 곱해서 괄호를 풀어 줍니다.

     $\rightarrow 5x+7+3x-2$

3. 덧셈의 교환법칙을 사용하여 동류항끼리 계산합니다.
   - 문자가 있는 항은 계수끼리 더하거나 뺀 후 문자를 써 줍니다.

     $\rightarrow 5x+3x=(5+3)x=8x$
   - 상수항은 상수항끼리 계산합니다.

     $\rightarrow 7-2=5$

4. 동류항 계산 결과를 덧셈합니다.

   $\rightarrow \boxed{8x+5}$

2 (보여 주는 문제 2를 보여 주며) $(4a + 2) - (3a - 2)$를 계산해 봅시다.

1. 일차식의 뺄셈은 뺄셈 기호를 덧셈으로 바꾸고, 빼는 식의 괄호 안에 있는 모든 항의 부호를 반대 부호로 바꿔 주는 것으로 시작합니다.

   → $(4a + 2) - (3a - 2) = (4a + 2) + (-3a + 2)$

2. 덧셈 절차를 따라 덧셈을 합니다. 먼저, 분배법칙을 적용하여 괄호를 풀어 줍니다.

   → $(4a + 2) + (-3a + 2) = 4a + 2 + -3a + 2$

3. 덧셈의 교환법칙을 사용하여 동류항끼리 계산합니다.
   - 문자가 있는 항은 계수끼리 더하거나 뺀 후 문자를 써 줍니다.

     → $4a - 3a = (4 - 3)a = a$
   - 상수항은 상수항끼리 계산합니다.

     → $2 + 2 = 4$

4. 동류항 계산 결과를 덧셈합니다.

   → $\boxed{a + 4}$

3 (보여 주는 문제 3을 보여 주며) $(5a + 3) + 2(3a - 1)$을 계산해 봅시다.

1. 먼저, 주어진 식이 일차식의 뺄셈식이라면 덧셈식으로 바꿔 줍니다.
   - 주어진 식의 일차식이 덧셈식이므로 이 과정이 필요치 않습니다.

2. 분배법칙을 적용하여 괄호를 풀어 줍니다.

   → $(5a + 3) + 2(3a - 1) = 5a + 3 + 6a - 2$

3. 덧셈의 교환법칙을 사용하여 동류항끼리 계산합니다.
   - 문자가 있는 항은 계수끼리 더하거나 뺀 후 문자를 써 줍니다.

$\rightarrow 5a + 6a = (5 + 6)a = 11a$

- 상수항은 상수항끼리 계산합니다.

$\rightarrow 3 - 2 = 1$

4. 동류항 계산 결과를 덧셈합니다.

$\rightarrow \boxed{11a + 1}$

함께 풀기

(내비게이션 2.22 를 보여 주며) 이 내비게이션은 계수가 정수인 일차식의 덧셈과 뺄셈을 하는 절차를 간단하게 보여 줍니다. 내비게이션을 보면서 다음 문제를 같이 풀어 봅시다.

1 (함께 풀어 보는 문제 1을 가리키며) $(5x + 7) - (3x - 2)$를 **계산해 봅시다.**

1. 일차식의 뺄셈을 할 때는 무엇을 먼저 합니까? 일차식의 뺄셈에서는 먼저 뺄셈식을 덧셈식으로 바꾸어 주어야 합니다.
   - 뺄셈식은 어떻게 덧셈식으로 바꿉니까? 먼저, 뺄셈 기호 대신 덧셈 기호를 써 주고, 빼는 식 안의 모든 항의 부호를 반대 부호로 바꿔 줍니다.
   - 이 문제에서 빼는 식은 무엇입니까? $(3x - 2)$가 빼는 식입니다.
   - 뺄셈 기호를 덧셈 기호로 바꾼 후 빼는 식의 모든 항, 즉 $3x$와 -2의 부호를 바꾸면 어떻게 됩니까? $3x$는 $-3x$가 되고, -2는 $+2$가 됩니다.

   $\rightarrow (5x + 7) - (3x - 2) = (5x + 7) + (-3x + 2)$

2. 다음은 무엇을 합니까? 덧셈식을 계산합니다.
   - 일차식의 덧셈을 계산하려면 무엇을 해야 합니까? 일차식의 덧셈을 하려면 분배법칙을 적용하여 괄호를 먼저 풀어 줍니다.

   $\rightarrow (5x + 7) + (-3x + 2) = 5x + 7 + -3x + 2$

3. 다음은 무엇을 합니까? 동류항끼리 모아 계산합니다.
   - 동류항이란 무엇입니까? 동류항은 문자와 차수가 같은 항을 말합니다.
   - $5x + 7 + -3x + 2$에서 동류항은 무엇입니까? $5x$는 $-3x$와 동류항이고, 7은 2와 동류항입니다.

- 동류항인 문자항은 어떻게 계산합니까? 문자항은 계수끼리 먼저 더하거나 뺀 후 문자를 씁니다.

  → $5x - 3x = (5 - 3)x = 2x$입니다.

- 상수항은 어떻게 계산합니까? 상수항은 덧셈합니다.

  → $7 + 2 = 9$

4. 다음은 무엇을 합니까? 동류항 계산 결과를 덧셈합니다.

- $2x + 9$가 정답입니다.

Level 2.4

22차시

❷ (함께 풀어 보는 문제 2를 가리키며) $4(6a + 5) + 3(-5a - 2)$를 함께 계산해 봅시다.

1. 먼저, 주어진 식이 일차식의 뺄셈 문제라면 덧셈식으로 바꿔 줍니다.

- 이 문제는 일차식의 덧셈입니다.

2. 일차식의 덧셈은 어떻게 시작합니까? 분배법칙으로 괄호를 풀어 줍니다.

→ $4(6a + 5) + 3(-5a - 2) = 24a + 20 - 60a + -24$

3. 다음은 무엇을 합니까? 동류항끼리 모아 계산합니다.

- 동류항이란 무엇입니까? 동류항은 문자와 차수가 같은 항을 말합니다.

- $24a + 20 + -60a + -24$에서 동류항은 무엇입니까? $24a$는 $-60a$와 동류항이고, 20은 -24와 동류항입니다.

- 동류항인 문자항은 어떻게 계산합니까? 문자항은 계수끼리 먼저 더하거나 뺀 후 문자를 씁니다.

  → $24a - 60a = (24 - 60)a = -36a$입니다.

- 상수항은 어떻게 계산합니까? 상수항은 덧셈이나 뺄셈합니다.

  → $20 - 24 = -4$

4. 다음은 무엇을 합니까? 동류항 계산 결과를 덧셈합니다.

- $-36a-4$가 정답입니다.

❸ (함께 풀어 보는 문제 3을 가리키며) $3(5a+5)-2(-4a-1)$을 계산해 봅시다.

1. 이 문제는 일차식끼리의 뺄셈 문제입니다.

- 뺄셈은 어떻게 시작합니까? 일차식의 뺄셈 문제는 먼저 일차식의 덧셈 문제로 바꿔 줍니다.
- 뺄셈을 덧셈으로 바꿀 때는 어떻게 해야 합니까? 뺄셈 기호를 먼저 덧셈 기호로 바꾸고, 빼는 식의 모든 항의 부호를 반대로 바꾸어 줍니다.
- 주어진 문제에서 빼는 식은 무엇입니까? $(-4a-1)$이 빼는 식입니다.
- 뺄셈 기호를 덧셈 기호로 바꾸어 준 후, 빼는 식의 모든 항의 부호를 바꾸면 주어진 식은 어떻게 바뀝니까? $3(5a+5)+2(4a+1)$이 됩니다.

2. 이제 덧셈식이 되었습니다.

- 일차식의 덧셈은 어떻게 시작합니까? 분배법칙을 적용하여 괄호를 풀어 줍니다.
- 괄호를 풀어 주면 주어진 식은 어떻게 바뀝니까? $15a+15+8a+2$가 됩니다.

3. 다음은 무엇을 합니까? 동류항끼리 계산합니다.

- $15a+15+8a+2$에 포함된 동류항은 무엇입니까? $15a$는 $8a$와 동류항입니다.
- 15는 무엇과 동류항입니까? 15는 2와 동류항입니다.
- 동류항끼리 계산할 때 문자항은 어떻게 계산합니까? 문자항은 계수끼리 더하거나 뺀 값에 문자를 붙여 줍니다.

  → $15a+8a=(15+8)a=23a$입니다.
- 상수항은 어떻게 계산합니까? 상수항끼리 덧셈이나 뺄셈합니다.

  → $15+2$이므로 상수항을 계산한 값은 17입니다.

4. 다음은 무엇을 합니까? 동류항 계산 결과를 덧셈합니다.

- $23a + 17$이 정답입니다.

Level 2.4
22차시

아 그렇구나!

혼동되는 문제 다시 풀기
최다 오류를 반례로 제시하여 개념 및 기술 획득 강화

아 그렇구나! 에서는 일차식끼리의 덧셈, 뺄셈을 할 때 우리가 자주 혼동하는 문제들을 함께 풀어 봅니다. 이 문제들을 풀 때 왜 실수가 많은지 함께 생각해 봅시다.

1 (아 그렇구나! 문제 1을 가리키며) $(2x + 2) + (3y + 1)$을 **계산할 때 혼동되는 점은 무엇입니까?**

⇨ 이 문제는 두 괄호식에 들어 있는 문자항의 종류가 다릅니다. $2x$와 $3y$가 일차항이긴 하지만 동류항이 아니므로 같이 더할 수 없습니다. $2x + 3y + 3$이 답입니다.

2 (아 그렇구나! 문제 2를 가리키며) $(4x + 2) -2(2x + 3)$을 **계산할 때 혼동되는 점은 무엇입니까?**

⇨ 이 문제는 덧셈식으로 바꾸고 분배법칙을 적용하여 괄호를 풀어 준 후, 동류항끼리 모으면 $4x - 4x + 2 - 6$이 됩니다. $4x - 4x = 0x = 0$으로 정답에 x항을 포함하지 않으므로 혼동할 수 있습니다. 정답은 -4입니다.

3 (아 그렇구나! 문제 3을 가리키며) $(2x^2 + 3) + (-2x + 2)$를 **계산할 때 혼동되는 점은 무엇입니까?**

⇨ $2x^2$과 $-2x$를 x에 대한 동류항이라 생각하고 덧셈을 하려는 경우가 종종 있습니다. 동류항은 무엇입니까? 동류항은 문자뿐만 아니라 차수도 같아야 동류항이 됩니다. $2x^2$은 x에 대한 2차식이고, $-2x$는 x에 대한 일차식이므로 동류항이 아닙니다. $2x^2 + -2x = 0$이 아니므로, 이 식의 답은 $2x^2 + -2x + 5$가 됩니다.

Level 2.4
22차시

배움 체크하기

(배움 체크 리스트 를 가리키며) 오늘 우리가 함께 공부한 것을 혼자서도 할 수 있는지 체크해 봅시다. 혼자서도 할 수 있으면 , 선생님의 도움이 더 필요하다면 ?에 동그라미로 표시하세요.

배움 체크 리스트		?
1. 정수와 유리수의 사칙연산을 계산할 수 있습니다.		
2. 덧셈의 역원을 구할 수 있습니다.		
3. 동류항의 의미를 알고, 식의 계산에서 동류항을 찾을 수 있습니다.		
4. 동류항이 아닌 항들은 덧셈이나 뺄셈을 할 수 없다는 것을 이해하고 적용할 수 있습니다.		
5. 문자가 있는 동류항들의 덧셈, 뺄셈은 계수들만 덧셈이나 뺄셈을 한 후 문자를 붙여 주면 된다는 것을 이해하고 적용할 수 있습니다.		
6. 일차식의 뺄셈 문제는 뺄셈 기호를 덧셈 기호로 바꾼 후, 빼는 식의 모든 항의 부호를 반대 부호로 바꾸어 덧셈식으로 바꾸어 계산한다는 것을 이해하고 적용할 수 있습니다.		
7. 덧셈식은 분배법칙을 사용해 괄호를 풀어 준 후, 동류항끼리 모아 계산함을 이해하고 적용할 수 있습니다.		

혼자 풀기

(혼자 풀어 보는 문제 1~7을 제시하며) 오늘 배운 것을 기억하면서 문제를 혼자 풀어 보는 시간입니다. 내비게이션 2.22 를 사용하면 도움이 됩니다.

다음을 계산하시오.

1. $3x - 7x$

2. $-x - 5y$

3. $5a + 4 - 2a - 3$

4. $(13a + 6) + (9a - 4)$

5. $(6y + 5) - (3y - 5)$

6. $4(4x + 3) - 5(-8x + 2)$

7. $2(-3a - 5) + 4(-2a + 3)$

채점 및 오답 분석

학생이 쓴 답을 기재하고, 오답인 경우 중재 결정표 에서 가능한 오류 원인을 1~8 중에서 골라 번호로 기재합니다. 기타 원인 때문에 오답이 발생했을 경우, 구체적으로 어떤 이유인지 기재합니다. 가능한 오답의 원인을 모두 기재합니다.

혼자 풀어 보는 문제	정답	학생이 쓴 답	오답 원인
1. $3x - 7x$	$-4x$		
2. $-x - 5y$	$-x - 5y$		
3. $5a + 4 - 2a - 3$	$3a + 1$		
4. $(13a + 6) + (9a - 4)$	$22a + 2$		
5. $(6y + 5) - (3y - 5)$	$3y + 10$		
6. $4(4x + 3) - 5(-8x + 2)$	$56x + 2$		
7. $2(-3a - 5) + 4(-2a + 3)$	$-14a + 2$		
	정답 개수	/ 7	

중재 결정표

오답 원인을 분석하여 차후 중재를 결정하세요.

오답 원인	발생 빈도	최다 발생 오류	중재 결정
1. 사전 지식 및 기술(정수, 유리수의 사칙연산, 분배법칙, 덧셈의 역원)			
2. 용어나 문제 이해 부족(항, 다항식, 일차식, 동류항)			
3. 일차항(동류항)만 있는 식의 덧셈, 뺄셈 방법의 이해와 적용의 어려움			
4. 일차항과 상수항이 있는 일차식끼리의 덧셈, 뺄셈에서 동류항을 찾아 정리하고 계산하는 절차에 대한 이해와 적용의 어려움			
5. 일차식의 뺄셈을 덧셈식으로 바꾸는 과정의 이해와 적용의 어려움			
6. 분배법칙을 적용하여 괄호를 풀어 주는 과정의 이해와 적용의 어려움			
7. 부주의/계산 실수			
8. 기타(구체적 원인 기재하기)			

가장 흔한 오답 원인	1과 2 중 하나	3, 4, 5, 6 중 하나	7
	AND	AND	OR
오답률	오답이 2개 이상	오답이 2개 이상	오답이 2개 미만
다음 중재	브리지(Bridge)	동 차시 반복	다음 차시

브리지(Bridge) 차시

- 2.10차시
- 2.14차시
- 2.20차시
- 2.21차시

23차시

계수가 유리수인 일차식의 덧셈과 뺄셈

[내비게이션 2.23] 계수가 유리수인 일차식의 덧셈과 뺄셈 순서

[일차항만 있는 일차식의 덧셈과 뺄셈 순서]

		순서	예 $(\frac{2}{3}x-\frac{4}{3}x)$
뺄셈 순서	1	뺄셈식을 덧셈식으로 바꿈 (뺄셈 기호를 덧셈 기호로, 빼는 식의 항을 반대 부호로 바꿈)	$\frac{2}{3}x - \frac{4}{3}x$ $= \frac{2}{3}x + -\frac{4}{3}x$
덧셈 순서	2	동류항끼리 모아 줌	$\frac{2}{3}x + -\frac{4}{3}x = (\frac{2}{3} + -\frac{4}{3})x$ $= -\frac{2}{3}x$
	3	동류항끼리 계산한 결과를 더함	$-\frac{2}{3}x$

동류항이란 문자와 차수가 같은 항. $2x$와 $-7x$

[괄호가 있는 일차식의 덧셈과 뺄셈 순서]

		순서	예 $\{\frac{2}{3}(3a-6)-\frac{1}{3}(-3a+12)\}$
뺄셈 순서	1	뺄셈식은 덧셈식으로 바꿈 (뺄셈 기호를 덧셈 기호로, 빼는 식의 괄호 안 모든 항을 반대 부호로 바꿈)	$\frac{2}{3}(3a-6)-\frac{1}{3}(-3a+12)$ $=\frac{2}{3}(3a-6)+\frac{1}{3}(+3a-12)$
덧셈 순서	2	분배법칙을 사용하여 괄호를 풀어 줌	$2a-4+a-4$
	3	동류항끼리 모아 줌	$\rightarrow 2a+a=(2+1)a=3a$ $\rightarrow -4-4=-8$
	4	동류항끼리 계산한 결과를 더함	$3a-8$

[괄호 없이 분수 형태로 쓰여진 일차식끼리의 덧셈과 뺄셈 순서]

		순서	예 $\{\frac{6a-12}{3}-\frac{-3a+12}{3}\}$
덧셈	1	분수식을 괄호 있는 식으로 만들어 줌(분자를 괄호 안에 쓰고, 분모 n을 괄호 앞에 1/n꼴로 씀)	$\frac{6a-12}{3}-\frac{-3a+12}{3}$ $=\frac{1}{3}(6a-12)-\frac{1}{3}(-3a+12)$
뺄셈 순서	2	뺄셈식은 덧셈식으로 바꿈 (뺄셈 기호를 덧셈 기호로, 빼는 식의 괄호 안 모든 항을 반대 부호로 바꿈)	$\frac{1}{3}(6a-12)-\frac{1}{3}(-3a+12)$ $=\frac{1}{3}(6a-12)+\frac{1}{3}(+3a-12)$
덧셈 순서	3	분배법칙을 사용하여 괄호를 풀어 줌	$2a-4+a-4$
	4	동류항끼리 모아 줌	$\rightarrow 2a+a=(2+1)a=3a$ $\rightarrow -4-4=-8$
	5	동류항끼리 계산한 결과를 더함	$3a-8$

차시 목표 계수가 유리수인 일차식의 덧셈과 뺄셈을 할 수 있다.

사전 지식 유리수의 사칙연산, 분배법칙, 일차식 의미, 덧셈의 역원

준비물 2단계 23차시 학생용 교재, 내비게이션 2.23

흔한 오류

1. 동류항이 아닌데도 빼려고 한다.
   - 오류 예: $\frac{2}{3}x - \frac{5}{3} = -x$
2. 음의 부호가 앞에 있는 괄호를 풀어 줄 때, 괄호 안의 모든 항의 부호를 반대 부호로 바꿔야 하는데 두 번째 항부터 부호를 바꾸지 않는다.
   - 오류 예: $-\frac{1}{2}(4x + 2y - 4) = -2x + y - 2$
3. 유리수가 계수인 일차식의 덧셈이나 뺄셈에서 동류항을 찾을 때, 계수의 분모가 같은 항을 동류항이라 생각한다.
   - 오류 예: $\frac{1}{3}x$와 $\frac{2}{3}$를 동류항이라 생각하고 더하거나 빼려 한다.
4. 분수와 일차식이 있는 괄호의 곱을 계산할 때, 분모만 분배법칙으로 곱해 주고 분자는 일차식에 곱해 주지 않는다.
   - 오류 예: $\frac{2}{3}(3x + 6) = \frac{1}{3} \times 3x + \frac{1}{3} \times 6 = x + 2$

사전평가

처음 두 문제는 가장 필수적인 사전 지식에 대한 이해를 묻고, 3번부터 7번까지는 차시 목표인 개념과 기술의 이해를 묻습니다.

다음을 계산하시오.

1. $\frac{3}{4}x + \frac{5}{2}x$

2. $\frac{5}{4}a - \frac{7}{2}a$

3. $\frac{1}{2}x + 2 - \frac{5}{6}x + 6$

4. $\frac{2}{3}(6a + 3) + \frac{1}{3}(3a - 6)$

5. $2(6x + 3) - \frac{1}{2}(-8x + 4)$

6. $\frac{2b - 4}{3} + \frac{2b + 3}{4}$

7. $\frac{-2b - 5}{3} - \frac{b + 2}{4}$

정 답

1. $\frac{13x}{4}$
2. $-\frac{9a}{4}$
3. $-\frac{x}{3}+8$
4. $5a$
5. $16x+4$
6. $\frac{14b-7}{12}$
7. $\frac{-11b-26}{12}$

접속하기

차시 목표 및 개념 설명

오늘은 계수가 유리수인 일차식끼리 덧셈이나 뺄셈을 하는 방법을 배우려 합니다. 먼저, 이번 차시에서 많이 사용될 용어와 개념을 정리해 봅시다.

1. 항은 무엇입니까? 항은 수 또는 수와 문자의 곱으로 이루어진 식을 말합니다. 예를 들어, 식 $\frac{2}{3}x + \frac{1}{2}$에서 항은 $\frac{2}{3}x$와 $\frac{1}{2}$입니다. 특히 $\frac{1}{2}$처럼 수로만 이루어진 항을 상수항이라 합니다.

2. 항의 차수는 무엇입니까? 문자가 있는 항에서 문자가 곱해진 개수를 그 문자에 대한 항의 차수라고 합니다. 예를 들어, $\frac{2}{5}x^2$은 $\frac{2}{5} \times x \times x$이므로 ($x$가 두 번 곱해짐) 이차식입니다. $\frac{2}{3}x$는 x가 한 번만 곱해져 있으므로 일차식입니다.

3. 동류항이란 무엇입니까? 동류항이란 $\frac{1}{4}x$, $\frac{1}{5}x$ 같이 문자와 차수가 같은 항들을 그 문자에 대한 동류항이라 합니다. $\frac{1}{3}x$와 $\frac{1}{3}y$는 동류항입니까? 아닙니다. $\frac{1}{3}x$와 $\frac{1}{3}y$는 문자가 서로 다르므로 동류항이 아닙니다. 그러면 $3x$와 $2x^2$은 동류항입니까? $3x$와 $2x^2$은 문자는 같지만 차수가 다르므로 동류항이 아닙니다. 동류항은 $\frac{1}{3}x$, $\frac{2}{5}x$처럼 문자와 차수가 같은 항입니다.

4. 일차식의 덧셈이나 뺄셈을 할 때 동류항은 왜 중요합니까? 일차식의 덧셈, 뺄셈을 할 때는 동류항끼리 덧셈이나 뺄셈을 합니다. 동류항이 아닌 항끼리는 더하거나 뺄 수 없습니다.

5. $3x$란 무슨 뜻입니까? x가 3개 있다는 뜻입니다. 다시 말하면, $3x = x + x + x$입니다. $3x + 2x$는 x값 3개와 x값 2개를 더한다는 뜻입니다. x를 사과라 생각하면, 사과 3개와 사과 2개를 더한다는 뜻입니다. 사과 3개와 사과 2개를 더하면 사과가 몇 개입니까? 그렇습니다. 사과 3개 + 사과 2개 = 사과 5개입니다. $3x + 2x = 5x$입니다.

문자항	의미	덧셈식	덧셈식의 의미
	 ⇒	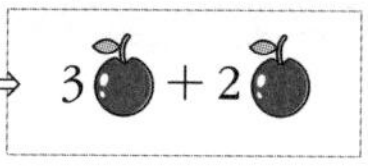	
$3x$	$x+x+x$ ⇒	$3x+2x$	$3x+2x=5x$

6. (내비게이션 2.23 을 보여 주며) 내비게이션 2.23 은 계수가 유리수인 일차식끼리 덧셈이나 뺄셈하는 방법을 간단하게 보여 줍니다. 문제를 함께 푸는 동안 내비게이션의 순서가 어떻게 적용되는지 생각해 봅시다.

보여 주기

개념 및 기술 교수, 개념 및 기술 예시 제시, 보는 수학 내비게이션을 이용한 교사 모델링

다음을 계산하시오.

1 (보여 주는 문제 1을 보여 주며) $\frac{1}{2}(2x+4)+\frac{2}{3}(3x-9)$를 계산해 봅시다.

1. 일차식끼리의 뺄셈식이면 먼저 덧셈식으로 바꿔 줍니다.

- 주어진 식은 계수가 유리수인 일차식끼리의 덧셈 문제입니다.

2. 일차식끼리의 덧셈은 분배법칙으로 괄호를 풀어 주는 것으로 시작합니다.

$$\rightarrow \frac{1}{2}(2x+4)+\frac{2}{3}(3x-9)$$
$$=\frac{1}{2}\times 2x+\frac{1}{2}\times 4+\frac{2}{3}\times 3x+\frac{2}{3}\times(-9)$$
$$=x+2+2x-6$$

3. 덧셈의 교환법칙을 사용하여 동류항끼리 모아 계산합니다.

$\rightarrow x+2+2x-6=x+2x+2-6$

- 문자에 대한 동류항은 계수끼리 더하거나 뺀 후 문자를 써 줍니다.

$\rightarrow x+2x=(1+2)x=3x$

- 상수항끼리 더하거나 빼 줍니다.

$\rightarrow 2-6=(2-6)=-4$

4. 동류항 계산 결과를 덧셈합니다.

$\rightarrow \boxed{3x-4}$

❷ (보여 주는 문제 2를 보여 주며) $\frac{3}{4}(4x+4)-\frac{1}{3}(6x-9)$를 계산해 봅시다.

1. 일차식의 뺄셈 문제는 먼저 덧셈 문제로 바꿔 줍니다.

- 뺄셈 기호를 덧셈으로 바꾸고, 빼는 식 괄호 안에 있는 모든 항의 부호를 반대 부호로 바꿔 줍니다.

$\rightarrow \frac{3}{4}(4x+4)-\frac{1}{3}(6x-9)$

$= \frac{3}{4}(4x+4)+\frac{1}{3}(-6x+9)$

2. 덧셈 절차를 따라 덧셈을 합니다. 먼저, 분배법칙을 적용하여 괄호를 풀어 줍니다.

$\rightarrow \frac{3}{4}(4x+4)+\frac{1}{3}(-6x+9)$

$= \frac{3}{4}\times 4x+\frac{3}{4}\times 4+\frac{1}{3}\times -6x+\frac{1}{3}\times 9$

$= 3x+3+-2x+3$

3. 동류항끼리 모아 계산합니다

$\rightarrow 3x+3+-2x+3 = 3x+-2x+3+3$

- 문자에 대한 동류항은 계수끼리 더하거나 뺀 후 문자를 써 줍니다.

$\rightarrow 3x+-2x=(3-2)x=x$

- 상수항끼리 더하거나 빼 줍니다.

$\rightarrow 3+3=(3+3)=6$

4. 동류항 계산 결과를 덧셈합니다.

$\rightarrow \boxed{x+6}$

❸ (보여 주는 문제 3을 보여 주며) $\frac{4x + 2}{3} + \frac{x + 3}{2}$을 계산해 봅시다.

1. 빼셈식이면 덧셈식으로 바꿉니다.

   - 주어진 문제는 덧셈식이므로 이 과정이 필요치 않습니다.

2. 분배법칙을 적용하여 괄호를 풀어 줍니다.

   - 이 문제는 괄호가 없으므로 각 일차식의 분모를 괄호 앞으로 빼내고, 분자에 있는 식을 괄호식 안에 넣어 괄호가 있는 문제로 만들어 줍니다.

   $\rightarrow \frac{4x + 2}{3} + \frac{x + 3}{2} = \frac{1}{3}(4x + 2) + \frac{1}{2}(x + 3)$

   $\rightarrow \frac{1}{3}(4x + 2) + \frac{1}{2}(x + 3)$

   $= \frac{1}{3} \times 4x + \frac{1}{3} \times 2 + \frac{1}{2} \times x + \frac{1}{2} \times 3$

   $= \frac{4}{3}x + \frac{2}{3} + \frac{1}{2}x + \frac{3}{2}$

3. 덧셈의 교환법칙을 사용하여 동류항끼리 모아 계산합니다.

   - 문자에 대한 동류항은 계수끼리 더하거나 뺀 후 문자를 써 줍니다.

   $\rightarrow \frac{4}{3}x + \frac{1}{2}x = (\frac{4}{3} + \frac{1}{2})x = \frac{11}{6}x$

   - 상수항은 상수항끼리 더하거나 빼 줍니다.

   $\rightarrow \frac{2}{3} + \frac{3}{2} = \frac{13}{6}$

4. 동류항 계산 결과를 덧셈합니다.

   $\rightarrow \boxed{\frac{11}{6}x + \frac{13}{6}}$

함께 풀기

(내비게이션 2.23 을 보여 주며) 내비게이션 2.23 은 계수가 유리수인 일차식끼리 덧셈이나 뺄셈을 하는 절차를 간단하게 보여 줍니다. 내비게이션을 보면서 다음 문제를 같이 풀어 봅시다.

1 (함께 풀어 보는 문제 1을 가리키며) $\frac{2}{5}(5x + 10) - \frac{2}{3}(3x - 3)$을 **계산해 봅시다.**

1. 주어진 문제는 일차식의 덧셈 문제입니까, 뺄셈 문제입니까? 주어진 문제는 일차식의 뺄셈 문제입니다.
   - 일차식끼리 뺄셈을 할 때는 무엇을 먼저 합니까? 일차식의 뺄셈에서는 뺄셈식을 먼저 덧셈식으로 바꿔 줘야 합니다.
   - 뺄셈식을 덧셈식으로 바꾸려면 어떻게 해야 합니까? 먼저, 뺄셈 기호 대신 덧셈 기호를 써 주고, 빼는 식 괄호 안의 모든 항의 부호를 반대 부호로 바꿉니다.
   - 이 문제에서 빼는 식의 괄호는 무엇입니까? $(3x - 3)$이 빼는 식입니다. 뺄셈 기호를 덧셈 기호로 바꾼 후 빼는 식 괄호 안의 모든 항, 즉 $3x$와 -3의 부호를 바꿔 줍니다.
   - $3x$는 $-3x$로, -3은 $+3$으로 바꿔 줍니다.

     $\rightarrow \frac{2}{5}(5x + 10) - \frac{2}{3}(3x - 3) = \frac{2}{5}(5x + 10) + \frac{2}{3}(-3x + 3)$

2. 이제 풀어야 할 식이 덧셈식이 되었습니다.
   - 일차식의 덧셈을 계산하려면 무엇을 먼저 합니까? 일차식의 덧셈을 할 때는 먼저 분배법칙을 적용하여 괄호를 풀어 줍니다.

     $\rightarrow \frac{2}{5}(5x + 10) + \frac{2}{3}(-3x + 3) = \frac{2}{5} \times 5x + \frac{2}{5} \times 10 + \frac{2}{3} \times -3x + \frac{2}{3} \times 3$

     $= 2x + 4 + -2x + 2$

3. 다음은 무엇을 합니까? 동류항끼리 모아 계산합니다.

- 동류항은 무엇입니까? 동류항은 문자와 차수가 같은 항을 말합니다.
- $2x + 4 + -2x + 2$에서 동류항은 무엇입니까? $2x$는 $-2x$와 문자 x에 대한 동류항이고, 4는 2와 상수항인 동류항입니다.
- 문자에 대한 동류항은 어떻게 계산합니까? 계수끼리 더하거나 뺀 후 문자를 써 줍니다.

  $\rightarrow 2x + -2x = (2-2)x = 0x = 0$
- 상수항은 어떻게 계산합니까? 더하거나 빼 줍니다.

  $\rightarrow 4 + 2 = 6$

4. 다음은 무엇을 합니까? 동류항 계산 결과를 덧셈합니다.

- 문자항이 없으므로 상수항 6이 정답입니다.

Level 2.4
23차시

❷ (함께 풀어 보는 문제 2를 가리키며) $\frac{3}{5}(4a+1) + \frac{2}{3}(2a-2)$를 함께 계산해 봅시다.

1. 주어진 문제는 일차식의 덧셈 문제입니까, 뺄셈 문제입니까? 주어진 문제는 일차식의 덧셈 문제입니다. 뺄셈식을 덧셈식으로 바꾸는 단계는 필요치 않습니다.

2. 일차식의 덧셈은 어떻게 계산합니까? 먼저, 분배법칙으로 괄호를 풀어 줍니다.

$$\rightarrow \frac{3}{5}(4a+1) + \frac{2}{3}(2a-2) = \frac{3}{5} \times 4a + \frac{3}{5} \times 1 + \frac{2}{3} \times 2a + \frac{2}{3} \times (-2)$$
$$= \frac{12}{5}a + \frac{3}{5} + \frac{4}{3}a - \frac{4}{3}$$

3. 다음은 무엇을 합니까? 동류항끼리 계산합니다.

- 무엇과 무엇이 동류항입니까? $\frac{12}{5}a$와 $\frac{4}{3}a$가 문자 a에 대한 동류항이고, $\frac{3}{5}$과 $-\frac{4}{3}$가 상수항인 동류항입니다.

- 문자에 대한 동류항의 계산은 어떻게 합니까? 문자에 대한 동류항은 계수끼리 계산 후 문자를 써 줍니다.
- $\frac{12}{5}a + \frac{4}{3}a = (\frac{12}{5} + \frac{4}{3})a = \frac{56}{15}a$입니다.
- 상수항끼리 계산하면 얼마입니까? $\frac{3}{5} - \frac{4}{3} = -\frac{11}{15}$입니다.

4. 다음은 무엇을 합니까? 동류항 계산 결과를 덧셈합니다.
   - $\frac{56}{15}a + -\frac{11}{15}$이 됩니다.

❸ (함께 풀어 보는 문제 3을 가리키며) $\frac{4x + 2}{3} - \frac{x + 3}{2}$을 계산해 봅시다.

1. 계수가 유리수인 일차식끼리의 덧셈이나 뺄셈은 분배법칙으로 괄호를 풀어 주는 것으로 시작합니다.
   - 주어진 문제에는 괄호가 없습니다.
   - 계수가 유리수인 일차식이 괄호가 없을 때는 어떻게 해야 합니까? 각 일차식의 분모를 괄호 앞으로 빼내고, 분자에 있는 식을 괄호 안에 넣어 괄호가 있는 식으로 바꿉니다.

   → $\frac{4x + 2}{3} - \frac{x + 3}{2} = \frac{1}{3}(4x + 2) - \frac{1}{2}(x + 3)$

2. 이제 유리수가 계수인 일차식끼리의 뺄셈 문제가 되었습니다.
   - 계수가 유리수인 일차식의 뺄셈 문제는 어떻게 계산합니까? 뺄셈 문제를 덧셈 문제로 바꿔 줍니다.
   - 뺄셈을 덧셈으로 바꿀 때는 어떻게 해야 합니까? 뺄셈 기호를 먼저 덧셈 기호로 바꾸고, 빼는 식 괄호 안의 모든 항의 부호를 반대로 바꿔 줍니다.
   - 주어진 문제에서 빼는 식의 괄호는 무엇입니까? $(x + 3)$이 빼는 식의 괄호입니다.
   - 뺄셈 기호를 덧셈 기호로 바꾼 후, 빼는 식의 괄호 안 모든 항의 부호를 바꾸면 주

어진 식은 어떻게 바뀝니까? $\frac{1}{3}(4x + 2) + \frac{1}{2}(-x - 3)$이 됩니다.

- 이제 덧셈식이 되었습니다. 일차식의 덧셈은 어떻게 계산합니까? 분배법칙을 적용하여 괄호를 풀어 줍니다.

$$\rightarrow \frac{1}{3}(4x + 2) + \frac{1}{2}(-x - 3) = \frac{1}{3} \times 4x + \frac{1}{3} \times 2 + \frac{1}{2} \times -x + \frac{1}{2} \times -3$$

$$= \frac{4}{3}x + \frac{2}{3} + -\frac{1}{2}x + -\frac{3}{2}$$

3. 다음은 무엇을 합니까? 동류항끼리 계산합니다.

- $\frac{4}{3}x$는 무엇과 동류항입니까? $-\frac{1}{2}x$와 동류항입니다.
- $\frac{2}{3}$는 무엇과 동류항입니까? $\frac{2}{3}$는 $-\frac{3}{2}$과 동류항입니다.
- 문자 x의 동류항끼리 계산해 봅시다. $\frac{4}{3}x + -\frac{1}{2}x = \frac{5}{6}x$입니다.
- 상수항끼리 계산해 봅시다. $\frac{2}{3} + -\frac{3}{2} = -\frac{5}{6}$입니다.

4. 다음은 무엇을 합니까? 동류항 계산 결과를 덧셈합니다.

- $\frac{5}{6}x - \frac{5}{6}$가 정답입니다.

아 그렇구나!

- 혼동되는 문제 다시 풀기
- 최다 오류를 반례로 제시하여 개념 및 기술 획득 강화

[아 그렇구나!] 에서는 계수가 유리수인 일차식끼리 덧셈과 뺄셈을 할 때 우리가 자주 혼동하는 문제들을 함께 풀어 봅니다. 이 문제들을 풀 때 왜 실수가 많은지 함께 생각해 봅시다.

1 ([아 그렇구나!] 문제 1을 가리키며) $\frac{2}{3}(2x + 2) + \frac{2}{5}(3y - 1)$을 **계산할 때 혼동되는 점은 무엇입니까?**

⇨ 이 문제는 두 괄호식에 들어 있는 항의 종류가 다릅니다. $\frac{4}{3}x$와 $\frac{6}{5}y$가 일차항이긴 하지만, 동류항이 아니므로 같이 더할 수 없습니다. $\frac{4}{3}x + \frac{6}{5}y + \frac{14}{15}$가 답입니다.

2 ([아 그렇구나!] 문제 2를 가리키며) $\frac{2b - 4}{3} - \frac{2b - 3}{4}$을 **계산할 때 혼동되는 점은 무엇입니까?**

⇨ 이 문제는 [보여 주는 문제] 와 [함께 풀어 보는 문제] 에서 풀어 보았던 문제 유형입니다. 이런 유형의 문제가 나왔을 때 혼동을 보이는 경우가 많아서 [아 그렇구나!] 에서 다시 한번 풀어봅니다. 먼저, 이 문제는 괄호식으로 만들어 주는 게 중요합니다.

$\rightarrow \frac{2b - 4}{3} - \frac{2b - 3}{4} = \frac{1}{3}(2b - 4) - \frac{1}{4}(2b - 3)$

다음은 뺄셈 기호를 덧셈 기호로 바꿔 주고, 빼는 식의 괄호 안 모든 항의 부호를 반대 부호로 바꿔 줍니다.

$\rightarrow \frac{1}{3}(2b-4) - \frac{1}{4}(2b-3) = \frac{1}{3}(2b-4) + \frac{1}{4}(-2b+3)$

다음은 덧셈식의 계산이므로, 분배법칙으로 괄호를 풀어 주고 동류항끼리 계산합니다. 정답은 $\frac{1}{6}b - \frac{7}{12}$ 입니다.

3 (아 그렇구나! 문제 3을 가리키며) $(\frac{1}{3}x^2 + \frac{2}{3}) + (-\frac{4}{3}x + \frac{2}{3})$를 계산할 때 혼동되는 점은 무엇입니까?

⇨ $\frac{1}{3}x^2$과 $-\frac{4}{3}x$를 x에 대한 동류항이라 생각하고 덧셈을 하려는 경우가 종종 있습니다. 동류항은 무엇입니까? 동류항은 문자뿐만 아니라 차수도 같아야 동류항이 됩니다. $\frac{1}{3}x^2$은 x에 대한 2차식이고, $-\frac{4}{3}x$는 x에 대한 일차식이므로 동류항이 아닙니다. 이 식의 답은 $\frac{1}{3}x^2 - \frac{4}{3}x + \frac{4}{3}$가 됩니다.

배움 체크하기

(배움 체크 리스트 를 가리키며) 오늘 우리가 함께 공부한 것을 혼자서도 할 수 있는지 체크해 봅시다. 혼자서도 할 수 있으면 , 선생님의 도움이 더 필요하다면 ?에 동그라미로 표시하세요.

배움 체크 리스트		?
1. 정수와 유리수의 사칙연산을 할 수 있습니다.		
2. 덧셈의 역원을 구할 수 있습니다.		
3. 동류항의 의미를 알고, 식의 계산에서 동류항을 찾을 수 있습니다.		
4. 문자에 대해 동류항인 항들은 덧셈이나 뺄셈을 할 때 계수들만 덧셈이나 뺄셈을 한 후 문자를 붙여 주면 된다는 것을 이해하고 적용할 수 있습니다.		
5. 일차식의 뺄셈은 뺄셈 기호를 덧셈 기호로 바꾼 후, 빼는 식의 모든 항의 부호를 반대 부호로 바꾸어 덧셈식으로 바꾸어 계산한다는 것을 이해하고 적용할 수 있습니다.		
6. 덧셈식은 분배법칙을 사용해 괄호를 푼 후, 동류항끼리 모아 계산함을 이해하고 적용할 수 있습니다.		
7. 일차식이 분수 형태로 쓰여 있을 때는 계산을 하기에 앞서 분모를 괄호 앞에 곱하고, 분자에 있는 일차식을 괄호 안에 써넣는 방법을 이해하고 적용할 수 있습니다.		

혼자 풀기

(혼자 풀어 보는 문제 1~7을 제시하며) 오늘 배운 것을 기억하면서 문제를 혼자 풀어 보는 시간입니다. 내비게이션 2.23 을 사용하면 도움이 됩니다.

다음을 계산하시오.

1. $\frac{3}{2}x + \frac{5}{4}x$

2. $\frac{5}{3}a - \frac{7}{4}a$

3. $-\frac{1}{5}x + 2 - \frac{5}{3}x + 6$

4. $\frac{3}{4}(12a + 8) - \frac{2}{3}(9a - 15)$

5. $3(6x + 3) - \frac{1}{2}(10x + 2)$

6. $\frac{b - 4}{3} + \frac{3b + 3}{4}$

7. $\frac{2b - 5}{3} - \frac{b + 2}{4}$

채점 및 오답 분석

학생이 쓴 답을 기재하고, 오답인 경우 중재 결정표 에서 가능한 오류 원인을 1~8 중에서 골라 번호로 기재합니다. 기타 원인 때문에 오답이 발생했을 경우, 구체적으로 어떤 이유인지 기재합니다. 가능한 오답의 원인을 모두 기재합니다.

혼자 풀어 보는 문제	정답	학생이 쓴 답	오답 원인
1. $\frac{3}{2}x + \frac{5}{4}x$	$\frac{11}{4}x$		
2. $\frac{5}{3}a - \frac{7}{4}a$	$-\frac{1}{12}a$		
3. $-\frac{1}{5}x + 2 - \frac{5}{3}x + 6$	$-\frac{28}{15}x + 8$		
4. $\frac{3}{4}(12a + 8) - \frac{2}{3}(9a - 15)$	$3a + 16$		
5. $3(6x + 3) - \frac{1}{2}(10x + 2)$	$13x + 8$		
6. $\frac{b - 4}{3} + \frac{3b + 3}{4}$	$\frac{13}{12}b - \frac{7}{12}$		
7. $\frac{2b - 5}{3} - \frac{b + 2}{4}$	$\frac{5}{12}b - \frac{13}{6}$		
	정답 개수	/ 7	

중재 결정표

오답 원인을 분석하여 차후 중재를 결정하세요.

오답 원인	발생 빈도	최다 발생 오류	중재 결정
1. 사전 지식 및 기술(정수, 유리수의 사칙연산, 분배법칙, 덧셈의 역원)			
2. 용어나 문제 이해 부족(항, 다항식, 일차식, 동류항)			
3. 계수가 유리수인 괄호가 있는 일차식을 분배법칙을 적용하여 괄호를 푸는 절차의 이해와 적용의 어려움			
4. 동류항을 찾아 정리하고 계산하는 절차의 이해와 적용의 어려움			
5. 뺄셈식을 덧셈식으로 바꾸는 과정의 이해와 적용의 어려움			
6. 괄호가 없이 일차식과 수의 분수 형태로 쓰여진 식을 분자는 괄호식으로, 분모는 괄호 앞에 곱해질 수로 바꾸는 과정의 이해와 적용의 어려움			
7. 부주의/계산 실수			
8. 기타(구체적 원인 기재하기)			

가장 흔한 오답 원인	1과 2 중 하나	3, 4, 5, 6 중 하나	7
	AND	AND	OR
오답률	오답이 2개 이상	오답이 2개 이상	오답이 2개 미만
다음 중재	브리지(Bridge)	동 차시 반복	다음 차시

브리지(Bridge) 차시

- 2.10차시
- 2.14차시
- 2.15차시
- 2.20차시
- 2.21차시

24차시

일차방정식과 그 해

[내비게이션 2.24] 일차방정식과 그 해와 관련된 개념과 확인 방법

[일차방정식과 그 해와 관련된 개념]

	용어	정의	예
①	등식	등호(=)를 사용하여 수량 사이의 관계를 나타내는 식	$x + 2 = 6$ $3x = 9$
②	좌변	등식에서 등호의 왼쪽 부분	$x + 2 = 6$에서, $x + 2$
③	우변	등식에서 등호의 오른쪽 부분	$x + 2 = 6$에서, 6
④	방정식	문자의 값 x에 따라 참이 되기도 하고, 거짓이 되기도 하는 등식	$3x + 2 = 5$
⑤	미지수	x에 대한 방정식에서 문자 x	$3x + 2 = 5$
⑥	해 또는 근	방정식이 참이 되게 하는 미지수 x의 값	$3x + 2 = 5$에서, $x = 1$이 해
⑦	방정식을 푼다	방정식의 해를 구함	
⑧	항등식	미지수 x가 어떤 값을 갖더라도 항상 참이 되는 등식	$2x + 4x = x + 5x$

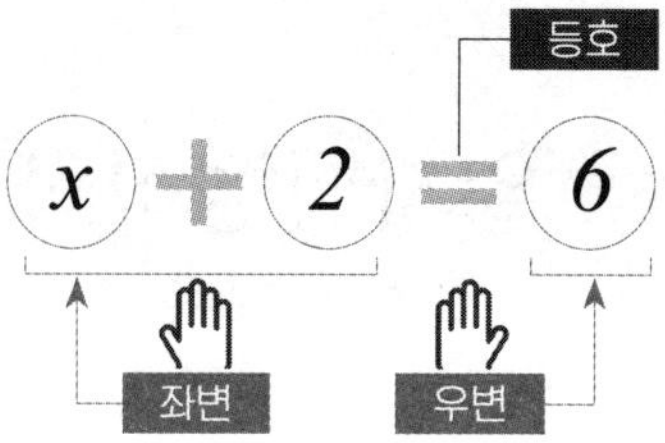

[등식, 방정식의 해, 항등식을 확인하는 방법]

등호가 있으면 등식입니다.	주어진 수를 미지수에 대입했을 때, 양변이 같으면 주어진 수가 방정식의 해입니다.	좌변과 우변을 정리했을 때, 좌우변이 같으면 항등식입니다.
등식 ?	방정식의 해 ?	항등식 ?

차시 목표 방정식과 등식, 항등식의 뜻을 알고, 방정식 해의 뜻을 이해한다.

사전 지식 유리수의 사칙연산, 문자를 사용하여 식 나타내기, 일차식과 수의 곱셈, 일차식의 덧셈, 뺄셈, 등식의 참과 거짓을 구별할 수 있는 계산 능력

준비물 2단계 24차시 학생용 교재, **내비게이션 2.24**

흔한 오류

1. 등식의 뜻을 제대로 이해하지 못하여 미지수가 포함된 등식(방정식)은 등식이라 생각하지 않는다.
   - 오류 예: 등식을 찾아야 할 때, $2x - 3 = 7$은 선택하지 않는다.
2. 참이 아닌 등식은 등식이 아니라 생각한다.
   - 오류 예: $2 + 3 = 7$은 등식이 아니라 생각한다.
3. 항등식을 구하는 문제를 풀 때, 좌변과 우변의 식을 정리하여 양변의 식이 동일한지를 알아보는 게 아니라 x에 여러 가지 값을 대입하여 등식이 성립하는지 알아보려 한다.
4. 방정식을 풀기 위해 방정식에 여러 가지 값을 대입하지만, 방정식을 성립시키는 문자의 값을 찾지 못한다.
   - 오류 예: $3x + 6 = 15$를 풀기 위해 x 대신 여러 가지 수를 대입하여 등식이 참이 되는지 알아보지만, $x = 3$이 방정식을 성립시키는 방정식의 근임을 찾지 못한다.

사전평가

처음 두 문제는 가장 필수적인 사전 지식에 대한 이해를 묻고, 3번부터 7번까지는 차시 목표인 개념과 기술의 이해를 묻습니다.

1. 다음 문장을 등식으로 나타내시오.

어떤 수 x의 2배는 어떤 수 x에 6을 더한 것과 같다.

2. 다음 문장을 등식으로 나타내시오.

우리 반 학생 수는 27명인데, x명은 남자이고 18명은 여자이다.

3. 다음 중 등식을 모두 찾으시오. (답은 3개)

(1) $5 + 4 = 9$ (2) $3x + 2y + 1$

(3) $3 + 2 > 0$ (4) $4 + 7 = 15$

(5) $-2s + 7 = 10$

4. 다음 등식 중 참인 등식을 모두 찾으시오. (답은 2개)

(1) $3 + 4 = 7$ (2) $3 + 4 > 5$

(3) $x + 1 = 0$ (4) $x = 1$일 때, $x - 1 = 0$

5. 다음 중 해가 -2인 방정식을 모두 찾으시오. (답은 2개)

(1) $3x + 4 = -2$　　(2) $x - 1 = -\frac{1}{2}$

(3) $-2x - 9 = -3 - 2$　　(4) $x + 1 = -3x + 5$

6. 다음 중 [ ] 안의 수가 주어진 방정식의 해인 것을 모두 찾으시오. (답은 2개)

(1) $2x - 3 = 7$ [-5]　　(2) $-x + 9 = 3$ [-6]

(3) $5(x + 3) = 3 - x$ [-2]　　(4) $\frac{x+1}{3} = 9$ [$x = 26$]

7. 항등식을 모두 찾으시오. (답은 2개)

(1) $6x = 12$　　(2) $2x + 4 = 2(x + 2)$

(3) $x + 3x = 8x$　　(4) $8 - 2x = -2(x - 4)$

Level 2.4
24차시

정답

1. $2x=x+6$　2. $x+18=27$　3. (1), (4), (5)　4. (1), (4)

5. (1), (3)　6. (3), (4)　7. (2), (4)

접속하기

차시 목표 및 개념 설명

오늘은 일차방정식과 그 해를 이해하는 데 필요한 개념들을 배우려 합니다.

1. 먼저, 수식에서 '서로 같다'는 것을 나타낼 때는 어떤 표시를 합니까? 등호(=)를 사용하여 등호 표시를 중심으로 양쪽에 있는 수량이 같다는 것을 나타냅니다. 등호의 왼쪽 부분을 좌변, 등호의 오른쪽 부분을 우변이라고 합니다.

2. 등식은 무엇입니까? 등식이란 등호(=)를 사용하여 수량 사이의 관계를 나타내는 식입니다. 예를 들어, $x + 2 = 6$, $3 + 4 = 9$ 등이 등식의 예입니다. 등식에는 참인 등식과 거짓인 등식이 있습니다. 좌변과 우변이 같아서 등식이 성립할 때는 참인 등식이고, 좌변과 우변이 달라서 등식이 성립하지 않는 등식은 거짓인 등식입니다. 참인 등식과 거짓인 등식 둘 다 등식입니다.

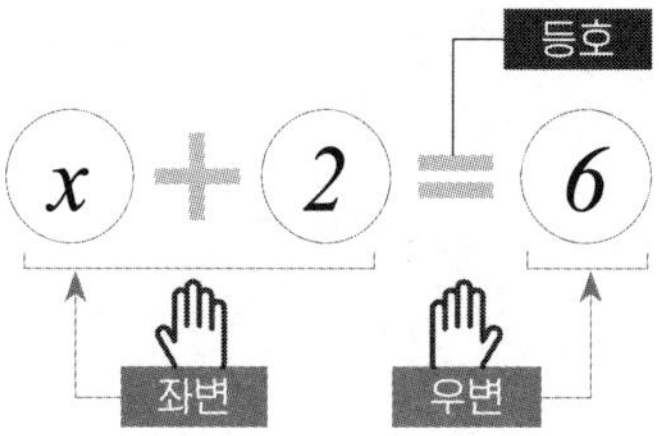

3. 방정식은 등식과 어떤 관계가 있습니까? 어떤 등식은 참과 거짓 두 개에 모두 해당되는 등식이 있습니다. $x + 2 = 6$처럼 $x = 4$일 때는 $4 + 2 = 6$이므로 참인 등식이 되고, x가 그 외의 수일 때는 등호가 성립하지 않는 거짓 등식입니다. 이처럼 미지수 x의 값에 따라 참이 되기도 하고 거짓이 되기도 하는 등식을 x에 대한 방정식이라고 합니다. 방정식도 등식 중 하나입니다.

4. 방정식이 참인 등식이 되게 하는 미지수 x의 값을 우리는 '방정식의 해'라 부릅니다. 예를 들어, $x + 2 = 6$에서 $x = 4$는 방정식이 참인 등식이 되게 하는 x의 값이며, 이 방정식의 해라 합니다. 방정식의 해를 구하는 것을 '방정식을 푼다'고 합니다.

5. 방정식처럼 참 등식도 되고 거짓 등식도 되는 것이 있지만, 어떤 등식은 항상 참등식인 경우가 있습니다. 미지수 x가 어떤 값을 갖더라도 항상 참이 되는 등식을 항등식이라 합니다. 예를 들어, 등식 $2x + 4x = x + 5x$는 양변을 간단히 정리하면 $6x = 6x$이므로 x가 어떤 값을 갖더라도 항상 등호(=)가 성립합니다. 이런 등식을 항등식이라 합니다.

(내비게이션 2.24 를 보여 주며) 내비게이션 2.24 는 일차방정식과 그 해를 이해하는 데 필요한 개념들과 그 확인 방법들을 간단하게 보여 줍니다. 문제를 함께 푸는 동안 내비게이션의 개념과 그 확인 방법이 어떻게 적용되는지 생각해 봅시다.

보여 주기

개념 및 기술 교수, 개념 및 기술 예시 제시, 보는 수학 내비게이션을 이용한 교사 모델링

1 (보여 주는 문제 1을 보여 주며) $(2x + 4) = (3x - 9)$가 등식인지 아닌지 생각해 봅시다.

1. 등식인지 아닌지 결정하려면 주어진 식이 등호를 포함하고 있는지 확인합니다.

2. 주어진 식은 좌변인 $(2x + 4)$과 우변인 $(3x - 9)$가 등호(=)로 연결되어 있으므로 등식입니다.

2 (보여 주는 문제 2를 보여 주며) $2x - 6 = \frac{x}{2}$의 해가 4인지 알아봅시다.

1. 어떤 수가 주어진 방정식의 해인지 확인하려면 그 수를 방정식의 x값에 대입했을 때 그 등식이 참이 되는지 확인해야 합니다.

2. x 대신 4를 주어진 식에 넣어 봅니다.

   $\rightarrow 2 \times 4 - 6 = \frac{4}{2}$

3. 좌변값과 우변값이 같은지 확인합니다.

   $\rightarrow 2 = 2$

   - 좌변과 우변이 같으므로 (등식이 성립하므로) $2x - 6 = \frac{x}{2}$의 해는 4입니다.

❸ (보여 주는 문제 3을 보여 주며) $4(x-1)=4x-4$가 항등식인지 알아봅시다.

1. 항등식인지 확인하려면 좌변과 우변을 각각 간단하게 정리했을 때 좌변과 우변이 같은 식이 나오는지 확인해야 합니다.

2. 좌변을 정리하면 분배법칙에 의해 $4(x-1)=4x-4$가 됩니다.

3. 우변은 동류항이 없어서 더 이상 계산할 수 없습니다.
   - $4x-4$가 가장 간단한 식입니다.

4. 좌변과 우변 둘 다 $4x-4$가 되므로 x값에 상관없이 양변이 같습니다(등호가 성립합니다).
   - 따라서 $4(x-1)=4x-4$는 항등식입니다.

함께 풀기

(내비게이션 2.24 를 보여 주며) 내비게이션 2.24 는 일차방정식과 그 해에 관련하여 꼭 알고 있어야 할 용어들과 등식, 방정식의 해 그리고 항등식을 구별하여 확인하는 방법을 간단하게 보여 줍니다. 내비게이션을 보면서 다음 문제를 같이 풀어 봅시다.

1 (함께 풀어 보는 문제 1을 가리키며) $\frac{2}{5}x - \frac{2}{5}y + 10$은 등식인지 함께 알아봅시다.

1. 등식인지 확인하기 위해서는 무엇을 해야 합니까? 식에 등호(=)가 있는지 확인해야 합니다.
   - 주어진 식에는 등호가 없습니다.

2. 등호가 있다는 것은 무엇을 말해 줍니까? 등호가 있다는 것은 등식임을 말해 줍니다.
   - 주어진 식에는 등호가 없으므로 등식이 아닙니다.

2 (함께 풀어 보는 문제 2를 가리키며) $a = 1$이 $\frac{2}{3}(2a - 2) = 0$의 해인지 함께 알아봅시다.

1. 어떤 수가 주어진 방정식의 해인지 알아보기 위해서는 무엇을 해야 합니까? 어떤 수를 방정식의 미지수 대신 대입해 보아 등식이 참이 되는지 확인해 봅니다.

2. 주어진 방정식에 a 대신 1을 대입하면 좌변은 어떻게 됩니까?
   - $\frac{2}{3}(2 \times 1 - 2)$가 됩니다.

3. 수를 미지수 대신 대입한 후 무엇을 해야 합니까? 좌변과 우변의 값이 같은지 확인해야 합니다.

- 좌변에 $a = 1$을 대입한 값은 $\frac{2}{3}(2 \times 1 - 2) = 0$이고 우변 값은 0이므로 좌변과 우변값은 같습니다.

4. 좌변과 우변의 값이 같다는 것은 무엇을 의미합니까? 어떤 수를 미지수 대신 대입했을 때 등식이 참이 된다는 것은 그 수가 주어진 방정식의 해라는 것을 의미합니다.
   - 이 문제에서는 $a = 1$을 대입했을 때 등식이 참이 되므로 $a = 1$이 방정식의 해입니다.

③ (함께 풀어 보는 문제 3을 가리키며) $\frac{3x + 9}{3} = x + 4$는 항등식인지 어떻게 확인할 수 있습니까?

Level 2.4

24차시

1. 주어진 등식이 항등식인지 알아보려면 좌변과 우변을 먼저 간단하게 정리해서 좌변과 우변이 동일한 값을 갖는지 확인해야 합니다.

2. 좌변을 정리하면 어떻게 됩니까? 분자는 괄호식에 넣고, 분모는 $\frac{1}{3}$로 괄호 앞에 쓴 후 분배법칙으로 정리해 줍니다.
   - 좌변을 정리하면 $\frac{1}{3}(3x + 9) = x + 3$입니다.
   - 우변은 무엇입니까? $x + 4$입니다.

3. 좌우변을 정리한 후 무엇을 해야 합니까? 좌변과 우변이 같은 값을 갖는지 확인해야 합니다.
   - 좌변은 $x + 3$, 우변은 $x + 4$로 좌우변이 서로 다르므로 등식이 성립하지 않습니다.

4. 좌우변을 정리했을 때 양변이 같은 식을 갖는다는 것은 무엇을 의미합니까? 주어진 식은 미지수의 값에 관계없이 항등식이라는 것을 의미합니다.
   - 문제에서 주어진 식은 좌우변의 정리 결과가 다르므로 항등식이 아닙니다.

아 그렇구나!

혼동되는 문제 다시 풀기
최다 오류를 반례로 제시하여 개념 및 기술 획득 강화

[아 그렇구나!] 에서는 일차방정식과 그 해와 관련된 개념 및 용어들을 배울 때 우리가 자주 혼동하는 문제들을 함께 풀어 봅니다. 이 문제들이 왜 우리에게 혼동을 주는지 함께 생각해 봅시다.

1 ([아 그렇구나!] 문제 1을 가리키며) $2 + 4 = 8$이 등식인지 등식이 아닌지 결정할 때 혼동되는 점은 무엇입니까?

⇨ 등식은 등호(=)를 사용하여 수량 사이의 관계를 나타낸 식을 말합니다. 주어진 식에는 등호가 사용되었고, 등호를 중심으로 좌변과 우변에 수량이 써 있기 때문에 등식의 정의에 알맞는 예입니다. 하지만, $2 + 4 = 6$이지 8이 아니기 때문에 등식인지 결정하기 어려울 수 있습니다. 등식에는 참인 등식이 있고 거짓인 등식이 있습니다. 주어진 문제는 거짓인 등식입니다. 거짓인 등식도 등식이므로 $2 + 4 = 8$은 등식입니다.

2 ([아 그렇구나!] 문제 2를 가리키며) 방정식 $3x + 5 = 14$가 참인 등식인지 거짓인 등식인지 결정할 때 혼동되는 점은 무엇입니까?

⇨ 방정식 $3x + 5 = 14$는 등호(=)를 사용하여 좌변과 우변의 수량이 동일하다는 것

을 나타내는 식이기 때문에 등식입니다. 주어진 방정식은 방정식의 해인 $x = 3$에서만 좌우변의 등호가 성립되므로 $x = 3$일 경우만 참인 등식입니다. 그 외의 경우에는 주어진 방정식은 거짓인 등식이 됩니다.

3 (아 그렇구나! 문제 3을 가리키며) $4x = 12$와 $5(x - 4) = 3(x + 2) + 2(x - 13)$ 중 어떤 식이 항등식인지 결정해야 할 때 혼동되는 점은 무엇입니까?

⇨ 주어진 두 식은 모두 등호를 사용하여 좌변과 우변의 수량이 동일함을 나타내었으므로 등식입니다. $4x = 12$는 $x = 3$일 때만 참인 등식이므로 방정식입니다. $5(x - 4) = 3(x + 2) + 2(x - 13)$은 양변의 식을 정리하면 좌변 $5(x - 4) = 5x - 20$이고, 우변 $3(x + 2) + 2(x - 13) = 5x - 20$입니다. 좌우변이 동일하여 x가 어떤 값을 갖더라도 양변의 값은 항상 같으므로 $5(x - 4) = 3(x + 2) + 2(x - 13)$은 항등식입니다. 어떤 등식이 항등식인지 확인하려 할 때는 일일이 모든 수를 x에 대입하여 확인할 수 없으므로 좌우변을 간단히 정리하여 동일한 식이 나오는지를 확인하면 됩니다.

배움 체크하기

(배움 체크 리스트 를 가리키며) 오늘 우리가 함께 공부한 것을 혼자서도 할 수 있는지 체크해 봅시다. 혼자서도 할 수 있으면 , 선생님의 도움이 더 필요하다면 ?에 동그라미로 표시하세요.

배움 체크 리스트		?
1. 일차식과 수의 곱셈, 일차식끼리의 덧셈과 뺄셈을 할 수 있습니다.		
2. 등식, 항등식, 방정식, 해, 근, 미지수의 의미를 이해합니다.		
3. 미지수가 포함된 문장을 미지수가 포함된 방정식으로 나타낼 수 있습니다.		
4. 방정식은 등식이며, 미지수값에 따라 참이 되기도 하고 거짓이 되기도 하는 등식임을 이해합니다.		
5. 방정식이 참인 등식이 되게 하는 미지수의 값을 방정식의 해 또는 근이라 함을 이해합니다.		
6. 어떤 수가 주어졌을 때, 그 수를 방정식의 미지수에 대입하여 그 수가 방정식의 해인지 결정한다는 것을 이해하고 적용할 수 있습니다.		
7. 항등식은 미지수가 어떤 값을 갖더라도 등식이 항상 참인 경우를, 방정식은 방정식의 해에 대해서만 등식이 참인 경우임을 이해하고 항등식과 방정식을 구별할 수 있습니다.		

혼자 풀기

(혼자 풀어 보는 문제 1~7을 제시하며) 오늘 배운 것을 기억하면서 문제를 혼자 풀어 보는 시간입니다. 내비게이션 2.24 를 사용하면 도움이 됩니다.

1 다음 문장을 등식으로 나타내시오.

어떤 수 x의 3배에 4를 뺀 값은 어떤 수 x의 두 배에 6을 더한 것과 같다.

2 다음 문장을 등식으로 나타내시오.

민정이와 지민이의 나이를 합하면 27살인데, 민정이 나이는 14살이고 지민이 나이는 x살이다.

3 다음 중 등식을 모두 찾으시오. (답은 3개)

(1) $6 + 5 = 11$ (2) $2x - 2y + 1$

(3) $5 - 2 > 0$ (4) $7 + 7 = 15$

(5) $-4s - 6 = 10$

4 다음 등식 중 참인 등식을 모두 찾으시오. (답은 2개)

(1) $3 + 9 = 12$ (2) $6 + 4 > 5$

(3) $x + 1 = 0$ (4) $x = 2$일 때, $x - 2 = 0$

5 다음 중 해가 -1인 방정식을 모두 찾으시오. (답은 2개)

(1) $4x + 3 = -1$

(2) $-\frac{1}{3}x - 1 = -\frac{2}{3}$

(3) $-2x - 9 = -3 - 2$

(4) $-x + 1 = -3x + 3$

6 다음 중 [ ] 안의 수가 주어진 방정식의 해인 것을 모두 찾으시오. (답은 2개)

(1) $2x - 7 = 17$ [-5]

(2) $-x + 9 = 3$ [6]

(3) $4(2x + 3) = 8 - 2x$ [-2]

(4) $\frac{2x + 2}{4} = 5$ [$x = 9$]

7 항등식을 모두 찾으시오. (답은 2개)

(1) $4x = 12$

(2) $3x + 9 = 3(x + 3)$

(3) $x + 3x = 4x$

(4) $8 - 2x = -2(4 - x)$

채점 및 오답 분석

학생이 쓴 답을 기재하고, 오답인 경우 중재 결정표 에서 가능한 오류 원인을 1~8 중에서 골라 번호로 기재합니다. 기타 원인 때문에 오답이 발생했을 경우, 구체적으로 어떤 이유인지 기재합니다. 가능한 오답의 원인을 모두 기재합니다.

혼자 풀어 보는 문제	정답	학생이 쓴 답	오답 원인
1. (어떤 수) 문장을 등식으로 나타내기	$3x - 4 = 2x + 6$		
2. (지민이 나이) 문장을 등식으로 나타내기	$14 + x = 27$		
3. 등식 찾기	(1), (4), (5)		
4. 참인 등식 찾기	(1), (4)		
5. 해가 −1인 방정식 찾기	(1), (2)		
6. 방정식의 해 찾기	(1), (2)		
7. 항등식 찾기	(2), (3)		
정답 개수		/ 7	

중재 결정표

오답 원인을 분석하여 차후 중재를 결정하세요.

오답 원인	발생 빈도	최다 발생 오류	중재 결정
1. 사전 지식 및 기술(정수, 유리수의 사칙연산, 미지수를 사용하여 식 세우기, 일차식과 수의 곱셈, 일차식끼리의 덧셈, 뺄셈, 등식의 참과 거짓을 분별할 수 있는 계산 능력)			
2. 용어나 문제 이해 부족(등식, 항등식, 방정식, 해, 근, 미지수)			
3. 등식의 의미를 이해하지 못하거나, 참인 등식과 거짓인 등식을 구별하는 방법의 이해와 적용의 어려움			
4. 미지수가 포함된 문장을 미지수가 포함된 방정식으로 나타내는 방법의 이해와 적용의 어려움			
5. 방정식의 해(또는 근)의 의미를 혼동하거나, 어떤 수가 주어졌을 때 그 수를 방정식의 미지수에 대입하여 그 수가 방정식의 해인지 결정하는 방법의 이해와 적용의 어려움			
6. 항등식은 미지수가 어떤 값을 갖더라도 등식이 항상 참인 경우임을 이해하지 못하거나, 항등식과 방정식을 구별하는 방법의 이해와 적용의 어려움			
7. 부주의/계산 실수			
8. 기타(구체적 원인 기재하기)			

가장 흔한 오답 원인	1과 2 중 하나	3, 4, 5, 6 중 하나	7
	AND	AND	OR
오답률	오답이 2개 이상	오답이 2개 이상	오답이 2개 미만
다음 중재	브리지(Bridge)	동 차시 반복	다음 차시

브리지(Bridge) 차시

- 1.15차시
- 1.16차시
- 2.14차시
- 2.15차시

25차시

등식의 성질을 이용하여 일차방정식의 해 구하기

[내비게이션 2.25] 등식의 성질과 등식의 성질을 이용하여 방정식의 해 구하기

[등식의 성질]

❶ 등식의 양변에 같은 수를 더하여도 등식은 성립한다. ($a = b$일 때, $a + c = b + c$)

❷ 등식의 양변에 같은 수를 빼어도 등식은 성립한다. ($a = b$일 때, $a - c = b - c$)

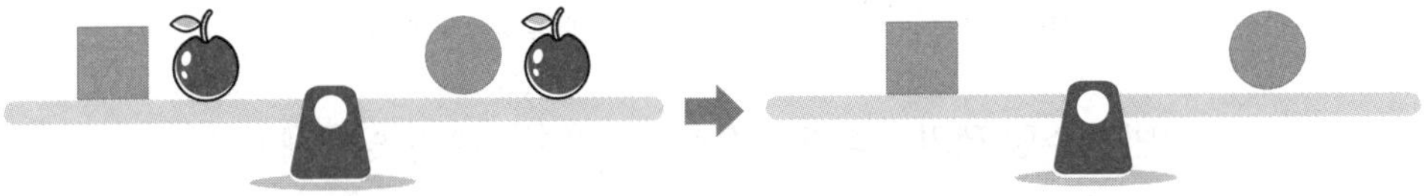

❸ 등식의 양변에 같은 수를 곱하여도 등식은 성립한다. ($a = b$일 때, $a \times c = b \times c$)

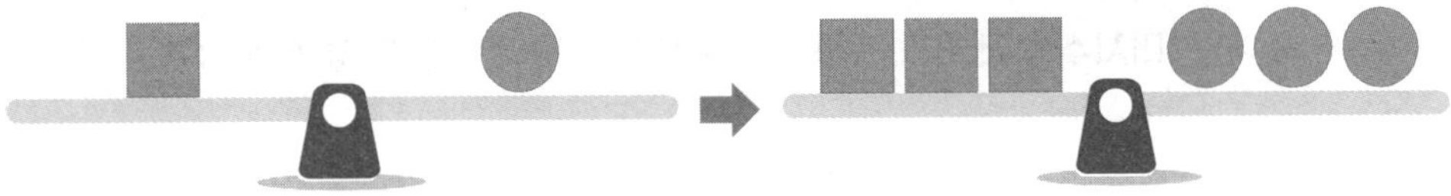

❹ 등식의 양변을 0이 아닌 같은 수로 나누어도 등식은 성립한다. ($a = b$일 때, $a \div c = b \div c$)

[방정식 풀이에 적용된 등식의 성질을 확인하는 방법]

	순서	예
❶	두 등식을 등호를 중심으로 줄을 맞춰 두 줄로 씀	$2x + 4 = -2$ $2x \quad = -6$
❷	두 식 간의 차이 확인 • 좌변의 상수항이 제거되었는가? • 우변의 미지수항이 제거되었는가? • x = 상수 꼴로 식이 바뀌었는가?	$2x + 4 = -2$ $2x \quad = -6$
❸	적용된 등식의 성질 결정 • 좌변의 상수항이나 우변의 미지수항이 제거되었을 경우 → 양변에 같은 수를 더해도 등식은 성립한다는 등식의 성질이 적용됨 • x = 상수 꼴로 식이 바뀌었을 경우 → 양변을 같은 수로 나누어도 등식은 성립한다는 등식의 성질이 적용됨	좌변의 상수항이 제거되었으므로, 양변에 같은 수(−4)를 더해도 등식은 성립한다는 성질이 적용됨

[등식을 이용하여 방정식의 해 구하는 방법]

방정식 $4x + 5 = 2 + -3$의 해 구하는 순서

1. 좌변 상수항 제거 – 좌변 상수항의 덧셈의 역원을 양변에 더함

$$4x + 5 - 5 = 2x - 3 - 5$$
$$4x = 2x - 8$$

2. 우변 미지수항 제거 – 우변 미지수항의 덧셈의 역원을 양변에 더함

$$4x - 2x = 2x - 2x - 8$$
$$2x = -8$$

3. 좌변 미지수항의 계수로 양변을 나눠 줌

$$2x \div 2 = -8 \div 2$$

x = −4

차시 목표 등식의 성질을 이해하고, 등식의 성질을 이용하여 방정식을 풀 수 있다.

사전 지식 유리수의 사칙연산, 일차식과 수의 곱셈, 일차식의 덧셈, 뺄셈, 등식과 방정식의 이해, 해의 의미, 미지수의 의미

준비물 2단계 25차시 학생용 교재, **내비게이션 2.25**

흔한 오류

1. 양변에 일차식이 있을 경우, 등식의 성질을 이용하여 방정식을 풀 때 무엇을 더하고 빼야 할지 알지 못한다.
   - 오류 예: $2x + 3 = 4x + 2$를 풀 때는 좌변에 미지수항이 남고 우변에 상수가 남도록 정리해 준 후 x를 구해야 한다. 양변에서 $4x$를 빼 주고 양변에서 3을 빼 준 후 양변을 2로 나눠야 x를 구할 수 있는데, 어떻게 정리해야 할지 혼란스러워한다.

2. 한 변에 계수가 1이 아닌 일차식과 다른 한 변에 상수항을 갖는 경우, 먼저 일차식에 포함된 상수항을 등식의 성질을 이용해 없애 주고 1차항의 계수로 양변을 나누어 주어야 하는데, 먼저 1차항의 계수로 양변을 나누려는 시도를 하는 경우가 많다.
   - 오류 예: $2x - 3 = 5$를 등식의 성질을 이용해서 풀 때는 먼저 양변에 3을 더하여 $2x = 8$을 만들고 양변을 2로 나눠서 $x = 4$를 구해야 하는데, 먼저 양변을 2로 나누려는 시도를 한다.

3. 등식의 성질을 이용해서 $2(2x + 4) = 4(2x + 4)$를 풀 때는 괄호를 풀고 동류항끼리 정리한 후 x를 구해야 한다. 방정식을 푼다는 것이 x를 구하는 것이라는 것을 제대로 이해하지 못한 학생은 양변에 $2x + 4$가 있으므로 나눗셈에 대한 등식의 성질을 이용해서 양변을 $2x + 4$로 나누려는 시도를 한다. 양변을 $2x + 4$로 나눌 경우, $2 = 4$라는 잘못

된 결과가 나오게 된다.

4. 나눗셈에 대한 등식의 성질을 이용해서 $ax = b$를 풀 때 양변을 a로 나누어 주는데, 우변에서 $b \div a$를 하지 않고 $a \div b$를 하는 경우가 있다.

- 오류 예: $2x = 8$에서 양변을 2로 나누면 좌변은 x가 되고 우변은 $8 \div 2 = 4$가 되어야 하는데, $2 \div 8$로 계산하는 경우가 있다.

  특히 일차항의 계수가 분수일 때는 이런 혼동을 더 자주 보인다.

사전평가

처음 두 문제는 가장 필수적인 사전 지식에 대한 이해를 묻고, 3번부터 7번까지는 차시 목표인 개념과 기술의 이해를 묻습니다.

1. $x + 10 = 50 + 10$일 때, x값을 구하시오.

2. $2x - 20 = 200 - 20$일 때, $2x$값을 구하시오.

3. 등식의 성질을 이용해서 방정식을 풀 때, 처음 빈칸에는 들어갈 알맞은 수를, 두 번째 빈칸에는 연산($+$, $-$, $\times$, $\div$) 중 하나를, 마지막 빈칸에는 구해진 x값을 써 넣으시오.

$-5x = 10$ ➡ 양변에 ______ 를 ______ ➡ $x =$ __________

4. 등식의 성질을 이용해서 다음 방정식을 풀어 보시오.

(1) $2x + 2 = 16$　　　(2) $-4x - 3 = 9$

(3) $\dfrac{x}{3} + 8 = 6$　　　(4) $\dfrac{5}{3}x = -20$

정 답

1. 50　　**2.** 200　　**3.** -5, $\div$, -2

4. (1) $x=7$, (2) $x=-3$, (3) $x=-6$, (4) $x=-12$

접속하기

차시 목표 및 개념 설명

오늘은 등식의 성질을 알아보고, 등식의 성질을 이용해서 방정식의 해를 구하는 방법을 배우려 합니다. 먼저, 이번 차시에서 많이 사용하게 될 용어와 개념을 정리해 봅시다.

1. 등식이란 무엇입니까? 등식이란 등호(=)를 사용하여 수량 사이의 관계를 나타내는 식입니다. 예를 들어, $x + 2 = 6$, $3 + 4 = 9$ 등이 등식의 예입니다.

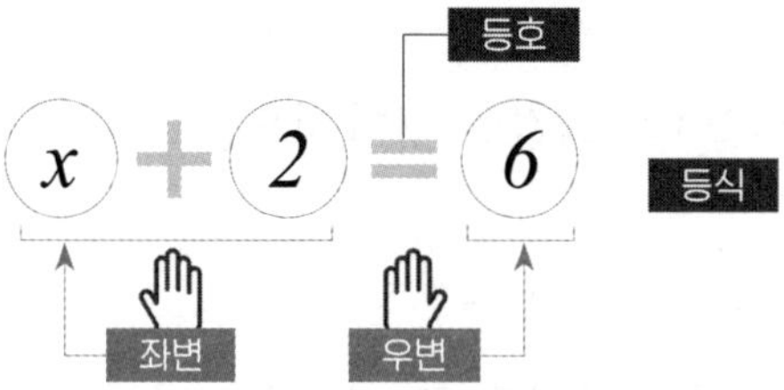

2. 방정식은 등식과 어떤 관계가 있습니까? 방정식은 등호가 있는 등식이지만, 미지수 x의 값에 따라 참이 되기도 하고 거짓이 되기도 하는 등식입니다.

3. 방정식이 참인 등식이 되게 하는 미지수 x의 값을 우리는 '방정식의 해'라 부릅니다. 예를 들어, $x + 2 = 6$에서 $x = 4$는 방정식이 참인 등식이 되게 하는 x의 값이며 이 방정식의 해입니다. 방정식의 해, 즉 미지수 x값을 구하는 것을 '방정식을 푼다'고 합니다.

4. (내비게이션 2.25 를 보여 주며) 내비게이션 2.25 는 연산에 대한 등식의 성질과 등식의 성질을 이용하여 방정식의 해를 구하는 방법을 보여 줍니다. 문제를 함께 푸는 동안 내비게이션에서 보여 주는 등식의 성질과 방정식의 해를 구하는 방법이 어떻게 적용되는지 생각해 봅시다.

보여 주기

☞ **개념 및 기술 교수, 개념 및 기술 예시 제시, 보는 수학 내비게이션을 이용한 교사 모델링**

❶ (보여 주는 문제 1을 보여 주며) $2x + 4 = -2$를 $2x = -6$으로 바꿨을 때, 이용된 등식의 성질이 무엇인지 생각해 봅시다.

1. 먼저, 두 등식을 등호를 중심으로 줄을 맞춰 두 줄로 씁니다.

   → $2x + 4 = -2$

   $2x \qquad = -6$

2. 두 식 사이에 어떤 차이가 있는지 확인합니다. 좌변의 상수항이나 우변의 미지수항이 제거되었는지, $x =$ 상수 꼴로 변화되는지 확인합니다.

   이 문제에서는 좌변의 상수항이 제거되었습니다.

   → $2x + 4 = -2$

   $2x \qquad = -6$

3. 첫 번째 식을 두 번째 식으로 만들려면 어떻게 해야 하는지 생각해 봅니다.
   - 항이 아예 없어졌을 때는 제거된 항의 반대 부호를 가진 수(덧셈의 역원)나 미지수항이 양변에 더해진 것이고, 식이 $x =$ 상수로 변화되었을 때는 x의 계수로 양변을 나눈 경우입니다.
   - 주어진 문제에서는 첫 번째 식을 두 번째 식으로 만들기 위해서는 좌변의 상수항(4)을 소거해야 합니다.
   - 상수항 4를 소거하려면 양변에 반대 부호를 가진 수(덧셈의 역원) -4를 양변에 더

Level 2.4
25차시

해야 합니다.

- 양변에 같은 수(−4)를 더해도 등식은 성립한다는 성질이 이용되었습니다.

❷ (보여 주는 문제 2를 보여 주며) $\frac{x}{2} = 10$을 $x = 20$으로 바꿨을 때, 어떤 등식의 성질을 사용했는지 생각해 봅시다.

1. 먼저, 두 등식을 등호를 중심으로 줄을 맞춰 두 줄로 씁니다.

$$\rightarrow \frac{x}{2} = 10$$
$$x = 20$$

2. 두 식 사이에 어떤 차이가 있는지 확인합니다. 좌변의 상수항이나 우변의 미지수항이 제거되었는지, 식이 x = 상수 모양으로 변화되었는지 확인합니다.

   이 문제에서는 식이 x = 상수 모양으로 되었습니다.

$$\rightarrow \frac{x}{2} = 10$$
$$x = 20$$

3. 첫 번째 식을 두 번째 식으로 바꾸려면 무엇을 해야 하는지 생각해 봅니다.
   - 항이 제거되었을 때는 제거된 항의 반대 부호를 가진 수나 미지수항이 양변에 더해진 것이고, 식이 x = 상수로 변화되었을 때는 x의 계수로 양변을 나눈 경우입니다.
   - 주어진 문제에서는 x의 계수인 $\frac{1}{2}$로 양변을 나누었습니다.
   - 양변을 같은 수($\frac{1}{2}$)로 나눠도 등식은 성립한다는 성질이 이용되었습니다.

3 (보여 주는 문제 3을 보여 주며) **등식의 성질을 이용하여 방정식 $4x - 1 = -9$를 풀어 봅시다.**

1. 방정식을 푼다는 것은 x 값을 구하는 것임을 기억합시다.
   - 방정식을 풀기 위해서는 좌변에는 미지수항만, 우변에는 상수항만 있어야 합니다.
   - x = 상수라는 모양으로 식을 정리하는 것이 목적입니다.

좌변	=	우변
미지수항	=	상수항

   좌변에 미지수항만 남기기 위해 좌변의 상수항을 제거합니다.
   - 좌변의 상수항을 제거하려면 좌변 상수항과 반대 부호를 가진 수를 양변에 덧셈합니다.
   - 좌변에 있는 상수항 −1을 없애기 위해 −1과 더해서 0이 되는 수(덧셈의 역원)인 1을 양변에 더합니다.
   - 양변에 같은 수를 더해도 등식은 성립한다는 등식의 성질이 적용되었습니다.

$$\begin{array}{rr} & 4x - 1 = -9 \\ \rightarrow \quad + & +1 = +1 \\ \hline & 4x = -8 \end{array}$$

2. 우변에 있는 미지수항을 제거합니다.
   - 우변 미지수항을 제거하려면 우변 미지수항과 반대 부호를 가진 미지수항을 더해 주어야 합니다.
   - $4x = -8$은 우변에 미지수항이 없고 상수항만 있으므로 이 단계가 필요치 않습니다.

3. 좌변 x항의 계수를 1로 만듭니다.
   - 좌변 x항의 계수를 1로 만들려면 양변을 x의 계수로 나눠 줍니다.
   - $4x$의 계수는 4이므로 4로 양변을 나누면 $x = -2$가 됩니다.

Level 2.4
25차시

- 양변을 같은 수로 나누어도 등식은 성립한다는 등식의 성질을 적용합니다.
- 방정식의 해는 −2입니다.

$$
\begin{array}{rrr}
 & 4x = & -8 \\
\rightarrow \quad \div & 4 = & 4 \\
\hline
 & x = & -2
\end{array}
$$

함께 풀기

(내비게이션 2.25 를 보여 주며) 내비게이션 2.25 는 등식의 성질과 등식의 성질을 이용하여 방정식을 구하는 방법을 간단하게 보여 줍니다. 내비게이션을 보면서 다음 문제들을 같이 풀어 봅시다.

1 (함께 풀어 보는 문제 1을 가리키며) 등식의 성질을 이용하여 방정식 $-7x = 14$를 풀어 봅시다.

1. 방정식을 푼다는 것은 x값을 구하는 것임을 기억합시다.
   - 방정식을 풀기 위해서는 좌변에는 미지수항만, 우변에는 상수항만 있어야 합니다.
   - 미지수항 = 상수라는 모양으로 식이 정리되어야 문제를 풀 수 있습니다.

좌변	=	우변
미지수항	=	상수항

2. 좌변에 미지수항만 남기려면 어떻게 해야 합니까? 좌변에 있는 상수항을 제거합니다.
   - 주어진 문제에는 좌변에 상수항이 있습니까? 주어진 문제에는 좌변에 상수항이 없으므로 이 단계가 필요하지 않습니다.

3. 다음은 무엇을 합니까? 우변에 상수항만 남기기 위해 우변의 미지수항을 제거합니다.
   - $-7x = 14$에는 우변에 미지수항이 있습니까? $-7x = 14$에는 우변에 미지수항이 없습니다.

4. 다음은 무엇을 합니까? x값을 구하기 위해 미지수항의 계수로 양변을 나눕니다.

- 양변을 같은 수로 나누어도 등식은 성립된다는 성질을 적용합니다.
- 좌변에 있는 미지수항의 계수는 얼마입니까? 미지수항 $-7x$의 계수는 -7입니다.
- 양변을 -7로 나누면 양변은 어떻게 됩니까?

$$\begin{array}{rr} & -7x = 14 \\ \rightarrow \quad \div & -7 = -7 \\ \hline & x = -2 \end{array}$$

- 방정식의 해는 -2입니다.

❷ (함께 풀어 보는 문제 2를 가리키며) 등식의 성질을 이용하여 방정식 $5x - 9 = 15 - 3x$를 풀어 봅시다.

1. 방정식을 풀기 위해 가장 먼저 해야 할 일은 무엇입니까? 좌변에 미지수항만 남기기 위해 좌변에 있는 상수항을 제거합니다.

- 좌변에 있는 상수항은 무엇입니까? -9입니다.
- -9를 없애려면 어떻게 해야 합니까? 상수항과 절댓값은 같고 부호만 반대인 수를 더해 주어 좌변의 상수항을 없앱니다.
- 양변에 $+9$를 덧셈합니다.

$$\begin{array}{rr} & 5x - 9 = 15 - 3x \\ \rightarrow \quad + & +9 = +9 \\ \hline & 5x = 24 - 3x \end{array}$$

- 양변에 같은 수를 더하여도 등식은 성립한다는 성질을 적용했습니다.

2. 다음은 무엇을 해야 합니까? 우변에 있는 미지수항을 제거합니다.

- 정리된 식 $5x = 24 - 3x$에서 우변에 있는 미지수항은 무엇입니까? $-3x$입니다.
- $-3x$를 없애려면 어떻게 해야 합니까? 양변에 $-3x$와 절댓값은 같으나 부호만 다른

미지수항을 덧셈합니다.

- $-3x$와 절댓값은 같으나 부호만 다른 미지수항은 무엇입니까? $+3x$입니다.
- $+3x$를 양변에 더해 줍니다.

$$\begin{array}{rrl} & 5x &= 24 - 3x \\ \rightarrow \quad + & 3x &= \quad + 3x \\ \hline & 8x &= 24 \end{array}$$

- 양변에 같은 수나 식을 더하여도 등식은 성립한다는 성질을 적용하였습니다.

3. 다음은 무엇을 합니까? 우리가 구하려는 것은 $8x$가 아니라 x이므로 양변을 좌변 미지수항의 계수로 나눕니다.
   - 양변을 같은 수로 나누어도 등식은 성립한다는 성질을 적용합니다.
   - 좌변 미지수항의 계수는 얼마입니까? $8x$의 계수는 8입니다.
   - 8로 양변을 나누면,

$$\begin{array}{rrl} & 8x &= 24 \\ \rightarrow \quad \div & 8 &= 8 \\ \hline & x &= 3 \end{array}$$

   - 방정식의 해는 3입니다.

Level 2.4

25차시

③ (함께 풀어 보는 문제 3을 가리키며) **등식의 성질을 이용하여 방정식 $\frac{5}{2}x - 4 = 11$을 풀어 봅시다.**

1. 주어진 방정식을 풀려면 가장 먼저 무엇을 해야 합니까? 좌변에 미지수항만 남기기 위해 좌변에 있는 상수항을 제거합니다.
   - 좌변에 있는 상수항은 무엇입니까? -4입니다.
   - -4를 없애려면 어떻게 해야 합니까? -4와 절댓값은 같으나 부호만 다른 수를 양변에 덧셈합니다.

- −4와 절댓값은 같으나 부호가 다른 수는 무엇입니까? +4입니다.

$$
\begin{array}{rrcl}
 & \frac{5}{2}x - 4 & = & 11 \\
\rightarrow \quad + & +4 & = & +4 \\
\hline
 & \frac{5}{2}x & = & 15
\end{array}
$$

- 양변에 같은 수를 더하여도 등식은 성립한다는 성질이 적용되었습니다.

2. 다음은 무엇을 해 주어야 합니까? 우변에 상수항만 남기기 위해 우변에 있는 미지수항을 제거합니다.

- 우변의 미지수항은 무엇입니까? $\frac{5}{2}x = 15$의 우변에는 미지수항이 없습니다.

3. 다음은 무엇을 합니까? 좌변에 있는 미지수항의 계수로 양변을 나눕니다.

- 양변을 같은 수로 나누어도 등식은 성립한다는 성질을 이용합니다.
- 좌변에 있는 미지수항의 계수는 얼마입니까? $\frac{5}{2}$입니다.
- 양변을 $\frac{5}{2}$로 나누면 어떻게 됩니까?

$$
\begin{array}{rrcl}
 & \frac{5}{2}x & = & 15 \\
\rightarrow \quad \div & \frac{5}{2} & = & \frac{5}{2} \\
\hline
 & x & = & 6
\end{array}
$$

- 방정식의 해는 6입니다.

아 그렇구나!

👉 **혼동되는 문제 다시 풀기**
👉 **최다 오류를 반례로 제시하여 개념 및 기술 획득 강화**

아 그렇구나! 에서는 등식의 성질을 이용하여 일차방정식을 풀 때 우리가 자주 혼동하는 문제들을 함께 풀어 봅니다. 이 문제들이 왜 우리에게 혼동을 주는지 함께 생각해 봅시다.

1 (아 그렇구나! 문제 1을 가리키며) $4a + 5 = 4b + 5$이면 $-2a - 1 = -2b - 1$이 참인지 거짓인지 등식의 성질을 이용하여 확인할 때 혼동되는 점은 무엇입니까?

⇨ 주어진 문제를 풀기 위해서는 적어도 세 개 이상의 등식의 성질을 이용하여야 합니다. 먼저, $4a + 5 = 4b + 5$의 양변에 -5를 더해 주어 식을 $4a = 4b$로 만듭니다. 다음은 양변을 -2로 나누어 $-2a = -2b$로 만듭니다. 그다음에 양변에 -1을 더하면 식은 $-2a - 1 = -2b - 1$이 되므로 $-2a - 1 = -2b - 1$은 참인 등식이 됩니다. 등식의 성질을 여러 개 사용하여 주어진 식을 바꿔야 하는 경우에는 사용할 등식의 성질을 결정하고 그 순서를 정하는 일을 어려워하는 경우가 많습니다.

2 (아 그렇구나! 문제 2를 가리키며) 등식의 성질을 이용하여 방정식 $\frac{2}{3}x + 5 = 13$을 풀 때 혼동되는 점은 무엇입니까?

⇨ 방정식 $\frac{2}{3}x + 5 = 13$을 등식의 성질을 이용해서 풀 때는, 먼저 양변에 -5를 더하여($\frac{2}{3}x + 5 + -5 = 13 + -5$) 좌변에는 미지수항만, 우변에는 상수항만 남게 합니다($\frac{2}{3}x = 8$). 다음은 x값을 구하기 위해 x항의 계수로 양변을 나누어 주어($\frac{2}{3}x \div \frac{2}{3} = 8 \div \frac{2}{3}$) $x = 8 \times \frac{3}{2} = 12$를 얻게 됩니다. 어떤 학생들은 $\frac{2}{3}x = 8$을 구한 후 x값을 구하기 위해 양변을 $\frac{2}{3}$로 나눌 때 $8 \div \frac{2}{3}$로 하지 않고 $\frac{2}{3} \div 8$로 계산하여 오답을 내는 경우가 있습니다. 나눗셈에 대해서는 교환법칙이 성립하지 않으므로 나눗셈에 대한 등식의 성질을 이용해서 문제를 풀 때 계산 순서에 주의해야 합니다.

3 (아 그렇구나! 문제 3을 가리키며) 등식의 성질을 이용하여 방정식 $5(x - 4) = 3(x + 2) + 2$를 풀 때 혼동되는 점은 무엇입니까?

⇨ 주어진 방정식을 풀기 위해서는, 먼저 분배법칙을 사용하여 괄호를 푸는 것부터 시작해야 합니다. $5(x - 4) = 3(x + 2) + 2$를 괄호를 풀어 정리하면 $5x - 20 = 3x + 8$이 됩니다. 그다음 양변에 $+20$과 $-3x$를 차례로 더하면 $2x = 28$이 됩니다. 마지막으로, 양변을 2로 나눠 주면 $x = 14$가 됩니다.

배움 체크하기

(배움 체크 리스트를 가리키며) 오늘 우리가 함께 공부한 것을 혼자서도 할 수 있는지 체크해 봅시다. 혼자서도 할 수 있으면 , 선생님의 도움이 더 필요하다면 ?에 동그라미로 표시하세요.

배움 체크 리스트		?
1. 일차식과 수의 곱셈, 일차식끼리의 덧셈과 뺄셈을 할 수 있습니다.		
2. 등식, 항등식, 방정식, 해, 근, 미지수의 의미를 이해합니다.		
3. 양변에 같은 수를 더해도 등식은 성립한다는 것을 이해하고 방정식 풀이에 적용할 수 있습니다.		
4. 양변에 같은 수를 빼더라도 등식은 성립한다는 것을 이해하고 방정식 풀이에 적용할 수 있습니다.		
5. 양변에 같은 수를 곱하더라도 등식은 성립한다는 것을 이해하고 방정식 풀이에 적용할 수 있습니다.		
6. 양변을 같은 수로 나누더라도 등식은 성립한다는 것을 이해하고 방정식 풀이에 적용할 수 있습니다.		
7. 방정식 풀이 과정은 좌변을 x항만 남기고 우변을 상수항만 남기는 과정임을 이해하고 적용할 수 있습니다.		

혼자 풀기

(혼자 풀어 보는 문제 1~7을 제시하며) 오늘 배운 것을 기억하면서 문제를 혼자 풀어 보는 시간입니다. 내비게이션 2.25 를 사용하면 도움이 됩니다.

1 $a + 3 = 100 + 3$일 때, a값을 구하시오.

2 $2a - 5 = 300 - 5$일 때, $2a$값을 구하시오.

3 등식의 성질을 이용해서 방정식을 풀 때, 처음 빈칸에는 들어갈 알맞은 수를, 두 번째 빈칸에는 연산을, 마지막 빈칸에는 구해진 x값을 써넣으시오.

$-7x = 14$ ➡ 양변에 ______ 을/를 ______ ➡ $x =$ ______

4 등식의 성질을 이용해서 다음 방정식을 풀어 보시오.

(1) $3x - 2 = 16$

(2) $-5x - 6 = 9$

(3) $\dfrac{x}{3} + 9 = 5$

(4) $\dfrac{7}{3}x = -28$

채점 및 오답 분석

학생이 쓴 답을 기재하고, 오답인 경우 중재 결정표 에서 가능한 오류 원인을 1~8 중에서 골라 번호로 기재합니다. 기타 원인 때문에 오답이 발생했을 경우, 구체적으로 어떤 이유인지 기재합니다. 가능한 오답의 원인을 모두 기재합니다.

혼자 풀어 보는 문제	정답	학생이 쓴 답	오답 원인
1. $a+3=100+3$일 때 a값	100		
2. $2a-5=300-5$일 때 $2a$값	300		
3. 등식의 성질 이용 방정식 풀기($-7x=14$)	-7, 나눗셈, -2		
4. (1) $3x-2=16$	$x=6$		
(2) $-5x-6=9$	$x=-3$		
(3) $\frac{x}{3}+9=5$	$x=-12$		
(4) $\frac{7}{3}x=-28$	$x=-12$		
정답 개수	/ 7		

중재 결정표

오답 원인을 분석하여 차후 중재를 결정하세요.

오답 원인	발생 빈도	최다 발생 오류	중재 결정
1. 사전 지식 및 기술(정수, 유리수의 사칙연산, 미지수를 사용하여 식 세우기, 일차식과 수의 곱셈, 일차식끼리의 덧셈, 뺄셈)			
2. 용어나 문제 이해 부족(등식, 항등식, 방정식, 해, 근, 미지수)			
3. 등식의 성질의 의미를 이해하는 데 어려움			
4. 방정식 풀이 과정에 적용된 등식의 성질을 찾아내는 방법의 이해와 적용의 어려움			
5. $ax + b = cx + d$의 방정식의 해를 구하기 위하여 좌변의 상수항을 없애고 우변의 미지수항을 없애는 과정을 이해하고 적용하는 데 어려움			
6. $ax = b(a \neq 0)$의 방정식을 푸는 과정에서 양변을 미지수항의 계수로 나눠 방정식 해를 구하는 과정의 이해와 적용의 어려움			
7. 부주의/계산 실수			
8. 기타(구체적 원인 기재하기)			

가장 흔한 오답 원인	1과 2 중 하나	3, 4, 5, 6 중 하나	7
	AND	AND	OR
오답률	오답이 2개 이상	오답이 2개 이상	오답이 2개 미만
다음 중재	브리지(Bridge)	동 차시 반복	다음 차시

브리지(Bridge) 차시
- 1.15차시
- 1.16차시
- 2.24차시

26차시

이항을 이용하여 일차방정식의 해 구하기

[내비게이션 2.26] 이항 방법과 이항을 이용한 일차방정식의 해 구하기

[이항: 등식의 한 변에 있는 항을 부호를 바꿔 다른 변으로 옮기는 것]

$$2x \boxed{-5} = 6$$

$$2x \quad = 4 \boxed{+5}$$

[이항을 이용하여 방정식의 해 구하는 방법]

	순서 (기호가 있는 식이면 괄호 풀기)	예 $(4x+5=2x-3)$
❶	좌변 상수항 부호를 바꿔 우변으로 이항하기	$4x+5=2x-3$ $4x=2x-3-5$ $(4x=2x-8)$
❷	우변 x항 부호를 바꿔 좌변으로 이항하기	$4x=2x-8$ $4x-2x=-8$ $(2x=-8)$
❸	좌변과 우변 x항의 계수로 나누기	$2x=-8$ $2x\div 2=-8\div 2$ $x=-4$

차시 목표 이항의 절차를 이해하고, 이항을 통해 일차방정식을 풀 수 있다.

사전 지식 유리수의 사칙연산, 일차식과 수의 곱셈, 일차식의 덧셈, 뺄셈, 등식과 방정식의 이해, 해의 의미, 미지수의 의미, 등식의 성질, 등식의 성질을 이용한 방정식의 해 구하기

준비물 2단계 26차시 학생용 교재, **내비게이션 2.26**

흔한 오류

1. 괄호가 있는 일차방정식의 해를 구할 때, 괄호를 제대로 풀지 않고 이항을 한다.
   - 오류 예: $3x - 2(2x + 3) = 4$를 풀 때, $3x - 4x + 3 = 4$라 정리한다.
2. 이항을 이용하여 일차방정식의 해를 구할 때, 좌변의 상수항을 부호를 바꿔 우변으로 이항하고 우변의 미지수항을 부호를 바꿔 좌변으로 이항하여 양변을 정리하기 때문에, 식 $ax = b$를 x의 계수인 a로 나눌 때도 a의 부호를 바꿔 $-a$를 쓴다.
   - 오류 예: $2x = 4$를 x의 계수인 2로 나눌 때, $x = -\frac{4}{2}$라 답한다.
3. 방정식의 양변에 적당한 수를 곱하여 식을 간단히 한 후 방정식을 풀어야 하는 상황에서, 양변의 모든 항에 수를 곱하지 않는다.
   - 오류 예: $0.1x + 0.3 = 1.2$의 해를 구할 때, 양변에 10을 곱하여 방정식을 푸는₩데 $x + 3 = 1.2$라 놓고 방정식을 푼다.

사전평가

처음 두 문제는 가장 필수적인 사전 지식에 대한 이해를 묻고, 3번부터 7번까지는 차시 목표인 개념과 기술의 이해를 묻습니다.

다음 방정식에서 밑줄 친 항을 이항해 보시오.

1. $\underline{2} + 2x = \underline{x} + 4$

2. $x + \underline{3} = 4$

다음 일차방정식을 풀어 보시오.

3. $3x - 1 = -7$

4. $x - 3 = -2x + 6$

5. $-4x - 9 = -3x$

6. $3(4x - 4) = 6x + 12$

7. $x + 4 - 2(6 - 3x) = 6$

Level 2.4
26차시

정 답

1. $2x-x=4-2$　2. $x=4-3$　3. $x=-2$　4. $x=3$

5. $x=-9$　6. $x=4$　7. $x=2$

접속하기

차시 목표 및 개념 설명

오늘은 이항을 이용해서 일차방정식의 해를 구하는 방법을 배우려 합니다. 먼저, 이번 차시에서 많이 사용하게 될 용어와 개념을 정리해 봅시다.

1. 방정식이란 무엇입니까? 방정식은 등호(=)가 있는 등식이지만, 미지수 x의 값에 따라 참이 되기도 하고 거짓이 되기도 하는 등식입니다.

2. 일차방정식은 무엇입니까? 일차방정식은 방정식의 우변에 있는 항을 좌변을 모두 이항하고 정리한 식이 (일차식) $= 0$ 꼴로 되는 방정식을 말합니다.

3. 방정식의 해는 무엇입니까? 방정식이 참인 등식이 되게 하는 미지수 x의 값을 말합니다. 예를 들어, $x + 2 = 6$에서 $x = 4$는 방정식이 참인 등식이 되게 하는 x의 값이며 이 '방정식의 해'입니다. 방정식의 해, 즉 미지수 x 값을 구하는 것을 '방정식을 푼다'고 합니다.

4. 이항이란 무엇입니까? 이항이란, 등식의 성질을 이용하여 등식의 한 변에 있는 항을 부호를 바꾸어 다른 변으로 옮기는 것을 말합니다.

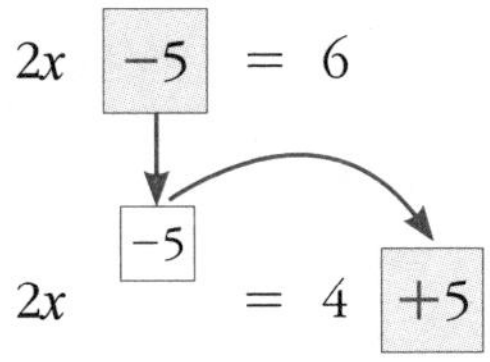

(내비게이션 2.26 을 보여 주며) 내비게이션 2.26 은 이항을 이용하여 일차방정식을 푸는 방법을 간략하게 보여 줍니다. 문제를 푸는 동안 내비게이션에서 보여 주는 이항 방법과 이항을 이용한 일차방정식의 풀이가 어떻게 적용되었는지 생각해 봅시다.

보여 주기

개념 및 기술 교수, 개념 및 기술 예시 제시, 보는 수학 내비게이션을 이용한 교사 모델링

이항을 이용하여 다음 방정식의 해를 구하시오.

❶ (보여 주는 문제 1을 보여 주며) 이항을 이용하여 방정식 $2x + 3 = -3$의 해를 구하시오.

1. 방정식 $2x + 3 = -3$의 해를 이항을 이용해서 구하려면, 가장 먼저 좌변의 상수항을 부호를 바꿔서 우변으로 옮겨 줍니다.

   $\rightarrow$ $2x + 3 = -3$

   $2x = -3 - 3$

   $2x = -6$

2. 다음은 우변에 있는 x항을 좌변으로 부호를 바꿔서 옮깁니다.
   - 주어진 방정식에는 우변에 x항이 없습니다.

3. 마지막으로, 좌변의 x항의 계수로 양변을 나눕니다.

   $\rightarrow$
   $$\begin{array}{|c|} \hline 2x = -6 \\ 2x \div 2 = -6 \div 2 \\ x = -3 \\ \hline \end{array}$$

❷ (보여 주는 문제 2를 보여 주며) 방정식 $3x - 4 = -x + 4$의 해를 구하시오.

1. 방정식 $3x - 4 = -x + 4$의 해를 이항을 이용해서 구하려면, 가장 먼저 좌변의 상

수항을 부호를 바꿔서 우변으로 옮깁니다.

$\rightarrow$ $3x - 4 = -x + 4$

$3x \quad = -x + 4 + 4$

$3x = -x + 8$

2. 다음은 우변에 있는 x항을 좌변으로 부호를 바꿔서 옮깁니다.

$\rightarrow$ $3x = -x + 8$

$3x + x = 8$

$4x = 8$

3. 마지막으로, 좌변의 x항의 계수로 양변을 나눠 줍니다.

$\rightarrow$

$4x = 8$
$4x \div 4 = 8 \div 4$
$x = 2$

3 (보여 주는 문제 3을 보여 주며) 방정식 $2(2x - 4) = -2x + 4$를 풀어 봅시다.

1. 방정식 $2(2x - 4) = -2x + 4$를 풀기 위해서는 이항을 이용하기 전에 먼저 괄호를 풀어 줍니다.

- 괄호를 풀면 $2(2x - 4) = -2x + 4$는 $4x - 8 = -2x + 4$가 됩니다.

2. 다음은 이전에 풀었던 방정식들과 마찬가지로 이항을 이용해서 해를 구합니다.

- 먼저, 좌변의 상수항을 부호를 바꿔 우변으로 이항합니다.

$\rightarrow$ $4x - 8 = -2x + 4$

$4x = -2x + 4 + 8$

$4x = -2x + 12$

3. 다음은 우변에 있는 x항을 좌변으로 이항합니다.

→ $4x = -2x + 12$

$4x + 2x = 12$

$6x = 12$

4. 마지막으로, x의 계수로 양변을 나눕니다.

→

$6x = 12$
$6x \div 6 = 12 \div 6$
$x = 2$

Level 2.4
26차시

함께 풀기

(내비게이션 2.26 을 보여 주며) 내비게이션 2.26 은 이항과 등식의 성질을 이용하여 일차방정식의 해를 구하는 방법을 간단하게 보여 줍니다. 내비게이션 2.26 을 보면서 다음 문제들을 같이 풀어 봅시다.

1 (함께 풀어 보는 문제 1을 가리키며) 이항과 등식의 성질을 이용하여 방정식 $-7x - 2 = 14 + 9x$를 풀어 봅시다.

1. 방정식의 해를 구한다는 것은 x값을 구하는 것임을 기억합시다.
   - 방정식의 해를 구하기 위해서는 좌변에는 x항만, 우변에는 상수항만 있어야 합니다.
   - 미지수항 = 상수항 꼴로 정리해야 합니다.

2. 좌변에 상수항만 있으려면 어떻게 해야 합니까? 좌변에 있는 상수항을 우변으로 이항해야 합니다.
   - 좌변에 있는 상수항은 무엇입니까? 좌변에 있는 상수항은 -2입니다.
   - -2를 우변으로 옮기면 어떻게 됩니까? 좌변의 상수항 -2는 우변으로 옮겨지면서 반대 부호를 가진 수 $+2$가 됩니다.

     $\rightarrow -7x - 2 = 14 + 9x$

     $-7x \quad = 14 + 9x + 2$

     $-7x \quad = 9x + 16$

3. 다음은 무엇을 해야 합니까? 우변의 미지수항(x)항을 좌변으로 이항하여 우변에 상수항만 남게 합니다.
   - 우변의 미지수항은 무엇입니까? $+9x$가 우변의 미지수항입니다.
   - 우변의 미지수항을 좌변으로 이항하면 어떻게 됩니까? 절댓값은 같지만 부호가 반

대인 항이 됩니다.

- $+9x$가 $-9x$가 됩니다.

→ $-7x = +9x + 16$

$-7x - 9x = 16$

$-16x = 16$

4. 다음은 무엇을 해야 합니까? 좌변의 미지수항의 계수로 양변을 나눕니다.

- x항의 계수는 얼마입니까? -16이 x항의 계수입니다.
- -16으로 양변을 나누면 어떻게 됩니까?

→
$$16x = 16$$
$$-16x \div -16 = 16 \div -16$$
$$x = -1$$

2 (함께 풀어 보는 문제 2를 가리키며) 이항과 등식의 성질을 이용하여 방정식 $5x - 9 = 15 - 3x$를 풀어 봅시다.

Level 2.4
26차시

1. $5x - 9 = 15 - 3x$의 해를 구하려면 먼저 무엇을 해야 합니까? 좌변에 x항만 남기고 우변에 상수항만 남겨야 하므로 먼저 좌변의 상수항을 우변으로 이항합니다.

- 좌변에 있는 상수항은 무엇입니까? 좌변에 있는 상수항은 -9입니다.
- 좌변 상수항을 우변으로 이항하면 어떻게 됩니까? 절댓값은 같고 부호만 반대인 수가 됩니다.
- 좌변의 -9를 우변으로 이항하면 $+9$가 됩니다.

→ $5x - 9 = 15 - 3x$

$5x = 15 - 3x + 9$

$5x = -3x + 24$

2. 다음은 무엇을 해야 합니까? 우변에 상수항만 남기기 위해 우변의 미지수(x)항을 좌변으로 이항합니다.

- 우변의 미지수(x)항은 무엇입니까? $-3x$가 우변의 미지수항입니다.
- 우변의 미지수항이 좌변으로 이항하면 어떻게 됩니까? 절댓값은 같고 부호만 반대인 미지수항이 됩니다.
- 우변의 $-3x$가 좌변에서는 $+3x$가 됩니다.

→ $5x = -3x + 24$

$5x + 3x = 24$

$8x = 24$

3. 다음은 무엇을 해야 합니까? 미지수항의 계수로 양변을 나눠 x값을 구합니다.

- x항의 계수는 무엇입니까? 8이 x항의 계수입니다.
- 8로 양변을 나누면 어떻게 됩니까?

→
$$8x = 24$$
$$8x \div 8 = 24 \div 8$$
$$x = 3$$

③ (함께 풀어 보는 문제 3을 가리키며) **등식의 성질을 이용하여 방정식 $4(\frac{5}{2}x - 4) = \frac{1}{2}(12 - 2x)$를 풀어 봅시다.**

1. 주어진 문제는 지금까지 푼 문제와 어떻게 다릅니까? 괄호가 있는 등식이므로 방정식을 풀기 전에 분배법칙을 적용하여 괄호를 먼저 풀어야 합니다.

→ $4(\frac{5}{2}x - 4) = \frac{1}{2}(12 - 2x)$

$4 \times \frac{5}{2}x + 4 \times (-4) = \frac{1}{2} \times 12 + \frac{1}{2} \times (-2x)$

$10x - 16 = 6 - x$

2. 괄호를 풀어 정리한 식 $10x - 16 = 6 - x$의 해를 구하려면 어떻게 해야 합니까? 좌변에 x항만 남기 위해서는 좌변의 상수항을 우변으로 이항해야 합니다.

- 좌변에 있는 상수항은 무엇입니까? 좌변 상수항은 -16입니다.
- 좌변 상수항이 우변으로 가면 어떻게 됩니까? 절댓값은 같고 부호만 다른 수가 됩니다.
- 좌변의 -16이 우변으로 가면 $+16$이 됩니다.

$\rightarrow 10x - 16 = 6 - x$

$10x \quad = 6 - x + 16$

$10x = -x + 22$

3. 다음은 무엇을 해야 합니까? 우변에 상수항만 남게 하기 위해 우변의 미지수항을 좌변으로 이항합니다.

- 우변의 미지수(x)항은 무엇입니까? $-x$가 우변의 미지수항입니다.
- 우변의 미지수항을 좌변으로 이항하면 어떻게 됩니까? 절댓값은 같고 부호만 반대인 미지수항이 됩니다.
- 우변의 $-x$가 좌변에서는 $+x$가 됩니다.

$\rightarrow \quad 10x = -x + 22$

$10x + x = 22$

$11x = 22$

4. 다음은 무엇을 해야 합니까? x값을 구하기 위해 좌변에 있는 미지수항의 계수로 양변을 나눕니다.

- x항의 계수는 무엇입니까? 11이 x항의 계수입니다.
- 11로 양변을 나누면 어떻게 됩니까?

$\rightarrow$

$11x = 22$
$11x \div 11 = 22 \div 11$
$x = 2$

Level 2.4
26차시

아 그렇구나!

- 혼동되는 문제 다시 풀기
- 최다 오류를 반례로 제시하여 개념 및 기술 획득 강화

아 그렇구나! 에서는 이항과 등식의 성질을 이용해서 일차방정식의 해를 구할 때 우리가 자주 혼동하는 문제들을 함께 풀어 봅니다. 이 문제들이 왜 우리에게 혼동을 주는지 함께 생각해 봅시다.

1 (아 그렇구나! 문제 1을 가리키며) $0.3a + 1.2 = 0.08$의 해를 구할 때 혼동되는 점은 무엇입니까?

⇨ 주어진 방정식을 풀기 위해서는 먼저 소수인 계수나 상수항을 정수로 바꿔야 합니다. 주어진 식에 있는 모든 항을 정수인 계수나 상수항으로 만들기 위해서는 100을 양변에 곱해야 하는데, 양변에 10을 곱하여 $3a + 12 = 0.8$로 바꾸고 소수의 계산에서 실수를 하는 경우가 있습니다. 소수 계수나 항을 포함하는 방정식의 해를 구할 때는 소수점 이하 자릿수가 가장 많은 항을 정수로 만들 수 있는 10의 제곱수를 모든 항에 곱해 줘야 합니다. 이 문제에서는 다른 두 항은 소수점 이하 자리가 한 자리이지만 0.08의 소수점 이하 자리가 2자리이므로, 0.08을 정수로 만들기 위해 모든 항에 100을 곱하여 $30a + 120 = 8$로 바꾼 후 방정식을 풀면 실수를 줄일 수 있습니다.

❷ (아 그렇구나! 문제 2를 가리키며) $\frac{x-2}{4} = \frac{x}{3} + 1$을 풀 때 혼동되는 점은 무엇입니까?

⇨ 방정식 $\frac{x-2}{4} = \frac{x}{3} + 1$을 풀기 위해서는 이항을 하기 전에 먼저 분수식을 계수가 정수인 식으로 바꿔 주어야 합니다. 분수식을 계수가 정수인 식으로 바꾸기 위해서는 양변에 4와 3의 최소공배수인 12를 곱하여 $12(\frac{x-2}{4}) = 12(\frac{x}{3} + 1)$을 정리한 후, 이항 절차를 사용하여 해를 구해야 합니다. 하지만 12를 x가 있는 항에만 곱해 주어 $\{12(\frac{x-2}{4}) = 12\frac{x}{3} + 1\}$로 정리하여 오답을 내는 경우가 있습니다. 분수가 계수인 방정식을 풀 때는 양변의 모든 항에 같은 수(분모들의 최소공배수)를 곱해 주어야 한다는 것을 기억해야 합니다.

❸ (아 그렇구나! 문제 3을 가리키며) 방정식 $4x - (2x - 3) = 3$을 풀 때 혼동되는 점은 무엇입니까?

⇨ 주어진 방정식을 풀기 위해서는 먼저 분배법칙을 사용하여 괄호를 푸는 것부터 시작해야 합니다. 괄호를 풀어 정리하면 $4x - 2x + 3 = 3$이 되어야 하는데, 괄호를 푸는 과정에서 실수하여 $4x - 2x - 3 = 3$으로 바꾸는 경우가 있습니다. 괄호를 제대로 푼 경우에도 $4x - 2x + 3 = 3$을 이항 정리하여 $2x = 0$으로 만든 다음 x를 구하기 위해 양변을 2로 나눠서 해를 구해야 하는데, $x = 0 \div 2 = 0$임을 알지 못하면 오답을 냅니다. 0을 제외한 어떤 수로 나누면 답은 0이 됩니다.

Level 2.4
26차시

배움 체크하기

(배움 체크 리스트 를 가리키며) 오늘 우리가 함께 공부한 것을 혼자서도 할 수 있는지 체크해 봅시다. 혼자서도 할 수 있으면 👍, 선생님의 도움이 더 필요하다면 (?)에 동그라미로 표시하세요.

배움 체크 리스트	👍	(?)
1. 일차식과 수의 곱셈, 일차식끼리의 덧셈과 뺄셈을 할 수 있습니다.		
2. 등식, 항등식, 방정식, 해, 근, 미지수의 의미를 이해합니다.		
3. 이항의 의미를 알고, 이항을 사용하여 일차방정식을 풀 수 있습니다.		
4. 일차방정식을 풀 때, 좌변의 상수항을 우변으로 이항하면 상수항이 절댓값은 같지만 부호만 반대가 된다는 것을 이해하고 적용할 수 있습니다.		
5. 우변의 미지수항을 좌변으로 이항하면 미지수항의 부호가 반대가 된다는 것을 이해하고 적용할 수 있습니다.		
6. 이항 후 정리한 식이 $ax = b(a \neq 0)$가 되었을 때, 등식의 성질을 이용하여 양변을 x항의 계수로 나누어서 x를 구한다는 것을 이해하고 적용할 수 있습니다.		
7. 괄호가 있는 등식은 분배법칙을 이용하여 괄호를 먼저 푼 후, 이항 절차를 적용하여 방정식의 해를 구한다는 것을 이해하고 적용할 수 있습니다.		

혼자 풀기

(혼자 풀어 보는 문제 1~7을 제시하며) 오늘 배운 것을 기억하면서 문제를 혼자 풀어 보는 시간입니다. 내비게이션 2.26 을 사용하면 도움이 됩니다.

다음 밑줄 친 항을 이항해 보시오.

1. $\underline{1} + 3x = \underline{-x} + 3$

2. $2x \underline{- 4} = -3$

이항을 이용하여, 다음 일차방정식을 풀어 보시오.

Level 2.4
26차시

3. $2x + 1 = -9$

4. $x - 1 = -x + 5$

5. $-5x - 8 = -3x$

6. $3(2x - 5) = -6x - 3$

7. $x + 2 - 3(3 - 2x) = 7$

채점 및 오답 분석

학생이 쓴 답을 기재하고, 오답인 경우 중재 결정표 에서 가능한 오류 원인을 1~8 중에서 골라 번호로 기재합니다. 기타 원인 때문에 오답이 발생했을 경우, 구체적으로 어떤 이유인지 기재합니다. 가능한 오답의 원인을 모두 기재합니다.

혼자 풀어 보는 문제	정답	학생이 쓴 답	오답 원인
1. 이항 $\underline{1} + 3x = \underline{-x} + 3$	$3x + x = 3 - 1$		
2. 이항 $2x \underline{- 4} = -3$	$2x = -3 + 4$		
3. $2x + 1 = -9$	$x = -5$		
4. $x - 1 = -x + 5$	$x = 3$		
5. $-5x - 8 = -3x$	$x = -4$		
6. $3(2x - 5) = -6x - 3$	$x = 1$		
7. $x + 2 - 3(3 - 2x) = 7$	$x = 2$		
정답 개수		/ 7	

중재 결정표

오답 원인을 분석하여 차후 중재를 결정하세요.

오답 원인	발생 빈도	최다 발생 오류	중재 결정
1. 사전 지식 및 기술(유리수의 사칙연산, 일차식과 수의 곱셈, 일차식의 덧셈, 뺄셈, 등식과 방정식의 이해, 해의 의미, 미지수의 의미, 등식의 성질, 등식의 성질을 이용한 방정식의 해 구하기)			
2. 용어나 문제 이해 부족(등식, 항등식, 방정식, 해, 근, 미지수, 이항)			
3. 등식의 성질의 의미를 이해하는 데 어려움			
4. $ax + b = cx + d$의 해를 구하기 위하여 좌변에 있는 상수항(b)의 부호를 바꿔 우변으로 이항하는 데의 절차의 이해와 적용의 어려움			
5. $ax + b = cx + d$의 방정식의 해를 구하기 위하여 우변의 미지수항을 부호를 바꿔 좌변으로 이항하는 절차의 이해와 적용의 어려움			
6. 방정식이 $ax = b(a \neq 0)$의 꼴로 정리되었을 때, 등식의 성질을 이용해 양변을 x항의 계수로 나눠 x값을 구하는 절차의 이해와 적용의 어려움			
7. 부주의/계산 실수			
8. 기타(구체적 원인 기재하기)			

가장 흔한 오답 원인	1과 2 중 하나	3, 4, 5, 6 중 하나	7
	AND	AND	OR
오답률	오답이 2개 이상	오답이 2개 이상	오답이 2개 미만
다음 중재	브리지(Bridge)	동 차시 반복	다음 차시

브리지(Bridge) 차시

- 1.15차시
- 1.16차시
- 2.24차시
- 2.25차시

기초학력 향상을 위한

눈으로 보는 수학

기초학력 향상을 위한

눈으로 보는 수학

기초학력 향상을 위한
눈으로 보는 수학

저자 소개

김선아(Kim, Sun A)

서울대학교 심리학과 학사, 석사

오스틴 텍사스 주립대학(University of Texas at Austin)
특수교육 박사(수학 학습장애 전공)

Meadow Center for Preventing Educational Risk,
Post-Doctoral 연구원

현 미국 뉴욕 시립대학교 퀸즈 칼리지 특수교육 대학원 교수
(City University of New York, Queens College,
Graduate Programs in Special Education)

교사용 Level 2

기초학력 향상을 위한
눈으로 보는 수학

2022년 5월 25일 1판 1쇄 인쇄
2022년 5월 30일 1판 1쇄 발행

지은이 • 김선아
펴낸이 • 김진환
펴낸곳 • (주) 학지사
04031 서울특별시 마포구 양화로 15길 20 마인드월드빌딩
대표전화 • 02)330-5114 팩스 • 02)324-2345
등록번호 • 제313-2006-000265호

홈페이지 • http://www.hakjisa.co.kr
페이스북 • https://www.facebook.com/hakjisabook

ISBN 978-89-997-2641-5 93370

정가 19,000원